TASCABILI BOMPIANI

764

BEST SELLER

Di Umberto Eco, presso Bompiani:

Il nome della rosa
Il pendolo di Foucault
L'isola del giorno prima
Baudolino

Opera aperta
Apocalittici e integrati
Poetiche di Joyce
La struttura assente
Il problema estetico in Tommaso d'Aquino
Le forme del contenuto
Il costume di casa
Trattato di semiotica generale
Dalla periferia dell'impero
Come si fa una tesi di laurea
Il superuomo di massa
Lector in fabula
Sette anni di desiderio
Sugli specchi e altri saggi
Arte e bellezza nell'estetica medioevale
I limiti dell'interpretazione
Diario minimo
Il secondo diario minimo
Sei passeggiate nei boschi narrativi
Interpretazione e sovrainterpretazione
Kant e l'ornitorinco
Cinque scritti morali
Tra menzogna e ironia
La Bustina di Minerva
Sulla letteratura
Dire quasi la stessa cosa
Il segno dei tre

Umberto Eco
La Bustina di Minerva

TASCABILI
BOMPIANI

Realizzazione editoriale: ART Servizi Editoriali s.r.l. - Bologna

ISBN 88-452-4862-3

II edizione Tascabili Bompiani febbraio 2004

Introduzione

La rubrica *La Bustina di Minerva* è iniziata settimanalmente su *L'Espresso* nel marzo 1985, e dal marzo 1988 è diventata quindicinale. Una serie di Bustine caratterizzate da una satira di usi e costumi quotidiani sono state raccolte all'inizio del 1992 ne *Il secondo Diario Minimo*, ma alcune di quelle escluse mi paiono ancora recuperabili. Insomma, volendo fare una raccolta che copra l'ultimo decennio, mi trovavo a scegliere tra quasi cinquecento Bustine. È naturale che abbia dovuto eliminarne circa due terzi.

Anzitutto ne ho lasciate cadere molte, così legate a un evento di attualità, al quale rinviavo in modo ellittico, che io stesso, rileggendomi anni dopo, non riuscivo più a cogliere i riferimenti. Questo mi ha forse imposto di non tener conto di interventi su argomenti molto importanti ma, se gli argomenti erano veramente importanti, li ho ripresi in altre sedi e con maggiore ampiezza, per esempio in *Cinque scritti morali* (Bompiani 1997). In due casi ho deciso di inserire articoli per cui il formato di una Bustina era insufficiente, e li avevo pubblicati altrove: questo spiega la presenza in questa raccolta della versione ridotta di un articolo su il caso Sofri (*Micromega* 3, 1997) e di un altro apparso su *la Repubblica* durante la guerra del Kosovo.

Sono altresì stato costretto a escludere le molte Bustine scritte in occasione della scomparsa di amici o maestri. Troppi, sull'arco di un decennio, per la semplice ragione che tutti gli uomini sono mortali. Mi consola che queste persone sono e saranno ricordati da altri, a lungo, indipendentemente dai miei emozionati necrologi.

Ho anche eliminato tutte quelle Bustine (certamente non sgradite ai lettori, dal volume di reazioni che ricevevo) dedicate ai cosiddetti "giochini". Ma ne avevo già pubblicati molti su *Il secondo Diario Minimo*, e ormai questo tipo di esercizi giocosi (ancorché istruttivi, tanto che si erano messe in gara intere scolaresche) viene ormai continuato *on line*, per esempio nel sito di *Golem* (www.rivistagolem.com).

Molte Bustine non sono state prese in considerazione perché le ritenevo ripetitive, nel senso che – durante gli anni – ero tornato più volte sullo stesso argomento. Due o tre volte ho fuso insieme due Bustine che consideravano lo stesso problema da due punti di vista diversi. Però ho lasciato sopravvivere alcuni "tormentoni" perché in certi casi tornare sullo stesso tema significa che alcuni fenomeni o alcune polemiche sono ricorsi con insistente monotonia nei media italiani. In questi casi la ripetizione testimonia di una coazione a ripetere che non era mia, bensì della società. Tanto per fare un esempio, se a ogni stagione si riapre una discussione sul futuro del libro, si sente il dovere di ricominciare a calmare gli animi, visto che non si calmano da soli e alla luce dell'evidenza.

Ho fatto qua e là delle correzioni di stile, perché la Bustina era una rubrica settimanale, e la fretta porta a innumerevoli sporcizie. Ho tagliato incipit, incisi e frasi conclusive di cui, rileggendo, non vedevo la necessità, e talora ho invece aggiunto brevissimi chiarimenti. È che le Bustine hanno una lunghezza prescritta dal settimanale, dato che debbono riempire l'ultima pagina: se sono troppo lunghe si deve tagliare, se troppo brevi, si deve necessariamente aggiungere qualcosa. Sono i condizionamenti della scrittura giornalistica. Debbo tuttavia dire che la scrittura delle Bustine è stata per me una esperienza fondamentale: riuscire a dire in un numero prescritto di battute quel che si pensa, è un esercizio che consiglierei a chiunque.

Si vedrà che moltissime Bustine non si riferiscono a casi di attualità. Forse è utile che ripeta qui quello che ho detto nella prima Bustina della serie. Il titolo della rubrica si riferisce a quei piccoli contenitori cartonati dei fiammiferi Minerva, e al fatto che nel retro della loro "copertina" spesso si annotano indirizzi, liste della spesa o (come accade a me) appunti stenografici su quello che ci viene in mente in treno, al bar, al ristorante, leggendo un giornale, guardando una vetrina, frugando tra gli scaffali di una libreria. Avevo dunque stabilito sin dall'inizio che se una sera, per ragioni personalissime, mi fosse accaduto di riflettere su Omero, ne avrei parlato anche se in quei giorni Omero non occupava le prime pagine dei giornali. Come si vede, così ho fatto sovente, Omero o no.

Un altro criterio che seguivo nel corso della rubrica è che non vale la pena di scrivere un articolo per dire che è male ammazzare la mamma, quando tutti sono d'accordo che si tratti di un comportamento ingiusto. Sarebbe solo una esibizione alquanto demagogica di buoni sentimenti. Caso mai vale la pena di scrivere quando moltissimi ritengono che sia giusto ammazzare, con tutti i crismi di stato, chi ha ammazzato la mamma. Non ho scritto Bustine per deprecare l'abuso sessuale sui minori o il costume di gettare pietre dal cavalcavia, anche perché prevedevo che in quello stesso numero del settimanale sarebbe stato dato spazio adeguato a quegli sciagurati eventi, ed esprimendo una ovvia riprovazione. Ma quando in diversi paesi le folle si sono radunate per marciare contro i pedofili, allora mi pareva utile commentare la singolarità di quel fenomeno.

Si vedrà che, anche quando sono giocose, le Bustine rispondono quasi sempre a un moto d'irritazione. Parlano pochissimo di quel che mi piace, e più sovente di quello che non mi piace. Ma le cose su cui dovremmo sdegnarci sono tante che qualcuno mi accuserà subito di aver taciuto su molte di cui altri hanno invece parlato. Mi scuso, si vede che in quel momento mi ero distratto.

Milano, 5 gennaio 2000

Al momento di andare in stampa, l'editore mi consiglia di inserire un pezzo di fanta-bibliofilia "La peste dello straccio", scritto per l'*Almanacco del Bibliofilo 2000*. Lo inserisco nella sezione dei *divertissements* come contributo alle celebrazioni *fin-de-siècle*, tanto per avere in questa raccolta una data con tre zeri, in attesa che il millennio finisca davverc.

IL LATO OSCURO DELLA GALASSIA

Tra razzismo, guerra e *politically correct*

Migrazioni

Martedì scorso, mentre tutti i giornali dedicavano numerosi articoli alle tensioni fiorentine, su *la Repubblica* appariva una vignetta di Bucchi: rappresentava due silhouette, un'Africa enorme e incombente, un'Italia minuscola; accanto, una Firenze che non era rappresentabile neppure con un puntino (e sotto c'era scritto "Dove vogliono più polizia"). Sul *Corriere della Sera* si riassumeva la storia delle mutazioni climatiche sul nostro pianeta dal 4000 a.C. a oggi. E da questa rassegna emergeva che a mano a mano la fertilità o l'aridità di un continente provocavano immense migrazioni che hanno cambiato il volto del pianeta e creato le civiltà che oggi conosciamo o per esperienza diretta o per ricostruzione storica.

Oggi, di fronte al cosiddetto problema degli extracomunitari (grazioso eufemismo che, come è stato già notato, dovrebbe comprendere anche gli svizzeri e i turisti texani), problema che interessa tutte le nazioni europee, continuiamo a ragionare come se ci trovassimo di fronte a un fenomeno di immigrazione. Si ha immigrazione quando alcune centinaia di migliaia di cittadini di un paese sovrappopolato vogliono andare a vivere in un altro paese (per esempio gli italiani in Australia). Ed è naturale che il paese ospitante debba regolare il flusso di immigrazione secondo le proprie capacità di accoglienza, come va da sé che abbia il diritto di arrestare o espellere gli immigrati che delinquono – così come d'altra parte ha il dovere di arrestare, se delinquono, sia i propri cittadini che i turisti ricchi che portano valuta pregiata.

Ma oggi, in Europa, non ci troviamo di fronte a un fenomeno di immigrazione. Ci troviamo di fronte a un fenomeno *migratorio*. Certo non ha l'aspetto violento e travolgente delle invasioni dei popoli germanici in Italia, Francia e Spagna, non ha la virulenza dell'espansione araba dopo l'Egira, non ha la lentezza di quei flussi imprecisi che hanno portato popoli oscuri dall'Asia all'Oceania e forse alle Americhe, muovendosi sopra lingue di terra ormai sommerse. Ma è un altro capitolo della storia del pianeta che ha visto le civiltà formarsi e dissolversi sull'onda di grandi flussi migratori, prima dall'Ovest verso l'Est (ma ne sappiamo pochissimo), poi dall'Est verso l'Ovest, iniziando con un movimento millenario dalle sorgenti dell'Indo alle Colonne d'Ercole, e poi in quattro secoli dalle Colonne d'Ercole alla California e alla Terra del Fuoco.

Ora la migrazione, inavvertibile perché assume l'aspetto di un viaggio in aereo e di una sosta all'ufficio stranieri della questura, o dello sbarco clandestino, avviene da un Sud sempre più arido e affamato verso il Nord. Sembra una immigrazione, ma è una migrazione, è un evento storico di portata incalcolabile, non avviene per transito di orde che non lasciano più crescer l'erba dove sono passati i loro cavalli, ma a grappoli discreti e sottomessi, e però non prenderà secoli o millenni, ma decenni. E come tutte le grandi migrazioni avrà come risultato finale un riassetto etnico delle terre di destinazione, un inesorabile cambiamento dei costumi, una inarrestabile ibridazione che muterà statisticamente il colore della pelle, dei capelli, degli occhi delle popolazioni, così come non molti normanni hanno installato in Sicilia dei tipi umani biondi e con gli occhi azzurri.

Le grandi migrazioni, almeno in periodo storico, sono temute: dapprincipio si tenta di evitarle, gli imperatori romani erigono un *vallum* qua e uno là, mandano le quadrate legioni in avanti per sottomettere gli intrusi che avanzano; poi vengono a patti e disciplinano le prime installazioni, quindi allargano la cittadinanza romana a tutti i sudditi dell'impero, ma alla fine sulle rovine della romanità si formano i cosiddetti regni romano-barbarici che sono l'origine dei nostri paesi europei, delle lingue che oggi orgogliosamente parliamo, delle nostre istituzioni politiche e sociali. Quando sulle autostrade lombarde troviamo località che si chiamano italianamente Usmate, Biandrate, abbiamo dimenticato che sono desinenze longobarde. D'altra parte, da dove venivano quei sorrisi etruschi che ritroviamo ancora su tanti volti dell'Italia centrale?

Le grandi migrazioni non si arrestano. Ci si prepara semplicemente a vivere una nuova stagione della cultura afroeuropea.

1990

La guerra, la violenza e la giustizia

Esiste una guerra giusta? Su questo dibattito, che accende le coscienze da due settimane, grava l'ombra di un equivoco: come se si stesse discutendo se due rette parallele sono più pesanti di una radice quadrata. Cerco di capire che cosa non funzioni nel quesito, e lo ripropongo in un altro modo. Posto che la violenza sia male, esistono casi in cui una reazione violenta è giustificabile? Si noti bene che giustificabile non significa giusto e buono: c'è qualcosa di biologicamente ingiusto nel tagliare una gamba, ma in caso di cancrena diventa giustificabile.

Anche i sostenitori della non-violenza in genere ritengono che ci siano violenze giustificabili: persino Gesù, di fronte allo scandalo dei mercanti del tempio, ha reagito in modo alquanto brusco. Non solo le religioni rivelate ma anche la morale naturale ci dicono che se qualcuno assale noi, i nostri cari, o qualunque persona innocente e indifesa, è naturale che si reagisca violentemente, sino all'eliminazione del pericolo. E quindi quando si propone la resistenza come modello di violenza "giusta" si vuole dire che, di fronte alla pressione esercitata dalla violenza altrui, di fronte a una tirannide insostenibile, un popolo è giustificato nella propria ribellione. Per non dar adito a dubbi, è giustificato che di fronte all'aggressività di un dittatore la comunità internazionale reagisca violentemente.

Il problema nasce di fronte alla parola "guerra". Essa è una di quelle parole come "atomo": la usava la filosofia greca e la usa la fisica contemporanea, ma ha due significati diversi; un tempo era un corpuscolo indivisibile e oggi è un insieme di particelle. Chi volesse leggere Democrito in termini di fisica nucleare, o viceversa, non capirebbe nulla. Ora, tranne il fatto che in entrambi i casi sono morte delle persone, c'è assai poco in comune tra le guerre puniche e la seconda guerra mondiale. E verso la metà di questo secolo si è delineato un fenomeno "guerra" che, per estensione territoriale, risultati, possibilità di controllo, riverbero su popolazioni viventi in altre parti del mondo, ha assai poco in comune con le campagne napoleoniche. In breve, se in passato la giustificabile reazione violenta contro un prevaricatore poteva assumere la forma della guerra guerreggiata, oggi è possibile che la guerra guerreggiata sia una forma di violenza che non serve a contenere il prevaricatore, ma anzi lo avvantaggia.

Negli ultimi quarantacinque anni abbiamo assistito a un'altra forma del contenimento violento del prevaricatore presunto (uso questi termini prudenziali perché ritengo che il mio argomento potrebbe essere accettato sia dagli USA che dall'URSS) che era la guerra fredda. Terribile, cattiva, piena di violenza minacciata o espressa localmente, essa partiva dal concetto che la guerra guerreggiata non sarebbe stata di alcun vantaggio per i "buoni". La guerra fredda è stata il primo esempio di come il mondo si fosse accorto che il concetto di "guerra" era cambiato, e che una guerra moderna non ha più nulla a che fare con i conflitti classici, i quali vedevano alla fine i vinti da una parte e i vincitori dall'altra (tranne pochi casi limite come le vittorie di Pirro). Se mi avessero chiesto un mese fa quale forma di giusta reazione violenta avrebbe potuto sostituire la guerra guerreggiata nel caso Saddam, avrei risposto: un contenimento *freddo* molto serio, anche spietato, con scaramucce di confine, e un sistema di controllo – con legislazione di emergenza – per cui ogni industriale occidentale che venda a Saddam una sola puntina da disegno finisca all'ergastolo; nel giro di un anno le sue tecnologie di offesa e difesa saranno largamente obsolete. Ma questo è il senno di poi.

Il senno di sempre, e di domani, ci dice che se uno ti assale con un coltello hai diritto di rispondere almeno con un pugno; ma se tu sei Superman, e sai che dando un pugno sbatti l'avversario sulla luna, l'impatto provoca lo sbriciolamento del nostro satellite, il sistema della gravitazione entra in tilt, Marte collide con Mercurio e così via, ci pensi un momento – anche perché potrebbe darsi che la catastrofe gravitazionale fosse esattamente quello che il tuo avversario voleva. E che proprio non dovresti concedergli.

1991

L'esilio, Rushdie e il Villaggio Globale

Non so se esista una storia sociale del perseguitato. Non della persecuzione e dell'intolleranza, che ve ne sono, come quella assai bella di Italo Mereu. Ma del ruolo e destino sociale del perseguitato – e non di quello che muore sotto i colpi del persecutore, ma di quello che al persecutore riesce a sfuggire prendendo la via dell'esilio.

Nei secoli passati le storie d'esilio erano di regola dolorosissime e umilianti. Persino Dante, uno che in fin dei conti gli era andata bene, trovava però che il pane altrui sapeva di sale. Personaggi come Giordano Bruno, prima di essere ripresi dal nemico e fatti fuori, avevano ricevuto grandi onori in terra straniera, ma trovavano sempre chi cercava di diffamarli e di tendergli tranelli. Non parliamo di Mazzini che, già funereo di suo, in esilio diventava sempre più smunto.

È in questo secolo che per gli esiliati aveva incominciato ad andar meglio. Da un lato l'esiliato era connotato dallo stesso fascino melanconico e trasgressivo del poeta maledetto, dell'esteta vizioso: categorie che, trattate malissimo e condannate alla soffitta e alla tisi sino al secolo scorso, in questo secolo sono diventate merce pregiata, contesi dalle buone famiglie e dalle fondazioni culturali, invitati a cene, gite in barca e convegni intesi a disegnare le regole della trasgressione. Dall'altro, lo sviluppo di sentimenti democratici, induceva tutti ad accogliere, appoggiare, privilegiare l'esiliato, simbolo vivente della resistenza al dispotismo. Ed è così avvenuto che in questo secolo la condizione del perseguitato religioso o politico è stata in fin dei conti (groppi di nostalgia per la patria lontana a parte), se non gradevole almeno accettabile – e per alcuni talmente vantaggiosa da fingersi perseguitati anche quando non lo erano, per ottenere almeno, che so, uno stipendio da qualche servizio segreto.

Deve essere incominciato coi granduchi russi sfuggiti alla rivoluzione, che magari facevano il danzatore in qualche cabaret parigino, ma frequentavano bene ed erano assai coccolati dalle signore che volevano nobilitare i loro ricevimenti. Non dico degli esiliati cubani a Miami, una pacchia, ma basta ricordare come negli ultimi decenni fosse assai fine esibire a un party il fuoruscito prima cecoslovacco, poi cileno, poi argentino, o l'autore di *Samizdat*, e via via, con le stagioni, gli entusiasmi (e le dimenticanze) scandite dai vari colpi di stato, rivoluzioni, rovesciamenti di paradigma.

Tutto questo è finito con il caso Rushdie. Il caso Rushdie dimostra che, con il potere che hanno i mass media di amplificare e diffondere per tutto il globo un verdetto di condanna a morte, su questo globo non esiste più spazio per l'esilio. Il fatto è nuovo. Non è che si ritorni, da una possibilità di esilio dorato, tipica di questo secolo, a quella di un esilio tormentato, tipica dei secoli passati. No, tout court, non esiste più una terra di esilio. Dovunque si fugga si è in territorio nemico.

Se non sembra un paragone banale, così come non c'è più l'isola dimenticata, da scoprire, e su cui fare vacanze depurate da ogni interferenza turistica, ma anche sul più remoto atollo si trovano i membri fantozziani di un circolo aziendale deportato via charter – così, e con risultati non più comici ma tragici, ogni lembo del globo è già invaso dal tuo potenziale assassino, che ti attende; e l'ordine di ucciderti gli perverrà via telefonino cellulare, o come messaggio in codice, apparentemente innocuo, trasmesso nel corso di una trasmissione di telequiz.

Mai come oggi quella che era una battuta, "fermate il mondo, voglio scendere", diventa un appello disperato, e destinato a non ricevere alcuna soddisfazione. Questo è veramente quello che McLuhan chiamava il Villaggio Globale. Ma globale non tanto per l'utente dei mezzi elettronici, che si scopre ad amare e a volere quello che vogliono e amano i suoi dissimili a migliaia e migliaia di chilometri di distanza, perché da questa uniformità moltissimi possono anzi trarre motivo di soddisfazione e di pace interiore. Non globale perché ci permette di illuderci che ciascuno sia prossimo nostro, ma globale perché ovunque può presentarsi il volto del nemico, che non ti è prossimo, non vuole quello che vuoi tu, e neppure è disposto ad accontentarsi dell'altra guancia, perché intende mirare diritto al cuore.

E non si può scendere, non vi sono fermate intermedie. Il villaggio dell'esilio annullato è globale perché non puoi neppure tentare di lasciare il persecutore alle tue calcagna, precedendolo disperatamente in linea retta. Rapidamente informato, un altro sarà pronto a circumnavigare verso di te.

1992

Quanto costa il crollo di un impero?

In questi giorni tristi in cui leggo delle atrocità che si commettono nella penisola balcanica, mi viene in mente una conversazione che avevo avuto con Jacques Le Goff, poco dopo la caduta del muro di Berlino. Si sentiva che l'impero sovietico si stava sfaldando, anche se era difficile profetare che tutto sarebbe avvenuto in modo così rapido, grazie forse allo stupido golpe dell'agosto scorso.

Le Goff stava iniziando a distribuire i temi e a scegliere i collaboratori per una collana, destinata a essere pubblicata da quattro o cinque editori europei, sulla storia d'Europa, e in quell'occasione gli avevo suggerito di far scrivere un libro sul costo della caduta degli imperi. Credo lo abbia commissionato, non so a chi, ma allora il problema era di capire quanto fossero costate le cadute degli imperi di un tempo, in modo da poter in qualche modo estrapolarne i costi imminenti della caduta dell'impero sovietico. Oggi non credo si debbano più fare delle previsioni, se mai dei confronti diretti.

Un impero è sempre costrittivo e autocratico: è come un coperchio che preme su di un calderone bollente. A un certo punto la pressione interna è troppo forte e il coperchio salta, e si ha una sorta di eruzione vulcanica. Non sto affatto dicendo che era bene che il coperchio non saltasse, anche perché di solito salta per ragioni termiche, e la fisica non e né morale né immorale. Dico solo che, sino a che non salta, si mantiene un ordine, per opprimente che sia, e quando salta bisogna pagare un prezzo.

La dissoluzione dell'impero romano ha prodotto una crisi dell'Europa che è durata, nella sua forma virulenta, almeno sei secoli. In realtà una serie di effetti a lunga scadenza si è protratta nei secoli successivi, e forse quello che succede oggi nei Balcani (ortodossi d'Oriente contro cattolici d'Occidente) ne è ancora uno strascico. Se oggi in Colombia e in Perù succede quel che succede, e se l'America Latina non tiene testa agli Stati Uniti, è ancora una conseguenza del lentissimo sfaldamento dell'impero coloniale spagnolo. Non parliamo dell'altrettanto lenta dissoluzione dell'impero turco, se ne pagano ancora i costi in Medio Oriente. Non mi azzardo a fare il conto dei costi dello sfaldamento dell'impero coloniale britannico, e l'Italia unificata è conseguenza del crollo del brevissimo impero napoleonico.

Dallo scoperchiamento del mirabile calderone austro-ungarico nascono come minimo il nazismo, la seconda guerra mondiale, e la situazione dei Balcani, di nuovo (ma lì si assomma la storia della caduta di almeno cinque imperi: romano, bizantino, turco, kakanico e sovietico).

Insomma, quando un impero cade, i risultati durano secoli. Della scomparsa dell'impero sovietico non vale la pena di seguire gli effetti principali, la litigiosa (anche se comprensibile) polverizzazione delle lingue e delle nazioni in tutto l'Est, i seri fastidi della Germania unificata, i guai degli armeni o dei georgiani, sino ai guai di Bush, di cui si spettegoleggia sull'amante Jennifer solo perché non ha più la funzione di opporsi all'Impero del Male. Ma lo stesso pasticcio italiano, la crisi del Partito socialista e di quello ex comunista, della Democrazia cristiana, la rottura di un patto universalmente accettato tra il potere e la mafia (sin dallo sbarco in Sicilia), e dunque i colpi di coda o la nuova vocazione internazionale di una mafia che non può più vivere dell'appoggio indisturbato di un potere che non ha più la giustificazione della lotta anticomunista, tutto quello che sta succedendo in questo nostro sventurato paese dipende dalla caduta dell'impero sovietico, tanto quanto i dolori del giovane Havel. Persino la Lega è un fiore della caduta dell'impero sovietico tanto quanto gli ustascia croati, i genocidi serbi, e l'eresia slovacca.

Non è che sapendo quanto costa la caduta di un impero se ne riduca il prezzo. È che è bene saperlo, per prevedere le disgrazie future. Non che la storia si ripeta in modo sempre uguale, né che si manifesti una volta in forma di tragedia e la seconda in forma di farsa. Talora si ripete sempre in forme diverse di tragedia. Ma ci sono alcune leggi, alcuni princìpi di azione-reazione rispetto alla conoscenza dei quali la storiografia è ancora, in senso molto scientifico e pochissimo retorico, *magistra vitae*.

1992

Impiccagione in diretta, ora di cena

Mi dispiace molto che le autorità competenti non abbiano dato il permesso perché l'ultima impiccagione negli Stati Uniti fosse ripresa per televisione. Anzi, si doveva impiccare il condannato alle venti, ora dell'East Coast, per fare in modo che a New York ci fossero buone probabilità di vederlo durante la cena, dopo cena con una birra davanti al televisore nel Midwest (dove si va a tavola prestissimo), e in California mentre si sorseggia un Dauquiri presso la piscina. Da noi, visto che ormai sarebbe notte, lo si dovrebbe ristrasmettere nel telegiornale serale del giorno seguente.

Che la gente sia a tavola è molto importante: il rumore del collo che si spezza, i sussulti dell'addome, o le gambe che scalciano per un poco debbono interagire con l'attività di deglutizione del cibo, dico da parte del pubblico. In casi di sedia elettrica bisognerebbe fare in modo che il condannato sfrigoli per qualche secondo, magari mentre sul fornello di casa scoppiettano le uova al burro. Col gas lo spettacolo è assicurato, perché al condannato è stato detto di aspirare di colpo e profondamente, che è già di per sé molto televisivo, e poi ci sono i sussulti. Sconsigliabile l'iniezione, perché si perde tutto il bello della diretta e tanto varrebbe trasmetterla per radio.

Capisco che la proposta suoni impopolare, proprio mentre la Disney italiana ha proibito ai suoi soggettisti di far dire a zio Paperone che vorrebbe strozzare Paperino, perché sarebbe incitazione alla violenza. È atroce che, per ragioni di cassetta, si producano film dove la gente spara con mitra megagalattici e fa schizzare pezzi di cervello e rivoli di sangue. Ma bisogna distinguere tra giochi di finzione che possono turbare gli innocenti (o indurre a comportamenti aberranti i deboli di spirito) e il dovere di cronaca.

Per quanto riguarda la pena di morte il mondo si divide in due categorie: coloro che la condannano (come me) e coloro che ne sostengono la necessità. Coloro che la condannano, se sono deboli di stomaco, quando sia in programma una esecuzione capitale possono tenere la televisione spenta. Ma almeno parteciperanno in qualche modo all'elaborazione del lutto. Se a quell'ora uccidono un uomo, tutti debbono in qualche modo partecipare, sia pure pregando, o leggendo Pascal ad alta voce in famiglia. Debbono sapere che quella sera sta accadendo una infamia. E se guardano, si sentiranno in qualche modo più coinvolti nel condannare questa barbarie, senza limitarsi a dire che non sono d'accordo – così come vedere sullo schermo il bambino africano denutrito pone qualche problema alla buona coscienza di ciascuno.

Poi ci sono coloro che la pena di morte l'appoggiano. E questi devono vedere. Prevedo l'obiezione: posso sostenere che è bene fare operazioni di appendicite, ma per piacere non fatemele vedere all'ora di cena. Ma con la pena di morte non è in questione una operazione su cui tutti sono d'accordo. È in questione il senso, il valore della vita umana, e della giustizia. Quindi non facciamo storie. Se tu sei per la pena di morte, devi accettare di vedere il condannato che scalcia, erutta, bolle, sussulta, tossisce, rende l'animaccia a Dio. Nel passato erano più onesti, compravano i biglietti per assistere al supplizio, e godevano come matti. Anche tu, che sostieni la suprema giustizia della pena di morte, devi "godere": mangiando, bevendo, facendo il cavolo che vuoi, ma non puoi fare finta che questo non esista, mentre ne sostieni la legittimità.

Dice: "E se ci ho la moglie incinta e poi mi abortisce?" E allora? Il nuovo catechismo ammette che uno stato possa legiferare la pena di morte. Dice anche che non devi abortire, ma solo se abortisci di tua volontà. Se abortisci vedendo uno che scalcia nel vuoto, non è peccato.

1993

New York, New York, what a beautiful town!

Ci sono molte città straniere che amo molto e in cui sono sempre felice di tornare: per esempio Barcellona, o Amsterdam. Ma quando mi chiedono in quale città straniera potrei vivere – intendendo vivere per sempre, facendola diventare casa mia – allora la mia scelta si divide, alla pari, tra Parigi e New York. Non solo perché si tratta di due belle città: è che per decidere che una città diventerà il posto in cui morirai, occorre essere sicuro che lì non sarai mai preso dalla nostalgia. Ebbene, in quelle due città non si avverte mai alcuna nostalgia. E di che, se tutto è lì? Ci si sente al centro del mondo, anche quando si sta al chiuso. E quando si esce non è necessario avere una meta: si cammina, si cammina, e si vede sempre qualcosa di nuovo.

"New York, New York, what a beautiful town", canta la canzone, "The Bronx is up and the Battery is down!" New York è sporca, disordinata, non puoi mai fidarti che ci sia ancora il ristorante che ti è piaciuto la settimana prima, perché nel frattempo hanno distrutto l'intero fabbricato, o il blocco, ti possono accoltellare all'improvviso (ma non a ogni angolo, il bello del vivere a New York è che conosci persino le strade dove è difficile che ti accoltellino). Il cielo può essere di un azzurrino inebriante, il vento è eccitante, i grattacieli talora sfolgorano più luminosi e sublimi del Partenone, e qualsiasi costruzione ci mettano in mezzo diventa bella. Come è già stato detto, sembra di vivere in una *jam session*. L'improvvisazione e la casualità generano ordine e armonia. A New York è affascinante anche l'orrore. Immaginiamoci lo splendore.

Se la conosci bene sai che svoltando un angolo cambia un mondo, prima erano tutti coreani e dopo diventano tutti polacchi, prima vendevano solo orologi e dopo solo fiori, sai che a una certa ora puoi vedere una strada piena di ebrei ortodossi col cappello nero, la barba e il ricciolino, e dopo due minuti quella folla brulicante di personaggi chagalliani è scomparsa, ma se conosci i *Delicatessen* giusti li ritrovi tutti. Poi passeggi per altri dieci minuti e trovi al bordo di Central Park dei ragazzi della Julliard School che stanno facendo un concertino di musiche barocche, ti sposti ancora un poco e frughi in una bancarella di libri usati, scendi due scalini e dai da mangiare agli scoiattolini in riva a un laghetto circondato da grattacieli in forma di castelli della Loira. È la città della violenza e la città della tolleranza. Accoglie tutti, alcuni li lascia morire, altri li rende felici, ma non attenta alla privacy né degli uni né degli altri, perché è l'ideale per un milionario ma è anche l'ideale per un barbone. Una volta hanno fatto un esperimento: hanno vestito un tizio con un'armatura medievale al completo e l'hanno messo in una cabina telefonica. Dopo dieci minuti qualcuno seccato bussava al vetro, ma perché il guerriero stava tenendo troppo occupato l'apparecchio; per il resto, che fosse vestito in quello o in quell'altro modo, non faceva impressione a nessuno. Fatti suoi. New York è una città policroma: puoi vederne di tutti i colori. Insomma, New York è una meraviglia. Ovvero, lo era. Ora non posso dire che non vi ritornerò, perché spesso intervengono delle necessità professionali ineludibili, ma è certo che vi ritornerò per il minimo possibile. Nello Stato di New York reintroducono la pena di morte.

Come si potrà vivere in una città dove, per insegnare che non bisogna ammazzare, si ammazzerà? Dove, per distogliere qualcuno dall'infilzarmi un coltello nella pancia, mi sottoporranno al rischio che un imprevedibile errore giudiziario permetta a qualcun altro di infilarmi una siringa letale nel braccio, o dove che sia? Come potrò trovare ancora vitale una città che vivrà all'ombra della morte legalizzata? Vedrò in chiunque mi passerà accanto un cadavere potenziale, eppure saprò che molti di costoro saranno bestialmente felici del loro destino, perché hanno pur votato per chi gli prometteva la morte.

New York è una città dotata di un tale senso della libertà che forse accadrà qualcosa. Pur abituata all'odore dei suoi pittoreschi sacchi di spazzatura non raccolta, reagirà di fronte a questo tanfo di morte e non sopporterà che la fiaccola della Statua della Libertà sia vista come una face cimiteriale. Ma per ora è così.

Che tristezza. "New York, New York, what a terrible town! The Bronx, the Park, and the Battery are down!"

1995

Sinagoga di Satana e *Protocolli dei Savi di Sion*

Provo grande ammirazione per il cardinal Pappalardo, e per la sua nobile e appassionata crociata. Ritengo che, nel lanciare il suo anatema contro i criminali, egli abbia usato l'espressione "Sinagoga di Satana" come frase fatta a cui evidentemente attribuiva efficacia retorica. Ma la gaffe rimane, ed è naturale che la comunità ebraica italiana si sia risentita.

Perché può venire alla mente "Sinagoga di Satana" anziché, per dire, cattedrale di Satana o tempio del demonio? L'espressione ha una sua storia. Ho letto sui giornali che qualcuno ha detto che il termine viene dai *Protocolli dei Savi anziani di Sion*, che come è noto fu la bibbia dell'antisemitismo e il libro da comodino di Hitler. È inesatto: i *Protocolli* dicono ben di peggio ma non quello, perché figurano scritti in prima persona dagli ebrei i quali, se il falso doveva risultare verosimile, non potevano autodefinirsi come emissari di Satana. Caso mai è l'editore russo dei *Protocolli*, Sergiej Nilus, che nel commentare il pamphlet, nel 1905, dice che il re trionfatore di Israele, e cioè l'Anticristo, si avvicina al trono della potenza universale "con tutta la potenza e il terrore di Satana."

Che gli ebrei stringessero patti col demonio e che quindi o Satana o l'Anticristo venturo prediligessero le sinagoghe, è idea dell'antisemitismo tradizionale che appare in vari testi medievali. Ma la formulazione Sinagoga di Satana è tipica dell'antisemitismo del XIX secolo.

Nel 1797 l'abate Barruel aveva scritto *Mémoires pour servir à l'histoire du jacobinisme* per mostrare come la Rivoluzione francese fosse un complotto templare e massonico, di cui facevano parte Voltaire, Diderot, Turgot, Condorcet, d'Alembert e d'Holbach. Barruel non nominava gli ebrei, ma più tardi un certo capitan Simonini gli fa notare che dietro alle quinte agivano soprattutto i perfidi giudei, i quali seguivano la tradizione del Veglio della Montagna (che caso mai, osservo, era musulmano). Solo dopo quel punto inizia la polemica sull'internazionale ebraica come fomite di tutte le rivoluzioni. Nel 1868 un reazionario prussiano, Hermann Goedsche, aveva scritto, sotto il nome di John Readcliff, un romanzo, *Biarritz*, descrivendo un incontro notturno, nel cimitero di Praga, tra i rappresentanti delle dodici tribù di Israele, che si accordano per la conquista del mondo. Più tardi il brano narrativo riappare come documento autenticamente raccolto dal diplomatico inglese John Readcliff, e nel libro di Bournand (*Les juifs, nos contemporains*, 1881) il discorso eversivo viene attribuito al rabbino capo John Readclif, questa volta con una effe sola. Il falso verrà ripreso dalla *Revue des études juifs* e, attraverso altre falsificazioni, va infine a nutrire la redazione dei falsi *Protocolli*.

In campo cattolico l'idea appare a varie riprese nelle opere di Gougenot de Mousseaux, in particolare *Les juifs, le judaisme et la judaisation des peuples chrétiens* (1869), e l'autore riceve una benedizione speciale da Pio IX. Il termine è stato reso popolare dal libro *La Franc-Maçonnerie Synagogue de Satan*, di Monsignor Meurin, gesuita, arcivescovo di Port-Louis (Mauritius), 1893. In quest'opera di cinquecento e passa pagine il prelato inizia da una approfondita analisi della Cabbala ebraica, la collega alla tradizione gnostica e manichea, ai templari e infine alla nascita della massoneria, vista come invenzione ebraica. Parla a lungo dell'apparizione di Satana nelle logge, mostra gli stretti rapporti tra gradi massonici e mistica ebraica.

Come lo stesso tema passi da gruppi reazionari tedeschi e russi alla pubblicistica gesuitica francese e italiana e ai gruppi dell'estrema destra francese, sviluppando sempre uno stesso corpus molto limitato di apocrifi, è minutamente ricostruito in un libro che tutti dovrebbero leggere, *Licenza per un genocidio*, di Norman Cohn, tradotto da Einaudi. Cohn naturalmente demistifica la montatura, ma altri autori avevano usato gli stessi elementi per sostenere il mito, e popolarissimo è stato il libro di tale Nesta Webster, *Secret societies and subversive movements*, del 1924, che mette in un solo calderone massoneria, socialismo, bolscevismo e pericolo giudaico (come d'altronde poi la propaganda nazifascista).

In conclusione, l'espressione "Sinagoga di Satana" circola per lo più negli ambienti cattolici legittimisti dell'Ottocento e ha ispirato anche un filone romanzesco e popolare (si pensi a padre Bresciani) di cui rimangono chissà quanti avanzi nelle polverose biblioteche di alcuni seminari vescovili. È una frase fatta che si trascina dietro l'odore delle proprie origini, anche quando è usata nell'enfasi di una benintenzionata predicazione.

1992

Ancora sulla Sinagoga di Satana

Il professor Pietro de Leo, che io in particolare ammiro per un bellissimo studio sui falsi medievali, scrive a *L'Espresso* che nella ultima Bustina sulla "Sinagoga di Satana" io avrei attribuito l'espressione alla pubblicistica reazionaria dell'Ottocento, o al massimo ad alcune polemiche patristiche e medievali, mentre essa proviene dall'Apocalisse di Giovanni, 2, 9. È vero. Salvo che, mentre scrivevo, tutti i giornali già si erano riferiti all'Apocalisse, come ovvio. Siccome altri avevano detto che era usata anche nei *Protocolli dei Savi anziani di Sion*, di lì io avevo ripreso la discussione. Anche perché mi pareva e mi pare più cortese, nei confronti del cardinale, pensare che la metafora gli fosse rimasta nelle orecchie come frase fatta di una vecchia retorica ecclesiastica, più che come citazione neotestamentaria.

De Leo ritiene invece che, dato che nel greco in cui scriveva Giovanni il termine sinagoga significava adunanza o conventicola, "la mafia non poteva essere meglio definita durante una celebrazione liturgica. Con buona pace di tutti." Non ritengo affatto che attribuire al cardinale questa citazione diretta sia rendergli un buon servizio. Il passo giovanneo (cito nella traduzione di Piero Rossano) suona: "Conosco la tua tribolazione e la tua povertà... e la calunnia di quelli che si proclamano Giudei e non lo sono, sono invece una sinagoga di Satana." Rossano spiega che coloro che si proclamano giudei e non lo sono, sono appunto gli ebrei, mentre Giovanni ormai considera veri israeliti solo i cristiani. Pertanto il brano dell'Apocalisse va letto nel contesto di una polemica antigiudaica.

Naturalmente Giovanni, che tra l'altro era ebreo anche lui, aveva tutto il diritto di polemizzare coi suoi ex correligionari che non avevano riconosciuto il Messia. Diceva in fin dei conti che il Vecchio Testamento si invera solo nel Nuovo, e tutto il cristianesimo si basa su questa assunzione. Se sei cristiano devi pensarla così, e con buona pace di tutti. Niccolò da Cusa, che tanto aspirava a una riunione delle fedi, aveva una volta proposto agli ebrei che essi ritrattassero il loro errore e in compenso la Chiesa avrebbe fatto circoncidere tutti i cristiani. Queste sono belle e appassionate polemiche animate dal fuoco sacro della concordanza delle fedi e, a parte il problema organizzativo-ecologico di dove mettere centinaia di milioni di prepuzi, l'idea del Cusano rimane un ammirevole esempio di tentativo di riunione tra due rami della stessa famiglia originaria.

Ma per quanto le intenzioni di Giovanni fossero pure, noi sappiamo come quel contrasto su Gesù come vero Messia sia diventato nei secoli successivi pregiudizio etnico e (mi pare di ricordare) pratica persecutoria. E questo sin dalle apocalissi apocrife, dove si dice che l'Anticristo nascerà dai giudei (Pseudo-Ippolito). E da molti di questi testi millenaristici, con le loro descrizioni delle fattezze mostruose dell'Anticristo, prenderà origine proprio quell'iconografia antisemita che poi ritroviamo nei manifesti nazisti.

Accade purtroppo che il senso delle parole si modifichi lungo i secoli. *Imbecille* significava etimologicamente "debole, senza bastone" (anche se Devoto metteva in dubbio questa etimologia) e in tal senso lo usavano ancora Dante e Cecco d'Ascoli. Chi però apostrofasse oggi in tal modo un distinto signore anziano che cammina a fatica, sarebbe degno di querela. Soprattutto perché non potrebbe ignorare che (come recita il *Dizionario Etimologico* di Cortelazzo-Zolli), la parola acquisisce definitivamente il suo senso spregiativo quando Esquirol la introduce come termine psichiatrico.

Così è accaduto con *sinagoga*: se pure etimologicamente potrebbe stare per luogo di riunione, adunanza e, metaforicamente, per conventicola, diventa ben presto e letteralmente espressione che caratterizza il tempio ebraico, per metonimia rinvia al giudaismo in genere e, per influenza dell'antisemitismo popolare, indica "confusione, chiasso scomposto" (vedi *Lessico Universale Italiano*, Devoto-Oli, Zingarelli ecc.).

Se così stanno le cose era fatale che nelle polemiche della pubblicistica reazionaria ottocentesca (e oltre) il termine si caricasse ancor più di connotazioni negative, e mi è parso giusto seguire l'iter storico della "Sinagoga di Satana", sino a questo secolo. Purtroppo le parole significano quello che la storia gli ha messo addosso, altrimenti il Duomo di Milano non sarebbe gotico perché gotici sarebbero solo i goti.

A meno che si voglia intendere *sinagoga* (lo apprendo ora dal dizionario) come "genere di crostacei cirripedi del sottordine degli ascotoracici." Allora gli ebrei stiano zitti. Ma che c'entra la mafia?

1992

Il corpo e l'anima

Recentemente, richiesto di definire che cosa sia per me l'Intollerabile, ho cercato una definizione che fosse accettabile da persone di qualsiasi fede e ideologia. Ne ho fissato i limiti nel rispetto del corpo (proprio, certo, ma specialmente altrui). Noi parliamo, ascoltiamo, camminiamo, mangiamo e beviamo, stiamo in piedi o coricati, facciamo i nostri bisogni, ci uniamo per piacere e per scelta con altri corpi, dormiamo. Impedire a qualcuno di dormire, o appenderlo a testa in giù, farlo vivere tra le sue feci, impedirgli di parlare e ascoltare quel che altri dicono, stuprarlo, ucciderlo, è male. Mi pare che questa base elementare dell'etica universale sia accettabile tanto da un ateo che da un credente.

Cesare Cavalleri dedica a questa mia affermazione due articoli (*Eco di Bergamo* e *Avvenire*), preoccupato che io parli del corpo e non dell'anima, dimostrando così di essere un "laico" (e giorni fa un ecclesiastico polacco l'ha definita una brutta parola). Cavalleri ignora che per l'Angelico Dottore d'Aquino le potenze dell'anima ("*nobis ignotae*") si manifestano a noi poveri mortali solo "*verbo et facto*": e quindi rispettare nell'altro la libertà di parlare, udire e scegliere è rispettare anche e proprio la sua interiorità.

Ma quel che stupisce in Cavalleri (che alcuni vogliono addirittura cristiano, anche se non pare credibile) è una schidionata di affermazioni che comprendono una sciocchezza, una eresia e una bestemmia che grida vendetta al cospetto di Dio. La sciocchezza è che questa mia sopravvalutazione del corpo sarebbe una "rimasticatura dello gnosticismo", ed è dagli gnostici, secondo il Cavalleri-pensiero, che proviene l'idea che le leggi biologiche del corpo siano fonti delle leggi morali. Cavalleri non è obbigato a sapere che la caratteristica principale degli gnostici era il disprezzo del corpo e della materia (mentre i buoni cristiani credono nella resurrezione della carne). Pazienza, nessuno è Perfetto (tranne gli gnostici), anche se Cavalleri farebbe meglio a consultare la Garzantina prima di scriver di cose che non sa. D'altra parte anche la sua idea del rapporto tra anima e corpo è curiosamente psicosomatica, visto che afferma che i miei sofismi gli fanno venire l'orticaria.

Veniamo all'eresia: trovo veramente gnostica questa riluttanza a considerare il corpo un dono divino, questo timore che le leggi biologiche possano essere fonte delle leggi morali. Invito Cavalleri a rimeditare alcuni dei dieci comandamenti. Mi chiedo da dove nascano l'interdizione di ammazzare, rubare, commettere atti impuri e "dire" falsa testimonianza. Rimane la proibizione di desiderare la donna d'altri, e qui arriva la cosa più esecranda scritta da Cavalleri.

Avendo io detto ingenuamente che anche lo stupro rappresenta una violazione del corpo (e della libertà) altrui, Cavalleri commenta: "E perché lo stupro non rispetterebbe il corpo dell'altro? Il corpo potrebbe anche provar piacere nello stupro, è l'anima che innanzitutto viene offesa." E qui una delle tre: o Cavalleri non è stato mai stuprato, e la mamma non gli ha detto che cosa accade in queste circostanze (altro che orticaria!); o si pone solo dal punto di vista dello stupratore, che prova piacere, e si immedesima con lui e non con lo stuprato; o, siccome di solito lo stuprato è una stuprata, è convinto che le donne siano tutte puttane, e che quando le stupri in fondo in fondo ci stiano, e ne godano – poi basta che si vadano a confessare (loro!), e salveranno l'anima offesa.

Cavalleri (senza sospettare che chi la pensa così va all'inferno dritto come un fuso, perché l'inferno se lo costruisce sin d'ora, rimuginando simili fantasie di astioso disprezzo), cita poi alcuni passi della *Veritatis splendor* in cui si parla dell'unità della persona umana, e si avverte che questa unità non deve rifarsi a una normatività semplicemente biologica. Ma invece di intendere questo appello nel suo senso più ovvio, e cioè che non si deve solo fondare l'etica sui nostri impulsi e piaceri materiali, mette tra virgolette una citazione pontificia di cui mostra di non aver capito proprio nulla: "L'origine e il fondamento del dovere di rispettare assolutamente la vita umana sono da trovare nella dignità propria della persona e non semplicemente nell'inclinazione naturale a conservare la propria vita fisica." Si scopre così che Cavalleri ha letto tutte le mie affermazioni come se io volessi fondare l'etica sul mio diritto egoistico di parlare, orinare e far l'amore (che pure non è un diritto da buttar via). Ma io parlavo del corpo degli Altri, quelli a cui Gesù dice di non restituire lo schiaffo, e di amarli e rispettarli come e (possibilmente) più di me stesso!

Da questa idea Cavalleri non è stato neppure sfiorato.

1993

Politicamente corretti o intolleranti?

In una mia Bustina precedente dicevo che il *politically correct*, nato in America per difendere i diritti delle minoranze oppresse, per opporsi a ogni forma di discriminazione razziale, sta trasformandosi in un nuovo fondamentalismo. E i fondamentalismi, che assumono che della Verità si possa dare solo una e una versione, ritenendo tutti gli altri dei devianti, non sono necessariamente intolleranti (potrebbero consentire ad altri di non essere fondamentalisti) ma certamente rischiano di diventare intolleranti, esiliando dalla Comunità coloro che non si attengono alla "retta" interpretazione dei testi.

Un mio amico, professore in una università americana, mi ha raccontato questo episodio. Lui fuma, non si può fumare negli edifici universitari e perciò, nell'intervallo tra una lezione e l'altra, va fuori a fumare. Ci sono anche altri studenti che fumano e vanno fuori anche loro: si ritrovano e chiacchierano per dieci minuti. Tra l'altro, è quello che faccio esattamente io: le mie lezioni sono di due ore, pongo un intervallo di dieci minuti tra una e l'altra, vado nel giardino o sulla strada a fumare, e m'intrattengo con gli studenti che hanno lo stesso maledettissimo vizio (che non approvo, sia chiaro, ma le cose del mondo vanno così).

Ora il mio amico americano è stato denunciato al suo preside da alcuni studenti non fumatori con questa motivazione: intrattenendosi fuori con gli studenti fumatori egli stabilisce con essi un rapporto privilegiato, a scapito degli studenti non fumatori. Questo rapporto privilegiato viola le regole che noi chiameremmo di *par condicio*, quindi il suo comportamento è censurabile. Come si vede, in questo caso non si tratta del rispetto di una minoranza precedentemente emarginata o potenzialmente emarginabile, ma se mai delle difese di una maggioranza, ovvero della preoccupazione di non creare una minoranza in qualche modo avvantaggiata.

È intuitivo come una simile preoccupazione di rispetto per ciascuno possa produrre una situazione di pericolosa intolleranza verso chiunque.

Per esempio potrebbe portare alla legge che io non debbo sposare la persona che amo ma quella che mi viene assegnata, per rispettare i diritti di qualsiasi minoranza etnica (nel senso che, se dieci cinesi si sono già sposate, io debbo sposare una indiana, o una finlandese, ma non una cinese, per garantire pari opportunità a ciascuna minoranza etnica).

Uno dei maggiori sostenitori di un liberalismo radicale (difesa dei diritti di ciascuno, per esempio anche di quelli che scelgono di voler morire) è Ronald Dworkin, il quale la settimana scorsa ha ricevuto la laurea *ad honorem* in giurisprudenza dalla Università di Bologna. E Dworkin ha dedicato la sua allocuzione proprio al problema della libertà accademica.

L'invenzione dell'Università (e tra l'altro nel Medio Evo e proprio a Bologna) è stata un grande evento perché ha stabilito che doveva esistere una istituzione destinata all'insegnamento, non solo indipendente dal potere politico e religioso, ma in cui ciascun insegnante doveva essere ideologicamente indipendente dall'università stessa. Idea rivoluzionaria che ha permesso il progresso della scienza occidentale.

Ma con il *politically correct* questa libertà viene revocata in dubbio. Un professore di letteratura inglese viene invitato a non fare un corso su *Otello* di Shakespeare perché la figura del Moro geloso e omicida potrebbe offendere studenti non occidentali, non può parlare de *Il Mercante di Venezia* per l'ovvia ragione che in quella tragedia Shakespeare non dimostrava di essere immune da un certo antisemitismo popolare (anche se Shylock è un personaggio sublime). Ma addirittura è scoraggiato dal fare un corso su Aristotele se questo implica che con questo trascuri la filosofia e la mitologia di qualche etnia africana (i cui discendenti frequentano l'università).

Che sia giusto e utile insegnare sia Aristotele che i miti Dogon, è fuori discussione. Ma purtroppo il *politically correct* punisce oggi chi insegna Aristotele e premia chi insegna i miti Dogon. Il che rappresenta una forma di fanatismo e fondamentalismo pari a quella per cui si insegnava che Aristotele incarnava la razionalità umana e i miti Dogon erano solo espressione di una mentalità selvaggia.

È giusto che una università, come del resto una scuola media, trovi spazio per l'insegnamento di tutte le prospettive (per cui da tempo sostengo che in una buona scuola bisogna insegnare che cosa dice la Bibbia, che cosa dicono i Vangeli, e il Corano, e gli scritti del Buddha). Ma proibire a qualcuno di parlare della Bibbia (che conosce bene), solo perché questo discorso esclude il Corano, è una pericolosa forma d'intolleranza mascherata da rispetto per opinioni diverse.

1997

Su un processo

Molti sono gli argomenti usati dai negazionisti per inficiare ogni testimonianza sull'Olocausto. Mentre scrivo sta andando in discussione una tesi di dottorato in semiotica sulla logica negazionista dove alla candidata avevo chiesto non di manifestare le proprie credenze circa la realtà dell'Olocausto, e neppure di decidere se i documenti addotti dagli uni o dagli altri fossero "autentici" (questo è compito degli storici): la tesi doveva solo mettere in luce i procedimenti logici usati dai negazionisti nell'esaminare certi documenti o testimonianze.[1]

Cito solo due argomenti tipici. I negazionisti cercano di provare che i diari di Anna Frank erano dei falsi (appoggiandosi sul fatto evidente che sono stati sottoposti a vari procedimenti di *editing*). Uno dei punti forti dei negazionisti è il seguente: i clandestini di Prinsengracht erano obbligati a bruciare i propri rifiuti e il fumo nero del camino avrebbe dovuto attirare l'attenzione dei vicini che avrebbero potuto segnalare il caso alla Gestapo. È inverosimile che nessuno se ne sia accorto. L'argomento è ineccepibile, salvo che presuppone che i diari raccontino cose false: infatti non tiene conto di un fatto, e cioè che qualcuno alla fine se ne è accorto e ha informato la Gestapo, visto che, sia pure con qualche ritardo, i clandestini sono stati scoperti.

Secondo argomento. Un testimone sopravvissuto ai campi di sterminio dice che a Treblinka vi erano montagne di vestiti alte 35-40 metri. I negazionisti argomentano che una montagna di tal fatta sarebbe l'equivalente di un palazzo di quindici piani, che i vestiti non potrebbero essere accumulati a tale altezza senza l'ausilio di una gru, e che la montagna dovrebbe avere un inverosimile diametro di circa centoquaranta metri, e un'area di base di 4805 metri quadrati. Non c'era posto per questa montagna nel campo. Da cui la conclusione che il testimone menta.

L'argomento, matematicamente perfetto, è retoricamente debole,

[1] Ora, Valentina Pisanty, *L'irritante questione delle camere a gas*, Milano, Bompiani, 1998.

perché non tiene conto che chiunque (specie chi parla appena uscito da una esperienza atroce, o peggio ancora la ricorda dopo un certo tempo) tende a costruire *iperboli*. È come se qualcuno, parlando di una certa esperienza, ci dicesse che a quella vista gli si sono rizzati i capelli sulla testa, e noi argomentassimo in base a princìpi tricologici dimostrando che i capelli non si possono porre in posizione verticale rigida. È ovvio che con questa iperbole il testimone ha voluto chiaramente affermare che ciò che ha visto era tremendo, e che ha provato paura, ed è su questo che si deve discutere, se si vuole ragionare secondo buon senso.

L'articolo di Ginzburg nel numero scorso di *Micromega* (letto insieme al libro che aveva scritto dopo il primo processo Sofri)[2] sembra riferirsi agli argomenti dei negazionisti. La posizione dei negazionisti è che qualsiasi prova può essere contestata o interpretata in modo diverso, dal momento che si è persuasi in partenza che l'Olocausto non sia avvenuto.

Non sono così imprudente e cinico da paragonare il caso Sofri all'Olocausto. Il paragone sarebbe quello tra un caso giudiziario che concerne tre persone e una tragedia storica di proporzioni grandiose. Ma sono interessato ai modi di ragionare. Gli argomenti di Ginzburg sono persuasivi anche per chi, come nel mio caso, non sia stato legato a Sofri da una militanza comune o da lunga consuetudine. Essi preoccupano chi ragiona secondo buon senso. Pare proprio che il processo (anzi, i processi) Sofri (quando parlo del "caso" il nome di Sofri vale come sineddoche, per indicare anche Bompressi e Pietrostefani) siano stati condotti in spregio non delle leggi ma di quel lume naturale che ci porta – in casi diversi della vita – ad asserire che chi ha detto che gli si sono rizzati i capelli in testa voleva dire che si era spaventato, e il resto è gioco perverso.

La sensazione che prova chi ragiona secondo il buon senso, è che Sofri sia stato condannato per le ragioni sbagliate. Quando dico "per le ragioni sbagliate" voglio lasciare una possibilità a chi ritenga che Sofri sia colpevole. Sarà colpevole, ma le ragioni in base alle quali è stato dimostrato colpevole sono sbagliate.

Perché il processo Sofri ha tanto sensibilizzato l'opinione pubblica, anche quella lontana dagli imputati? Per le stesse ragioni (anche se la posta politica era molto diversa) per cui una parte (allora esigua) dell'opinione pubblica si era sensibilizzata sul processo Braibanti. Forse qualcuno se ne ricorda ancora, e se non se ne ricorda rimando a un volume che ho curato all'epoca su questo caso. Un oscuro professore di

[2] Carlo Ginzburg, *Il giudice e lo storico. Considerazioni in margine al processo Sofri*, Torino, Einaudi, 1991.

provincia – tra l'altro, non l'ho mai conosciuto, né prima né dopo – era stato accusato di "plagio": di avere cioè sedotto e irretito due giovanotti (si badi bene, adulti) inducendoli a vivere con lui un rapporto omosessuale e – ciò che pareva peggio – una vita di bohème e una serie di idee che andavano dal marxismo alle opinioni atee del filosofo ebreo [*sic*] Baruch Spinoza.

È difficile configurare il reato di "plagio" in generale, quando caso mai è più definibile il reato di circonvenzione d'incapace – ma non era chiaro se indurre due adulti a prestazioni sessuali fosse da imputare come circonvenzione. Era apparso chiaro a chi aveva seguito il processo e aveva letto le centinaia di pagine degli atti e della sentenza finale, come quel processo fosse stato condotto violando tutte le regole della logica e della ragionevolezza, scambiando le cause per gli effetti e viceversa, intendendo come indizi a sfavore dell'imputato il fatto che si occupasse della vita delle formiche o che i suoi cassetti contenessero oggetti strani, curiosi, incongrui, e altre cose del genere.[3]

Quella parte dell'opinione pubblica che si è occupata del caso ha fatto l'unica cosa che si potesse o dovesse fare: ha esaminato puntigliosamente i documenti e ha denunciato i vizi del processo, vizi che erano mentali ancora prima che giuridici. Alla fine Braibanti è stato assolto in appello. Non c'è stato bisogno di dire se fosse più o meno simpatico si approvassero o meno le sue idee e le sue tendenze sessuali: semplicemente non esisteva il reato – a meno che non fosse colpa l'omosessualità, ma questo era appunto uno degli elementi su cui la sentenza s'impappinava, e mostruosamente.

Perché ricordo questo episodio? Perché alla fine gli interventi meditati e mirati sul nodo essenziale della vicenda (il processo era viziato) hanno certamente influito su una riconsiderazione più equilibrata del caso. Se invece si fossero viste per le strade manifestazioni di omosessuali che chiedevano la liberazione di Braibanti perché era uno dei loro, ritengo che Braibanti sarebbe ancora in galera.

Adesso torniamo al caso Sofri. Molti degli interventi a favore, anche se variamente "abbigliati" sono stati del tipo "io lo conosco bene, non può avere fatto una cosa del genere." Trovo questi interventi, se non dannosi, assolutamente inutili. L'argomento della convinzione morale è debolissimo in qualsiasi processo, se non altro per il princi-

[3] *Sotto il nome di plagio*, Milano, Bompiani, 1969. Il volume (che faceva seguito a una serie di articoli apparsi durante il processo, miei e altrui) conteneva scritti di Alberto Moravia, Adolfo Gatti, Mario Gozzano, Cesare Musatti, Ginevra Bompiani. Se il libro è, come credo, esaurito, si può ritrovare il mio testo (che occupa una settantina di pagine) in *Il costume di casa*, Milano, Bompiani, 1973.

pio universale che chi delinque, un secondo prima di delinquere non era ancora un delinquente (a meno di non essere lombrosiani radicali). Le convinzioni morali valgono moltissimo a titolo personale, ma non sul piano processuale. Quello che è peggio, non è che non valgano nulla, è che quando diventano plebiscitarie e insistenti possono nuocere, perché i giudici sono indotti a resistere a quella che sentono come una pressione psicologica attuata da chi si trova in relazione di complicità con gli imputati. Dagli amici mi guardi Iddio.

Può darsi che il timore delle difese alla "io lo conoscevo bene" sia una mia ripugnanza personale. Ma ritengo che, se qualcuno è accusato di un crimine, una persona o ha le prove che il crimine non è stato commesso, e allora le deve esibire immediatamente alla magistratura, o ha convinzioni morali e basta, e allora deve sapere che non contano giuridicamente nulla. Il garantista non è colui che agisce perché è persuaso dell'innocenza di qualcuno: è colui che agisce perché vengano rispettati, di questo qualcuno, il diritto a un giudizio rapido ed equo.

Altro argomento passionale che abbiamo udito serpeggiare è che è ingiusto condannare qualcuno per un reato compiuto venti anni fa, quando ormai la sua vita è profondamente cambiata. Argomento assurdo perché equivarrebbe a stabilire, in generale, che il tempo estingue il reato. Quello che rende l'argomento ambiguamente passionale è che viene usato da coloro che proclamano l'innocenza di Sofri e che tuttavia, volendolo libero perché innocente, sono pronti a concedere che sia colpevole purché si riconosca che è diventato, col tempo, più buono. Di nuovo, dagli amici mi guardi Iddio.

Del pari ambigui mi paiono tutti gli appelli affinché il presidente della repubblica conceda la grazia, e trovo giusto e onorevole che gli imputati siano i primi a rifiutare una soluzione del genere. In sé l'argomento è ovvio: se io mi dichiaro innocente non posso volere la grazia, voglio solo che sia riconosciuta la mia innocenza. Affibbiarmi la grazia significa implicare la mia colpevolezza. Per la terza volta, dagli amici mi guardi Iddio.

Ci sono state poi solidarietà pelose. Sofri è stato ed è cinicamente ancora usato solo come cuneo per sconfessare le varie magistrature, la sua grazia è il grimaldello per ottenerne altre, per azzerare una serie di procedimenti giudiziari. Dimostrare che il processo Braibanti era viziato non mirava a dimostrare che si era fatto male a condannare la saponificatrice o il mostro della via Salaria: voleva solo mostrare che *quel* processo era stato condotto in spregio a ogni civiltà giuridica – il che è una cosa ben diversa.

Che cosa si fa in una società civile? Si fa quello che ha fatto Zola per

Dreyfus, mettendo sotto processo il processo, il che è diritto/dovere di un'opinione pubblica non isterica. Ed è esattamente quello che aveva fatto Carlo Ginzburg dopo la sentenza del 1990. Per questo è molto più importante leggere o rileggere quel libro, e ripubblicarne ampi stralci su giornali e riviste, che non firmare infiniti appelli. Anche se Ginzburg, con molta lealtà, esibiva all'inizio le sue credenziali (anzi, potremmo dire, la debolezza delle sue credenziali), affermando che il primo motivo per cui scriveva era che era amico personale di Sofri, dopo questo esordio non parlava più in termini emotivi: analizzava deposizioni, interrogatori, indizi, prove e controprove, e chi ha letto il libro si è formato la persuasione che quel processo indiziario lasciava assai perplessi, perché gli indizi venivano valutati secondo un principio assai preoccupante: ogni testimonianza o indizio a difesa veniva rifiutato se discordava dalle testimonianze del pentito d'accusa.

Il libro di Ginzburg faceva qualcosa di più: comparava i procedimenti interpretativi usati dal collegio giudicante con quelli che dovrebbe usare uno storico serio quando mette a confronto le testimonianze di cui dispone. Ginzburg era abbastanza avveduto da non credere che i due procedimenti potessero coincidere, e lo metteva in chiaro. Ma alla fine poneva in luce una discrasia inquietante tra i procedimenti di una inchiesta storica seria e quelli seguiti nel processo e nella sentenza. Questo spiega perché all'inizio ho citato una possibile analisi logica degli argomenti dei negazionisti. C'è una analogia tra gli argomenti che mirano a dimostrare che un crimine non è stato commesso e quelli che mirano a dimostrare che un crimine è stato commesso: ed è la loro debolezza argomentativa. In certi casi più che il diritto degli imputati o delle vittime, si debbono garantire i diritti, non dico della ragione, ma del buon senso. Mi pare che gli argomenti usati nel processo Sofri siano contrari al buon senso.

Evidentemente la lezione che viene dal libro di Ginzburg non è stata accolta a sufficienza. Ma questo ci dice che l'unica cosa sensata da fare è procedere nella stessa direzione. Mi risulta che un editore stia per pubblicare tutta la sentenza. Non so se sarà tutta, perché verrebbe fuori un volume di dimensioni scostanti. Ma è certamente su questo piano che si deve andare avanti e questa è l'unica grazia in cui i condannati possono sperare – anche se sono cosciente che questo rende i tempi più lunghi.

Codicillo. Io non ho semplicemente la persuasione "morale" che il processo Sofri non sia avvenuto nel modo corretto. Formulo una ipotesi che ritengo ragionevole sulla base dei dati processuali che conosco. Ma non posso fare finta che il mio modo di reagire ai dati che conosco non sia in qualche modo orientato da qualche *pre-giudizio*. E infatti, anche se non ho pregiudizi affettivi ho tuttavia dei pregiudizi razionali. Parlare di pregiudizio razionale non è un ossimoro: è che si inizia sempre l'esame di qualcosa essendosi formulato un abbozzo di ragionamento che induce a pensare che sia sensato fare una ipotesi piuttosto che un'altra.

Enuncio pertanto le ragioni "narrative" del mio pregiudizio. Il termine "narrativo" non è da prendere in senso riduttivo. Sono tra coloro che pensano che condizioni narrative presiedano a ogni atto di comprensione delle cose, non solo a livello storico ma anche a livello percettivo: per capire qualsiasi fenomeno cerchiamo di riconoscere una sequenza in qualche modo "coerente". Se in mezzo al prato questa primavera è cresciuto un fiore che prima non avevo mai visto è più coerente ed "economico" pensare che qualche agente naturale abbia trasportato in quel luogo un seme l'autunno scorso che non pensare che un giardiniere fantasma sia venuto a piantarlo nottetempo. La prima storia è più verosimile della seconda, e va ipotizzata per prima.

Veniamo alla storia di Sofri e di Lotta Continua. Chiunque abbia letto ai suoi tempi *Lotta Continua*, indipendentemente dal fatto che ne compartecipasse o avversasse le idee, si è accorto di una caratteristica tipica di quel giornale, e del movimento. Mentre le altre pubblicazioni del Sessantotto esibivano di solito un linguaggio dottrinario o, nei casi più selvaggi, si stemperavano nell'invettiva, *Lotta Continua* aveva inventato una formula giornalistica nuova, nell'uso del linguaggio, nel lessico, nella sintassi, nella concezione dei titoli.[4] Non è affatto un caso se grandissima parte degli ex leader del movimento sono diventati figure del giornalismo (e questo tra l'altro spiega anche perché la solidarietà a Sofri è stata così visibile dal punto di vista dei media). *Lotta Continua* aveva inventato una formula giornalistica, singolare nel panorama sessantottesco, che potremmo senza offesa definire "persuasiva". Il suo era un linguaggio mediatico, e dei mass media aveva la più importante delle caratteristiche: il lettore deve essere retoricamente persuaso, colpito, sedotto, convinto, non se ne doveva mai presupporre il consenso, occorreva produrlo. L'aspetto persuasivo, vorrei dire l'occhio attento alla *audience*, era la caratteristica che rendeva *Lotta Continua* diverso dagli altri giornali di movimento.

Ora quale era il progetto politico di Lotta Continua per quanto riguarda il caso Calabresi? Era di delegittimare Calabresi, trascinarlo sul banco degli imputati per avere ucciso Pinelli, o almeno convince-

[4] Cfr. Patrizia Violi, *I giornali dell'estrema sinistra*, Milano, Garzanti, 1977.

re quante più persone possibili che Calabresi fosse colpevole, e con lui delegittimare il potere di cui era stato eletto a simbolo. Si può accusare Lotta Continua di aver scelto il simbolo sbagliato, di essere stata impietosa e spietata, di avere costruito il proprio colpevole, di averlo fatto sino al punto di spingere moltissimi a odiarlo visceralmente, si può accusarla di tutto, ma bisogna riconoscere che questo era il suo scopo.

Pertanto Lotta Continua aveva bisogno di Calabresi vivo e colpevolizzato all'estremo, la presenza di Calabresi era diventata addirittura condizione della propria sopravvivenza. E siccome i redattori del giornale e i leader del movimento avevano forte senso massmediatico, non potevano non immaginare che Calabresi ucciso sarebbe diventato esattamente l'opposto di quel che essi lo volevano, non più un colpevole, ma una Vittima, non più il Cattivo, ma l'Eroe. Almeno questo suggeriva il buon senso, e il senso giornalistico. Certo, nessuno esclude la follia, ma sino a ora non mi pare che nel processo Sofri sia stata tirata in ballo l'infermità mentale. Voglio dire che se oggi un misterioso assassino mettesse bombe a catena nelle sale cinematografiche, potremmo sospettare di tutti, persino dei più insospettabili, ma gli ultimi di cui dovremmo sospettare sarebbero i produttori cinematografici e i gestori delle sale. Non avrebbero interesse a farlo, al contrario, sarebbero i primi a essere danneggiati dal fenomeno.

Capisco che il ragionamento "a loro Calabresi faceva comodo vivo, per ammazzarlo simbolicamente, non morto, così da essere obbligati a compiangerlo" può apparire molto cinico, e anzi lo è, almeno nella misura in cui è cinico ogni ragionamento realistico. Ma, sino a prova contraria, siamo indotti a ipotizzare che Sofri e compagni agissero in modo realistico. Questo non esclude affatto che abbiano sottovalutato il fatto che qualche loro lettore poteva leggerli in altra chiave e seguire poi un impulso di vendetta. Ma è un'altra faccenda, su cui lo stesso Sofri ha fatto la sua autocritica.

Ritengo ragionevole, per questo come per tutti i delitti, tenere presente l'argomento dei *cui prodest*. Processo e sentenza costruiscono invece una storia in cui i protagonisti commettono una sorta di suicidio collettivo. Non sembra una storia coerente.

Certo, nella vita abbiamo anche tante storie incoerenti. Ma questo sospetto d'incoerenza mi sembra una buona ragione per rileggere la storia, perché così come ci è stata raccontata appare troppo sgangherata.

1997

Kosovo

Nel dicembre del 1993 si è svolto alla Sorbona, sotto l'egida della Academie Universelle des Cultures, un congresso sul concetto di intervento internazionale. C'erano non solo giuristi, politologi, militari, politici, ma anche filosofi e storici come Paul Ricoeur o Jacques Le Goff, medici senza frontiere come Bernard Koutchner, rappresentanti di minoranze un tempo perseguitate come Elie Wiesel, Ariel Dorfmann, Toni Morrison, vittime della repressione di vari dittatori, come Leszek Kolakowski o Bronislaw Geremek o Jorge Semprun, insomma molta gente a cui la guerra non piace, non è mai piaciuta e non vorrebbero vederne più.

Si aveva paura a usare parole come *intervento*, che sapeva troppo di ingerenza (anche Sagunto è stato un intervento, e ha permesso ai romani di fare fuori i cartaginesi), e si preferiva parlare di soccorso e di *azione internazionale*. Pura ipocrisia? No, i romani che intervengono a favore di Sagunto sono romani, e basta, mentre in quel convegno si stava parlando di comunità internazionale, di un gruppo di paesi che ritengono che la situazione, in un punto qualsiasi del globo, abbia raggiunto l'intollerabile, e decidono di intervenire per porre fine a quello che la coscienza comune definisce un delitto.

Ma quali paesi fanno parte della comunità internazionale, e quali sono i limiti della coscienza comune? Si può certo sostenere che per ogni civiltà uccidere sia un male, ma solo entro certi limiti. Noi europei e cristiani ammettiamo per esempio l'omicidio per legittima difesa, ma gli antichi abitanti del Centro e Sudamerica ammettevano il sacrificio umano rituale, e gli attuali abitanti degli Stati Uniti ammettono la pena di morte.

Una delle conclusioni di quel tormentatissimo convegno era stata che, come avviene in chirurgia, intervenire significa agire energicamente per interrompere o eliminare un male. La chirurgia vuole il bene, ma i suoi metodi sono violenti. È consentita una chirurgia internazionale? Tutta la filosofia politica moderna ci dice che, per evitare la guerra di tutti contro tutti, lo stato deve esercitare una certa violenza sugli individui. Ma quegli individui hanno sottoscritto un contratto sociale. Che cosa avviene tra stati che non hanno sottoscritto un contratto comune?

Di solito una comunità, che si ritiene depositaria di valori molto diffusi (diciamo i paesi democratici) stabilisce i limiti di ciò che essa giudica intollerabile. Non è tollerabile condannare a morte per reati d'opinione. Non è tollerabile il genocidio. Non è tollerabile l'infibulazione (almeno, se praticata a casa nostra). Pertanto si decide di difendere coloro che sono danneggiati ai limiti dell'intollerabile. Ma sia chiaro che quell'intollerabile è intollerabile per noi, non per "loro".

Chi siamo noi? I cristiani? Non necessariamente, cristiani rispettabilissimi, anche se non cattolici, appoggiano Milosevic. Il bello è che questo "noi" (anche se è definito da un trattato, come quello nordatlantico) è un Noi impreciso. È una Comunità che si riconosce su alcuni valori.

Dunque quando si decide di intervenire in base ai valori di una Comunità, si fa una scommessa: che i nostri valori, e il nostro senso dei limiti tra tollerabile e intollerabile, siano giusti. Si tratta di una sorta di scommessa storica non diversa da quella che legittima le rivoluzioni, o i tirannicidi: chi mi dice che io abbia diritto di esercitare la violenza (e che violenza, talora) per ristabilire quella che ritengo una giustizia violata? Non c'è nulla che legittimi una rivoluzione, per chi l'avversa: semplicemente chi vi si impegna crede, scommette, che ciò che fa sia giusto. Non diversamente accade per la decisione di un intervento internazionale.

È questa situazione quella che spiega l'angoscia che afferra tutti in questi giorni. C'è un male terribile a cui opporsi (la pulizia etnica): è l'intervento bellico lecito o no? Si deve fare una guerra per impedire una ingiustizia? Secondo giustizia sì. E secondo carità? Ancora una volta si ripropone il problema della scommessa: se con una violenza minima avrò impedito una ingiustizia enorme, avrò agito secondo carità, come fa il poliziotto che spara al pazzo assassino per salvare la vita a molti innocenti.

Ma la scommessa è duplice. Da un lato si scommette che noi siamo in accordo col senso comune, che quello che vogliamo reprimere è qualche cosa di universalmente intollerabile (e peggio per chi non lo capisce e ammette ancora). Dall'altro si scommette che la violenza che giustifichiamo riuscirà a prevenire violenze maggiori.

Sono due problemi assolutamente diversi. Ora provo a dare per scontato il primo, che scontato non è, ma vorrei ricordare a tutti che questo non è un trattato di etica, bensì un articolo di giornale, sordidamente ricattato da esigenze di spazio e di comprensibilità. In altre parole, il primo problema è così grave, e angoscioso, che non può, anzi non deve essere trattato sulle gazzette. Diciamo allora che è giusto, per impedire un delitto come la pulizia etnica (foriero di altri delitti e di altre atrocità che il nostro secolo ha conosciuto), ricorrere alla violenza. Ma la seconda domanda è se la forma di violenza che esercitiamo possa davvero prevenire violenze maggiori. Qui non siamo più di fronte a un problema etico bensì a un problema tecnico, il quale ha tuttavia un risvolto etico: se l'ingiustizia a cui mi piego non prevenisse l'ingiustizia maggiore, sarebbe stato lecito usarla?

Questo equivale a fare un discorso sulla utilità della guerra, nel senso di guerra guerreggiata, di guerra tradizionale, che ha per fine l'annientamento finale del nemico e la vittoria del vincitore. Il discorso sulla inutilità della guerra è difficile perché pare che chi lo fa parli in favore dell'ingiustizia che la guerra cerca di sanare. Ma questo è un ricatto psicologico. Se qualcuno per esempio dicesse che tutti i guai della Serbia derivano dalla dittatura di Milosevic, e che se i servizi segreti occidentali riuscissero a uccidere Milosevic tutto si risolverebbe in un giorno, questo qualcuno criticherebbe la guerra come strumento utile per risolvere il problema del Kosovo, ma non sarebbe pro-Milosevic. D'accordo? Perché nessuno adotta questa posizione? Per due ragioni. Una, che i servizi segreti di tutto il mondo sono per definizione inefficienti, non sono stati capaci di fare ammazzare né Castro né Saddam ed è vergognoso che si consideri ancora giusto sperperare per essi pubblico denaro. L'altro è che non è affatto vero che quello che fanno i serbi sia dovuto alla follia di un dittatore, ma dipende da odi etnici millenari, che coinvolgono e loro e altre etnie balcaniche, il che rende il problema ancora più drammatico.

Torniamo allora al discorso sulla utilità della guerra. Qual è stato nel corso dei secoli il fine di quella che chiameremo paleo-guerra? Sconfiggere l'avversario in modo da trarre un beneficio dalla sua perdita. Questo imponeva tre condizioni: che al nemico dovessero essere tenute segrete le nostre forze e le nostre intenzioni, in modo da poterlo prendere di sorpresa; che ci fosse una forte solidarietà nel fronte interno; che infine tutte le forze a disposizione fossero utilizzate per distruggere il nemico. Per questo nella paleo-guerra (compresa la guerra fredda) si stroncavano coloro che dall'interno del fronte amico trasmettevano informazioni al fronte nemico (fucilazione di Mata Hari, i Rosenberg sulla sedia elettrica), si impediva la propaganda del fronte avverso (si metteva in prigione chi ascoltava Radio Londra, McCarthy condannava i filocomunisti di Hollywood), e si punivano coloro che, dall'interno del fronte nemico, lavoravano contro il proprio paese (impiccagione di John Amery, segregazione a vita di Ezra Pound) – perché non si doveva fiaccare lo spirito dei cittadini. E infine si insegnava a tutti che il nemico andava ucciso, e i bollettini di guerra esultavano quando le forze nemiche venivano sterminate.

Queste condizioni sono entrate in crisi con la prima neo-guerra, quella del Golfo, ma si attribuiva ancora la smagliatura alla stupidità dei popoli di colore, che ammettevano i giornalisti americani a Bagdad, forse per vanità, o per corruzione. Ora non ci sono più equivoci, l'Italia invia aerei in Serbia ma mantiene relazioni diplomatiche con la Jugoslavia, le televisioni della Nato comunicano ora per ora ai serbi quali aerei Nato stanno lasciando Aviano, agenti serbi sostengono le ragioni del governo avversario dagli schermi della televisione di stato, giornalisti italiani trasmettono da Belgrado con l'appoggio delle autorità locali. Ma è guerra questa, col nemico in casa che fa propaganda per i suoi? Nella neo-guerra ciascun belligerante ha il nemico nelle retrovie e, dando continuamente la parola all'avversario, i media demoralizzano i cittadini (mentre Clausewitz ricordava che condizione della vittoria è la coesione morale di tutti i combattenti).

D'altra parte, quand'anche i media fossero imbavagliati, le nuove tecnologie della comunicazione permettono flussi d'informazione inarrestabili – e non so quanto Milosevic possa bloccare non dico Internet ma le trasmissioni radio da paesi nemici.

Tutte le cose che ho detto sembrano contraddire il bell'articolo di Furio Colombo su *la Repubblica* del 19 aprile scorso, dove si sostiene che il Villaggio Globale di McLuhan sarebbe morto il 13 aprile 1999, quando in un mondo di media, cellulari, satelliti, spie spaziali e così via, si dovette dipendere dal telefonino da campo di un funzionario di agenzia internazionale, incapace di chiarire se davvero fosse avvenuta una infiltrazione serba in territorio albanese. "Noi non sappiamo nulla dei serbi. I serbi non sanno nulla di noi. Gli albanesi non riescono a vedere sopra il mare di teste che li sta invadendo. La Macedonia scambia i profughi per nemici e li massacra di botte." Ma allora, questa è una guerra dove ciascuno sa tutto degli altri o dove nessuno sa niente? Tutte e due le cose.

Il fronte interno è trasparente, mentre la frontiera è opaca. Gli agenti di Milosevic parlano nelle trasmissioni di Gad Lerner, mentre sul fronte, là dove i generali di un tempo esploravano col binocolo, e sapevano benissimo dove si appostava il nemico, oggi non si sa niente.

Questo accade perché, se il fine della paleo-guerra era distruggere quanti più nemici fosse possibile, pare tipico della neo-guerra cercare di ucciderne il meno possibile, perché a ucciderne troppi si incorrerebbe nella riprovazione dei media. Nella neo-guerra non si è ansiosi di distruggere il nemico, perché i media ci rendono vulnerabili di fronte alla sua morte – non più evento lontano e impreciso, ma evidenza visiva insostenibile. Nella neo-guerra ogni armata si muove all'insegna del vittimismo, Milosevic accusa orribili perdite (Mussolini se ne sarebbe vergognato), e basta che un aviatore della Nato caschi a terra che tutti si commuovono. Insomma, nella neo-guerra perde, di fronte all'opinione pubblica, chi ha ammazzato troppo. E dunque è giusto che alla frontiera nessuno si affronti e nessuno sappia niente dell'altro. In fondo la neo-guerra è all'insegna della "bomba intelligente", che dovrebbe distruggere il nemico senza ammazzarlo, e si capiscono i nostri ministri che dicono "noi, scontri col nemico? ma niente affatto!" Che poi un sacco di gente muoia lo stesso è tecnicamente irrilevante. Anzi, il difetto della neo-guerra è che muore della gente, ma non si vince.

Ma possibile che nessuno sappia condurre una neo-guerra? Nessuno, è naturale. L'equilibrio del terrore aveva preparato gli strateghi a una guerra atomica ma non a una terza guerra mondiale, dove si dovessero spezzare le reni alla Serbia. È come se i migliori laureati del Politecnico fossero stati tenuti per cinquant'anni a fare videogiochi. Vi fidereste a lasciargli fare ora un ponte? Ma infine, l'ultima beffa della neo-guerra non è che non ci sia nessuno oggi in servizio che sia vecchio abbastanza da avere imparato a fare una guerra – e non ci potrebbe essere in ogni caso, perché la neo-guerra è un gioco dove per definizione si perde sempre, anche perché la tecnologia che viene usata è più complessa del cervello di coloro che la manovrano e un semplice computer, benché fondamentalmente idiota, può giocare più scherzi di quanti ne immagini colui che lo manovra.

Bisogna intervenire contro il delitto del nazionalismo serbo, ma forse la guerra è un'arma spuntata. Forse l'unica speranza è nell'avidità umana. Se la vecchia guerra ingrassava i mercanti di cannoni, e questo guadagno faceva passare in secondo piano l'arresto provvisorio di alcuni scambi commerciali, la neo-guerra, se pure permette di smerciare un surplus di armamenti prima che diventino obsoleti, mette in crisi i trasporti aerei, il turismo, gli stessi media (che perdono pubblicità commerciale) e in genere tutta l'industria del superfluo. Se l'industria degli armamenti ha bisogno di tensione, quella del superfluo ha bisogno di pace. Prima o poi qualcuno più potente di Clinton e di Milosevic dirà "basta", e tutte e due ci staranno a perdere un poco di faccia, pur di salvare il resto. È triste, ma almeno è vero.

1999

AMATE SPONDE

Cronache italiane

Matteotti in Piazza Fontana

Questi libri di testo occorrerà davvero rifarli. Non tanto perché è d'uopo far posto a una diversa descrizione geopolitica dell'Europa attuale (per il che saranno opportuni raccoglitori a fogli mobili, con aggiornamenti mensili su abbonamento), ma perché occorrerà tener conto di tutti i processi revisionistici che sono in corso.

È facile accettare l'ipotesi ormai accreditatissima che nei campi di concentramento nazisti non venne mai ucciso alcun ebreo, e che i pochissimi che vi morirono spirarono per infarto del miocardio, dato che le SS li nutrivano con cibi ad alto contenuto di colesterolo. Ma come sono morti allora quei sei milioni? Di AIDS? Di influenza cinese? Per aver riso troppo come Margutte? Ecco un capitolo di storia della medicina che i libri di testo dovranno pur considerare, così come su di essi si apprende della peste nera, di quella manzoniana e della spagnola del 1918.

La Resistenza, è appurato, fu squallida guerra civile. Ma vogliamo chiarire quale fu il torbido ruolo giocato dai fratelli Cervi? Vogliamo finalmente gettare la maschera e dire chi fu veramente Duccio Galimberti, in modo che gli eredi Ghedini possano commissionare a Celentano un *Concerto funebre per Osvaldo Valenti*? Sapremo gettare la *cagoule* e dire la verità sugli assassini compiuti dalla famigerata banda Rosselli a Parigi?

Occorrerà chiarire l'atroce inganno della cosiddetta Trappola di Marzabotto, in cui un intero battaglione tedesco fu attirato in un agguato e costretto con astuti raggiri a sparare a salve in modo da risultare poi disarmato, facile preda di bande partigiane che deportarono l'intero distaccamento a Stromboli, dove i generosi ariani furono gettati uno per uno nella bocca dell'omonimo vulcano. Chi fu veramente ucciso alle Fosse ardeatine? Facile speculare su cadaveri ormai irriconoscibili, ma dovrebbe ormai essere rivelato che si trattava di drappelli di Piccole Italiane, prima violentate e poi barbaramente massacrate – ebbene diciamolo – da Sandro Pertini in persona, non senza una ambigua assistenza, duole il cuore ad ammetterlo, di Alcide De Gasperi, arso da satiriasi dopo gli anni passati in forzata castità entro le mura leonine.

Che cosa faceva il cardinale Ildefonso Schuster a Villa Triste? Pregava? E allora chi spegneva i mozziconi sul pube di Luisa Ferida? I nostri ragazzi debbono sapere. Fu vera gloria quella di Salvo d'Acquisto? Perché si dichiarò colpevole? Ma avete mai visto un carabiniere che sul luogo del delitto dice "Sono stato io"? Non si sarà trattato di una cupa avvisaglia della guerra fratricida che oppone la Benemerita alla Polizia di Stato, asservita alla partitocrazia? Chi ha sparato per primo alle Giornate di Napoli? È vero o non è vero che se gli Alleati non fossero sbarcati a Salerno e ad Anzio, sulla linea gotica i nazisti avrebbero sin da allora costruito Grimmsland, una città dei divertimenti con la casetta di Hänsel e Gretel, il sentiero di Pollicino e il *Drei Scheren und ein Pfennig*, una sorta di tirasegno a lame fendenti per tagliare le unghie a Struwwelpeter?

Dov'era Ferruccio Parri la notte di Villarbasse? Aveva davvero deposto le armi? Quali sono stati i rapporti tra Benedetto Croce e Rina Fort? È vera o falsa la notizia, di cui esistono documenti negli archivi di Gladio, per cui Matteotti non fu affatto ucciso, visse a lungo in clandestinità, e fu visto con una valigetta nera in Piazza Fontana, mentre pagava la corsa al tassista Rolandi?

Sant'Ernesto Bignami, aiutaci tu, mi verrebbe da dire, ma neppure di lui potremo fidarci, perché sappiamo che il Bignami – quello storico – fu allontanato dall'insegnamento dal governo durante il ventennio, e qualche ragione vi sarà pur stata.

1992

Chi votava per Andreotti?

Sono negli Stati Uniti e seguo le questioni italiane, ma con un giorno di ritardo, perché i giornali arrivano il giorno dopo (a meno che si riesca a captare alle sette e mezza di sera il telegiornale italiano). Quindi è naturale che ogni mattina guardi il *New York Times*. Il quale però, tranne casi eccezionali, se parla dell'Italia ne parla in una delle sue infinite pagine interne, e bisogna subito consultare il sommario delle notizie internazionali a pagina 2. Domenica 28 marzo il sommario non citava l'Italia. Solo sfogliando si poteva trovare a pagina 7 una colonna dedicata al caso Andreotti, come al solito precisa e informata. Il martedì 30 ho di nuovo cercato notizie nel sommario: i titoletti con i riassunti non menzionavano l'Italia, ma in fondo, in una serie di brevi stelloncini senza titolo, stava scritto: "Lo scandalo italiano: un film di classe B, pagina 10." Quindi ormai le nuove puntate della vicenda italiana non sono più considerate notizie eccezionali, ma qualcosa come una specie di *soap opera*, ormai alquanto noiosa e prevedibile, a cui si dedica al massimo un pezzo divertito di costume. E infatti l'articolo in questione cerca di spiegare come mai in questa repubblica delle banane si mangiassero i soldi destinati ai terremotati e i ministri che facevano le leggi contro la mafia fossero eletti con voti mafiosi.

Cerchiamo di distribuire equamente i torti e le vergogne. Gli americani sanno bene (ma tendono a dimenticare) che se per quarant'anni in Italia è successo quello che è successo la colpa è anche loro, come è loro la colpa se – per tenere a bada i cubani – hanno per decenni finanziato i più sbracati e impresentabili tirannelli del Centroamerica. È come se dicessero: "Sì, va bene, noi dovevamo pur proteggerci, ma è colpa vostra se avete abbozzato." Ora si scandalizzano, ma prima abbozzavano anche loro. Volendo fare un poco di dietrologia, potremmo persino insinuare che finanziassero anche il Partito comunista, perché un Partito comunista temibile garantiva la fedeltà dell'Italia al blocco occidentale, mentre una Italia senza Partito comunista avrebbe potuto mettersi delle idee in testa, come la Francia, e magari avrebbe tentato la carta della leadership mediterranea, e dunque filoaraba, e allora altro che Sigonella.

Ma come sceneggiata simmetrica a quella americana, incomincia a insospettirmi l'indignazione che pervade, virtuosamente, il nostro paese di fronte alle varie magagne che vengono scoperte. Mi ricordo che due anni fa Bob Silvers, il direttore della *New York Review of Books*, che conosce bene e ama l'Italia, mi chiedeva con americano candore come mai gli italiani sapessero benissimo chi rubava, chi metteva le bombe sui treni, e così via, ma non erano capaci a risolvere il problema. Gli avevo risposto – ed era due anni fa – che questo avveniva perché la maggioranza del paese era consenziente. Che fosse consenziente, era dimostrato dai risultati elettorali: gli italiani hanno votato per quarant'anni per i partiti che oggi vituperano. Perché fosse consenziente, era una questione che andava spiegata con la dinamica del potere illustrata da Michel Foucault: non c'era una cupola di corrotti che sfruttava il paese, in un certo modo tutti traevano qualche vantaggio da come andavano le cose. Come il piccolo commerciante che paga il gangster che protegge il quartiere. Ci rimette qualcosa ma almeno sa che cosa deve attendersi, e a chi può chiedere protezione nel caso arrivi un furfante dal quartiere vicino.

Gli italiani sapevano a chi occorreva domandare un favore, quanto costava, come farsi togliere una multa, come trovare un lavoricchio non troppo faticoso grazie a una lettera di raccomandazione, come avere un appalto senza tentare difficili competizioni... Insomma, gli andava bene così, e per questo votavano turandosi il naso. E insomma, cribbio, chi votava Andreotti? Quei quattro gatti de *Il Manifesto*?

Oggi almeno il 95 per cento del paese è indignato e grida "ladro" al deputato che passa per strada. Votavano tutti radicale? Costituivano comitati di salute pubblica? S'indignavano già allora, ma gli passava subito? Insomma, non assistiamo alla rivolta di un paese sano contro la cupola dei corrotti, ma dobbiamo affrontare l'esame di coscienza di un paese maggioritariamente corrotto. Non si può ricominciare come il 25 aprile, "io in piazza Venezia non c'ero..." E dov'eri mentre i fratelli Rosselli si facevano massacrare in Francia? Dov'eri quando hanno ammazzato Matteotti? Che cosa cantavi tu, quando Starace cantava "Faccetta nera?"

1993

Perché scannarsi per la Tv?

Il dibattito è stagionale, ma in queste settimane mi è parso intensificarsi. Tema: il ruolo politico della televisione, se occupare gli schermi significhi ottenere un'influenza decisiva sull'opinione pubblica. È abbastanza ovvio che la discussione riprenda vigore in un momento in cui si sta mettendo in questione la lottizzazione, qualcuno rischia di perdere canali conquistati a caro prezzo, altri intravedono una terra di conquista. Dato che quello che interessa non è il potere tattico che la televisione può conferire ma quello strategico (la fondazione di un forte e duraturo consenso), proviamo a fare un esperimento mentale. Uno storico del Tremila (che ragionerà comperando libri, registrazioni video, rapporti di polizia, sentenze di tribunali, annate di giornali) potrebbe arrivare alle seguenti conclusioni.

Negli anni cinquanta, e per buona parte dei sessanta, la televisione è stata sotto il monopolio democristiano. Sul piano morale è stata attenta a non mostrare nudità perturbanti, ha coltivato una visione atlantica e moderata della politica nazionale e internazionale, ha distribuito oculatamente servizi religiosi e trasmissioni edificanti, ha mostrato eroi televisivi con capelli corti, cravatta e modi gentili. Stava inoltre molto attenta a non parlare troppo della Resistenza, per non crearsi troppi nemici a destra. Tutti i giovani nati tra il 1945 e il 1950 sono cresciuti con questa televisione. Risultato: questa televisione ha prodotto la generazione del Sessantotto: capelli lunghi, libera convivenza sessuale, lotte per divorzio e aborto, odio per il sistema, anticlericalismo, Resistenza come ideale da ritrovare attuale in Bolivia, o in Vietnam.

Poi è arrivata gradatamente la televisione lottizzata: sul piano del costume, a poco a poco, è giunta a mostrare i seni nudi (e a tarda notte anche altre parti più segrete), ha dato spettacolo di spregiudicatezza, sarcasmo, rissosità, scarso rispetto per le istituzioni. E su questo piano del costume ha prodotto una generazione che sta tornando a valori religiosi, e pratica il sesso con prudenza. Sul piano storico, diciamo dalla metà degli anni sessanta in avanti, ha fatto della Resistenza il mito fondatore della repubblica, parlandone appena se ne poteva: e ha creato una generazione che della Resistenza non ne vuole sentire parlare e piuttosto (per fortuna in proporzioni ancora non drammatiche) presta orecchio alle sirene del revisionismo, quando non si diletta di razzismo e antisemitismo.

Sul piano politico ha inculcato, sia pure dividendosi su tre canali che si volevano ideologicamente diversi, il rispetto per una classe politica che si mostrava in video ogni qual volta poteva e riaffermava, con l'invadenza della propria immagine, il proprio potere e (presuntivamente) la propria popolarità. Risultato? Una parte dei cittadini si è ribellata autonomamente a questa classe politica attraverso l'opzione leghista; tutti gli altri, non appena si è aperta una falla nel sistema, non hanno atteso un momento per salutare nei magistrati i propri giustizieri, e hanno incominciato a tirare uova marce (non per metafora) a quei politici che vedevano in video, non appena ora li scorgono per strada.

Il nostro storico del Tremila potrebbe persino trarre l'avventata conclusione che una televisione democristiana ha prodotto il più massiccio avanzare di un Partito comunista mai verificatosi in Europa occidentale, mentre il graduale accesso dei comunisti al controllo dei canali ne ha provocato la recessione.

Se il nostro storico vivrà in un'epoca di forte e barbarica religiosità, ne concluderà che la televisione era l'Impero del Male, un Moloch feroce che divorava chi tentava di conquistarlo e cavalcarlo, o più semplicemente che quel medium portava una jella tremenda a chiunque si affacciasse dai teleschermi. Se avrà invece disposizioni al ragionamento analitico e alla formulazione di ipotesi scientifiche dirà che questo mezzo invadente potrà forse aver sensibilmente influenzato il modo di pensare della gente sul piano dei consumi, ma non certo su quello delle passioni e decisioni politiche.

Si chiederà allora costernato come mai per il possesso di questo mezzo si fossero scatenate tante lotte, e ne concluderà che gli uomini del nostro secolo non capivano i mass media.

1993

Le sfumature della Resistenza

Quando ero bambino, mio padre mi raccontava le sue vicende della prima guerra mondiale, e una delle storie che mi aveva colpito di più era quella della ritirata di Caporetto. Avevano camminato per giorni e giorni, senza arrestarsi la notte per dormire, e mio padre asseriva di essersi salvato perché un commilitone grande e robusto aveva concesso (a lui mingherlino ed esausto) di camminare appoggiato alla sua spalla per qualche ora. Mio padre dormiva con la testa, e intanto nel sonno muoveva i piedi. Pare che sia possibile, se si vuol sopravvivere.

Poi erano arrivati a una grande villa deserta, certamente in territorio italiano. La prima cosa che ci saremmo attesi da quell'accolta di uomini distrutti era che tutti si buttassero chi sui letti, chi sui tappeti, chi sui tavoli, per prendere fiato. Invece, come se avessero sconfitto un nemico, alcuni di loro avevano preso a sfasciare i mobili e spaccar gli specchi, avevano aperto i cassetti e rovinato un intero guardaroba di vesti e sottovesti femminili, infilandosele sull'uniforme, ridendo e schiamazzando.

Chi erano quei soldati? Alcuni di loro, rimandati poi al fronte, saranno entrati nella schiera dei seicentomila morti di quella guerra. Voglio dire, erano bravi ragazzi, gente come noi, che avevano saputo adeguarsi e avrebbero saputo di nuovo adeguarsi alla disciplina militare. Ma la guerra è una brutta bestia, e stravolge ogni senso morale, e nel corso della storia abbiamo visto combattenti altrimenti generosi che si sono dati al saccheggio e allo stupro. Mio padre raccontava quella storia con orrore, ma io non mi sono sentito di giudicare quei soldati, perché io la ritirata di Caporetto non l'ho mai fatta.

Queste cose mi vengono in mente in questi giorni in cui – con regolare ricorrenza stagionale – riprende la messa sotto accusa della Resistenza, come al solito dimostrando che vi sono state brutture e atti di ferocia. Ma è naturale. Non si poteva chiedere buon senso e controllo dei nervi a gente che rischiava di essere fucilata a ogni istante, bande all'inizio raccogliticce, in cui si insinuavano (come in ogni vicenda di guerra civile) profittatori, opportunisti, e alcuni che si eran trovati lì solo perché vivevano da quella parte della collina, e se vivevano dall'altra cedevano magari al fascino della Repubblica Sociale. Dove (il partigiano Giorgio Bocca lo ha ripetuto), moltissimi erano idealisti che perseguivano una loro nozione dell'onore; e altri avventurieri disperati che cercavano di trar partito dalla vicenda. Io ero allora ragazzo e mi ricordo di entrambi, e da entrambe le parti; e vi assicuro che i disperati erano riconoscibilissimi, e spesso cambiavano campo con disinvoltura.

Se ogni guerra, e massimamente le guerre civili, provocano di queste confusioni e di questi scompensi, qual è il compito dello storico, che queste cose le sa a priori? Certamente lo storico è qualcuno che raccoglie documenti, anche minimi, ed è suo mestiere scoprire in un archivio che l'individuo Tale in un tal momento ha fatto la tal cosa. Ma se lo storico facesse solo questo sarebbe semplicemente uno spigolatore di pettegolezzi sul passato, o il portaborse di uno storico. Lo storico è colui che cerca poi di comporre questi dati in un mosaico più generale, e di comprendere l'evento in un quadro globale, identificandone le cause, gli effetti sugli eventi futuri, e pronunciando appunto un giudizio "storico". Un conto è sapere che durante la Rivoluzione francese qualcuno ha denunciato e fatto ghigliottinare qualcun altro a cui doveva dei soldi, un altro valutare storicamente il "senso" della Rivoluzione francese.

Ecco, mi pare che queste polemiche stagionali usino il passato come il giornalismo usa il presente, che non può essere mostrato che a brani, e per vicende particolari – salvo che implicitamente l'evento particolare viene eletto a esempio, e il giudizio sull'esempio diventa illecitamente, ma fatalmente, giudizio su un periodo, un gruppo, una società.

Va bene che siamo d'estate, e che bisogna inventarle tutte per farsi leggere. Ma quel fosco, grande, tremendo e non trascurabile momento che l'Italia ha passato dopo il settembre 1943 richiederebbe una maggior ampiezza di vedute e un più responsabile senso di pietà.

1993

Tutti di destra

Vittorio Feltri, su *L'Indipendente*, ha steso una lista di intellettuali italiani "di destra". L'elenco contiene nomi di persone che indiscutibilmente aderirono al fascismo come Gentile, Cione o Marinetti; poi ve ne sono altri definibili come pensatori di destra ma non come fascisti, vedi Del Noce; infine vi appare Croce.

Feltri afferma di aver messo in lista chi è stato fascista "e" nazionalista. Non doveva scrivere "e", bensì "o". Croce era certamente antifascista, ma la sua età e la sua formazione lo hanno indotto, per i superiori interessi della nazione, a dar persino l'oro alla patria. È un interessante dato psicologico e biografico, ma bisogna pur dire in che modo il conservatorismo liberale di Croce, e la sua religione della libertà, sono diversi dalla concezione hegeliana dello stato che troviamo in Gentile. Si potrebbe persino affermare che, a modo proprio, Gentile intendeva essere più "rivoluzionario" di Croce ma, insomma, non sono pappa e ciccia. Se pensare "a dritta" (come dice Feltri) significa perdere il senso delle distinzioni, allora questo sarà pur di destra, ma non è pensiero.

Feltri invita a scoprire l'ordine segreto che presiede al suo elenco. In effetti, di ordini ve ne sono troppi. Per esempio, appaiono personaggi che hanno dato una adesione di comodo al regime, come Marconi che, feluca in testa, onorato dai signori in orbace, pur di poter realizzare la radio si sarebbe fatto anche accademico sovietico. Ma se si arruolano anche coloro che hanno dato adesioni di comodo a qualcosa, allora Togliatti era un intellettuale liberal-capitalista-cattolico perché ha accettato un patto (certamente di comodo) con De Gasperi, con la Chiesa e con l'odiata America.

C'è Pirandello. Certamente accettò onori dal fascismo, ma come conciliare la sua radicale messa in questione di tutti i valori col pensiero della destra, che si richiama al valore sacrale della Tradizione?

Poi appare Fermi. Non conosco abbastanza le sue opinioni giovanili, ma un uomo che a un certo punto è costretto a emigrare per le leggi razziali e mette il suo sapere a disposizione delle democrazie occidentali per battere il nazismo – magari in America avrà votato repubblicano, forse avrebbe rifiutato di lavorare per Stalin – non lo vedo accanto a Federzoni e a D'Annunzio.

Negli anni cinquanta bastava che qualcuno avesse firmato un appello contro l'esecuzione dei Rosenberg o per il disarmo nucleare, che il ruspantissimo Partito comunista di allora lo arruolava tra gli intellettuali marxisti; e i confessori dei miei tempi mi citavano come esempio di intellettuale cattolico qualunque mangiapreti al cui letto di morte si fosse precipitato lo zio monsignore facendogli balbettare un atto di dolore tra gli spasimi dell'agonia. Ma per intellettuale cattolico si intende Manzoni, non Carducci – solo perché si è lasciato un giorno commuovere dalla figura di frate Francesco nudo giacente sulla terra sola.

Infatti occorre stare attenti all'effetto zoom. Certi autori, se li si fotografa a distanza ravvicinata quando avevano vent'anni, ci appaiono come fascisti, e poi a cinquanta erano comunisti – vedi Guttuso. Feltri dice che se uno parte da destra e approda a sinistra è un problema suo, ovvero è la prova che si può essere "cretini". Sarei più cauto: Lutero da giovane era monaco; Feltri direbbe che il suo ripudio della Chiesa è stato solo un fatto di cretinismo?

Potremmo dire che un intellettuale si qualifica come reazionario, conservatore o rivoluzionario per il suo pensiero, o per il soggetto o lo stile della sua arte. Prendiamo due personaggi che appaiono insieme nella lista, Boccioni e Guttuso. Di Boccioni, il cui arditismo nazionalista è innegabile (ma quanto a fascismo, poveretto, è morto nel 1916) direi che non solo la sua pittura, ma la sua stessa ideologia, avevano una carica eversiva e innovatrice – certamente maggiore di quella di Guttuso. Allora metteremo Boccioni a sinistra anche se era nazionalista, e Guttuso a destra anche se poi è diventato comunista?

È che le cose non sono così semplici. Sironi era fascista per le committenze che accettava e per alcuni dei suoi soggetti, ma se era conservatore o in qualche modo "reazionario" lo era per il suo ritorno ai valori pittorici della tradizione. E tuttavia ci sarebbe qualcuno disposto ad affermare che la sua rivisitazione di Masaccio, suggeriva prospettive nuove all'arte del Novecento, e quindi ecco che anche Sironi diventa progressista, certo molto di più dei pittori realisti sovietici o degli scenografi della rivoluzione culturale cinese (e delle sue parodie italiane).

Le liste di arruolamento son tanto pericolose quanto le liste di proscrizione.

1993

I miei temi sul Duce

Tema: "Perché nelle vostre preghiere quotidiane non dimenticate il Re, il Duce e la Patria?" Svolgimento: "Nelle mie preghiere ricordo il Duce... perché nei lavori è sempre Lui che dà il primo colpo di piccone... Egli comandò la Marcia su Roma e scacciò dall'Italia i sovversivi, e la fece potente, temuta, bella e grande." Chi ha scritto questi pensieri, per la prima selezione agli Agonali della Cultura, Anno XVIII Era Fascista?

E chi ha scritto questi altri, premiati alla prova federale dei Ludi Juveniles dell'Anno XX (1942)? "Ecco avanzare sulla strada polverosa una colonna di bimbi. Sono i balilla che, fieri e gagliardi, sotto il tepido sole della nascente primavera, marciano disciplinati e obbedienti ai comandi secchi impartiti dal loro ufficiale... sono ragazzi che a vent'anni lascieranno la penna per impugnare il moschetto per difendere l'Italia dalle insidie nemiche. Quei balilla che si vedono sfilare per le vie al sabato... diventeranno all'età giusta fedeli e incorruttibili guardiani dell'Italia e della sua nuova civiltà... Chi immagina, vedendo quei ragazzi, che tra pochi anni potranno anche morire sul campo col nome d'Italia sulle labbra? Il mio assillante pensiero è sempre stato questo: quando sarò alto farò il soldato... Combatterò e, se l'Italia vorrà morrò, per la sua nuova, eroica, santa civiltà... E con il ricordo animatore delle glorie passate, con i risultati di quelle presenti e colla speranza di quelle future, che saranno date dai balilla, ragazzi di oggi, soldati di domani, l'Italia continua il suo glorioso cammino verso l'alata vittoria."

Ora vi attenderete la rivelazione maligna: l'autore di questi testi è il Cavaliere Nero (ed ecco che a me, pennivendolo svergognato, arriva un cospicuo assegno dall'ingegnere Rosso). Ebbene, no. L'autore di questi temi sono io, alle età rispettive di otto e dieci anni.

Il fatto è che io mi ricordo benissimo che, mentre scrivevo, mi chiedevo se ci credessi davvero. Mi ricordo che mi domandavo: "Ma io amo veramente il Duce? E allora perché non lo ricordo davvero nelle mie preghiere? Sono forse un bambino bugiardo e senza sentimenti?" E però questi temi li svolgevo lo stesso, e non per cinismo ma perché i bambini sono per natura paraculetti. Fanno delle monellerie, ma accettano e affermano di accettare i migliori princìpi che l'ambiente inculca loro.

Si era fieri allora della divisa per la stessa ragione per cui oggi si desidera lo zainetto firmato. Per essere come gli altri, e godere di stima e ammirazione. Caso mai non ero cinico allora, sono cinico adesso, e penso che molti bambini che scrivono un bel tema sul rispetto dei loro fratelli neri, lo facciano perché comprendono che così facendo ottengono una approvazione sociale. Certo, non sono cinico al punto di credere che poi tutti diventeranno domani dei manganellatori di extracomunitari, come non è vero che oggi tutti gli ex sessantottini sono pronti a votare Fini (solo alcuni); e riesco a distinguere tra una pressione sociale che induce il bambino a rispettare la diversità e quella che lo induceva a sparare sugli abissini.

Ma proprio perché capisco che è meglio oggi, non riesco a perdonare chi ha avvelenato la mia infanzia tentando di inculcarmi l'elogio della morte. Per fortuna il tentativo era così retoricamente grottesco che è bastato poco a farmi passare quella insana voglia di Olocausto.

Ma sono soltanto i bambini a essere paraculetti per natura? Forse che uno studente di diciott'anni, alla maturità, non s'ingegna, per ottenere un riconoscimento, a svolgere un tema che impone: "Dimostrate come Leopardi abbia saputo contemperare il suo tedio esistenziale con una vigile coscienza civile" (anche se per lui Leopardi era un gobbetto malefico?). Si tura il naso, e dimostra.

Anche gli adulti si turano il naso. È certo che coloro i quali volgono l'occhio fidente alla nuova destra, stanno cercando garanzie "moderate", e non vagheggiano un ritorno al deprecato ventennio. Sono convinto che Berlusconi non si augura affatto di poter saltare un giorno in camicia nera nel cerchio di fuoco (in tal caso imprecherebbe affannato "arridatece Rutelli!"). Semplicemente si ripudia il mito dell'Uomo che dava il primo colpo di piccone, per ripiegare su quello più tranquillizzante di sua nipote (che il libretto universitario non autorizza a dar neppure il primo colpo di clistere), o per rivolgersi a chi ha riproposto la moda dei colpi di piccone. Ma mi sa di regressione all'infanzia questa ricerca di una entità salvifica che ci difenda dal sovversivismo trionfante, e che insegni di nuovo, ai piccoli e ai grandi, quali sono i sentimenti "sani" a cui ritornare.

1993

Alcune buone ragioni per mettere una bomba

In questi ultimi dieci giorni ne abbiamo sentite di tutte: le bombe le mette la mafia, la falange armata, i servizi deviati, coloro che vogliono destabilizzare o coloro al contrario che vogliono stabilizzare... Visto che neppure i tecnici hanno idee chiare e precise, tentiamo alcune riflessioni che pertengono a un metodo dell'indagine in generale.

Uno dei primi criteri di ogni indagine è certamente un criterio di economia: di fronte a fenomeni diversi – se appena fra di essi si potessero riscontrare delle analogie – sarebbe conveniente poterli ricondurre tutti alla stessa causa. Se a distanza di tempo abbastanza ravvicinata vengono uccise a Londra delle prostitute, e sempre con la stessa tecnica, è naturale che si cerchi un colpevole unico, che sarà chiamato Jack lo Sventratore.

Ma non sempre il criterio di economia paga: in fin dei conti, Jack non è mai stato identificato, e chi può escludere che i colpevoli non fossero invece più di uno, che agivano influenzandosi l'un l'altro? In fondo i medici molieriani credevano di poter far risalire diverse malattie allo stesso squilibrio di umori, e le curavano tutte col salasso, e invece si sbagliavano, e i malati morivano.

Pare persuasivo che la stessa mano abbia messo sia la bomba di Firenze che quella di Roma, ma potrebbe essere affrettata la conclusione per cui "dunque" si tratta degli stessi di Bologna, di Brescia, di Piazza Fontana, e via regredendo. Perché? Perché in tutti i casi si era alle soglie di un rinnovamento politico che qualcuno voleva impedire? Anche questo è persuasivo, ma proviamo a fare per un momento l'ipotesi che la ragione non sia questa – se non altro perché non esiste una mitica Reazione in Agguato, e le forze che oggi possono aver ragioni per opporsi al cambiamento son probabilmente diverse da quelle che vi si opponevano nel 1969 (e anche il cambiamento non è dello stesso segno).

Proviamo a dire: va bene, le prime bombe erano state messe per fini di destabilizzazione, poi qualcun altro ha capito che mettendo bombe si ottenevano anche altri effetti interessanti, e hanno usato lo stesso metodo per altri fini. Rimarrebbe da rispondere a due domande. La prima è se è possibile che ci siano persone o gruppi diversi tutti in grado di organizzare attentati che paiono richiedere tecnica, esperienza, professionalità; e la risposta è sì, ci sono quattordicenni che sanno violare il computer del Pentagono e diciottenni che sanno truccare una Tipo in modo che corra come una Maserati, figuriamoci se un mandante motivato non può trovare sul mercato tutti i tecnici che vuole.

La seconda domanda è quali altre "buone" ragioni possano esserci per mettere una bomba. Eccone una, non del tutto irragionevole (se immaginiamo che esista in giro un numero sufficiente di persone ciniche e spietate – il che non è difficile): l'effetto più sicuro che si ottiene con lo scoppio di una bomba è che per una settimana, e talora per più tempo, stampa e televisione (per non dire di interpellanze parlamentari, incontri ad alto livello e così via) si occupano solo della bomba. La bomba impegna non solo la prima, ma molte delle prime pagine, e tutte le altre notizie, da Pecorelli a Tangentopoli, dalla Serbia alle vicende finanziarie e industriali, cadono in secondo piano – e il più delle volte vengono date ma non commentate.

Ora mettetevi nei panni di una persona o di un gruppo che preveda che domani o dopodomani venga reso di pubblica ragione un fatto su cui i mass media si getterebbero con entusiasmo, ponendosi domande, stabilendo rapporti con altri fatti, avanzando insinuazioni e così via. Come potreste evitare questa eccessiva "esposizione" ai media, guadagnando tempo per correre ai ripari? Una bomba vi darebbe tutto il tempo di cui avete bisogno.

Però non basta prendere il giornale nel giorno della bomba, andare a vedere cosa c'è di interessante nelle pagine interne, e puntare il dito sul colpevole. Se il mandante è accorto non lavorerà a tempi così stretti, magari giocherà d'anticipo. Oltretutto non è necessario pensare a una notizia tipo "il tale è sospettato di..."; potrebbe trattarsi di una notizia apparentemente non importante, ma sfruttando la quale si potrebbe compiere una grossa speculazione, e sarebbe opportuno che la notasse meno gente possibile. Ancora, potrebbe darsi che la notizia, interessante se sfruttata scandalisticamente, in sé fosse così opaca che i giornali addirittura abbiano rinunciato a darla, per mancanza di spazio. Infine, potrebbe trattarsi di una notizia "a venire": qualcuno sta per fare una cosa di cui non vuole si parli troppo, e provvede a puntare da un'altra parte, con qualche giorno di anticipo, l'attenzione dell'opinione pubblica.

Per cui bisognerebbe lavorare di computer su tutti i più minuti dati di agenzia nel corso di un mese, e delineare numerosi scenari alternativi.

1993

Spie

L'altro giorno leggevo l'ennesimo articolo sui nostri servizi segreti, e naturalmente apprendevo che sono deviati (il che mi rattristava) e che si esige in proposito maggiore trasparenza (e mi sono fatto le solite quattro risate). Possibile, mi chiedevo, che politici e giornalisti illustri continuino a parlare di servizi segreti senza aver letto un solo libro di spionaggio? I buoni libri di spionaggio di solito vengono scritti da persone che hanno praticato quest'arte, e che quindi – se pure inventano vicende – spiegano bene come funzionano i servizi segreti.

Io, che i libri di spionaggio li leggo (e ricordo che una volta Cossiga mi ha parlato della passione con cui li legge lui – e lo si capisce benissimo) ho imparato alcune cose. Anzitutto, ogni paese deve avere dei servizi segreti. Li deve avere, come di solito si dice, per controllare attraverso infiltrazioni o delazioni i gruppi terroristici o il contrabbando d'armi, ma li deve avere anzitutto per fare (a difesa del paese) del controspionaggio. E perché si deve fare del controspionaggio? Perché ogni paese fa dello spionaggio. E spero bene (dico spero bene) che lo faccia anche il nostro paese perché, tanto per dire, se c'è in Libia un signore che è tentato di lanciare dei missili su Lampedusa, è giusto e sacrosanto che ci sia a Tripoli un signore che avverte i servizi italiani se per caso vengono costruite nuove rampe missilistiche puntate contro lo Stivale, e con una gittata che permetta di raggiungere non solo Lampedusa ma anche Bergamo. Lo spionaggio è una cosa brutta, ma Machiavelli insegna che il Principe, per il bene dello stato, deve talora fare anche delle cose brutte.

Se i servizi segreti si occupano di infiltrazioni, delazioni e spionaggio, non possono e non debbono essere trasparenti. Sono, come dice la parola stessa, segreti. Se il capo dei servizi segreti bandisse sulla *Gazzetta ufficiale* un posto per uno spione a Istambul o per un infiltrato nella Falange Armata, pubblicasse poi il nome del vincitore e rendesse pubblico il bilancio dell'operazione, dovrebbe essere subito fucilato.

Inoltre i servizi segreti hanno un'altra caratteristica. Siccome debbono trovare non solo dei coraggiosi che s'infiltrano, ma anche dei delinquenti disposti a tradire i loro complici (e quindi delinquenti doppi), hanno di solito a che fare con gentaglia. Nessuno deve scandalizzarsi: ogni questura usa degli informatori che si vendono per quattro soldi e non si può pretendere che chi si vende per quattro soldi sia un gentiluomo. Chi ha a che fare con gentaglia, o ha una solida moralità e nervi saldissimi (come si richiede per esempio a un esorcista che parla col diavolo ogni giorno), oppure è soggetto a molte tentazioni ovvero deviazioni. Che cosa chiede un paese civile ai propri servizi segreti? Che non agiscano contro il loro paese. E cosa si fa se qualcuno agisce contro lo stato? Siccome i servizi sono segreti e non possono permettersi di essere trasparenti, il capo dei capi, chiamiamolo Mr M, decide, sia pure a malincuore, che quel signore che ha deviato verrà ritrovato in un vicolo con una palla nella nuca, oppure non tornerà più a casa dopo che ha detto alla moglie che usciva per le sigarette, e al massimo se ne parlerà in *Chi l'ha visto?* È molto triste, e non vorrei mai essere Mr M ma o si fa così o niente.

Se poi quelle autorità dello stato che devono controllare i servizi si accorgono che si trovano troppi agenti in un vicolo, discuteranno in tutta segretezza come suggerire a Mr M di dar le dimissioni per motivi di salute, perché evidentemente la situazione gli è sfuggita di mano. Ma Mr M deve avere un interlocutore (e un controllore) fisso nell'apparato dello stato (poniamo un ministro, che per ragioni di non-trasparenza potrebbe essere persino il ministro del tesoro, come accade con l'FBI), e questo ministro deve essere uno che sui servizi la sa lunga.

Ora in Italia i servizi rimangono, ma i ministri cambiano ogni sei mesi, e da cinquant'anni. Quindi il problema non è che i servizi non siano trasparenti, ma è che non hanno mai avuto un interlocutore serio, e si sono sempre trovati di fronte a controllori che arrivavano freschi freschi a controllare qualcosa di cui non capivano nulla. È naturale che se la gatta è fuori i topi ballino, e se io fossi Mr M sarei naturalmente incoraggiato a non spiegar nulla alla recluta che arriva a controllarmi, perché Mr M non è un santo, e la tentazione di non essere controllato è fortissima in chiunque di noi, qualsiasi cosa faccia.

Quindi il problema non è di trasparenza, ma di competenza di chi dovrebbe controllare un lavoro che per definizione non è trasparente. I servizi segreti sono instabili perché i governi non sono stabili.

1994

Quelli che elogiano la Vandea stanno pensando a Salò

Mi metto nei panni di una persona di modesta cultura che in questi giorni abbia letto o ascoltato molti discorsi sulla Vandea. Si discute se è bello e giusto, o inconcepibile essere per la Vandea, ma debbo dire di aver visto pochi giornali che si siano preoccupati di spiegare bene e per esteso di quale fenomeno storico si tratti. Non ho neppure visto la mostra dedicata all'argomento al Meeting di Rimini, ma ho l'impressione che per molti la Vandea stia diventando soltanto un luogo mitico. Sì, va bene, è stata una insurrezione di nobili e contadini contro la deprecata Rivoluzione (che oggi permette a chiunque di andare alla Camera), e la Rivoluzione era cattiva perché tagliava le teste (i vandeani no, erano buonissimi; quando beccavano un rivoluzionario gli regalavano un santino e via), ma poco a poco la Vandea sta diventando una allegoria: si elogia la Vandea pensando a Salò.

Questa sindrome da Vandea ha dimensioni tipicamente italiane. In Francia, dove si tratta di una ferita mai completamente rimarginata, mi è capitato di vedere molte persone, tra cui affascinanti e colte fanciulle di buona famiglia, con la croce di Vandea. Ma non è che la cosa faccia scandalo: ciascuno ha le proprie idee, e poi la Vandea fa aristocratico.

Non l'ho sottomano mentre scrivo fuori casa, ma in questi giorni ho ricordato sovente il libro di Victor Hugo che amo di più, l'ultimo che il grande vecchio ha scritto, e che in italiano si intitola *Novantatré*. Anno terribile (di Terrore), il 1793, in cui la ghigliottina ha lavorato a pieno regime, e hanno perso la testa il re e tanti vandeani, ma anche tanti rivoluzionari della prima ora. E di questo anno atroce Hugo racconta e ci permette di capire tante cose.

I sentimenti di Hugo sono repubblicani, ma la sua passione etica, la sua umanità, certamente anche la sua natura di narratore (che lo porta a comprendere i moventi degli individui tutti coinvolti in quella bufera) fanno sì che questo libro non sia una storia di buoni contro cattivi, ma di personaggi (tutti ugualmente e romanticamente ammirabili e spasmodicamente ammirati dall'autore) travolti da un evento più grande di loro.

Subito e sin dall'inizio il lettore non può che ammirare la figura del generale vandeano, Lantenac, forse uno dei personaggi più forti di tutto il Romanticismo francese. Se proprio volete sapere qualcosa della diffusione capillare del movimento vandeano, e delle sue indubbie radici popolari, vedete come il repubblicano Hugo descrive un colloquio tra Lantenac e il messaggero che invia per le contrade di Francia a dare il segnale dell'insurrezione: alcune pagine che si presentano come un arido elenco di nomi e di luoghi, ma dove la Geografia si trasforma in Storia.

Il lettore sino alla fine non sa se amare maggiormente l'intemerato reazionario o Cimourdain, l'incorruttibile e ascetico rivoluzionario – o il giovane sfortunato Gauvain, pupillo amatissimo di Cimourdain, nobile che ha scelto la Rivoluzione ma che non sa dimenticare le proprie origini, e favorisce la fuga di Lantenac ormai condannato a morte. Morirà Gauvain, che Cimourdain inflessibile come un Bruto invia al patibolo; morirà Cimourdain, sparandosi una palla nel cuore, per punirsi di aver punito un nemico del popolo. E la bellezza della vicenda è che un amore altrettanto intenso, misto di avversione e ammirazione, è quello che unisce i due rappresentanti delle parti armato l'una contro l'altra, Lantenac e Cimourdain.

Nella sua truculenza ed eccitazione melodrammatica, *Novantatré* è al tempo stesso olimpico, sereno e pacificato: leggendolo si capiscono le ragioni morali di entrambi i contendenti, la sragionata e spietata violenza con cui entrambi si battono per il proprio ideale, le ragioni della Storia, che nell'infuocata visione di Hugo si identificano con le ragioni di Dio.

C'è quasi da chiedersi se Hugo non racconti la storia di un evento storico, che a lume di ragione dovrebbe ritenere positivo, in uno spirito mistico e tradizionalista di stampo vandeano, come se sul campo di battaglia che oppone rivoluzione e contro-rivoluzione aleggiasse il fantasma di de Maistre, e quel grande bagno di sangue si presentasse come un evento voluto dalla provvidenza, un sacrificio purificatore.

È che si può parlare della Vandea (e della nascita del mondo borghese contro cui essa si batteva) cercando di capire quello che è successo allora. Leggendo Hugo si capisce, e si prova (aristotelicamente) terrore e pietà. E si capisce come eventi di quella grandezza atroce debbano essere rispettati nella prospettiva di un ricordo perturbato e commosso, non ridotti a slogan, a copia o calco di passioni tutto sommato più modeste, o di ideali più gelidi.

1994

La Vandea, Cardini e la Primula Rossa

Nella Bustina del 9 settembre consigliavo la lettura di *Novantatré* di Victor Hugo, come di un testo che permette di capire luci e ombre non solo della Vandea, ma del Terrore a cui si opponeva. Ora Franco Cardini (d'accordo nell'amare il testo di Hugo) su *il Giornale* mi rivolge in modo cortese e pacato alcune critiche, e giudica fuorviante il titolo, che mette a fuoco un semplice inciso. Ha ragione, i titoli sono, come si sa, redazionali. Ha dato Cardini il titolo "Quelle verità reazionarie che turbano Umberto Eco"? Certamente no. L'articolo parla dei turbamenti suoi, non dei miei (anzi, io vengo sospettato di eccessiva sicurezza).

Nel mio inciso mi rammaricavo: "a poco a poco la Vandea sta diventando una allegoria: si elogia la Vandea pensando a Salò." Non davo un giudizio storico, facevo un rilievo sulla psicologia di possibili lettori, passionalmente disinformati. Sono convinto che, nel turbine delle varie discussioni, rischia di scattare una analogia tra due guerre civili in cui qualcuno ha fatto la propria scelta per fedeltà al regime sconfitto, per senso dell'onore. E proprio per queste ragioni (come mi dà atto Cardini) consigliavo un libro che permette di capire *sine ira et studio* che cosa sia stata la Vandea. Il titolo diceva invece: "Quelli che elogiano la Vandea stanno pensando a Salò." Un poco più apodittico. Io non ho insinuato che la presidente Pivetti parlando della Vandea alludesse a Salò. No, purtroppo pensava proprio alla Vandea.

Colto dal sospetto che dicessi "Vandea uguale Salò", Cardini ha dimostrato il contrario. Grazie. Ma passi per lui, perché vedremo che gli premeva poi dimostrare altro. Il guaio è che, interrogati da *La Stampa* del 12 settembre, alcuni illustri colleghi hanno speso la loro dottrina a dimostrare le differenze tra Vandea e fascismo. Anche costoro hanno letto solo il titolo (o forse neppure, gli è stato citato per telefono) e non l'articolo. Forse non hanno letto neppure Cardini, altrimenti si sarebbero resi conto che la questione centrale è ben altra.

Dandomi atto di avere parlato della tragedia vandeana in modo equanime, e parlandone in modo equanime lui stesso, Cardini afferma che è bene ritornare alla Vandea perché "il mondo cattolico... vuole oggi riappropriarsi della sua storia e della sua dignità." Ecco: l'equazione tra Vandea e mondo cattolico mi pare (uso le parole con cui Cardini mi contesta) "per molti versi rivelatrice". In ogni caso è altrettanto estrema e immotivata di quella tra Vandea e Salò.

Siamo sicuri che proprio la Vandea rappresenti l'eredità di cui il mondo cattolico ha la disperata urgenza di riappropriarsi? E Gioberti no? E non padre Ugo Bassi? Non Maritain ed Emmanuel Mounier? Non padre de Foucault? Non Chenu e Congar? Oppure proprio la Vandea perché i laici non l'hanno capita? Ma i laici avevano davvero capito, che so, Don Bosco o i vecchi gesuiti del Paraguay? O perché la Vandea ha avuto dei martiri? Massimo rispetto e commozione nel riflettere sui morti e gli eroi della Vandea. Ma i morti e gli eroi non giustificano automaticamente una idea. Molti ragazzi coraggiosi sono morti gridando "Heil Hitler!" Tra tutti i martiri cristiani, ci si riappropria con tanta passione proprio degli unici che certamente (e lo dice anche Cardini) non hanno offerto l'altra guancia? Mentre il papa cerca di andare (senz'armi) a Sarajevo, ci si vuole riappropriare della Primula Rossa?

Nicola Matteucci, per dimostrarmi che la Vandea non ha nulla a che fare col fascismo (cosa che si capisce benissimo leggendo Hugo), ricorda che essa "rispecchia la tensione francese tra capitale e provincia" e che rappresenta "un blocco storico tra aristocratici, contadini e clero." Credo abbia ragione (e caso mai se la veda lui con Cardini). E allora, è di questi ideali che il mondo cattolico deve riappropriarsi? La Vandea rappresenta la quintessenza del cattolicesimo solo perché inalzava il vessillo del Sacro Cuore?

Nessuno pensa di dare agli *chouans* quello che è della Decima Mas (o viceversa). Il problema è di dare a Cardini quello che è di Cardini. Cardini dice che "con la provocazione di Irene... riscopriamo dunque insieme le ragioni degli uni e degli altri," e mi pare osservazione da condividere. Poi dice che con questa provocazione il mondo cattolico vuole riappropriarsi della sua storia e delle sua dignità, e qui io gli contesto, come lui ha fatto con me, "un riduttivismo allarmante".

Il fatto è che (come osservava settimane fa anche Aldo Schiavone su *la Repubblica*) il ricordo della Vandea ha sostenuto lungo tutto il XIX secolo e oltre un rifiuto totale del mondo moderno (compreso il mondo liberale che per Cardini ha portato al parlamentarismo in chiave non giacobina). Io credo che sia ingiusto identificare il mondo cattolico con questo rifiuto. Non lo avrebbe sottoscritto neppure Pio XII.

1994

Ultimissime dell'ultimissima ora

Domenica 14 gennaio non ho preso in mano i giornali sino a sera, e ho scorso distrattamente *la Repubblica* mentre guardavo il telegiornale. Con l'orecchio segui la televisione (tanto sullo schermo c'è sempre uno che parla e lo conosci già) e con l'occhio passi in fretta titoli e articoli (tanto le notizie sono quelle che hai sentito la sera prima al telegiornale).

Fondo di Scalfari (dal titolo "È vuoto il palazzo del potere") che inizia con: "Non c'è molto di drammatico in questa crisi di governo nonostante che i protagonisti siano fermamente convinti del contrario..." e termina con: "Per fortuna c'è anche un paese che cresce e che nonostante tutto è più robusto dei pesi che si porta sulle spalle." Subito sotto un altro titolo dice che la vera sfida è sull'economia. In basso un intervento del governatore della Banca d'Italia avverte che si potrà arrivare alla ripresa economica solo riformando l'amministrazione pubblica, modificando la qualità della spesa e contenendo la spinta salariale dei sindacati.

Ma come far riprendere l'economia se a pagina 21 si parla delle difficili mediazioni tra Ministero dell'Industria e Banca Nazionale del Lavoro per risolvere alcuni gravi problemi della FIAT? Un altro articolo dice che è cambiato di poco il vertice dell'ENI, e a pagina 23 si parla di una ennesima vicenda di fondi neri da parte dell'industria petrolifera. Per fortuna, si avverte in taglio basso, "Chirac tenta a Parigi una soluzione per il vino," soluzione che sta più a cuore alla CEE che agli stessi francesi.

Per il resto il commento politico a pagina 6 è giustamente intitolato alla "Italia degli scandali" e termina con la sacrosanta osservazione: "la questione morale si chiuderà soltanto quando si apriranno per alcuni le porte dei tribunali." Quanto alle proposte di intervento governativo per una programmazione economica, un altro articolo di commento non può che intitolarsi "Un piano tutto buchi". L'Italia è preoccupata da ben altro: vedi a pagina 2, "anche l'aborto nei calcoli per il governo" e, commenta Miriam Mafai: "Se invece lo sbocco dell'attuale crisi saranno le elezioni anticipate, il problema dell'aborto sarà ridiscusso..." Ahi, ahi.

L'Italia vera però non si preoccupa della crisi. Si vada a pagina 5: uno scandalo degli appalti, fertilizzanti sotto processo, primo sequestro dell'anno in Sardegna, il cerchio si stringe intorno agli uomini dei servizi segreti, sospettati di avere qualcosa a che fare coi vecchi attentati (e domani verranno interrogati tutti i capi dei servizi), e infine "La mafia dietro le aste truccate". D'altra parte anche l'antimafia non è esente da sospetti, se sin dalla prima pagina un titolo avvisa: "Antimafia: un documento segreto", e a pagina 16 leggo "La storia dell'Antimafia: una catena di reticenze".

A pagina 17 un lungo articolo sulla crisi di un noto ateneo, fiaccato da lotte baronali, con un gruppo di docenti illustri che hanno deciso di cambiar dipartimento perché non possono più convivere con la maggioranza: "Sono cominciati così dispettucci e ritorsioni inevitabili, dopo anni di tensione, di malumori, di divisioni fra i docenti (così, sia detto di passata, quando è stata sdoppiata la cattedra di italiano...)"

Un servizio su gruppi cattolici che si danno al volontariato. A pagina 16 tra gli eventi teatrali romani un nuovo spettacolo con Gino Bramieri. Poi passo a guardare i programmi TV e vedo con stupore che viene dato un vasto spazio alla radio, con i titoli dei concerti e delle rubriche ora per ora, e che esistono solo due canali televisivi, il Nazionale e il Secondo. E che è successo? Hanno fatto fuori Berlusconi, e il Terzo per giunta? Colto da un dubbio guardo la data del giornale. Non è *la Repubblica* del 14 gennaio 1996: è quella del 14 gennaio 1976. Si tratta del perfetto facsimile del numero uno, regalato con la copia di domenica scorsa per celebrare il ventennale del quotidiano.

Che dire? È colpa di Scalfari e compagnia se il numero del 14 gennaio di venti anni fa ripete le stesse notizie di quello del 14 gennaio ultimo scorso? Certamente no, essi registravano quello che avveniva, e registrano quello che avviene in Italia. Semplicemente in questo paese, da vent'anni, sembra che siano cambiate tante cose ma sostanzialmente ripetiamo sempre la stessa sceneggiatura.

Gli unici cambiamenti sostanziali sono stati che le radio sono aumentate, ma non sappiamo più che cosa trasmettono, visto che è stato abolito anche il *Radiocorriere*; e che i canali TV sono passati da due ad alcune decine.

Mi correggo: sono andato a pagina 20 e ho controllato le valute estere. Nel giornale che ho letto il dollaro veniva dato a lire 681,95 e il marco a lire 262,59. Anche in questo settore un incremento c'è stato.

1996

Vittoria di Napoleone a Waterloo. Wellington torna in Inghilterra

Il calcio non rappresenta solo uno spettacolo eccitante, ma anche un'esperienza confortante perché, al di là delle passioni personali, è retto da regole. Data una squadra A che combatte contro la squadra B, il proposito di A è mettere il pallone nella porta di B e non lasciare che B lo metta nella porta di A. Una volta enunciato questo principio si può discutere solo se il pallone è stato messo in porta seguendo alcune regole, ma se A segna, guadagna un punto. Mentre scrivo non so ancora se il governo Dini andrà in porto o no. So però che sabato 14 gennaio scorso i giornali parlavano di una partita che, secondo tutte le regole, andava così definita: Scalfaro vince in modo risicato, e nei tempi supplementari, 2 a 1. Qual era la scommessa? Berlusconi diceva: "O io di nuovo presidente del Consiglio a preparare nuove elezioni, o scioglimento delle Camere ed elezioni immediate." Scalfaro diceva: "Nessun scioglimento anticipato delle Camere, data delle elezioni lasciata in sospeso, governo del presidente, rispetto del voto di marzo, ma Berlusconi fuori." Credo che chiunque (e così ha fatto, in funzione arbitrale, la stampa straniera), dovesse ammettere che la partita era di Scalfaro – anche se Berlusconi aveva realizzato un punto onorevolissimo ottenendo Dini piuttosto che Prodi. E visto che contro Berlusconi giocava anche Bossi, il quale si era proposto di avere un governo senza Berlusconi presidente, Bossi usciva formalmente vincitore, anche se con numerose fratture, tali da indurre molti a chiedersi se avrebbe potuto ancora giocare in futuro.

Al massimo si poteva dire che Berlusconi aveva perduto dando prova di realismo politico, rinunciando a un braccio di ferro insostenibile, senza gridare "arbitro cornuto", ed entrando in un attivissimo ritiro per preparare la partita della rivincita. All'insegna, abbastanza sportiva, del "non capisco, ma mi adeguo".

Ebbene un quotidiano italiano usciva, sabato, con occhiello, titolo e sottotitolo che recitavano: "Vince Berlusconi, il partito del ribaltone allo sbando, si adeguano D'Alema e Buttiglione – Dini e poi il voto. La

Caporetto di Bossi – Scalfaro rinuncia allo scontro finale e accetta le proposte del Cavaliere." Gli articoli ribadivano questa vittoria di Berlusconi e la sconfitta di Scalfaro.

Maria Bettetini ha appena pubblicato per Rusconi una edizione, con traduzione e testo a fronte, di un grandissimo piccolo libro, il *De mendacio* di sant'Agostino. È – come tutte o quasi tutte le opere di quel grand'uomo – un libro che potrebbe essere stato scritto oggi, e presenta una sottile fenomenologia della bugia. Non basta dire il falso per mentire. Tolomeo asseriva cose che noi riteniamo false, ma credeva che fossero vere, e quindi non mentiva. Per mentire bisogna dire il contrario di quello che si crede, allo scopo di ingannare qualcun altro. Se uno studente crede fermamente che il sole giri intorno alla terra e, per ingannare il professore di astronomia, gli dice il contrario, questo studente dice il vero, e però mente.

Quindi, alla luce del pensiero agostiniano, sarebbe azzardato dire che il direttore e i redattori di quel giornale abbiano mentito. Forse credevano fermamente a quello che hanno scritto. In tal caso ci suggeriscono un modo ardito e originale di interpretare gli eventi storici. Per esempio, la notizia della vicenda di Porta Pia potrebbe essere data così: "Clamorosa vittoria del Papa, che riesce ad accasermare in Roma i bersaglieri piemontesi, prendendo saldo controllo del Vaticano e sottraendo all'usurpatore sabaudo ogni pretesto per successive rivendicazioni. Vittorio Emanuele dovrà lasciare Firenze."

Proviamo con la battaglia di Zama: "I cartaginesi attirano l'esercito nemico nel deserto infliggendogli numerose perdite. Legionari romani obbligati a lavorare per lastricare col sale le vie di Cartagine." Waterloo: "Napoleone induce Wellington a tornare in patria e con un colpo da maestro sbarca a Sant'Elena." Ancora: "Eisenhower deve accettare il gioco di Hitler: se mi vuoi, vieni tu in Normandia. L'esercito alleato sottoposto al tiro serrato della difesa tedesca." E, qualche tempo dopo: "Hitler si sottrae abilmente a ogni tentativo di cattura. Pieno appoggio e totale solidarietà da parte di Eva Braun e della famiglia Himmler. Goering sfida gli alleati smarriti con un minaccioso 'Ci rivedremo a Norimberga!'"

Ancora esempi. "Con brillante colpo di mano Carlo Pisacane seduce la spigolatrice di Sapri." "Il duca di Guisa smascherato: nella notte di San Bartolomeo gli ugonotti di Coligny lo obbligano a palesare i suoi foschi intenti." "Clamorosa beffa del duca di Mantova: col pretesto del saccheggio attira i lanzichenecchi protestanti nelle chiese della città." "Idi di Marzo: 'Anche tu!'. Cesare denuncia il complotto di Bruto e lo spinge definitivamente sulla via di Filippi."

1995

Corrado e il paese reale

I giornali hanno rilevato che *La Corrida* di Corrado sta superando, con quasi sette milioni di spettatori, altre trasmissioni di varietà che si volevano più nuove e aggiornate. E ciascuno ha cercato di spiegare questo successo di un presentatore che l'età vorrebbe in pensione, e di una formula che il buon senso vorrebbe logorata dal tempo.

La Corrida è una trasmissione di dilettanti allo sbaraglio in cui il pubblico sadicamente si diverte vedendo vecchietti che ballano il tip tap, casalinghe convinte di essere Madonna, e cose del genere. Gli antichi *circenses* erano spettacoli crudeli che si basavano sull'attesa spasmodica della morte annunciata del gladiatore (o del martire). I nuovi *circenses* invece si arricchiscono di tre sentimenti contrastanti: un minimo di allegra pietà per il poveretto che si espone al ludibrio universale; il gusto sadico per una sorte che, a differenza del martire nel circo, non è stata imposta, ma scelta; una specie di inconfessata invidia per coloro che, avendo scelto senza vergogna di essere sbertucciati, ricevono in cambio l'esposizione pubblica e quindi, in una certa stranita e atroce misura, il riconoscimento universale, talché il giorno dopo saranno complimentati dal droghiere e dal prestinaio, dimentichi del fatto che costoro hanno fatto una pessima figura e memori solo del fatto che sono apparsi in TV – come ognuno sogna.

Il segreto de *La Corrida* (che forse quando ha iniziato tanti anni fa era solo, appunto, uno spettacolo goliardicamente cattivo) è che essa rappresenta la quintessenza della vita pubblica italiana.

La Corrida era crudele quando mostrava il vecchio gigione come mostro ridicolo, uomo-che-ride, gobbo di Notre-Dame, nanetto ruzzolone, balbuziente, vieni-avanti-cretino – in un paese in cui invece i modelli di comportamento erano signori in doppiopetto scuro, che tagliavano nastri e si esprimevano con frasi elaborate e incomprensibili. Allora *La Corrida* aveva una udienza limitata, composta di goliardi di ritorno e sadici per interposto carnefice.

Ma oggi *La Corrida* riflette in pieno la situazione italiana. Ne riflette l'etichetta, in una seconda repubblica fatta appunto da dilettanti allo sbaraglio, che ostentano la loro incultura politica, si dilettano di anacoluti, metafore incongrue, barbarismi, citazioni sbagliate, solecismi, e soprattutto hanno sostituito il linguaggio curiale non con il linguaggio comune ma con il turpiloquio, la polemica con l'insulto, il tecnicismo con la parolaccia, e credendo di parlare come mangiano parlano invece come ruttano.

Dal canto proprio la gente comune (detta appunto "gente" – cosa che un tempo sarebbe stata presa come un insulto: "A me gente? Ma gente sarà la sua signora madre!") tenta di adeguarsi a questo nuovo stile pubblico e sollecita l'apparizione a trasmissioni televisive in cui ostenta la propria cultura raccogliticcia, viene lodata per comportamenti che un tempo sarebbero stati studiati solo in un seminario di psichiatria, mette a nudo le proprie miserie familiari, viene applaudita quando si comporta come quel personaggio di Caprioli che, balbettando e sputacchiando, si lamentava di non essere stato assunto come annunciatore alla radio perché portava un cappuccetto di gomma su di un dito schiacciato nella porta, e ripeteva "per un cappuccio, per un cappuccio..."

C'era una volta a Barcellona (mi dicono che c'è ancora, ma ormai i grandi interpreti sono scomparsi) la Bodega Boemia, uno stanzone in cui si esibivano (venivano fatti esibire, convincendoli che erano ancora artisti amatissimi) vecchi avanzi di teatro, cantanti ottantenni sfiatati, ballerine quasi centenarie oppresse dall'artrite, antiche soubrette tutte raucedine e cellulite... Il pubblico, fatto per un terzo di nostalgici, per un terzo di amatori dell'orrido e per un terzo di intellettuali snob che celebravano il teatro della crudeltà, si spellava le mani ad applaudire, nei momenti più eccitati propendeva a sparare sul pianista, e gli esecutori erano felici, perché sentivano che la platea in qualche modo era con loro, per loro, come loro.

La vita pubblica italiana sembra talora molto simile alla Bodega Boemia, predominano l'urlo e il furore, l'incontinenza, lo schiaffo, la bava alla bocca, e gradatamente la "gente" (che proprio gentaglia non è) tende a seguire gli eventi come un atroce spettacolo immaginato da Arias (chi ha visto lo splendido *Mortadela*?), fatto di nani e ballerine ancora in vena, ma varicosa. E allora perché stupirci del successo de *La Corrida*? Appare come la quintessenza di tutto il resto, ci ripete chi siamo e cosa vogliamo, non celebra l'eccezione, bensì la regola. Corrado è il Goffredo Mameli dei nostri tempi.

D'altra parte *La Corrida* è anche il trionfo del politicamente corretto, e ha offerto un modello anche a trasmissioni più "serie".

Il teatro comico tradizionale aveva sempre speculato sullo storpio, sull'orbo, sul balbuziente, sul nano e sull'obeso, sullo sciocco, sul deviante, su chi faceva professioni ritenute infamanti o apparteneva a gruppi etnici ritenuti inferiori.

Tutto questo è diventato tabù: non solo viene ormai ritenuta offensiva l'imitazione del reietto indifeso, ma persino Molière non potrebbe più ironizzare sui medici che subito una lega per la difesa dei diritti dei medesimi insorgerebbe contro la tentata diffamazione.

Si doveva trovare una soluzione, ed è stata trovata. Non si può più mettere in caricatura lo scemo del villaggio, che sarebbe antidemocratico, ma è democraticissimo dare la parola allo scemo del villaggio, invitarlo a rappresentare se stesso, in presa diretta (o in prima persona, come dicono appunto gli scemi del villaggio). Come accade nei veri villaggi, si salta la mediazione della rappresentazione artistica. Non si ride dell'attore che imita l'ubriaco, si paga direttamente da bere all'etilista, e si ride della sua depravazione.

Bastava pensarci. Bastava ricordare non solo che tra le qualità eminenti dello scemo del villaggio vi è l'esibizionismo, ma che sono legione coloro disposti, per soddisfare il proprio esibizionismo, a far la parte dello scemo del villaggio. Un tempo due coniugi dal matrimonio in crisi, se qualcuno avesse scherzato sulle loro squallide baruffe, avrebbero dato causa ai diffamatori, all'insegna del detto tradizionale che i panni sporchi si lavano in famiglia. Ma se gli stessi coniugi non solo accettano ma sollecitano di poter dare pubblica rappresentazione del loro squallore, chi ha più diritto di moralizzare?

Ecco il mirabile rovesciamento di paradigma di cui siamo testimoni. Scompare la figura del comico che diffama l'handicappato indifeso, e sale alla ribalta l'handicappato in persona, fiero di ostentare il proprio handicap. Contento lui, che si esibisce, contenta la rete, che riesce a far spettacolo senza neppur pagare l'attore, e contenti noi, che finalmente possiamo ridere di nuovo sulla stupidità altrui, soddisfacendo il nostro sadismo.

I teleschermi pullulano ormai di analfabeti fieri di sbagliare i verbi, di omosessuali che danno della "vecchia checca" a chi ha i loro stessi gusti, di maliarde che danno spettacolo della loro foia disfatta, di cantanti stonati, di *bas bleu* che dicono "la palingenetica obliterazione del subcosciente umano", di cornuti contenti, di scienziati pazzi, di geni incompresi, di scrittori a proprie spese, di quelli che danno gli schiaffi e di quelli che li prendono, felici che il giorno dopo ne parli il droghiere dell'angolo. Se è lo scemo del villaggio a esibirsi giulivo, noi possiamo ridere senza rimorsi.

1995

Il ritorno dello spettro, o yeah!

La sinistra al potere! Già me lo vedo: noiosissime rievocazioni dei fratelli Rosselli, del tenero affetto di Gramsci per la cognata, riesumazioni di vecchie fotografie di La Pira, lunghe interviste televisive a Bocca sulla Resistenza nel cuneese... Nessuno è profeta, ma la storia è maestra della vita. Proviamo a ricordare che cosa è avvenuto solo un anno fa. Da pochi giorni si era verificato il primo ribaltone, e cioè l'andata al potere del Polo e di una Alleanza Nazionale pre-cura Fiuggi, i progressisti masticavano la loro umiliazione in silenzio, e che cosa è accaduto sugli schermi televisivi e nelle pagine di quotidiani e settimanali? Non certo per subita conversione o apostasia (Dio ce ne guardi) ma certamente nell'intento di offrire al nuovo elettorato emergente ciò che si presumeva esso si attendesse nel nuovo clima, si sono scoperti archivi cinematografici con marò, della Decima Mas fucilati dagli americani, ci si è ricordati che Mussolini e la Petacci erano stati appiccati a testa in giù, ci si è buttati a corpo morto a ritrovare le linee fondamentali di una cultura di destra, si è avuta l'improvvisa epifania che Pasolini (forse, quasi, ebbene sì) era anche lui un pochino più vicino al popolo (che è nazionale) che non alla classe.

Si sono scavati gli archivi della Vandea, sono apparse commosse rievocazioni degli *chouans*; sinché pareva più di là che di qua, la Pivetti vestiva meglio di Claudia Schiffer, quando è parsa più di qua, che di là, sembrava si vestisse coi saldi dell'Esercito della Salvezza; si è sentito l'impellente bisogno di rileggere Gentile, riscoprire Jünger, Spengler, Evola, si è gridato al miracolo per la nascita improvvisa del grande De Maistre, Croce è passato a destra, a destra si è deciso che stava da gran tempo l'Adelphi, salvo accorgersi che forse no, era il centro di un complotto giudaico-massonico; Franco Cardini che si occupava delle Crociate è stato sbattuto in RAI al posto di Tullio Gregory che invece si occupava di libertini secenteschi; sui banconi di alcune librerie del centro i giornali satirici di destra sostituivano *Cuore*.

NOVELLA MERCURI-ROSTA
5 SHELDON RD
LONDON
NW2 3AL
ENGLAND

NOVELLA MERCURI-ROSTA
5 SHELDON RD
LONDON
NW2 3AL
ENGLAND

NOVELLA MERCURI-ROSTA
5 SHELDON RD
LONDON
NW2 3AL
ENGLAND

NOVELLA MERCURI-ROSTA
5 SHELDON RD
LONDON
NW2 3AL
ENGLAND

NOVELLA MERCURI-ROSTA
5 SHELDON RD
LONDON
NW2 3AL
ENGLAND

NOVELLA MERCURI-ROSTA
5 SHELDON RD
LONDON
NW2 3AL
ENGLAND

NOVELLA MERCURI-ROSTA
5 SHELDON RD
LONDON
NW2 3AL
ENGLAND

NOVELLA MERCURI-ROSTA
5 SHELDON RD
LONDON
NW2 3AL
ENGLAND

NOVELLA MERCURI-ROSTA
5 SHELDON RD
LONDON
NW2 3AL
ENGLAND

NOVELLA MERCURI-ROSTA
5 SHELDON RD
LONDON
NW2 3AL
ENGLAND

NOVELLA MERCURI-ROSTA
5 SHELDON RD
LONDON
NW2 3AL
ENGLAND

NOVELLA MERCURI-ROSTA
5 SHELDON RD
LONDON
NW2 3AL
ENGLAND

Le cronache mondane erano dedicate alle ultime raffiche di Salò e alle prime raffiche di Arcore che si ritrovavano la sera nei locali notturni della capitale in compagnia di indossatrici mozzafiato, nei ristoranti tra Montecitorio e il Pantheon i vecchi parlamentari della prima repubblica erano relegati nei tavoli vicino alla cucina, cantanti e attori confessavano che la sinistra li aveva delusi, si è arrivati a un pelo dal proporre di sostituire l'Inno di Mameli con "Le donne non ci vogliono più bene".

E infine tutti proclamavano a gran voce (salvo forse Cossutta) che liberale è bello, liberista è meglio e moderato è il non plus ultra. Unica eccezione, quel bastian contrario di Montanelli, diventato massacratore di kulaki.

Nessuno pareva ricordarsi che De Maistre esisteva da decenni in ottime traduzioni, che su di lui aveva scritto una bella e illuminata monografia uno storico liberale come Omodeo (ci avevo dato l'esame con uno storico democratico come Maturi, nel 1954), che Cardini era già studioso stimato anche negli ambienti laici, che sulla Vandea bastava andare in libreria e si trovava quello che occorreva, che Jünger e Spengler circolavano e venivano studiati col massimo rispetto, che intere generazioni di comunisti si erano formate sui testi dei discepoli di Gentile, che nessuno aveva mai considerato Croce un brigatista rosso, che le foto di piazzale Loreto riapparivano regolarmente a ogni 25 aprile ed era almeno dal 1946 che nessuno riteneva che quel distributore di benzina fosse un monumento alla pietà e alla democrazia, che da quel dì Giose Rimanelli aveva messo in scena le passioni dei combattenti di Salò.

No, il bisogno di annunciare una nuova era portava a dimenticare i cataloghi editoriali, a rivedere da destra tutto, a riscoprire che Mussolini aveva fatto le colonie solari, che Gramsci in fondo col Duce se l'era cavata più a buon mercato di quel che non gli sarebbe accaduto con Stalin (come dire che i martiri cristiani dovevano ringraziare Nerone, che se venivano suppliziati sotto Solimano il Magnifico, altro che leoni, un palo nel sedere e via...).

Insomma, l'entusiasmo, il neofitismo convulso con cui molti si sono gettati a seguire il nuovo vento lascia pensare che, dopo i risultati delle ultime elezioni, ci attenderanno esibizioni di complessi rock in variazioni di "Bella ciao", le folli notti di Veltroni e Gerardo Bianco alla discoteca *Fischia il vento*, Rosi Bindi smanazzata sulle terrazze delle contesse romane, esecuzioni rap del manifesto comunista del '48 (uno spettro s'aggira per l'Europa – o yeah!).

Forza ragazzi, correte in soccorso del vincitore!

1995

Ma da che parte sta Corto Maltese?

Pare che i giovani di AN abbiano deciso di iscrivere Corto Maltese tra gli eroi della destra. Apriti cielo. Giù le mani da Corto.

Capisco che molti temano che possa accadere a Pratt quello che era accaduto a Tolkien, subito arruolato per i campi Hobbit, a tal punto che tutti gli altri si vergognavano di leggerlo – ed è un peccato. Ma non preoccupiamoci. L'anarchico coll'orecchino naviga da tanto tempo per tanti mari che nessuno riuscirà a sequestrarlo sulle rive di un lago a Salò.

Qual era una volta l'atteggiamento culturale delle grandi forze ideologiche del nostro paese, che per comodità identificherò con la fascista, la marxista e la cattolica? Cattolici e marxisti eccellevano nello scaricare i grandi. Ricordo prudenti consigli che giovanissimo ricevevo da ecclesiastici peraltro aperti: anche senza ricorrere all'Indice dei libri proibiti, e senza far cenno del peccabondo Moravia, quanti erano gli autori che esprimevano una visione distorta del mondo, da Balzac a Montale, passando persino per Verne, troppo materialista e Salgari, degustatore di vendette e rancorosi massacri? Al giovane per bene, gratta gratta, nell'ambito letterario non restava da leggere che Ugo Mioni e il *Giovane provveduto*.

Non parliamo del marxismo. Non dico quello sovietico, per cui non bisognava leggere niente tranne *Il placido Don*; ma anche da noi, erano tutti araldi del capitalismo, tranne Pratolini; nel cinema andavano bene i neorealisti, ma dopo *Senso* anche Visconti si era venduto; e basti pensare a Lukacs, pronto a ricordarci che Flaubert, Joyce, Kafka, praticamente tutti tranne Balzac, erano sporchi decadenti.

La destra se ne stava tranquilla: più che ripudiare, non leggeva, se non alcuni spiriti bizzarri che non sottraeva a nessuno, come Evola o Guénon. Qualche levata di cappello per Prezzolini, che ormai era anziano e viveva ritiratissimo, e per il resto si raccoglievano gli scarti della sinistra: non appena i partigiani avevano fatto fuori qualcuno (fisicamente o simbolicamente) via a riscoprire Brasillach, Drieu la Rochelle, qualsiasi collaboratore di Vichy che avesse scritto un diario anche inedito. Mai un colpo di genio, come dire "Dante è dei nostri!" Céline, certo, perché nessuno lo voleva più, ma a un certo punto persino i rossi hanno iniziato a dire che, sì, sugli ebrei non è che fosse proprio a posto con la testa, ma che scrittore... La destra non poteva neppure usare Pound, ormai assolto per le sue follie radiofoniche, ed eletto a modello di ogni neoavanguardia progressista ed eversiva.

Poi, lentamente, la Svolta. Il mondo cattolico già sapeva che gli scrittori pericolosi non sono da leggere, ma si sono salvati come anime del purgatorio, pentendosi al letto di morte. Con la Svolta, vengono salvate anche le loro opere. Si sa che ogni scrittore, se proprio non scrive manuali di cucina, tratta della vita, della morte, del male (e di che cosa, se no?). Quanto più lo scrittore è scettico, tanto più di fronte a questi problemi manifesta inquietudine, quanto meno lo scrittore crede, tanto più è ossessionato dal mistero. Mettete Dio al posto di questo buco nero, di questa galassia purpurea, e ogni scrittore (tranne pochi reprobi) diventa religioso.

La sinistra non parliamone. Basta che un autore venga pubblicato da Einaudi e diventa di sinistra. La sinistra ha ricuperato tutti, persino Céline. Quanto più l'ideologia si sfaldava, tanto più la sinistra incassava da ogni parte. Anche Spengler? E come no!

Ed ecco la rincorsa della destra, iniziata col nazimaoismo: ci si appropria di Gramsci, di Pasolini, neppure Marx era da buttar via, sotto sotto era dei nostri, Moravia aveva uno zio fascista, mi attendo tra poco la redenzione di Stalin, in fondo ha studiato in seminario, era autoritario quanto basta, prendeva sul serio i sacrifici umani come De Maistre, guardava al Terzo mondo e ha scritto che la lingua è indipendente dalle strutture economiche.

Chi sta dove? Non lo sappiamo più. Per fortuna. In fondo, e sin dall'inizio, la gente si adeguava pubblicamente alle tabelle ufficiali, ma poi a casa propria ciascuno leggeva di tutto, i giovani marxisti si passavano sottobanco Heidegger come fosse *Playboy* e Cardini ci racconta che i giovani del MSI si scambiavano al bar i santini di Che Guevara.

Vai tranquillo, Corto Maltese! Le belle storie (persino quelle raccontate dai filosofi) hanno questo di bello: che sono più ricche e ambigue di quanto possa capire chi stende l'indice dei libri da leggere.

1996

Che vergogna, non abbiamo nemici!

Mi è già capitato di raccontare su questa Bustina le mie avventure coi tassisti. Queste avventure sono più interessanti a New York che in qualsiasi altro posto, e per tre motivi. Anzitutto ci sono tassisti di ogni origine, lingua e colore; una targhetta ne riporta il nome, e diventa ogni volta divertente capire se l'autista sia turco, malese, greco, ebreo russo eccetera. Molti di loro sono permanentemente collegati alla "loro" radio, un'emittente che parla nella loro lingua e trasmette le loro canzoni, e talora andare dal Village a Central Park è come fare un viaggio a Katmandu.

In secondo luogo a New York non si fa il tassista a vita, ma come mestiere provvisorio; questo fa sì che si possa trovare al volante lo studente, il bancario disoccupato, l'immigrato di fresca data. In terzo luogo i tassisti si succedono a gruppi: in un periodo sono in maggioranza greci, poi tutti pakistani, poi tutti portoricani eccetera. Questo permette di fare osservazioni sulle onde migratorie, e sul successo delle varie etnie: quando un certo gruppo scompare dai tassì significa che sta facendo fortuna, si sono dati la voce, e stanno entrando tutti nel giro delle tabaccherie, o dei negozi di verdura, passano in un'altra zona della città, salgono di un gradino sociale.

Quindi, a parte le differenze psicologiche individuali (c'è l'isterico, il cordialone, l'impegnato politico, l'anti-qualcosa eccetera) il tassì è un ottimo osservatorio sociologico.

La settimana scorsa sono capitato con un tizio di colore, con un nome di difficile decifrazione, e mi ha chiarito che era pakistano. A quel punto lui mi ha chiesto da dove venivo (a New York uno viene sempre da altrove), gli ho detto che ero italiano, e quello ha preso a interrogarmi. Sembrava molto interessato all'Italia, ma ho poi capito che lo era perché non ne sapeva nulla, né dove esattamente fosse, né che lingua vi si parlasse (di solito, quando al tassista si dice che in Italia si parla italiano, appare sempre stupito, perché ormai ritiene che dappertutto si parli inglese).

Gli ho dato la rapida descrizione di una penisola con le montagne in mezzo e tante coste intorno, con molte belle città. Mi ha chiesto quanti siamo, ed è stato colpito che siamo così pochi. Poi mi ha chiesto se siamo tutti bianchi o di razza mista, e ho cercato di dargli una idea di un paese originariamente tutto bianco, ma che ora ha alcuni neri, in ogni caso meno che l'America. Naturalmente voleva sapere quanti pakistani ci sono ed è rimasto male nell'apprendere che forse ce n'è qualcuno, ma meno dei filippini o degli africani e deve essersi chiesto perché questo paese viene evitato dalla sua gente.

Ho fatto la gaffe di dirgli che ci sono anche pochi indiani, e mi ha guardato con astio: avevo fatto male a mettere insieme due popoli così diversi, e a nominargli gente così sgradevolmente inferiore.

Infine mi ha chiesto quali sono i nostri nemici. Al mio "prego?" ha chiarito pazientemente che voleva sapere con quali popoli fossimo attualmente in guerra per rivendicazioni territoriali, odi etnici, continue violazioni di confine, e così via. Gli ho detto che non siamo in guerra con nessuno. Pazientemente mi ha spiegato che voleva sapere quali sono i nostri avversari storici, quelli che loro ammazzano noi e noi ammazziamo loro. Gli ho ripetuto che non ne abbiamo, che l'ultima guerra l'abbiamo fatta cinquanta e passa anni fa, e tra l'altro senza sapere esattamente chi fossero i nemici e chi fossero gli alleati. Non era soddisfatto: esprimeva chiaramente la sua persuasione che io mentissi. Come è possibile che ci sia un popolo che non ha nemici?

La cosa è finita lì, sono sceso lasciandogli due dollari di mancia per compensarlo del nostro indolente pacifismo, poi mi è successo quel fenomeno che i francesi chiamano *esprit d'escalier*, per cui appena scendi le scale dopo aver parlato con qualcuno ti viene in mente di colpo la risposta giusta che avresti dovuto dargli, la battuta che non ti era venuta alla mente all'istante.

Avrei dovuto dirgli che non è vero che gli italiani non hanno nemici. Non hanno nemici esterni, e in ogni caso non sono mai in grado di mettersi d'accordo per stabilire quali siano, perché sono continuamente in guerra, ma all'interno. Gli italiani si fanno la guerra tra di loro, una volta città contro città, eretici contro ortodossi, poi classe contro classe, partito contro partito, corrente di partito contro corrente dello stesso partito, poi regione contro regione, e infine governo e magistratura, magistratura e potere economico, televisione pubblica contro televisione privata, alleati di coalizione contro alleati della stessa coalizione, dipartimento contro dipartimento, giornale contro giornale.

Non so se avrebbe capito, ma almeno non avrei fatto la brutta figura di appartenere a un paese senza nemici.

1996

Noterelle su una vacanza *off shore*

Questa estate, per un concorso di noiose circostanze, non ho fatto vere vacanze. Mi scuso per il particolare autobiografico, che non interessa a nessuno, ma debbo mettere in chiaro perché, pur non essendo uomo d'alta finanza, sono capitato a Grand Cayman. Mi trovavo in queste settimane a viaggiare tra le due Americhe e, scoprendo con gaia sorpresa di avere cinque giorni liberi a cavallo di un weekend, ho identificato la prima isola caraibica su cui potevo atterrare senza giri complessi, e mi ci sono rifugiato. Era una delle tre Cayman Islands, un poco a sud di Cuba, non lontano da Jamaica, uno staterello che fa parte del Commonwealth britannico, dove si paga in Cayman Dollars, e a pagare in dollari caimani dà l'impressione di essere a Disneyland.

Le Cayman Islands hanno tre caratteristiche: una, su cui ritornerò tra poco, è che sono un celebre paradiso fiscale; l'altra è che hanno un mare placido, limpido e tiepido, in cui si nuota incontrando talora tartarughe marine velocissime, talora sfiorando razze di dimensioni inimmaginabili, ma tutto sommato amichevoli, per cui sto pensando a un nuovo Manifesto per la Difesa della Razza; infine, il turismo locale si basa in gran parte sul mito dei pirati.

Non è tanto per il fatto che Colombo, approdando a queste isole, le abbia chiamate Tortugas, perché la celebre Tortuga di salgariana memoria è un poco più a nordest, ma è che per la loro posizione, e per essere inizialmente deserte, queste isole sono state punto d'approdo e base di operazioni per molte ciurme pirate. Sapientemente sfruttando questo mito, l'organizzazione turistica locale provvede interi supermercati in cui si possono comperare attrezzature da pirata (delizia dei piccoli turisti) e organizza festival della pirateria. Un galeone, attendibile anche se di dimensioni modeste, approda nella rada, ne discendono pirati con tanto di benda nera sull'occhio, uncino, sciabolone d'arrembaggio, rapiscono starnazzanti fanciulle in costume d'epoca, improvvisano duelli e, alla fine, fuochi artificiali, danze piratesche all'aperto, e spanciate di stufato di tartaruga e *conch* marinato o a polpette, che è una specie di abalone con la consistenza del cheewing gum, ricco di proteine, che i locali cucinano in vari modi. Il tutto raccomandato per famiglie, tanto che i pirati (e si pensi che fonte di lavoro la pirateria sia per i pacifici caimani) non possono neppur bere birra durante le loro incursioni.

Ora tutti sappiamo che i pirati (quelli veri) erano dei farabutti, gente senza legge e moralità, disposti a tagliare una mano per rubare un anello, ghiotti di stupri e saccheggi, il cui massimo divertimento era di mettere un povero disgraziato sulla passerella e buttarlo a mare; dei delinquenti, insomma, figli, mariti e padri di donne di scarsissima virtù, orribili a vedersi, mal lavati e puteolenti d'aglio e di rum. Ma il tempo sana ogni ferita, Hollywood aiutando, e ora quei miserabili sono diventati eroi da leggenda, e vengono offerti alle famigliole dei turisti come modelli di vita affascinante e avventurosa.

E ora torniamo al fatto che le Cayman Islands sono un paradiso *off shore*, ovvero un luogo dove, non esistendo pastoie fiscali, e come leggiamo nelle cronache giudiziarie quotidiane, trasferiscono i loro capitali i maestri del falso in bilancio, i corsari della bustarella, gli scorridori di Tangentopoli, i mercanti di cannoni, insomma tutti coloro che la morale attuale ci invita a riconoscere come una mala genìa da estirpare. Ma che cosa accadrà tra due o trecent'anni?

Il tempo sanerà ogni ferita. Mentre ero sull'isola m'immaginavo i piduisti di mezzo mondo che, in villette appartate lungo la costa, ordivano quello che naturalmente ordisce un procacciatore d'affari, un tangentista compulsivo, un riciclatore di denaro di dubbia origine. E m'immaginavo che tra duecento anni l'ente turistico locale potrà organizzare lo sbarco, fittizio e teatrale, da lunghi panfili con elicottero a bordo, dei mascalzoni del nostro tempo, affamatori di vedove e conculcatori di orfani, razza padrona, nuova filibusta, cesellatori dell'evasione fiscale, *surfers* dello *off shore*, accompagnati da flessuose attricette e fotomodelle – finti naturalmente, perché i personaggi veri saranno morti da gran tempo, ma abbigliati come usa oggi il ricco avvocato del malaffare, l'esperto in fallimenti fasulli, il bustarellaro ben rasato e fragrante di lozioni costose, con catenina d'oro sul petto abbronzato...

E i turisti pagheranno per vedere i pendagli da forca del nostro secolo. E mentre per i pirati di un tempo si possono ricordare i nomi di Morgan, Drake, Pietro l'Olonese, Capitan Flint e Long John Silver, per quelli del futuro bisogna andare cauti. Perché per ora hanno ricevuto solo avvisi di garanzia, ma non sono stati giudicati colpevoli.

1996

Chi erano questi celti?

L'aspetto più preoccupante del secessionismo non è la rozzezza culturale di Bossi (si incontrano personaggi assai più incolti di lui, e senza le sue indubbie doti di fantasia) ma il fatto che molta gente, e nelle aree più economicamente sviluppate del paese, accettano le sue teorie senza accorgersi che contrastano con quanto dovrebbero aver appreso a scuola.

Rozzezza per rozzezza, sulla base di ricordi approssimativi delle medie, i celti (che abbiamo conosciuto a scuola come i galli) si erano installati nel nord della nostra penisola: ma a ovest si fermavano sotto la linea del Po, perché già ad Alessandria resistevano i liguri, genti barbare e incolonizzabili quante altre mai, e a est restava fuori il Veneto, perché lì erano di ceppo illirico. Per il resto i celti arrivavano a sudest sino al famigerato Rubicone (che si trova dalle parti di Rimini, basta fare attenzione ai cartelli dell'autostrada), e a sudovest dopo i liguri c'erano già gli etruschi, che si mangiavano la Toscana e un po' di Lazio, infiltrandosi a nord anche in territorio celtico.

Dalle Marche in giù incominciavano le popolazioni italiche (ma altri illirici erano dalle parti della Puglia), e sulle coste del profondo sud c'era la Magna Grecia, dove quanto a ibridazioni deve essere successo di tutto. In ogni caso, Parmenide nativo, Pitagora naturalizzato, entrambi sarebbero legalmente cittadini italiani, il che non guasta. Scegliete: meglio andare a raccontare in giro di essere compatrioti di Pitagora o di Formentini?

Dunque se la posizione dei secessionisti fosse severamente etnica (e se nel frattempo anche in area celtica, col passaggio dei romani e poi dei "barbari" di varia specie non si fosse creato un intruglio etnico che mi raccomando), uno stato davvero "celtico" dovrebbe già lasciar da parte l'alto monferrato (che è poi quello che sta in basso), la Liguria, il Veneto, prendendosi al massimo l'Emilia. Che se poi la discriminante fosse geografica (solo la Valle padana), allora occorrerebbe ridisegnare tutta la faccenda, fermandosi magari a Comacchio e lasciando già fuori l'appennino modenese.

Ma in ogni caso non si capirebbe come il nuovo stato della Padania debba comprendere la Toscana, le Marche e l'Umbria. A parte gli etruschi, ormai dispersi qua e là per qualche cromosoma, queste sono regioni italiche: ed ecco che la Padania si comporrebbe in buona parte di genti che, se proprio sono mai esistiti degli italiani, sono le più italiche di tutte, e coi celti non c'entrano per nulla.

Che se poi si parla in termini di sangue e di razza (tema favorito, se non mi sbaglio, di altri personaggi che hanno funestato il secolo), allora bisogna dire che, considerando che nel profondissimo sud erano poi arrivati sì gli arabi, ma anche i normanni e i francesi, mentre nell'altissimo nord si installavano ben presto le quadrate legioni di Roma, che comprendevano anche quelli che oggi chiamiamo napoletani o calabresi, ecco che potrebbe accadere che un siciliano con gli occhi azzurri (e ce ne sono tanti) abbia più sangue nordico di Bossi, che potrebbe discendere da un legionario celodurista di origine sicula che, di guarnigione a Bergomum, si è intrattenuto con una signora lucana, che per mestiere accompagnava l'esercito. Mentre una mia antenata ligure potrebbe essersi accoppiata con un parente di Asterix, ed ecco che io sarei più celta di Bossi.

Se si vuole ricostruire un'unità celtica occorrerebbe che la Padania si gemellasse coi galati dell'Asia Minore, e occorrerebbe avvertire Bossi che i celti arrivano sino a Istanbul. E così, per sbarazzarsi dei siciliani, mamma li turchi! Naturalmente evoco uno stereotipo razzista, dato che non vedo perché non accogliere in Padania anche tutti quei turchi che oggi parlano correntemente tedesco, ottima lingua franca.

Che cosa unifica allora questo mosaico di etnie che si chiama Italia? Anche a riproporre una immagine mitica dei celti (ma ad amarli molto, come accade a me, è meglio fare un viaggio in Irlanda), non si vede proprio perché debbano identificarvisi un toscano o un umbro. Il significato dell'Italia è puramente culturale, e non razziale: è dato dall'eredità romana, da una lingua parlata (almeno a livello letterario) sia da Cielo d'Alcamo che da Bonvesin de la Riva, la presenza della Chiesa, la barriera naturale delle Alpi, un ideale politico iniziato con Dante, Petrarca e Machiavelli, centoquarant'anni di unità statale che ha diffuso per tutto lo Stivale una certa omogeneità di comportamenti, nel bene come nel male (dalla riforma Gentile all'esterofilia, dall'oratorio salesiano a Tangentopoli, dal melodramma al festival di San Remo).

Ma forse la scuola queste cose le raccontava a noi un tempo, e alle camicie verdi non le ha dette. Allora la faccenda incomincerebbe a farsi davvero seria.

1996

Bossi non è un gallo come me

Con un gruppo di amici di vari paesi stiamo preparando da qualche anno un manuale destinato a educare alla tolleranza i bambini di tutto il mondo, e il primo problema è spiegare come si possa e si debba tollerare la diversità. Già, perché si deve iniziare col dire che le diversità esistono: se da un lato gli uomini hanno l'apparato cardiocircolatorio uguale, non solo hanno la pelle di colore diverso, ma persino quando ce l'hanno dello stesso colore si comportano in modo differente a seconda degli usi e dei costumi.

In un convegno svoltosi l'anno scorso a Siena, Zvi Yavetz, professore di storia antica a Tel Aviv, aveva ricordato come possa essere pericoloso celare ai bambini queste differenze (perché poi si accorgerebbero che abbiamo mentito): è da queste che bisogna partire, mostrando come possano essere superate. Yavetz aveva svolto un'analisi di stereotipi etnici in Cicerone o in Erodoto, per dire che questi stereotipi sono sempre esistiti, ma che sovente non rivelavano particolare animosità, bensì venivano usati a fini retorici o, come nel caso di Cicerone, per convincere i giudici in una causa. E ha citato l'episodio di Rutilio Namaziano, il poeta gallo-romano del IV-V secolo d.C., che nel raccontare il suo viaggio di ritorno da Roma alle Gallie, riferisce che a Falesia un oste lo aveva trattato malissimo, dandogli da mangiare peggio, e a prezzo esoso. L'oste era ebreo, ed ecco che Rutilio esplode in una invettiva contro i giudei.

Yavetz faceva notare che Rutilio era stato davvero maltrattato e truffato, aveva tutte le ragioni di lamentarsi e ricorreva a uno stereotipo razzista diffuso ai tempi suoi, ma avrebbe fatto lo stesso se l'oste fosse stato sardo o greco; e quindi facevano male alcuni studiosi israeliani ad accusare Rutilio di antisemitismo. Era solo una "naturale" insofferenza verso il diverso.

Yavetz è ebreo e quindi poteva permettersi questa assoluzione di Rutilio. Sono andato a rileggermi il brano (*De reditu suo*, I, 381-398 – sì, una volta tanto "rileggersi" non è una civetteria mendace, avevo portato questo testo all'esame con Augusto Rostagni nel 1951) e francamente Rutilio fa qualcosa di più che incavolarsi; se qualcuno scrivesse oggi queste cose il rabbino Toaff pianterebbe un casino che non finisce più, e con qualche ragione. Ma lasciamo pure perdere Rutilio. Yavetz parlava della tendenza quasi biologica a costituire sempre una sfera dei "nostri" contro quella degli "altri". Non è necessario che gli altri siano zingari o immigrati senegalesi, basta che siano nati a qualche decina di chilometri dalla nostra città. Io accuso sempre amici d'infanzia, o in ogni caso fraterni, di essere maledetti astigiani, o cuneesi, o genovesi, perché non hanno avuto in dono dalla sorte d'essere nati ad Alessandria. Ma se sono sull'autostrada, con la mia macchina targata Milano, e una macchina della stessa targa mi sorpassa in malo modo, non dico "guarda quest'imbecille di milanese!"; invece, se la macchina è targata Alessandria, può capitarmi di dire "guarda quest'imbecille di alessandrino!" Infatti in quel caso, in quanto automobilista, io sento di far parte della comunità di coloro targati Milano, e tutti gli altri, compresi i miei concittadini, diventano appunto "altri".

Noi tutti, a seconda delle circostanze, ci sentiamo di appartenere a una sfera (i bibliofili, i nati nel 1932, i suonatori di ocarina, i portatori di scarpe numero 42) e da quel punto di vista particolare sentiamo gli altri come diversi (biblioclasti, vecchiacci o poppanti, chitarristi, piedoni). La tolleranza nasce quando ci rendiamo civilmente conto che un chitarrista è pur sempre un essere umano, e che esistono anche chitarristi che portano le scarpe numero 42, magari sono nati dalle nostre parti, oppure si chiamano Django Reinhardt.

Ecco, il veleno sottile che la predicazione di Bossi sta diffondendo nel nostro paese consiste nel confondere il senso di appartenenza con il dovere d'intolleranza. Consiste nell'obbligare qualcuno, per confutarlo, a sostenere che non esistono differenze tra un palermitano e un torinese, mentre ne esistono moltissime; consiste nell'obbligarci a diffidare del nostro naturale e sano orgoglio di appartenenza etnica, per non sentirci razzisti; consiste nello spingerci retoricamente a definire l'Italia come un paese etnicamente omogeneo, quando non è vero, e non lo è stato sin dai tempi di Enea; consiste nello spingerci a diffidare di ogni affermazione di diversità, quando la diversità (la convivenza delle diversità) è bella, e gli innesti producono ottimi frutti.

Così in un'epoca in cui si celebra il multiculturalismo (talora anche sin troppo), Bossi ci riporta molto più indietro di Rutilio Namaziano (che almeno, caro Bossi, era un gallo civilissimo come me e non un longobardo irsuto come te).

1996

Ultimissime: Prezzolini fugge all'estero

Mi scuso per il ritardo, ma trovo doveroso avvertire i lettori di una notizia straordinaria che occupava quasi l'intera prima pagina, e le intere seconda e terza pagina de *il Giornale* del 5 gennaio. Il titolo d'apertura in prima (su otto colonne) recitava: "Cervelli in fuga dall'Italia di Prodi".

Che in Italia si parli da decenni di una fuga dei cervelli lo sappiamo tutti, ma che nei dieci mesi del nuovo governo il fenomeno abbia assunto proporzioni tali da costituire uno scoop non poteva che indurmi a una lettura avidissima. E infatti l'articolo d'apertura parla proprio di una emigrazione massiccia di cervelli affermati nella storia, nella letteratura, nelle scienze sociali e fisiche, che come torme di lemming impazziti o di albanesi a direzione inversa, si buttano su canotti, motoscafi, alianti, o si stivano nei transatlantici per andare verso la libertà.

Nelle pagine interne, come deve fare ogni buon giornale, si provvedono le prove, con tanti medaglioni di insigni fuggiaschi. Si parla per esempio di una studiosa andata a curare cavalli in Irlanda perché laggiù la scienza veterinaria è di vent'anni avanti rispetto alla nostra. Salvo che si apprende che questa studiosa in Irlanda si è anche sposata e ha fatto una bambina. Che abbia risolto tutto in dieci mesi è tecnicamente possibile, ma in dieci mesi o si cura un neonato o si curano i cavalli. Poi si parla di Emilio Speciale, che viene definito come "spedito e salvato" da me per prendere un dottorato a Yale, dopo di che è diventato professore a Chicago e ora lo è a Zurigo. Posso testimoniare che la notizia è veritiera e che Speciale è un ottimo studioso, ma anche lui non può aver fatto una carriera così fulminante in dieci mesi. Infatti si è laureato con me negli anni settanta.

Tra i cervelli fuggiti di fresco trovo uno studioso di "ottica integrale" che si è laureato a Palermo, ha proseguito gli studi in Arizona e oggi lavora a Nizza: se ha fatto tutto in dieci mesi, i miei complimenti, meglio di Mozart. Ma la fuga da Prodi interessa anche uomini dello spettacolo, e infatti si citano illustri esiliati come Mastroianni, Claudia

Cardinale, Sophia Loren e Renata Tebaldi. Tra i cervelli giovinetti che hanno abbandonato l'Italia (immagino fuggendo con uno zainetto per raggiungere la frontiera prima di essere catturati dal KGB dell'Ulivo), trovo Franco Modigliani, Giovanni Sartori e Carlo Rubbia, Carlo Cipolla, sino alla più giovane Giulia Sissa, che però è all'estero da molti anni. Non affermo che il giornale lo dica esplicitamente, ma certo lo lascia sospettare a chi non ha idee abbastanza chiare, tra questi illustri esuli appare anche Prezzolini.

Il fatto è che a un certo punto (tre pagine sono dure da riempire) il tema si confonde, ovvero si triplica. Non si parla solo di chi fugge da Prodi (come Modigliani) ma (a) di chi trova occasioni di ricerca più favorevoli all'estero che non in una università affetta da mille mali (che è certo argomento a cui dedicare serie riflessioni, e a cui molte sono già state dedicate negli ultimi decenni) e (b) di chi va all'estero perché l'università italiana, ormai in mano a Prodi, disconosce il suo genio. Ed ecco che trovo tra questi esuli, in un articolo di Pietrangelo Buttafuoco, Carlo Ginzburg che apparterrebbe a coloro che da noi "non se li fila nessuno" perché nell'università italiana impera la sinistra.

Così apprendo che Carlo Ginzburg è un insigne rappresentante dell'intelligenza di destra che la sinistra dell'Ulivo ha fatto fuggire, che in Italia non se lo filava nessuno, e che se non andava all'estero qui non lo prendevano nemmeno come bidello. Per eventuali lettori improvvisamente trasmigrati da *il Giornale* a *L'Espresso* sono costretto a ricordare che Carlo Ginzburg ha pubblicato (presso Einaudi) alcuni libri diventati veri best seller, ha sempre goduto di entusiastiche recensioni, e ha avuto prestissimo la cattedra che meritava (e la detiene ancora all'Università di Bologna). Che da qualche anno abbia deciso di passare la maggior parte del suo tempo negli Stati Uniti è un'altra storia, e volendo essere disonesti si potrebbe insinuare che sia stata una fuga dall'Italia di Berlusconi, ma certamente non ha nulla a che fare con l'Ulivo.

Insomma, ecco tre pagine di notizie che in sé sono vere ma diventano false a causa del modo in cui sono impacchettate. La fuga dei cervelli è un tema serio, perché esiste anche il fenomeno (positivo, praticato in molti paesi e ancora poco da noi) della regolare "esportazione" di cervelli. Ma se di fuga si deve parlare, e se non vado errato, essa incomincia con Fermi e compagni, e quindi risale a un tempo che molti dei collaboratori de *il Giornale* ricordano con nostalgia.

1997

Ricordo di Ginger Rogers

È morta Ginger Rogers. Immagino che la notizia commuova quelli della mia generazione e i cinefili di qualsiasi età, che costantemente la rivedono danzare con grazia leggera col suo indimenticabile Fred Astaire. Col senno (e lo sguardo) di poi, ci si accorge che forse Astaire ha avuto delle partner più dotate, e quando non danza Ginger cammina col passo pesante e un poco prostatico di De Sica nei panni del maresciallo di *Pane, amore e fantasia*.

Ma che importa? La coppia classica è quella, e sono i loro valzer vaporosi, e il loro tip tap spensierato che hanno creato quel mito che, decenni dopo, avrebbe affascinato ancora il Fellini di *Ginger e Fred*.

Ma questa non è una rievocazione nostalgica. È che con Ginger e Fred, quelli veri, si è imposto un modello di vita come spettacolo e spettacolo come vita, che oggi domina la nostra società. Anche se loro non lo sapevano, e credevano di fare soltanto un *musical*.

Il musical, come tutti sanno, è uno spettacolo teatrale, prima, e poi cinematografico, dove i personaggi un poco parlano e un poco cantano. Questa sarebbe già una ragione sufficiente per dire che il musical non è come la vita, ma d'altra parte non lo sono neppure l'opera o l'operetta.

È che il musical americano ha un'altra caratteristica: mentre l'opera non si pone il problema che i suoi personaggi cantino invece di parlare, e accetta che una fanciulla minata dalla tisi emetta acuti incompatibili con lo stato dei suoi polmoni, il musical vuole invece giustificare questa stranezza. Pertanto la storia che racconta è sempre quella di alcuni personaggi che stanno mettendo in scena, un musical.

Quindi il musical parla sempre ed essenzialmente di se stesso, ed è il modello di quel meta-romanzo che i critici letterari credono un fenomeno postmoderno, in cui il narratore mette in scena un personaggio che sta scrivendo un romanzo, di solito proprio quello di cui si sta narrando.

Nel far questo il musical già assume che la vita sia spettacolo, dato che le traversie che i suoi personaggi subiscono riguardano l'immenso ed eroico compito di mettere in scena uno spettacolo. Per Ginger e Fred, arrivare alla serata della prima, trionfale, è come per Achille vincere Ettore o per Ulisse conquistare Troia. Vivendo sempre e impercettibilmente tra lo spettacolo e la vita, i personaggi del musical non sanno mai quando vivono e quando recitano.

Questo spiega perché Fred Astaire si reca a ogni appuntamento galante in marsina e perché, quando in un film realistico lui dovrebbe legare Ginger alle sbarre del letto (o lei lui – ed entrambi possedersi con selvaggia energia, come suggerirebbe il loro *basic instinct*), si metta invece a danzare con lei sulla terrazza. Cantando. E sublimando.

La grandezza e la grazia di Ginger e Fred stava nel fatto che, dicendoci in modo sorridente che la vita è spettacolo, essi nello spettacolo rimanevano, senza voler debordare nella vita. Voglio dire che a Fred Astaire non è mai venuto in mente di candidarsi a presidente degli Stati Uniti solo perché sapeva usare in modo inarrivabile le *claquettes*.

Però, contro l'intenzione dei divini Ginger e Fred, la loro lezione ha portato a ben altri sviluppi. Quella che noi chiamiamo oggi "politica spettacolo" non è altro che una lenta trasformazione del principio basilare del musical. Pensiamo soltanto che anche il più acceso dibattito politico in televisione non ha più come soggetto "come governare il paese" ma "come mettere in scena un buon dibattito politico": è del dibattito che il dibattito discute le regole, l'equilibrio della pari condizione.

Se una volta da un lato si viveva, e si faceva politica, e poi si andava al teatro, o al cinema, a guardare quelli che si davano gli schiaffi, oggi si fa politica dandosi gli schiaffi e attendendo il consenso di quelli che, per partecipare alla vita politica, guardano sullo schermo coloro che si danno gli schiaffi.

Questo spiega anche perché il repertorio dei politici è ridotto a poche battute elementari e a pochi pensieri fissi: e perché, sul modello del musical, domina il gioco degli equivoci. Ginger credeva sempre che Fred fosse un altro, e Fred che lei amasse un altro; entrambi facevano del loro meglio per ingenerare l'equivoco, e poi alla fine la situazione stessa provvedeva alla smentita. Non diverso appare il gioco politico attuale.

Con un'ultima imprevedibile conseguenza: anche gli spettatori hanno deciso di partecipare allo spettacolo. Così agli *exit polls* hanno mentito. Così il presunto vincitore si è precipitato, a passo di tip tap, nelle braccia di una Ginger che invece amava un altro.

1997

Indietro Savoia!

Si poteva discutere se fosse il momento giusto per far tornare indietro i Savoia, ma ormai il parlamento ha scelto una sua strada e, più che recriminare, servono alcune pacate riflessioni. Lo si è detto, i peccati dei padri non debbono ricadere sui figli. Nel dopoguerra l'esilio dei reali era una necessità (lo stesso Umberto lo aveva compreso), ma dopo cinquant'anni la repubblica è solida (se non lo è, non è certo per colpa dei Savoia). Se si dovesse esiliare chiunque non sia convinto delle istituzioni repubblicane, allora Bossi dovrebbe essere in Portogallo da un pezzo.

Bisogna sapere distinguere il giudizio storico dalla comprensione del caso individuale. Lo stiamo facendo per Salò: si può concedere che gran parte di quei combattenti abbiano seguito in buona fede una loro idea dell'onore senza per questo negare il giudizio che la Storia ha ormai dato sulla Repubblica Sociale. Così come si parla di atti di clemenza per chi, in base a leggi eccezionali, è ancora in galera per avere sfasciato una vetrina, senza per questo voler assolvere chi ha ucciso.

Il giudizio storico sul caso Savoia è chiaro. Non si tratta di riesaminare ombre e luci della dinastia da Umberto Biancamano a oggi, altrimenti non si salverebbe alcuna casa regnante al mondo – ma se Enrico VIII ammazzava le mogli nessuno pensa sia colpa di Elisabetta II. Il fatto, limpido e indiscutibile, è che Vittorio Emanuele III è stato il capo supremo di un esercito nei cui confronti si è macchiato di alto tradimento, abbandonandolo in balìa del nemico. Io sono contrario per principio alla pena di morte, ma in un paese civile, in tempo di guerra, e per lo meno a quei tempi, l'alto tradimento avrebbe implicato la fucilazione nella schiena. I Savoia sono stati spietati col generale Ramorino per un crimine meno grave.

Vittorio Emanuele se l'è sfangata, buon per lui, e se il rientro dei Savoia riaprisse la questione della sua inumazione al Pantheon ci faremo promotori di un comitato patriottico che richieda che da quel luogo siano allora rimossi i resti dei molti italiani illustri che vi riposano, affinché non si trovino accanto colui che le gazzette repubblichine chiamavano "Gambetta piè veloce" e raffiguravano con nuvolette di polvere dietro gli stivali (è l'unico ricordo divertente che conservo della cupa stampa di Salò).

Se i Savoia tornano, dovremo sapere che potranno esprimere opinioni politiche e persino, visto che la Costituzione lo consente, associarsi a un qualsiasi movimento monarchico. Sarà loro diritto. Occupiamoci caso mai che assolvano i loro doveri, gli obblighi militari (se ve ne sono) per i più giovani, e per tutti un limpido comportamento fiscale che comporti anche la dichiarazione dei depositi esteri autorizzati dalla legge. Per il resto, che non facciano tirasegno dalla tolda del loro battello, non guidino a duecento all'ora uscendo dalle discoteche, non tirino bottigliette in campo quando gioca la Juve, e chiuso.

Sarà bene che se un Savoia si rivolge a un presidente della repubblica lo chiami signor presidente e non senatore Pertini come aveva fatto Umberto – in un momento di cattivo gusto davvero sorprendente per una persona di tratti così squisiti, ma molte volte si è vittima del proprio passato. Se non lo farà sarà visto come un leghista maleducato, e di cafoni ne stiamo sopportando ben di peggio.

Il giuramento. Pare impeccabile che non si debba richiedere ai Savoia un giuramento di fedeltà alla repubblica visto che non lo si richiede ai cittadini normali. Ma i Savoia non sono sino a ora cittadini normali, visto che per farli rientrare si deve abrogare una norma transitoria della Costituzione. Se sono rimasti sinora in esilio è proprio perché non erano cittadini normali, e lo sanno anche loro. Forse per cancellare questa discriminazione e questo marchio di anormalità, occorre qualcosa che compensi il voto del parlamento. Non penso a formule di giuramento rituale, ma non vedrei male che, al loro sbarco in Italia, essi fossero ricevuti da un funzionario della polizia aeroportuale che consegni loro il passaporto italiano (non dimentichiamo che sono extracomunitari) ed essi nel riceverlo esprimano il loro impegno d'onore di rispettare la Costituzione repubblicana. Questo non impedirebbe loro (come nessuno potrebbe impedire a qualsiasi cittadino) di continuare a ritenere e affermare che l'istituzione monarchica sia preferibile all'istituzione repubblicana. Siedono in parlamento persone che la pensano così e non per questo vengono considerati eversori.

Sarà buona educazione non chiedere più a Vittorio Emanuele giudizi su suo nonno, così come non lo si chiederebbe al nipote (se esiste) del mostro della via Salaria. Del nonno si occupano i libri di storia. Nel dubbio che il nipote non li abbia letti tutti, ogni cittadino avrà diritto di inviargliene qualcuno in omaggio, in civile segno di bentornato.

1997

Gli anni ottanta sono stati grandiosi

Non passa giorno che non accada di leggere una recriminazione sugli stupidi e insopportabili anni ottanta. Pare che tutte le nostre attuali disgrazie siano nate lì e che se fossimo passati direttamente dai settanta ai novanta oggi saremmo più saggi.

Di per sé le divisioni per decenni, per secolo o – come sta insopportabilmente accadendo – per millennio sono irragionevoli, o per lo meno rozze, ma hanno una specie di presa simbolica e bisogna accettarle per quel che suggeriscono all'immaginazione popolare. Anche i programmi scolastici e i manuali vanno per secoli, affrontando angosciosi problemi del tipo se Napoleone appartenga al Settecento o all'Ottocento. È come per la leva militare: se sei nato il 31 dicembre vai a morire, se il primo di gennaio allora sei salvo. Infine è difficile dare giudizi emotivi sui decenni: per chi ha avuto il primo grande amore nel 1943, quegli anni di sangue sono stati splendidi ed eccitanti.

Ma stiamo pure al gioco delle cronologie a compartimenti stagni. Gli anni più importanti per l'Italia moderna e forse per il mondo sono stati gli anni cinquanta (che naturalmente incominciano nella decade precedente). Anni di rinnovamento in tutti i sensi, di apertura al mondo, di nuove strabilianti scoperte scientifiche. L'Europa si divide in due, inizia la guerra fredda. Negli anni sessanta le nuove generazioni iniziano a varcare gli oceani come un tempo si andava in accelerato, l'economia tira bene, fervono le lettere e le arti, arrivano Giovanni XXIII e il Concilio. Che in qualche parte del mondo avvenissero dei massacri era anche occasione per grandi prese di coscienza politica, in fondo il tono della decade viene dato all'inizio da Kennedy con la sua proposta di conquistare le stelle; lui muore subito, ma il decennio finisce con la conquista della Luna. E anche col Sessantotto, su scala mondiale: gravido di tutte le conseguenze positive e negative che avrà nel decennio seguente, costituisce uno scossone a tutta la società, dal mondo del lavoro a quello della cultura, dalla politica al costume. Non si può dire che sia stata un'epoca priva d'interesse.

Gli anni settanta (che oggi vengono rievocati in televisione come se fossero i favolosi anni venti) sono stati almeno da noi un decennio cupissimo. Iniziano alla fine del Sessantanove con la strage di Piazza Fontana e finiscono con l'assassinio di Moro. La società è sconvolta dal terrorismo, la gente ha paura ad andare al ristorante alla sera. Anche le menti più illuminate perdono la bussola e non vogliono più stare né con lo stato né con le Brigate Rosse. E con chi, allora? Per contrastare la nuova potenza massmediatica del terrorismo McLuhan, l'apostolo del Villaggio Globale della comunicazione, propone il *black out*, vale a dire la censura.

Poi, se non altro per ragioni cronologiche, vengono gli anni ottanta, di cui oggi si vede solo lo yuppismo rampante, dappertutto, e da noi la corruzione generalizzata, il cedimento delle ideologie. Ma tra cinquant'anni vedremo questo decennio come uno dei più importanti del secolo, quello in cui (traumaticamente, certo, ma in modo irreversibile) si sciolgono i grandi nodi che ci avevano agghiacciato o affascinato dalla fine della prima guerra mondiale, dalle grandi utopie totalitarie alla guerra fredda. Inizia la dissoluzione dei grandi imperi, l'Europa si avvia a cambiare la sua geografia politica, sia pure tra immense contraddizioni vengono ufficialmente accettate molte minoranze, i partiti che avevano dominato la scena politica iniziano a interrogarsi sulla loro identità, si ristruttura la divisione classica tra destra e sinistra (non è solo il marxismo che entra in crisi e si ripensa, ma in quel decennio inizia il cammino autocritico delle estreme destre, anche se a destra dell'estrema destra e a sinistra dell'estrema sinistra si ricreano altri gruppi radicali), sorgono nuove aggregazioni trasversali, dall'ecologia al volontariato. Inizia in quel decennio e in modo massiccio la grande migrazione del Terzo mondo verso il mondo del benessere e si hanno i prodromi (non certo pacifici) della trasformazione etnica dell'Europa. Il crollo del muro di Berlino è l'evento ormai puramente simbolico che corona un decennio di trasformazioni epocali. E per finire, piaccia o non piaccia, è all'inizio del decennio che prende il via una rivoluzione immensa di cui stiamo appena intuendo la portata per il futuro: entra in scena il personal computer.

Si può liquidare con un sorriso di commiserazione un decennio così cruciale, forse veramente quello in cui si è passati dal XX al XXI secolo (bello o brutto che esso si avvii a essere)? Si può vederlo solo alla luce delle sue manifestazioni di superficie e delle sue mode caduche, come se i cinquanta non avessero avuto la dolce vita e i sessanta i balli sfrenati in pigiama-palazzo? Come se dei tremendi settanta un giorno si ricordasse soltanto che allora si sono aperte le prime sale a luci rosse?

1997

Capire la cronologia

Nelle scorse settimane è ricominciata una polemica che ormai mi pare stagionale: era vero che anche molti esponenti della sinistra del dopoguerra erano stati fascisti? La polemica sarebbe in sé sterile, perché la risposta sarebbe semplicemente sì, e lì la faccenda finisce. Così come ci sono stati molti comunisti che hanno abbandonato le loro posizioni e sono diventati anticomunisti (e ferventi, si pensi a Silone, per non dire degli ultimissimi) non dovrebbe esservi nulla di strano che molti fascisti siano diventati antifascisti.

È che in queste discussioni si perdono di vista le distanze storiche, la cronologia, quelle cose che si capiscono dando una semplice occhiata alla Garzantina.

Mi spiego. È tornato in ballo l'argomento che nel 1931, quando fu richiesto il giuramento ai professori universitari, solo dodici (a me pareva di ricordare undici, ma fa lo stesso) si rifiutarono e se ne andarono altrove. Indubbiamente l'episodio, qualsiasi giustificazione si tenti di darne, rimane umiliante. Ma partendo da quel triste argomento si ritirano fuori episodi (taluni certamente evidenti, altri assai blandi e quasi burocratici) di compiacenza col regime da parte di personaggi come Vittorini, Pavese, e via via sino a Bobbio. E qui stiamo perdendo il senso della cronologia.

Se si calcola che il giuramento è stato richiesto nel 1931, che di solito a quell'epoca si andava in cattedra verso i quaranta-cinquant'anni, e che i resistenti non potevano essere andati in cattedra negli ultimi anni per meriti fascisti, dobbiamo considerare che sia quei professori che si sono rifiutati sia quelli che hanno accettato, era tutta gente che all'epoca andava sulla cinquantina, e anche oltre. Dunque persone che avevano vissuto prima del regime, conoscevano quell'Italia umbertina e post-umbertina che, per male che se ne dica, era tuttavia retta da un regime parlamentare. Persone dunque che potevano discriminare tra regime democratico e dittatura.

Ma si vedano ora altre date: Vittorini e Pavese nascono nel 1908, Piovene, Brancati e Moravia nel 1907, Bobbio nel 1909, Spadolini (a cui sono stati rimproverati alcuni articoli giovanili certamente imbarazzanti) nel 1925. Quindi si trattava di persone che all'avvento del fascismo avevano tra i tredici e i quindici anni (mentre l'intransigente Salvemini ne aveva quarantanove) per non dire di Spadolini che addirittura non era ancora nato. Qualcuno potrebbe dire che a quindici o diciassette anni (nel 1924 viene ucciso Matteotti) anche un ragazzo poteva accorgersi di che cosa stava accadendo, ma stiamo pensando a un ragazzo di oggi che viene informato dalla radio, da decine di televisioni, magari da Internet. Provate ad aver vissuto nel '24 in Sicilia leggendo, quando andava bene, un solo giornale, sotto censura, in un clima che risentiva delle discussioni nazionalistiche anteguerra e del clima infiammato della guerra appena finita. E questi ragazzi andavano a scuola, dove si parlava loro solo del fascismo, crescevano sempre più separati dalla cultura europea dell'epoca, a poco a poco (se pure avevano qualche memoria del "prima") si trovano in un paese totalitariamente inteso alla celebrazione di un solo regime, di una sola cultura.

Il fatto che alcuni, lentamente, si siano poi avvicinati a Bottai piuttosto che a Farinacci, che abbiano iniziato a elaborare nei GUF una fronda che – badiamo bene – era interna, non esterna al fascismo (senza neppure parlare di quelli che hanno avuto la possibilità di entrare in contatto con propagandisti della lotta clandestina, portavoce degli emigrati) era il massimo che potevano fare e cara grazia che lo abbiano fatto. Che alcuni già prima della guerra, altri durante, altri addirittura dopo, si siano mossi verso altre prospettive è stato un miracolo di pensiero critico. E dopo ci sono stati quelli che si sono buttati decisamente dall'altra parte, altri che hanno riflettuto amaramente sulla loro "coda di paglia", altri che hanno narrato il loro lungo viaggio attraverso il fascismo.

Non si può parlare in blocco del comportamento degli "intellettuali italiani sotto il fascismo", come se ciascuno di questi intellettuali non avesse un atto di nascita. Italiani, esortiamoci l'un l'altro, se non alle storie, almeno alle cronologie.

1997

Di Bella, la scienza e la maggioranza

Siccome non sono un cancerologo, per quel che ne so la cura Di Bella potrebbe essere o giusta o sbagliata. Mi pare ragionevole che, di fronte alla pressione dell'opinione pubblica e di tante persone sofferenti, le autorità competenti invitino gli scienziati a fare una seria sperimentazione che possa risolvere il quesito, perché su cose di tanta gravità vale anche la pena di rimeditare su giudizi eventualmente già pronunciati. Tutti possono sbagliarsi e pensarci su due volte non guasta mai. Una delle ragioni per cui ci fidiamo della scienza è che gli scienziati seri non solo ci pensano sempre due volte, ma infinite volte. Lo scienziato serio tiene sempre aperta la possibilità che quello che credeva vero non lo sia.

Se si scoprirà che Di Bella aveva almeno in parte ragione, la comunità scientifica dovrà ammettere che non l'aveva considerato con sufficiente attenzione, e dovrà fare ammenda di questa leggerezza. Se si scoprirà che Di Bella aveva torto, grande sarà il dolore e atroce la delusione di chi aveva nutrito troppe speranze, ma dal punto di vista del bene comune non sarà stato tempo perso. Forse la gente non ci pensa molto, ma il lavoro scientifico è utile non solo quando si apre una nuova strada, ma anche quando si lavora magari per anni solo per dimostrare che quella strada è impercorribile.

Tutto regolare, dunque? No, quello che sta avvenendo fa affiorare anche alcune tendenze tipiche di questa nostra epoca New Age, tesa alla ricerca di rivelazioni esoteriche, e il problema rimarrebbe anche se Di Bella alla fine dimostrasse di aver avuto ragione.

Infatti, da un lato, la gente che ansiosamente assedia la casa di Di Bella, e passa le Alpi per cercare a ogni prezzo il farmaco miracoloso, non lo fa perché "sa" che Di Bella ha ragione: lo crede, lo spera, si fida di cose che ha sentito dire. D'altro lato gli stessi media sono pervasi da una sorta di eccitazione come se la pressione dell'opinione pubblica risultasse vincente contro alcune cosche scientifiche. Ora il fatto che le cosche scientifiche possano esistere è una cosa, e un'altra è ritenere che la scienza sia democratica e che una sana maggioranza possa delegittimare una cosca, come con Tangentopoli o con la mafia.

La scienza non è democratica, almeno non nel senso politico del termine. Nella scienza non vale il giudizio della maggioranza. Galileo poteva avere tutti contro, ma aveva ragione lui. Era la maggioranza dei medici che ha trattato da matto il dottor Semmelweiss perché voleva che gli ostetrici si lavassero le mani per non far morire le partorienti, ma era questa maggioranza ad avere torto. La folla potrebbe cambiare di umore e assediare domani la casa di Di Bella per condurlo al rogo, ma questo non proverebbe che la sua cura sia sbagliata.

La scienza è però democratica nel lungo periodo: nel senso che alla fine quello che prevale è il giudizio della Comunità scientifica, che si stabilizza nel corso degli anni, talora dei secoli, e costituisce quelli che noi riteniamo Manuali Attendibili. E sono attendibili perché sono il risultato di una discussione collettiva, di prove su prove.

Potrebbe darsi che su cinque miliardi di abitanti del pianeta ce ne fossero (in remotissimi paesi sovrappopolati) tre miliardi che ancora credono che la terra stia ferma e giri il sole, e tuttavia anche nelle scuole elementari di quei paesi si userebbero i Manuali in cui si dà ragione a Galileo. Questo consenso, che si forma nei modi più disparati, in fin dei conti "tiene", e non dipende dalle maggioranze, anche se esprime appunto qualcosa che tutti (sino a prova contraria) dovrebbero considerare come vero.

Parrà strano, ma la vicenda Di Bella mi sembra in qualche modo simile al dibattito sulla liberalizzazione dei negozi. Vi ricordate le grida di sdegno e di dolore dei commercianti quando si parlava di creare le prime zone pedonalizzate? Il ragionamento era che, non potendo arrivare in auto, i clienti avrebbero disertato i negozi. Ora sappiamo che le zone pedonalizzate sono invece quelle dove s'infittisce il commercio. Magari ciò ha costretto un gommista a lasciare il centro per spostarsi dove c'è transito automobilistico, ha messo in imbarazzo certi esercizi favorendone altri, ma statisticamente (e quindi scientificamente, avendolo provato sul lungo periodo) sappiamo ora che la maggioranza dei commercianti aveva torto. Caso mai accade il contrario, che un eccesso di negozi rovini la bellezza di certe zone storiche.

Capisco che i due problemi non sono commensurabili, ma entrambi ci dicono che, su questioni in cui gioca una lenta vicenda di ipotesi, prove e controprove, non sempre l'opinione pubblica è un'autorità attendibile, perché spesso pensa troppo in fretta.

1998

Attenzione: questa Bustina è delirante

A ogni accenno di terrorismo l'opinione pubblica reagisce in modo isterico. Nulla di strano, perché il terrorismo è un nemico strisciante, non si capisce mai quale potrebbe essere il suo prossimo obiettivo, il terrorista potrebbe sederci accanto al ristorante, e pertanto nascono inquietudine e senso di instabilità. Che è poi quello che il terrorista vuole – destabilizzare.

Coloro che hanno vissuto gli anni di piombo sanno però che l'inquietudine genera curiosi tabù e rituali linguistici. Anzitutto è proibito pensare che quattro giovanotti esaltati abbiano concepito un piano perfetto come quello di via Fani, altrimenti dovremmo temere di tutto e di tutti; pertanto bisogna anzitutto affermare che dietro ai brigatisti ci debbano essere Altri (e, alla fine della catena, il Grande Vecchio). In secondo luogo, se si considera il terrorismo un fenomeno di devianza sociale come la droga o il delitto passionale, si finisce per accettarlo, e dunque è proibito pensare che abbia delle motivazioni; pertanto ogni menzione dei comunicati dei terroristi deve essere preceduta dall'aggettivo "delirante".

Quanto al primo punto nessuno considerava che, se molti coetanei dei giovanotti di via Fani erano già laureati alla Bocconi e facevano soldi a Wall Street, organizzavano villaggi turistici in Polinesia, o erano piloti di Tornado, non c'era nulla di strano che dei trentenni fossero capaci di organizzare il rapimento di Moro, e bastava si fossero diplomati per corrispondenza.

Per il secondo punto, gran parte delle analisi politiche dei comunicati dei brigatisti (come per esempio le osservazioni sullo stato delle multinazionali) non erano affatto deliranti; discutibili, magari, ma normalmente discusse in serissimi libri reperibili in biblioteca. Delirante (ovvero infantile) era se mai la conclusione che essi ne traevano, che cioè si potesse battere il potere delle multinazionali ammazzando un poveretto che usciva di casa al mattino – e più infantile ancora era l'idea che si potesse colpire il cuore dello stato. Quei giovanotti avevano letto Baran e Sweezy, ma non avevano letto Foucault, e non sapevano che il Potere (e immaginiamoci quello delle multinazionali) non ha un centro, e quindi neppure un cuore vulnerabile.

A vent'anni di distanza ci risiamo. Il comunicato dei brigatisti è delirante, Bertinotti si è lasciato scappare che delirante del tutto non è, e rischia di diventare lui il Grande Vecchio – mentre è solo uno che cento ne fa e cento ne sbaglia, e non ha neppure capito che la buona educazione politica impone che si debba dire anzitutto "delirante", altrimenti non si va avanti a discutere. Ma il bello è che tutti i giornali dicono che quelle ventotto pagine contengono informazioni a cui potevano avere accesso solo esperti o del ministero o dei sindacati, e quindi del tutto deliranti non dovrebbero essere. In realtà immagino che questo documento (al tempo stesso, pare, scientificamente preciso e delirante) sia come i precedenti: parte da una analisi più o meno discutibili e ne trae conclusioni politico-operative infantili. Come gli anziani, i nuovi brigatisti non sono deliranti, sono politicamente e culturalmente immaturi.

Anche questa volta si cercano agenti esterni perché pare impossibile che i terroristi siano rinati di colpo. Santa pazienza, è vent'anni che leggiamo di ragazzi che ammazzano durante un rito satanico, di alcuni che spaccano la testa ai genitori per prendere l'eredità, di molti che gettano sassi dal cavalcavia per passare la serata, di altri ancora che si rimpinzano di droga e si schiantano sull'autostrada, e tutto questo per dare un senso a una vita vuota, e ci pare impensabile che ce ne siano alcuni che per dar senso al loro vuoto si riuniscono in una cosca terroristica? Se ci sono ragazzi che ritengono possibile evocare legioni di demoni, perché non debbono essercene altri che ritengono possibile fare insorgere il proletariato mondiale?

Qualcuno dirà che, se il terrorismo politico è una delle tante canalizzazioni della violenza sociale, dovrebbe essere tipico dei lunghi periodi di pace e non dovrebbe manifestarsi in tempo di guerra, quando la violenza trova canali, per così dire, ufficiali e autorizzati. Come la mettiamo allora con la guerra nei Balcani? Però gli anni di piombo sono iniziati nel clima della guerra in Vietnam: il terrorismo non nasce all'interno di un paese in guerra, ma può nascere quando, in tempo di pace, si è ossessionati dalla violenza di una guerra lontana e inesplicabile. Proprio come la guerra nei Balcani: vicina geograficamente, ma lontanissima psicologicamente. E la nuova ondata terroristica sarebbe uno dei tanti sintomi, o effetti collaterali, di questa anomalia.

1999

SUBLIME SPECCHIO DI VERACI DETTI

Linguaggi e comportamenti

Come dire brutte parole in un attimino

Il supplemento "Tuttolibri" de *La Stampa* ha iniziato un referendum tra i lettori per stabilire quali siano la parola più odiata e quella più amata, e ha dato l'avvio con il parere di alcuni scrittori. Debbo dire che mi trovo d'accordo con le prime risposte, almeno per quel che concerne la parola odiata (e mi associo a ritenere odiosi *attimino*, *ottimizzare* e *fruitore*).

Dove mi sento più smarrito è nel dire quale sia una parola che amo. Certo, mi piacciono in inglese *flabbergasted*, *discombabulated*, *preposterous* e *jeopardize*, in tedesco *gemütlich*, in spagnolo *desarrollo* e in francese *à savoir*, ma sono reazioni giocose da xenoglotta (bella anche questa). In italiano non lo so, perché è bella la parola che in quel momento, in quel contesto, ti risolve espressivamente la situazione, e cade a proposito. *Naufragar* è bellissimo in Leopardi e può diventare banale parlando dell'insuccesso di un progetto, e odioso a chi pensa al naufragio di una vagheggiata convivenza amorosa. Su *La Stampa* Camon trova bellissimo *amante* e sgradevole *moglie*, ma io non riesco a liberarmi dai ricordi piccolo-borghesi della mia infanzia in cui con "la sua amante" si designava una signora vistosamente truccata ed eccessivamente impellicciata che si incontrava con un commendatore grasso in uno squallido bar di periferia davanti a un vassoio di cioccolatini al liquore.

Ma se, fuori contesto, non ci sono parole più belle delle altre, non si dovrebbe dire lo stesso anche per le parole odiose? *Un attimino* potrebbe suonar grazioso sulla bocca di una mamma che vuol tener buono il bambino. E la parola che io odio di più, e che è *coniugare*? Forse la prima volta che è stata usata suonava come una ardita metafora. Ed *esatto* invece di *sì*? Nelle prime trasmissioni di *Lascia o raddoppia* cadeva a proposito, era come un grido di vittoria, celebrava la millimetrica precisione di una memoria prodigiosa.

Quando è allora che una parola diventa odiosa? Camon non sopporta *fruitore* (che gli dà l'idea di un porco selvatico che mette il grugno su una carogna e slappa). Ma io ricordo che quando, sul finire degli anni cinquanta iniziò a usarla (credo) Gillo Dorfles, in molti l'adottammo con grande soddisfazione, perché ci sottraeva all'ingrato obbligo di scegliere impropriamente tra lettore, spettatore o ascoltatore quando si parlava di diverse arti insieme (e dove apparivano grottesche espressioni come goditore o degustatore). Fruitore era neutro: la bellezza è un bene, di cui si può godere in molti modi. Di fronte a un quadro di Piero della Francesca, Longhi spendeva una vita, alcuni lo rivisitano ogni tanto (magari in riproduzione), e gli dedicano un quarto d'ora di sensibile compiacimento, altri lo guardano di sfuggita percorrendo le sale di un museo, e tuttavia capiscono che è bello. Fruitore era un buon termine neutro che poteva definire insieme questi modi diversi di accedere all'esperienza dell'arte.

Che cosa ha reso odiosa questa parola? Il fatto che per snobismo dapprima, e spirito gregario poi, la si sia usata anche quando non era necessario, per esempio dicendo che quella tal mostra era stata visitata da molti fruitori, quando bastava parlare di molti visitatori. Quello che rende odiose le parole è il fatto che la società di massa se ne appropria e le usa a ogni piè sospinto. Anche Beethoven diventa odioso quando viene usato come sigla di una compagnia di radiotassi.

Immaginate di aver conosciuto una volta sulle scale un coinquilino: vi ha invitato a prendere un caffè al bar e vi ha raccontato una barzelletta, non travolgente ma neppure sgradevole. Direte che è una persona simpatica e per bene. Immaginate ora di incontrarlo tutti i giorni, tre volte al giorno, sulle scale, e quello ogni volta vi impone un caffè e una barzelletta. Entro breve tempo desidererete afferrarlo alla gola sinché morte non ne consegua. Così accade con le parole.

Soprattutto le parole diventano odiose quando ci irrita la pigrizia di chi, usandole, lascia marcire nel vocabolario tante altre belle parole. Pensate quante possibilità avremmo di dire (invece che *un attimino*) che ci apprestiamo a fare qualcosa entro breve: quasi subito, in un istante, in un batter d'occhio, in meno d'un minuto, in un lampo, in un battibaleno, in un frullar d'ali, prima che tu te ne renda conto, in un nanosecondo, in un atomo di tempo, in un trascurabile segmento d'eternità...

No, non esistono brutte parole, e persino il cacofonico *protrudere* (per non dire di *protrusi*, *protrudesti* e *se essi avessero protruso*), potrebbe suonare appropriato e, perché no, grazioso, nel contesto adatto. Le parole sono innocenti. Siamo noi che, usandole senza fantasia, le rendiamo odiose.

1992

Come dire parolacce in società

Vedo nel nuovo romanzo di Kurt Vonnegut (*Hocus pocus*, Bompiani) che il protagonista decide di non usare parolacce e si limita a espressioni che (nella traduzione di Pier Francesco Paolini) suonano come: "che pezzo di escremento!", "che testa di pene!", "siamo in una bella casa di tolleranza!" L'invito giunge opportuno in un momento in cui i giornali registrano, da parte degli uomini politici, insulti da carrettiere, e sui teleschermi si affacciano signori distinti che si appellano a vicenda con riferimenti espliciti a parti del corpo solitamente coperte da biancheria detta, appunto, intima.

È vero che in questa stessa rubrica io avevo tempo fa rivendicato il diritto di usare la parola *stronzo* in certe occasioni in cui occorre esprimere il massimo sdegno. Ma l'utilità della parolaccia è appunto data dalla sua eccezionalità. Usare parolacce troppo sovente sarebbe come riscrivere l'intero *Signor Bruschino* facendo battere soltanto gli archetti contro i leggii, mentre gli altri strumenti tacciono. Mussolini, in un momento tragico della storia d'Italia, disse in parlamento che avrebbe potuto fare di quell'aula sorda e grigia un bivacco per i suoi manipoli, e la frase suonò drammaticamente minacciosa. Se avesse detto (e tale era il senso della sua dichiarazione) "brutte facce di merda, avrei potuto mettervela in culo come niente," o l'avrebbero trattato come un bullo, o si sarebbero accorti che il condizionale era fuori luogo, perché l'evento si era già verificato.

Si è perduta quell'arte dell'ingiuria celebrata da Borges ("Signore, vostra moglie, col pretesto di tenere un bordello, vende stoffe di contrabbando!"), e pazienza. Ma almeno si dovrebbe ritrovare un'arte della perifrasi. Ed ecco perché, a uso dei protagonisti della politica e dello spettacolo, seguono alcune espressioni indubbiamente eleganti e forbite, sotto il velame della cui elaborata stranezza gli esperti potranno riconoscere l'espressione originaria, ben più volgare e consueta, che esse celano, senza peraltro eliminarne la forza perlocutoria.

"Taccia, Lei, il cui viso avrebbe potuto essere definito da un noto maresciallo dell'Impero nelle ultime ore della battaglia di Waterloo!" "Ella ha una scatola cranica che più che alla speculazione sarebbe atta alla riproduzione." "La invito a recarsi là dove potrebbe opportunamente qualificarsi come partner passivo di un rapporto tra maschi adulti consenzienti!" "La smetta, o segmento fusiforme del prodotto finale di un complesso processo metabolico!" "Il tale, nel suo giorno natale, era unito da cordone ombelicale a una signora che aveva saputo condurre la poliandria a manifestazioni quasi frenetiche."

"Verga sicula, che gran bella porzione di ghiandole di Bartolino e tube di Falloppio!" "Quello? Dalla paura è pronto a secernere preterintenzionalmente, e senza aver prima abbandonato i propri abiti, cellulosa, cheratina, residui biliari, muco, cellule epiteliali desquamate, leucociti e batteri assortiti!" "Gustavo è solo un cinquanta per cento di deliquio dei sensi ottenuto manualmente." "Silenzio, non imitate un luogo in cui si faccia mercimonio di grazie della seconda metà del cielo!" "Indigenza scrofa, l'ho ricevuta in vaso indebito!" "La prego, non mi deteriori quelli che l'etimologia latina vuole quali testimoni!" "Come dice Dante, usava la parte terminale dell'intestino retto come strumento per segnalazioni militari." "Ragazzi, che operazione serramentaria!"

"La baronessa? Ma si dedica alla raccolta e accumulazione di gettoni che testimoniano della sua operosità e a fronte dei quali riceverà un corrispettivo in denaro allo scadere della seconda settimana di attività!" "Guardi, io di Lei e della sua opinione sottopongo a ripetute succussioni l'unica borsa in pelle fornitami da natura, con tutto ciò che essa contiene!" "Ma la smetta di adularmi! Lei è un soggetto le cui papille gustative hanno perduto ogni dimestichezza con il cibo prima che esso abbia subìto tutte le trasformazioni a cui viene sottoposto dal nostro organismo onde far fronte alla curva generale dell'entropia!" "Se non la smette sono disposto a interfacciare la parte inferiore delle mie Timberland con la sua zona perineale, imprimendo all'intero suo corpo una forza propulsiva atta a farle percorrere un ampio tragitto senza che Ella debba ricorrere ai consueti mezzi di deambulazione!" "Ha tutta la mia riprovazione, o persona la cui parte posteriore inferiore del tronco necessiterebbe di un intervento plastico a fini di restauro!" "Organo esterno dell'apparato genito-urinario maschile a forma di appendice cilindrica inserita nella parte anteriore del perineo! Ho perso il portafoglio!"

1992

Professionalità

Tema: "Nel corso del suo viaggio in America il papa è riuscito a dire ai cattolici americani quello che poteva entusiasmarli, rimanendo sulle generali circa i temi che li avrebbero irritati, e ha abilmente evitato di mettere Clinton nell'imbarazzo." Svolgimento consigliato: "Il Sommo Pontefice ha dimostrato di saper svolgere il suo compito con notevole professionalità." Tema: "L'idraulico Temistocle ha collegato il tubo dell'acqua potabile col tubo di scarico del water closet. La signora Rosina si è rifiutata di pagarlo." Svolgimento consigliato: "La signora Rosina ha accusato Temistocle di scarsa professionalità; Temistocle ha risposto che non ammette che possa essere messa in dubbio la propria professionalità e ha annunciato di volersi appellare al sindacato idraulici a difesa della professionalità della categoria."

Tema: "Il ragazzo Filiberto ha massacrato a randellate i propri genitori. È stato scoperto perché si era recato in discoteca ancora imbrattato di materia cerebrale." Svolgimento sconsigliato: "Con rara professionalità Filiberto ha posto in essere la sottrazione di esistenza a coloro a cui doveva la dazione di vita, ma ha dimostrato scarsa professionalità nell'occultare le prove del crimine."

Una volta si sarebbe detto che Karol sa il fatto suo, Temistocle è un imbecille, Filiberto miserabile e dissennato. Ma oggigiorno risulterebbe assai difficile condurre un dibattito politico, riferire di una vertenza, parlare di un fatto, senza mettere in gioco la professionalità. Di questo curioso vezzo si è già ampiamente parlato, ma siccome il vezzo non viene abbandonato, è d'uopo ritornarvi su.

È noto che quando qualcuno ripete a ogni piè sospinto "guardi che di me si può fidare perché dico sempre quello che penso, e per me l'onestà viene prima di tutto," ci troviamo di fronte a un mentitore abituale. Del pari, questa ossessione nel ribadire la propria o l'altrui professionalità sembra suggerire che ormai si accetta come naturale che nessuno sappia più fare il proprio mestiere. Non solo, ma che si è stupiti quando qualcuno lo fa bene, per cui si loda la professionalità dell'agente quando acciuffa il ladro, e quella del medico che, di fronte al paziente affetto da colica biliare, gli infila nello sfintere una supposta di Buscopan invece di asportargli le tonsille.

Ora, è vero che in tutto il mondo ci sono persone che non sanno fare quel che sono pagate per fare, e questo anzitutto per il notissimo principio di Peter: se Temistocle è un bravo montatore di carburatori viene promosso direttore delle vendite, ed è probabile che Temistocle, bravissimo nel montare carburatori, si riveli inabile nella gestione commerciale. Quindi, dice il principio di Peter, nell'organizzazione aziendale ciascuno fa di regola ciò per cui è inadeguato. Ed è altrettanto vero che – sovente – un presidente americano nomina ambasciatore una persona che si è dimostrata abile, generosa e devota nell'organizzargli la campagna elettorale, per cui moltissimi ambasciatori americani si rivelano regolarmente digiuni di diplomazia.

Ma se è in Italia che ha preso tanta voga la falsa coscienza della professionalità è perché uno degli effetti marginali di Tangentopoli è che, per premiare o per togliersi di mezzo qualcuno, lo si spostava a fare un lavoro (meglio pagato) che non sapeva fare. È un caso se, a quanto si dice, Chiesa non ha male organizzato il Pio albergo Trivulzio: di fatto vi era stato messo senza che avesse mai saputo che cosa fosse una vecchietta. A un alto dirigente RAI, quando veniva rimosso, si dava da amministrare l'Ente per il Carbon Fossile, e se qualcuno aveva fatto fallire il mensile del partito, lo si eliminava affidandogli la direzione del quotidiano del partito.

Mentre il principio di Peter (versione internazionale) afferma che si permette di esercitare la propria incompetenza a livello più alto a chi ha dimostrato la propria competenza a livello inferiore, il principio di Peter all'italiana stabiliva che si permetteva di essere incompetente ad alto livello a chi si era dimostrato incompetente a basso livello.

Si sarà notato che ho sempre usato il tempo imperfetto. Per scaramanzia. Faccio conto di raccontare storie di altri tempi. Però si continua a usare ancora troppo la parola "professionalità". Non mi sento tranquillo.

1993

Ragazze, state al vostro posto

Bisogna anche cercare di capire il papa. Certo gli argomenti che usa per rifiutare il sacerdozio alle donne ci appaiono difficilmente sostenibili, ma non bisogna dimenticare che il papa deve tener conto della tradizione.

Incominciamo dal Genesi. Non voglio proprio impegolarmi sulla difficile questione se quell'entità che nelle traduzioni viene di solito chiamata *Dio* sia caratterizzata dal testo biblico in termini di genere. Ma certamente la prima creatura umana è un maschio, e a questo maschio (Adamo) viene dato il primo comandamento, che riguarda l'albero del bene e del male. In che lingua Dio parli con Adamo è difficile dire, e sin dal tempo dei padri della chiesa si era azzardato che si fosse trattato o di un rapporto puramente mentale, da cuore a cuore, o di una comunicazione avvenuta per mezzo di fenomeni atmosferici, tuoni, lampi, sibili di vento. Infatti il creatore della prima lingua naturale è indubbiamente Adamo perché, dopo avergli "parlato", Dio gli conduce davanti tutti i volatili del cielo e tutte le fiere della steppa affinché Adamo dia a ciascuno il nome che loro conviene. Quale fosse la lingua che Adamo in quell'occasione ha inventato, è rimasto argomento di dibattito per secoli, e non tutti erano d'accordo che fosse l'ebraico. D'altra parte per secoli ci si è anche interrogati perché mai in quell'episodio non vengano nominati i pesci (forse furono nominati dopo, man mano che Adamo li pescava e li metteva in padella, ed è una proposta di sant'Agostino, *De Genesi ad litteram*, padella a parte).

Solo a quel punto avviene la creazione di Eva che, essendo tratta dall'uomo, verrà chiamata da Adamo *ishshà*, che è il femminile di *ish* (uomo o marito) – e mi attengo alle note dell'Antico Testamento edizione Galbiati. Tanto è vero che la Vulgata tradurrà *virago* – che, anche se non voleva dire, come ormai in italiano, donnona muscolosa e baffuta, era pur sempre un derivato da *vir*. Non c'è niente da fare, la donna arriva dopo e, guarda caso, il primo colloquio che ha, lo ha con il serpente. Lei, la virago, ci casca (è il caso di dirlo) come una mela matura, e ditemi se si può affidare l'amministrazione dei sacramenti a una sconsiderata che appena le concedi la libera uscita va a braccetto col Principe delle Tenebre.

Per capire come l'episodio biblico abbia pesato sull'immaginario cristiano, basta andare a vedere come reagisce a questo testo un uomo a cui di solito non si nega qualche buona qualità intellettuale, voglio dire Dante Alighieri – il quale oltretutto è passato alla storia per aver idealizzato e praticamente divinizzato una donna. Nel primo libro del *De vulgari eloquentia* Dante discute sulla nascita del linguaggio ma, prima di affrontare questo problema, fa una straordinaria affermazione, che vale la pena di citare (capitolo IV, traduzione Mengaldo): "Stando a quanto dice il Genesi all'inizio, dove la Santissima Scrittura tratta dell'origine del mondo, risulta che a parlare prima di tutti è stata una donna, cioè Eva... [e qui Dante riporta la risposta di Eva al serpente] Tuttavia, benché nei testi si trovi che per prima ha parlato una donna, è più conforme alla ragione ritenere che sia stato l'uomo a parlare per primo, ed è sconveniente non pensare che un atto così nobile del genere umano sia sgorgato prima dalle labbra di un uomo che da quelle di una donna."

Dopo di che Dante procede a discutere quale sia stato il primo grido di gioia e riconoscenza con cui Adamo si è rivolto al suo creatore. La cosa più incredibile è che Dante aveva sotto gli occhi il testo biblico da cui poteva dedurre che in ogni caso Adamo aveva parlato prima di Eva, e cioè quando aveva dato un nome agli animali. Gli interpreti discutono se Dante volesse parlare di primo dialogo vero e proprio, per cui indubbiamente il primo dialogo è quello di Eva col serpente. Ma quello che ci colpisce è che egli ha dato del testo biblico una lettura che definirei istericamente preoccupata. Dante era persino disposto a correggere la Bibbia, tanta era la sua preoccupazione che una donna avesse parlato per prima.

Lo ripeto, chi fa così non è un predicatore misogino assatanato di sessuofobia, è Dante, padre e marito quasi esemplare, e amante ideale. E dunque immaginatevi gli altri.

La forza della tradizione è profonda: pensate che è riuscita per secoli a far dimenticare che anche Gesù e gli apostoli appartenevano alla razza maledetta degli ebrei deicidi. Come volete conferire allora il sacerdozio alla donna, se sin dall'inizio si temeva come orribile iattura, non dico che una donna potesse proferire "Io ti assolvo" o "Questo è il mio corpo", ma addirittura che potesse aver detto per prima "Buongiorno serpente, come va?"

1993

Neokhomeinismo nelle università americane

La settimana scorsa, durante una riunione di dipartimento alla Columbia University, è stato raccomandato ai professori di porre attenzione a tre nuovi termini che sono entrati nel dizionario del *politically correct* (o PC, come ormai comunemente si dice negli USA) e che definiscono tre possibili violazioni dei diritti altrui, e nella fattispecie degli studenti. I termini sono *mentalism*, *adultism* e *lookism*. Per mentalismo s'intende che non si deve lasciar intendere all'interlocutore che lo si giudica intellettualmente inferiore, perché questa sarebbe evidentemente discriminazione in base alle capacità mentali. Per adultismo si intende che non si deve far pesare la propria età rispetto a qualcuno più giovane, perché questa sarebbe evidentemente discriminazione in base ai dati anagrafici. Per *lookism*, che potremmo tradurre con "aspettismo", si intende che non si deve far sentire all'interlocutore che lo si considera brutto, perché questa sarebbe discriminazione in base all'apparenza fisica.

Ora di tutti gli atteggiamenti di cui si occupa l'ondata moralistica del PC, si può dare sia una versione forte che una versione debole. Se per discriminazione razziale si intende (versione forte) prendere un uomo di pelle scura e appiccarlo a un albero cantando *Dixie*, allora non c'era bisogno del PC per sapere che non si deve fare. Se si intende che, a un attore afroamericano che si offre per la parte di Erik il Rosso, non si deve far notare che non è adatto a impersonare un vichingo, allora il PC rischia di diventare un poco asfissiante, anche perché di questo passo sarebbe discriminazione sessista rifiutare a Claudia Schiffer la parte di King Kong.

Tornando alle tre nuove interdizioni, proviamo a immaginarne una versione forte, sulla cui inopportunità credo che tutti siamo d'accordo. È certamente mentalismo dire a qualcuno: "Lei è il più grosso imbecille che abbia mai incontrato, e il suo quoziente di intelligenza è inferiore a quello di un cammello" (tanto più che con quest'ultima espressione si incorre inoltre nel peccato di "specismo" perché si tende a discriminare i cammelli come specie poco dotata). È certamente adultismo dire: "Senti, per arrivare a questo posto mi sono fatto un mazzo così per quarant'anni, mentre tu a venti arrivi fresco fresco e pensi di sputar sentenze a dritta e a manca: mettiti sull'attenti, vai a pulire i cessi e acqua in bocca."

È certamente aspettismo dire: "Signore, la prego di non sedersi alla mia tavola perché il suo viso è così ributtante che mi indurrebbe a rigurgitare tutto quello che inghiotto; se ne vada dunque, rettile schifoso, scorfano immondo, e prima di riapparire nel consorzio civile, sia pure lungi da me, faccia almeno un bagno usando abrasivi atti a liberarle la cute dai vari strati di maleodoranti detriti che vi si sono depositati nel corso di lunghi anni di ostinata idrofobia."

Ma per sapere che queste cose non si debbono dire, bastavano le regole della buona educazione. Il timore è allora che vengano bandite anche le versioni deboli. Se un professore dice allo studente che è sbagliato affermare che il triangolo rettangolo bolle a 90 gradi, o che Giuseppe Mazzini era un urbanista, costruttore delle molte vie omonime, non si configura un reato di mentalismo? Forse il professore deve dire: "Scusi, sono io che non mi sono spiegato bene, ammetto che non ho insistito abbastanza sulla differenza tra gradi centigradi, gradi geometrici e gradi militari, mi scusi, ricominciamo daccapo e perdoni la mia pochezza..."

È davvero mancanza di rispetto verso un giovane comunicargli i dati della propria esperienza? Non si daranno casi (e in effetti se ne sono dati, è cronaca) di studenti che si sono ritenuti discriminati perché l'insegnante ha guardato troppo fissamente il cerotto che avevano sulla punta del naso, o si è fatto istintivamente indietro perché parlavano con lo spruzzo? Negli ambienti universitari si racconta di continuo di studenti che hanno preso un brutto voto e sono andati a denunciare al *dean* della scuola un comportamento discriminatorio da parte dell'insegnante (quasi sempre un giovane alle prime armi). L'insegnante viene ripreso, perché le autorità accademiche non vogliono grane, e poi in fondo gli studenti pagano un sacco, e l'insegnante spaurito la volta dopo largheggia con i voti.

È una nuova versione del voto politico, e gli attivisti del PC rischiano di somigliare molto a delle Guardie Rosse. Paradossalmente, all'insegna del rispetto per tutti, si fa strada un neokhomeinismo, pericolosamente intollerante.

1993

Mettere in scena *L'ebreo di Malta*

La settimana scorsa ho seguito su *la Repubblica* un dibattito nato dal fatto che Luca Ronconi avrebbe discriminato tra due opere ritenute antisemite, *Il mercante di Venezia* di Shakespeare, che egli aveva messo in scena, e *L'ebreo di Malta* di Marlowe, che egli non avrebbe mai voluto dirigere. Guido Almansi, che pure riconosceva come l'opera di Marlowe fosse "selvaggiamente antisemita", protestava (lui ebreo) contro queste forme di censura. Tre giorni dopo Mario Pirani gli rispondeva ricordandogli il nesso storico tra letteratura e pratica persecutoria, mentre Anthony Burgess spiegava come per Marlowe non si possa parlare di antisemitismo ma al massimo di xenofobia.

La discussione mi ha ricordato dei dibattiti che negli Stati Uniti (in periodo di *politically correct*) sono diventati ossessivi e ben più "selvaggi" di questo (che è stato pacato e civile). Laggiù si obietterebbe ormai non solo a una rappresentazione del *Mercante* ma anche al fatto che se ne faccia oggetto di studio all'università. Ma si sa, ormai laggiù può venir contestata la lettura critica di *Madame Bovary*, perché il sesso femminile ne esce con connotazioni di debolezza; e anche se Almansi lo scriveva come battuta, stiamo sfiorando il bando a *Moby Dick* perché incoraggia la caccia alle balene.

Ora, ci sono opere che veicolano idee socialmente o moralmente "pericolose" – e tanto più quanto abbiano valore artistico. Non è censura stabilire che queste opere non sono consigliabili a persone immature, e che le opere del marchese de Sade non debbono essere lette nelle scuole medie e neppure, per evitare una ricezione goliardica, nei licei. Ma all'università si può benissimo dedicare un corso a Sade. E a chi lamentasse che si parli di un autore che non faceva troppe differenze tra un corpo di donna e un tavolo operatorio, si risponderà che per capire quel periodo storico, quella ideologia della natura, e una parte importante della letteratura posteriore, bisogna saper ragionare anche sui presupposti filosofici che ispiravano il marchese e sulla società in cui viveva. Purché tutto venga fatto con rigore e serietà, senza chiamare in aula Mister Muscolo e Moana Pozzi a interpretare i passi più salaci.

Lo stesso si deve fare con le due opere di Shakespeare e Marlowe. Si tratta di analizzare una componente della mentalità europea, e se quegli autori non erano veramente antisemiti, tanto peggio, perché si tratta di studiare la vitalità di certi stereotipi. Così come, con buona pace di Jane Fonda, bisogna capire perché il capitano Ahab, nutrito di letture bibliche, poteva identificare una balena col Male – e leggere Melville in chiave di polemica ecologica sarebbe un pessimo modo per capire e lui e la sua epoca.

Ora, cosa farei se mi proponessero di mettere in scena *L'ebreo di Malta*? Forse vent'anni fa avrei detto di sì, almeno in un laboratorio di studi teatrali, perché allora si poteva sperare che i fantasmi che quest'opera evoca fossero definitivamente scomparsi. Oggi starei molto più attento, perché circolano molte più persone nuovamente invasate da questi fantasmi, e non solo tra i giovani. Parlerei dell'opera in una lezione universitaria ma non la metterei in scena alla televisione. Per la stessa ragione per cui non consiglierei il *Werther* a un adolescente in preda a crisi depressive.

Rileggevo in questi giorni le *Conversazioni sulla pluralità dei mondi* di Fontenelle. Se c'era uno spirito aperto, era questo signore che scrive alla fine del Seicento. Non solo sceglie come interlocutrice per questioni scientifiche una donna, ma mostra una estrema disponibilità a riconoscere l'intelligenza e la dignità di qualsiasi razza che viva nel cosmo, sia essa antropomorfa o no. Eppure, a un certo punto, dovendo dare un esempio di esseri subumani, chi ti cita? I terrestri di pelle nera. È disposto a rispettare gli abitanti della Luna o di Giove, ma non quelli dell'Africa o dell'Oceania. E alla fine del dialogo, dopo che la signora lo ha seguito con passione e intelligente meraviglia, per tutto riconoscimento la invita a tornare alle occupazioni che competono alle donne, e cioè le conversazioni mondane.

Forse in questo momento, in qualche università americana, c'è un'Oleanna che sta mettendo sotto accusa un professore che legge Fontenelle. Farebbe male perché, a parte l'interesse dell'opera, sono proprio queste contraddizioni di Fontenelle che ci permettono di capire non solo la mentalità di quell'epoca, ma anche i pregiudizi che il passato ci ha lasciato in eredità.

1993

Scrivere in modo politicamente corretto

Chi scrive in inglese sa che, prima ancora della diffusione del *politically correct*, sui problemi di "genere" (nel senso di femminile/maschile) erano sorti da tempo preoccupanti problemi grammaticali. Per esempio, due righe sopra ho scritto *femminile/maschile* mentre una decina di anni fa si sarebbe scritto *maschile/femminile*. Ma fosse solo questo. È vero che per evitare il terribile *chairman* (più o meno "presidente"), dove c'è la terribile desinenza virile *man*, si è inventato *chairperson*. Ma se si volesse scrivere in inglese l'equivalente di "se il lettore trovasse questo articolo noioso, dovrebbe smettere di leggerlo", prima di "dovrebbe" si sarebbe obbligati a decidere se chi smette è un lui o una lei, e per uscire dall'impiccio si scrive ormai *he/she* o meglio ancora *she/he* (il che è faticosissimo, e in italiano diventerebbe "lui e/o lei").

D'altra parte in italiano è il *lettore* che ha già un genere, e quindi fatalmente un sesso. In inglese uno (e cioè uno e/o una) può scamparsela pluralizzando, e cioè parlando di *lettori*, e a quel punto usa come pronome *they* che è unisex. Ma in italiano se dico che questi lettori sono, poniamo, "attenti" ho già automaticamente escluso le attente lettrici.

In entrambe le lingue si potrebbe ricorrere alla costruzione impersonale ("se ci si annoiasse, si potrebbe smettere", e in inglese esiste l'asessuatissimo *one*), ma la faccenda non può andare avanti troppo a lungo, e prima o poi torna in scena *he/she*.

In italiano la cosa è meno drammatica perché, visto che non abbiamo termini neutri e tutto ha un genere grammaticale, ma in modo molto casuale (la porta è femminile ma non femmina, l'uscio è maschile ma non maschio) non siamo automaticamente portati ad associare un sesso al genere, e si vede subito che scrivendo "i miei lettori sono persone equilibrate" quello che un sesso perde da un lato, lo guadagna dall'altro.

Per via dei maledetti pronomi personali che debbono sempre essere espressi, molti saggisti americani hanno preso una eroica decisione. Là dove noi scriveremmo "supponiamo che uno studente ritenga di aver subìto un'ingiustizia e decida di lamentarsi col preside," essi (e/o esse) scrivono "e che essa decida di lamentarsi col preside." In altre parole, quando debbono fare un esempio, decidono che talora il soggetto dell'esempio è un maschio, e talora una femmina. Ma vedete subito come il procedimento sia rischioso in uno scritto, poniamo, che debba fare esempi su virtù e delitti, fortune e disgrazie. Chi dovrà cadere dalle scale: lui o lei, ovvero lei o lui?

Tra l'altro questo provoca seri imbarazzi ai nostri traduttori: va bene "supponiamo che io chiami la camionista del Tir e le dica che...", ma si può tradurre "se qualcuno ha la carie le dovete estrarre il dente"?

Ogni lingua ha naturalmente i suoi problemi. Quando scrivo, o quando rivedo un manoscritto altrui, mi trovo sempre davanti al problema del sesso degli autori o dei personaggi storici citati. Una volta il problema non esisteva, perché si diceva "preferisci il Verga o la Serao?" e anche un ignorante sapeva chi era donna e chi era uomo. Ma ormai quell'articolo maschile davanti all'autore maschio fa un po' vecchiotto, e non sopportiamo più di leggere "il Calvino, il Moravia, il Pasolini", e tanto meno "secondo il Craxi" o "come dice lo Scalfaro" (e si ritrovano queste espressioni solo ormai nelle arringhe degli avvocati o dei pubblici ministeri). Però scriviamo o diciamo abbastanza correntemente "la Morante, la Corti, la Iotti, la Garavaglia", tanto è vero che persino gli inglesi, almeno in ambito operistico, scrivono "la Callas".

Si tende a dire "preferisci Verga o Matilde Serao?", ma non si evita di discriminare tra il trattamento riservato al maschio e quello riservato alla femmina. D'altra parte se dovessimo chiamare anche gli uomini, ogni volta, per nome e cognome, sembrerebbero tanti Charlie Brown. L'altra soluzione è scrivere "preferisci Verga o Serao?" – ma non ditemi che questo non ricorda un vecchio vezzo in voga tra gli omosessuali nell'ambiente dello spettacolo: "Ma come, a te piace Cuccarini? È molto meglio Barbareschi!"

Insomma, essere linguisticamente imparziali non è una cosa facile, e sarà interessante vedere come, col tempo, la lingua deciderà quali usi assorbire e quali rifiutare.

1993

La perversione calcistica

Trovarsi in Argentina mentre infuria il Mundial è certamente una esperienza. Specie se poi in quei giorni l'Argentina vince. In visita per varie conferenze e incontri, ho scoperto che a un certo punto tutti i miei impegni erano stati cancellati e mi era stato concesso un intero pomeriggio libero. Era il giorno dell'incontro Italia-Norvegia, e pareva impossibile che l'ospite fosse distratto da tanto evento. D'altra parte, qualsiasi cosa avessi fatto in quelle ore, sarei stato solo. Il resto di Buenos Aires era attaccato ai televisori.

Non ho potuto evitare pertanto le domande insistenti dei giornalisti sull'argomento. Ora io ho seguito l'incontro, perché lo spettacolo era bello, e quando sei lì non puoi sottrarti a un minimo di batticuore, ma quando mi fanno domande sul calcio è come se me le facessero sulla Danimarca. La Danimarca è un paese delizioso, ci sono stato varie volte, dalla sirenetta di Andersen a Elsinore, sino allo Jutland, e mi piacerebbe tornarvi in futuro. Ma non è che alla notte non dorma pensando alla Danimarca, né che al mattino dopo mi faccia tradurre da qualche prezzolato i quotidiani danesi: sono contento che la Danimarca esista, e la cosa finisce lì.

Quando tenti di spiegare a qualcuno i sentimenti di una persona normale circa il calcio, non ti capiscono. E così un quotidiano argentino non ha resistito alla tentazione di intitolare un suo articolo a una mia presunta dichiarazione: "Il calcio è una perversione sessuale". Io avevo detto qualcosa di più sfumato, e l'ho detto altre volte, ma proviamo a spiegare ai miei simili quale sia il mio punto di vista.

Io credo che una persona normale, nei limiti dell'età, debba fare all'amore, e credo che sia una cosa sana e bella. Poi esistono casi in cui si guardano altri due che fanno all'amore. Non sto necessariamente pensando ai film a luci rosse, basta un film normale in cui si vedono due persone di bell'aspetto che si accoppiano con grazia. Nei limiti della moderazione può essere una esperienza appagante. Infine ci sono i repressi sessuali che si eccitano a sentire qualcuno che racconta che ad Amsterdam ha visto due che facevano all'amore. Qui mi pare siamo ai limiti della perversione (tranne casi di handicap acclarato, dove uno si accontenta di quel che passa il convento).

Credo che col calcio accada la stessa cosa. Giocare a calcio è bello, e mi spiace solo di essere stato riconosciuto nell'infanzia e nell'adolescenza un maestro dell'autogoal, per cui non ero ammesso a giochi di un certo impegno. Ma uno può anche cercare di tirare un poco con la palla in giardino, e fa bene alla salute. Poi accade che ci siano undici signori che giocano meglio di te, e che sia uno spettacolo assai eccitante vederli giocare. Ogni tanto mi accade, e godo come se fossi all'opera. Infine ci sono i perversi, coloro che passano la giornata a farsi venire l'infarto discutendo su quello che i giornali hanno scritto sulle partite di calcio, che magari loro non hanno visto. E qui mi pare che siamo ai limiti della perversione (tranne casi di handicap acclarato, in cui ci si accontenta di quel che passa il convento).

Qualcuno mi potrebbe obiettare che lo stesso accade con chi va a teatro, all'opera, al concerto. Giudico forse io una menomazione quella di coloro che vanno ad ascoltare i Musici, Pavarotti, o a vedere Gassman? In un certo senso sì, se non hanno mai provato a cantare, a maneggiare magari male uno strumento, a recitare fosse pure nella filodrammatica parrocchiale. Non sto pensando all'utopia marxiana di una società liberata in cui ciascuno sia cacciatore, pescatore eccetera, ma ritengo che chi ha provato a suonare anche solo l'ocarina sia meglio abilitato ad apprezzare quello che fa Pollini; solo chi si provi ogni tanto a cantare, mentre si fa la barba o innaffia i fiori, "Di Provenza il mare e il suol" (o anche solo *Eleanor Rigby*) può apprezzare le doti eccelse di un grande cantante. Chi non abbia mai provato a strimpellare *Le petit montagnard* è meno adatto ad apprezzare l'esecuzione del grande pianista. Bisogna nella vita provare anche a cantare, suonare, recitare, per potere poi godere meglio l'esecuzione di chi lo sa fare molto meglio di noi.

E se poi ci fosse qualcuno che all'opera non va mai, ma passa la settimana a discutere le critiche uscite su Pavarotti, anche se il caso è raro, parlerei di perversione.

Tutte queste mi paiono verità molto semplici. Ma è assai difficile farle capire a chi perde tanto tempo a discutere di calcio da non aver tempo, sia pure alla domenica, di giocare a palla coi propri figli – magari facendosi prestare i figli altrui. Ma forse sono io che sono un pervertito. Non ne parliamo più. Tornerò al più presto in Danimarca.

1994

Derrick, o la passione della mediocrità

Le storie televisive dell'ispettore Derrick sono molto seguite. A lume di buon senso critico, non ci sarebbero ragioni per cui Derrick dovrebbe piacere. Il protagonista ha lo sguardo acquoso, il sorriso triste di un vedovo sin dalla nascita, veste male con cravatte orribili, come del resto anche i suoi comprimari; gli interni avrebbero piombato lo scomparso Aiazzone in un inguaribile sconforto, e gli esterni sono quanto di peggio la Baviera può offrire (e dire che avrebbe di meglio).

Rimarrebbe da pensare che lo schema poliziesco delle vicende sia originale e che Derrick conquisti il suo pubblico dando prova di facoltà mentali fuori dal comune. Ora lo schema, rispetto alle storie poliziesche di una volta, mostra un tratto di stagionatissima novità, già ampiamente sfruttata dalla serie del tenente Colombo: il pubblico sa subito chi è il colpevole e come ha fatto a delinquere. Il gusto consiste nel vedere come il poliziotto, che non sa, indovina e – disponendo di scarsissime prove – conduce il colpevole a tradirsi.

Ma Colombo, peggio vestito di Derrick, si muove con i suoi modi proletari in un mondo di californiani belli e potenti, che lo trattano come una pezza da piedi (e lui li incoraggia), sicuri che quello scarto di remote immigrazioni non riuscirà a rompere la loro guardia, e a infrangere la barriera della loro arroganza. Colombo li mette con le spalle al muro con alcuni trucchi psicologici di perfida raffinatezza, trae dalla manica un asso di denari insospettato, e li conduce a perdizione proprio sfruttand 'a loro sicumera. Il pubblico gode di questa lotta tra il pigmeo e il gigante dai piedi d'argilla, e va a dormire con la sensazione che qualcuno, modesto e onesto come loro, li abbia vendicati, punendo personaggi odiosamente ricchi, belli, bravi e potenti.

Derrick invece no. Quasi sempre ha a che fare con gente più modesta e peggio vestita di lui, psichicamente instabile, intimidita da un rappresentante della legge, come accade a ogni buon tedesco. I suoi colpevoli appaiono così spudoratamente colpevoli che lo capisce di solito persino

Harri (e pare strano che la polizia bavarese non faccia almeno un test d'intelligenza prima di assumere qualcuno), crollano quasi subito, bastava dargli uno spintone. Eppure Derrick funziona e non facciamo gli snob: non ce ne perdiamo uno.

È uscito da poco *Le passioni nel serial TV* (Nuova Eri) dove Pier Luigi Basso, Omar Calabrese, Francesco Marsciani e Orsola Mattioli si occupano delle strategie passionali messe in opera da *Beautiful*, *Twin Peaks* e, appunto, Derrick. Di quest'ultimo si occupa Marsciani. Non posso seguire passo per passo la sua analisi, che dura una trentina di pagine, ma essa certamente risponde agli interrogativi che ponevo sopra.

Queste storie non scelgono mai casi eccezionali, ma vicende di cui si occupa anche la cronaca dei giornali, e che potrebbero accadere a noi, o ai nostri vicini di casa; per cui è fondamentale che non vi appaiano né figure eroiche né figure troppo antieroiche (e cioè malvagi a tutto tondo). Sia il nemico che il collaboratore della giustizia sono sempre divisi tra passioni opposte, desiderio di giustizia e di vendetta personale, colpa e comprensibile debolezza. I luoghi non debbono essere troppo riconoscibili, per non restringere le possibilità d'identificazione da parte di ciascuno, ma debbono ricordare ambienti familiari a tutti. Non me n'ero accorto, ma pare che, a mano a mano che la serie va avanti, i personaggi usino sempre automobili ultimo modello, in modo che lo spettatore ritrovi sempre un'atmosfera di attualità quotidiana (Derrick non può permettersi il catorcio di Colombo).

Derrick arriva a intuire la verità non perché sia diabolicamente intelligente, ma perché è sensibile all'interlocutore, non ne diffida mai completamente, prende sul serio i suoi patemi – e pensiamo quanto diverso sia Colombo, che invece diffida sempre. Certo anche a Colombo, come a Derrick, alla fine dispiace di aver rovinato il colpevole; ma a Colombo dispiace perché in fondo, in questa lotta di reciproche astuzie, l'avversario – così diverso da lui – gli era diventato quasi simpatico; Derrick soffre alla fine perché il colpevole lo ama sin dall'inizio, lo sente dei suoi.

Riassumendo i vari contributi del libro, Calabrese conclude che Derrick è un mediatore tra realtà e immaginario perché rende normali le sensazioni interne al narrato e invoca una normalità parallela nei suoi spettatori "è il trionfo della mediocrità, intesa appunto come 'stare nel mezzo', e diventa valore invece che anonimato."

E allora si capisce perché ha successo: costituisce la quintessenza di ogni spettacolo televisivo, anche di quelli che mettono in scena personaggi reali, amati solo se si dimostrano trionfalmente più mediocri del più mediocre tra gli spettatori.

1995

Il pettegolezzo era una cosa seria

Si è svolto le settimane scorse a Urbino, nell'ambito dei consueti simposi estivi di semiotica, un convegno sul pettegolezzo. Ne raccoglieva notizia anche Beniamino Placido su *la Repubblica* di domenica 23 luglio, con alcune riflessioni sulle quali tornerò alla fine. Quanto sto per dire mi è venuto alla mente discutendo le relazioni di Isabella Pezzini, Maria Pia Pozzato e Giampaolo Caprettini, e ascoltando gli interventi di Paolo Fabbri, Siri Nergaard e altri. Non ricordo più chi abbia detto cosa, ma il bello dei convegni è che alla fine ti ritrovi con qualche idea in testa in più, e la paternità è dubbia.

Si era parlato del pettegolezzo televisivo, a cui sono dedicate specifiche trasmissioni, e in cui si trascina qualcuno a fare confessioni sulla propria vita privata. Ora, il pettegolezzo classico, quello che si fa nel villaggio, in portineria o all'osteria, è (era?) un elemento di coesione sociale. Non si spettegola mai dicendo di qualcuno che è sano, fortunato e felice; si spettegola su un difetto, un errore, una sfortuna altrui. Così facendo gli spettegolanti in qualche modo partecipano alle sventure degli spettegolati (il pettegolezzo non implica sempre disprezzo, può indurre anche a compassione). Però esso funziona se gli spettegolati non sono presenti (altrimenti sarebbe solo aggressione) e non sanno di essere spettegolati (o possono salvar la faccia facendo finta di non saperlo). Questo dà un senso di potere agli spettegolanti ("noi sappiamo ma tu non sai che sappiamo"), i quali debbono essere convinti di possedere un segreto, e felici di possederlo in compagnia di molti. Quando lo spettegolato mostra di sapere, di solito avviene la piazzata ("brutta linguaccia, so che vai a dire in giro che..."). Avvenuta la piazzata, la voce è pubblica. Chi fa la piazzata, nel momento in cui ha reagito pubblicamente, ha ratificato il pettegolezzo, anche se era falso. Quindi non c'è più nulla su cui spettegolare.

Nel pettegolezzo televisivo, invece, non si parla mai male di qualcuno che non c'è, perché sarebbe penalmente perseguibile, e perché lo spettacolo ha sapore solo se è la vittima che spettegola di sé, parlando delle proprie vicende intime. Gli spettegolati sono i primi a sapere, e tutti sanno che essi lo sanno. Non sono vittime di alcuna mormorazione. Non c'è alcun gusto sussurrarsi il giorno dopo "hai sentito che il Tale ha ammesso ieri in Tv di essere cornuto?" Non c'è più segreto. In secondo luogo non si può infierire sugli spettegolati (hanno avuto il coraggio di ammettere) ma neppure commiserarli (dalla confessione hanno tratto un vantaggio invidiabile, la pubblica esposizione).

Il bello del pettegolezzo classico era che, sino a che lo spettegolato non si tradiva con la piazzata, la mormorazione poteva continuare senza limite. La comare, su un adulterio altrui, poteva campare per anni. Lo spettatore televisivo, invece, dopo che il Tale ha confessato, non ha più nulla da sapere. E infatti alla prossima puntata del programma occorrerà che qualcun altro cominci di nuovo, autospettegolandosi. Così ogni giorno c'è un pettegolezzo nuovo, che muore appena reso pubblico, e i pettegolezzi precedenti si sono ormai autodistrutti. La Tv ha ucciso il pettegolezzo, che pure aveva importanti funzioni sociali.

Placido, riprendendo Blackmur, suggeriva che il mito fosse un pettegolezzo stagionato. Probabilmente i miti sono nati come pettegolezzi, perché servivano a familiarizzarci con gli dei, compiangendone o condannandone miserie e magagne (varrà la pena di osservare che le religioni monoteistiche non consentono il pettegolezzo, che al massimo diventa atto blasfemo, falso e bugiardo).

Dovremmo dire che il mito, essendo racconto pubblico, non avrebbe dovuto dare agli spettegolanti il gusto di possedere alcun segreto. Ma forse il poeta tragico era colui che metteva gli spettatori nello stato d'animo di chi ascolta un segreto per la prima volta, e ciascuno si sentiva spaventosamente e gloriosamente solo sulle gradinate affollate dell'anfiteatro. E questo deve avere a che fare in qualche modo con la catarsi, anche se non mi azzardo a proporne nuove interpretazioni. Dovremo dire allora che il cosiddetto pettegolezzo televisivo – se pure non è pettegolezzo – ha qualcosa a che vedere con il mito? Credo proprio di no. Il mito prende un essere divino, superiore a noi e, spettegolandone, ci dice che in fondo è per molti versi uguale a noi. La trasmissione televisiva prende un essere uguale a noi e, spettegolandone, ci dice che proprio per questo dovremmo considerarlo una divinità. Non escludo che qualche spettatore sottosviluppato possa confondere queste due dinamiche. Ma forse la memoria di Venere, che tradisce Vulcano, ha la possibilità di durare più a lungo di quella dell'ultimo autolesionista visto sullo schermo.

1995

Come far cadere una valigetta con le ruote

Ogni tanto ci lamentiamo perché in questo paese le cose vanno male, e il nostro naturale autolesionismo ci spinge a dire che all'estero vanno meglio. Talora certo sì, talora pare proprio che l'incapacità sia una qualità innata negli esseri umani, ovvero che quella che ci sembra stupidità sia ugualmente distribuita, come il buon senso di Descartes, tra tutte le razze e nazionalità, a ogni livello sociale. Alcuni anni fa si sono iniziate a produrre delle valigette su ruote, e con manico retrattile, specialmente concepite per gli aerei. Voi ve le trascinate dietro senza sforzo, senza doverle spedire a parte, salite a bordo, e il loro formato è tale che possono stare benissimo nel vano portabagaglio sopra il vostro posto. Si noti che queste valigette vanno bene anche per il treno. Si trattava quindi di una bellissima invenzione e io, viaggiatore compulsivo, ne ho subito acquistata una.

Ho presto fatto una dolorosa scoperta. Queste valigette sono in forma di parallelepipedo, con sei facce rettangolari, le parti opposte sono uguali e – come ogni valigia – hanno due facce larghe, e quattro che rappresentano il bordo, molto più strette. Il manico retrattile per trascinarle, e le ruote, stavano sul lato verticale più stretto. Ora se voi riempivate la valigetta e per caso ponevate sul fondo o in superficie gli oggetti più pesanti (come libri o un computer) quando la trascinavate (e magari di corsa, mentre eravate sul punto di perdere treno o aereo) la valigetta si sbilanciava e cadeva da un lato. Dovevate raddrizzarla, riprendevate la corsa, e cadeva di nuovo. E allora dovevate procedere molto adagio, attenti a mantenere l'equilibrio, e così facendo perdevate l'aereo o il treno. Specifico che questo succedeva con qualsiasi marca.

A lungo (io che non sono un esperto) ho creduto che fosse colpa mia, che riempivo la valigia in modo irrazionale. Ma finalmente, da non molti mesi, sono entrate in commercio nuove valigette, che hanno manico e ruote non sul lato stretto, ma sul lato largo. Meraviglia! La valigia non cade più, potete riempirla come volete e non perdete il treno (o l'aereo).

Era l'uovo di Colombo, e mi sono affrettato a buttare via la valigetta vecchia e a comperare (a prezzo maggiorato) quella nuova. Ma non ho potuto trattenermi dal chiedere al venditore: "Come mai industrie internazionali, con vasta esperienza di valige, e uffici studi abitati dai migliori ingegneri e designer, hanno impiegato due o tre anni ad accorgersi di questo problema, o meglio non vi avevano pensato subito?" Il venditore ha allargato le braccia, e così faccio io ora con voi. L'unica spiegazione è che le corse migliorano le razze, e per arrivare a una invenzione perfetta bisogna passare per degli stati intermedi, attraverso quel tipo di processi che si chiamano a tentativo ed errore. Ma che siamo noi a dover fare tentativi per due o tre anni, e pagare per gli errori dei designer di valige, mi pare un argomento in favore della stupidità diffusa.

Altra storia. Ormai in qualsiasi albergo che non sia di infima categoria, e dappertutto nel mondo, trovate sul lavabo una serie di flaconcini, tutti rigorosamente uguali, che contengono shampoo, schiuma da bagno, body lotion e alcune altre creme di uso e applicazione misteriosa; poi trovate delle scatoline, tutte uguali, che contengono saponette, cubetti all'acido solforico per pulire le scarpe, cuffie da bagno. Tutti questi involucri hanno scritto a grandi lettere il nome dell'albergo o la marca, ma la precisazione se contengano shampoo o body lotion è di solito scritta in caratteri piccolissimi, talora di fianco. Calcolando che di solito le afferrate quando siete già nudi, magari bagnati, e senza occhiali, calcolando che più l'albergo è costoso meno è prevedibile che sia per giovinetti in autostop, ma per adulti che magari hanno già raggiunto lo stato fatale della presbiopia, è assolutamente impossibile, nel momento cruciale, sapere se si sta afferrando lo shampoo o la body lotion, il lucidascarpe o la cuffia da bagno.

Qui non ci sono giustificazioni, perché sono passati ormai anni da che questi aggeggi sono in voga ed è impossibile che anche i loro designer non si siano mai versati sulla testa dell'unguento per i piedi. Perché si persevera in questo tragico andazzo? Mistero.

Si noti inoltre che, salvo lo shampoo e la schiuma per bagno, tutti gli altri liquidi messi a vostra disposizione sono di solito inutili, se non a rammolliti usciti freschi freschi da un'orgia neroniana. Mentre (salvo che negli alberghi giapponesi e cinesi) non vengono posti sul lavabo i due soli oggetti che fatalmente avrete dimenticato a casa, un pettinino e uno spazzolino da denti (che fatti in plastica, destinati a durare un giorno o due, costano poche lire, e certamente meno di un flaconcino di body lotion).

Che gli stupidi esistano, è fatale. L'unica cosa che m'incuriosisce è sapere che stipendio prendono gli stupidi che si occupano di queste cose.

1996

Il sigaro come messaggio

In una America impegnata a tutti i livelli nella battaglia antifumo, sta diffondendosi la moda dei sigari, e ancora l'altro giorno su un catalogo di oggetti da regalo trovavo decine di nuovi ammennicoli per il fumatore di Avana proibiti, da un portacenere di apposite dimensioni ad astucci di vario tipo e altri oggettini squisitamente inutili, come si richiede per un regalo di qualità.

Tutti i fenomeni sociali possono essere interpretati, ma ve ne sono alcuni (tipiche le mode) che debbono essere letti come messaggi espliciti, perché in tali casi chi fa qualcosa lo fa per comunicare una intenzione, e quindi mette in opera un comportamento simbolico.

Se si esclude il comportamento simbolico, non rimangono che spiegazioni funzionali, che non funzionano affatto. Provate infatti a dire che evidentemente molta gente ha ancora desiderio di fumare: è certamente vero, ma questo non giustificherebbe il fatto che la società si mostri indulgente con chi fuma un sigaro e non con chi fuma una sigaretta. I fumatori di sigaretta si accalcano sul marciapiede alle porte degli edifici pubblici, legati da improvvisa solidarietà (esci e tiri fuori il pacchetto e subito un altro fumatore ti si para davanti con un sorriso complice porgendoti l'accendino), gli altri li guardano con disinteresse, alcuni con sdegno, ma alla fin fine non fanno male a nessuno (benché in certi stati si parli anche di proibire il fumo per strada, almeno nelle ore diurne). Invece il fumatore di sigaro tira fuori il suo trofeo alla fine della cena, o durante il party, almeno nei luoghi dove sa di essere tollerato, e il suo comportamento non viene considerato offensivo. Anzi, se qualcuno voleva fumare una sigaretta deve aspettare che qualcuno tiri fuori il sigaro, e per così dire si accoda, dopo aver verificato che i presenti non protestano. Non basta dire (come qualcuno sta facendo) che il sigaro fa meno male perché non si aspira il tabacco, visto che così non si elimina il fumo passivo, anzi si inquina l'ambiente ancora di più. E allora?

Una spiegazione che mi sembra persuasiva è la seguente. La battaglia contro la sigaretta è iniziata (e continua da parte delle autorità) come battaglia per la salute. In tal senso la sigaretta è diventata simbolo di morte. Però la polemica contro il fumo ha attecchito subito presso le classi alte. Non si fuma in un ristorante di lusso, e si fuma in baretti di infimo rango, non fumano più (almeno in pubblico) i professori d'università, i banchieri, le persone di alto reddito. Ma fumano ancora i neri, le donne di condizione medio-bassa, i vecchi, i barboni.

Quindi a poco a poco la differenza è diventata sociale. La sigaretta è una cosa per i poveri e in ogni caso per le minoranze. È accaduto con la sigaretta quello che da tempo era accaduto con il tabacco da masticare. Non è che non si mastica tabacco perché faccia male, ma perché è da vecchietto bavoso e sputacchiante, ammorba l'alito, vedreste un signore in smoking alla prima della Scala che mastica tabacco? Non si fa, e basta.

Invece il sigaro non ha connotazioni proletarie (a meno che non sia il nostro vecchio, puzzolente e bitorzoluto toscano). Il sigaro è costoso, richiede tempo e agio, è associato nell'iconografia popolare al grande magnate, all'uomo di potere, lo si regala per festeggiare la nascita di un figlio. Non lo si sollecita a sbafo come si fa con una sigaretta: se uno vi chiede una sigaretta gliela date senza troppe storie, potete arrivare a dirgli di tenersi il pacchetto perché voi ne avete un altro, ma questo non vi fa apparire né generoso né in buona condizione economica. Invece può accadere che qualcuno qui tiri fuori il suo astuccio e vi regali quattro sigari di gran valore, e avete l'impressione di vedere un potente di altri tempi che si sfila l'anello di smeraldo e ve lo dona.

Ecco perché le classi agiate fumano sigari. Sono il modo di danneggiarti la salute che contraddistingue suicidi di alto bordo, non portano la morte a buon prezzo come le sigarette dei poveri. E quindi la società li tollera, e sotto sotto li approva.

Ah, dimenticavo di osservare una cosa, così normale che in America nessuno ci fa caso. Nel centro della lotta al tabacco, negli Stati Uniti puritani e igienisti, nel paese che per primo ha imposto sui pacchetti di sigarette l'avviso iettatorio del ministro della sanità che vi promette malattia e morte, che cosa accade? Le sigarette vengono vendute in farmacia.

1996

Perché manifestare contro i pedofili? Un messaggio da non sottovalutare

Dicevo la settimana scorsa che ogni comportamento sociale deve essere interpretato, ma ancora più quei comportamenti che sono chiaramente dei messaggi, come avviene per le mode, in cui se qualcuno si mette in smoking non è per proteggersi dal freddo ma per comunicare agli altri una propria intenzione. Del pari, e se ne era discusso a lungo negli anni di piombo italiani, e torna di attualità con i recenti attentati in Francia, se qualcuno mette una bomba da qualche parte, non è per ammazzare dei poveretti che passavano di lì per caso, ma per fare arrivare un avvertimento a qualcun altro. E dunque, anche se ci può ripugnare che si scrivano messaggi usando sangue umano come inchiostro, certi comportamenti sono atti comunicativi, e come tali vanno letti. Altri, per fortuna non cruenti, sono al tempo stesso dei messaggi (la gente vuole esprimere qualcosa) e dei sintomi (nel volere esprimere quel qualcosa in quel modo, la gente lascia capire qualcosa d'altro).

Due settimane fa c'è stata a Genova una marcia contro la pedofilia, un rito che si era svolto qualche tempo addietro in Belgio. Che cosa significa? Mettiamo subito in chiaro che per ogni persona normale la pedofilia è una cosa cattiva, e non si discute. Che questo valga per la nostra civiltà oggi, e non fosse così chiaro nella Grecia classica, che in qualche modo istituzionalizzava il comportamento, è un'altra faccenda. Ci sono state società che hanno giustificato e incoraggiato il cannibalismo, ma la nostra civiltà moderna lo condanna, e tutti siamo d'accordo.

Che cosa significa fare una marcia popolare contro un crimine che la società unanimemente condanna? Cioè, che significato avrebbe fare una marcia popolare contro l'omicidio per rapina, il matricidio, l'infanticidio? La cosa dovrebbe risultare strana, perché si fanno manifestazioni per asserire qualcosa che la maggior parte degli altri non accetta, per cui appare normale manifestare per i diritti di una minoranza, per le pensioni, contro la disoccupazione, ma proprio perché si ritiene che questi diritti siano di solito conculcati con la tolleranza dei pubblici poteri.

Può darsi che in Belgio la marcia avesse un senso, perché si riteneva che ci fosse una responsabilità, o una scarsa sorveglianza da parte del governo. Ma ha senso manifestare contro la pedofilia in Italia, dove mi pare che in generale le autorità pubbliche condannino e perseguano il reato e dove (tranne pettegolezzi incontrollabili) non credo che si possa accusare la classe politica di essere favorevole alla pedofilia?

Si dirà, è una manifestazione di solidarietà nei confronti dei parenti delle vittime, come tale è anche stata sentita, e certamente manifesta sentimenti molto apprezzabili. Ma se così dovesse essere, quanti altri casi non ci sarebbero in cui chiederemmo la mobilitazione sociale, contro il furto, contro la droga, contro lo sfruttamento, insomma contro una infinità di comportamenti che tutti condanniamo.

Il sintomo è interessante, e tenderei a interpretarlo così. Sono cadute le grandi ideologie (non si manifesta più per una rivoluzione a venire o contro le guerre ingiuste), ma il corpo sociale avverte il bisogno di sentirsi unito in certe battaglie, di scoprire fratellanze, di sentirsi protagonista della vita associata. Ogni qual volta emerge un tema che tocca la sensibilità comune (e lo sdegno per la pedofilia è certamente di questi) il corpo sociale coglie l'occasione per prendere la parola, e ciascuno si sente solidale con gli altri – anzi, a differenza delle manifestazioni politiche di un tempo, si sente unito al di là delle ideologie e delle religioni, tutti d'accordo su un tema morale su cui non si discute.

Così queste pubbliche parate da un lato testimoniano della profonda esigenza, da parte di molti, di ritrovare una unità, specie in un momento in cui la vita politica pare più avvelenata del solito, e queste manifestazioni lanciano un messaggio: "Smettetela di divorarvi su questioni tutto sommato di dettaglio, e unitevi sui grandi temi comuni." Dall'altro manifestano il bisogno collettivo, là dove pare ormai così difficile schierarsi da una parte o dall'altra, di prendere la parola e fare sentire la voce dei cittadini, non su questioni di classe, di categoria, di gruppo, di confessione, ma su questioni che dovrebbero trovare tutto il corpo sociale consenziente.

In tal senso queste manifestazioni, che paiono solo dettate da reazioni emotive, e da sentimenti così generalizzati da renderle apparentemente inefficaci, ci dicono qualcosa sul bisogno che la collettività ha di unirsi nella soluzione di problemi comuni. È un messaggio che la classe politica dovrebbe meditare con attenzione.

1996

Brevi cenni di psicologia urbana

Sono appena tornato da Dresda. È una città che avrebbe tutte le ragioni per piangere su se stessa. Splendida capitale della Sassonia definita da Herder la Firenze del Nord, distesa in un paesaggio da romanticismo doc, tre mesi prima della resa della Germania è stata sottomessa al bombardamento convenzionale più selvaggio di tutta la storia del conflitto. Rasa al suolo, e senza ragioni impellenti: già si sapeva che i russi vi sarebbero arrivati da lì a poco, e il paese era ormai in ginocchio. Lo dicono anche gli anglo-americani, che non cessano di dare manifestazioni di rimorso e solidarietà.

Ma la città, senza dimenticare, ha elaborato il suo lutto senza piagnistei, senza vittimismo, e si direbbe senza rancore. Danno per sottinteso che la storia la sapete e vi mostrano con orgoglio i palazzi, le torri, le chiese rifatte, l'incredibile pinacoteca, vi dicono come per il 2006, ottavo centenario della città, tutto sarà a posto, avranno anche rimpiazzato gli orribili edifici eretti in fretta subito dopo la guerra, e avranno ridato vita alle facciate settecentesche che il Bellotto aveva fedelmente riprodotto nei suoi quadri (Bellotto non era così sensibile all'impalpabilità dell'atmosfera come suo zio il Canaletto, ma era di un realismo limpido, e anche il vecchio centro di Varsavia è stato ricostruito fedelmente per merito suo).

A Dresda neppure vi chiedono se la città vi pare bella. Ve lo dicono. Questo mi fa pensare che di solito le città si dividono in due categorie: le città sicure di sé e quelle insicure. Nominerò solo alcune delle città sicure, avvertendo che tra quelle insicure ci sono persino delle capitali.

Nelle città sicure di sé la gente non si sogna neppure di chiedere al visitatore che cosa ne pensa della loro città. Alcune vendono spudoratamente il loro mito ("Paris, la ville lumière", "Quanto sei bella Roma", "New York, New York"), ma non vi chiedono di manifestare cenni di consenso. È implicito che dovete esserne folgorato, e se no peggio per voi. Poi ve ne sono altre, per esempio Londra, Milano o Amsterdam, che naturalmente vi mettono in albergo il dépliant o la guida con le cose da vedere, ma non parlano molto di sé, e in ogni caso sono disinteressate alla vostra opinione. Una categoria a sé sono gli abitanti di Buenos Aires: a tarda notte s'interrogano sull'identità argentina, ma è un gioco nazionale: che "Buenos Aires querido" debba farvi innamorare di sé non l'hanno mai messo in dubbio.

In Italia, se una città è insicura di sé, nelle pubbliche occasioni definisce se stessa come "nobilissima città". È ovvio che, per pochi secoli che abbiamo, tutte le città sono di antico lignaggio, tranne quelle costruite da pochi decenni; ma le città insicure provano il bisogno di dirlo. In genere però (in tutto il mondo) la spia dell'insicurezza è la domanda che vi pone subito chi vi accoglie: "Che cosa ne pensa della nostra città?"

Mi è accaduto di essere affrontato da giornalisti all'aeroporto di città complessatissime, e la prima domanda era: "Viene qui per la prima volta? Che cosa ne pensa della nostra città?" E quando facevo osservare che non potevo pensarne nulla, perché non l'avevo ancora vista, insistevano: "Sì, ma cosa si aspettava di trovare, che immagine ne aveva?" Sanno benissimo che, se non siete un provocatore, la risposta sarà di cortesia, direte che conoscevate per fama quella città affascinante e (se proprio siete onesto) piena di contrasti. Allora sul momento si calmano, ma sino a che state lì non cesseranno di domandarvelo.

In certe città controbattono alla vostra risposta di cortesia. Fanno a gara nel comunicarvi che i contrasti sono immensi, i problemi drammatici e irrisolti. Non cedete alla provocazione e non rispondete che è vero. Si offendono. Talora anche in una città famosa per la sua efficienza e la sua bellezza, vi fanno la domanda fatale. Scoprite allora che, sotto la sua opulenza, la città cela una mancanza d'identità.

Ci sono anche le città che riacquistano sicurezza. Napoli era nota per il suo misto d'orgoglio dolente e di autolesionismo trionfante. Recentemente un mio amico ha detto al tassista che lo aveva caricato all'aeroporto che si sarebbe forse arrivati in ritardo a causa del traffico. Il tassista ha risposto con orgoglio (non dolente) che ora il traffico funziona bene. Commentava il mio amico che era la prima volta in vita sua che trovava un tassista (al mondo) che parlasse bene della civica amministrazione.

Altre volte una città, già sicurissima di sé, incomincia a sentirsi a disagio. State attenti. Se vi chiedono che cosa pensate di loro rispondete in modo entusiasta, ma guardatevi intorno per scoprire le ragioni di un malessere.

1996

Saggio sulla decadenza dei costumi

Ormai lo sanno tutti, la documentazione fotografica di Lady Dyane che fa la lotta coi cuscini, si fa ammirare in reggiseno e caracolla sul suo amante, era falsa. Che un giornale della sera inglese si diletti in simili scoop, mi sembra normale; che per avere lo scoop a tutti i costi non si guardi per il sottile e si possa cadere vittima di pataccari, anche questo è nell'ordine delle cose; che i lettori britannici vadano pazzi per i pettegolezzi sulla famiglia reale, è fenomeno antico e fisiologico.

È normale che il pettegolezzo (pratica nata, immagino, con l'uomo di Neanderthal), pur di poter fiorire, deve essere nutrito di particolari piccanti: sapere che A commette adulterio con B è naturalmente insufficiente, meglio se si può raccontare che si prendono a staffilate, lei con gli stivaletti a tacco alto, lui con pelle di leopardo. E se poi uno fosse il primo ministro e l'altro un arcivescovo, questo non sarebbe più un pettegolezzo ma una notizia.

Tuttavia provo la conturbante sensazione di trovarmi di fronte a una irreversibile decadenza dei costumi. Il *Sun* ha raccontato ai propri lettori, e i lettori hanno letto e guardato con la saliva alla bocca, che Lady Dyane si prendeva a colpi di guanciale col suo bell'ufficiale, gli si mostrava in indumenti intimi e uno saliva in sella all'altra, o viceversa, ma non in senso maliziosamente metaforico, bensì nel pieno significato ippico del termine.

C'è da mettersi le mani nei capelli. Ma dove è finito il senso del peccato, il gusto di quella innaturale raffinatezza erotica, condita di crudeltà, che ha reso spasmodicamente seducente il verbo del Divin Marchese – ma senza finire nel sadomaso, dove sono le sfrenatezze dei gaudenti ancora inizio secolo che bevevano lo champagne nella scarpina della ballerina, o di champagne le cospargevano il seno (nudo!) per poterlo poi suggere stilla a stilla? Dove sono gli inquietanti androgini, le vergini funeste, le *belles dames sans merci*, le *allumeuses*, le madonne dei vagoni letto, la carne, la morte e il diavolo?

La decadenza dei costumi non sta nel fatto che Dyane e l'amante, al colmo dell'estasi, si comportassero come chierichetti svampiti per aver appena sciroppato il vino da messa in sacrestia, facendo qualcosa che non avrebbe neppure scandalizzato san Luigi Gonzaga, bensì nel fatto che due milioni di lettori inglesi paghino per sentirsi raccontare queste faccende.

Ora chiedo a un lettore o lettrice normale, che abbiano superato la soglia fatale dell'adulterio: una volta entrati in affettuosa amicizia con un amante degno di questo nome, forse che all'acme della passione vi fate il marameo o vi bendate per giocare a mosca cieca? E la lotta con gli origlieri non l'avevate fatta a tempo debito, in un momento di casta gaiezza, con i vostri figli, o in collegio, al campeggio, all'ostello della gioventù, durante gli esercizi spirituali? Vi fareste un amante per giocarvi a scassaquindici, bandiera araba, tombola, Scrabble, o per appartarvi insieme (insieme!) onde spogliare e rivestire Barbie?

Vi fate un'amante (regale!) e la guardate in reggiseno? Ma è cosa che neppure un terziario francescano! Vale la pena di spettegolare per sentire raccontare che il tale si porta la sua druda in uno chalet e se la guarda in costume, quando poteva farlo alla piscina comunale?

Uno dice: ma il pettegolezzo sta proprio in questo, nel sapere che finalmente costoro (dei cui amori si è detto anche troppo) non si univano, ma sportivamente si fronteggiavano – e forse perché alla loro infanzia erano mancati proprio e piumacci all'antica e cavallucci a dondolo, e dopo tante traversie avevano realizzato il sogno segreto e tenerissimo che cova nel cuore di ogni peccatore per dovere sociale. Sì, questa ipotesi pare più ragionevole, ma allora perché non fare come i buoni italiani, e acquistare una rivista per famiglie dove si vede Prodi che sulla riviera adriatica spruzza d'acqua la signora Flavia?

No, no, questi lettori inglesi comperavano il *Sun*, vedevano i due caracollare come cavalieri di re Artù, e cadevano in preda a satiriasi. Il popolo il cui buon re Enrico VIII cambiava una moglie per stagione e incaricava il boia delle pratiche di divorzio, il cui Bardo amava una Dark Lady che forse era un Dark Boy, dove è stata raccontata la Carriera di un Libertino, che ha ispirato ai francesi la moda del *vice anglais*, che ha celebrato i mangiatori d'oppio, che ha amato l'androginia di Orlando, che ha visto un guardiacaccia indecentemente rotolare nel sottobosco con una Lady, che ha eletto l'omofilo quartiere di Bloomsbury a modello di cultura, il cui principe ereditario (almeno) trova ardite metafore ginecologiche per dichiarare il suo amore, ora si eccita per due guanciali sprimacciati in luogo (e neppure in vaso) indebito? È il crollo di un impero.

1996

La domenica andando alla messa...

Nelle ultime due settimane i giornali non ci hanno risparmiato riti d'incappucciati, e amplessi blasfemi, e satanismi di vario genere. La prossima volta che sentiremo cantare da un coro folkloristico "La domenica andando alla messa – circondata dai miei amatori...", penseremo che si tratti naturalmente di messa nera. L'impressione che il fenomeno sia nuovo nasce solo perché la stampa se ne occupa (forse persino perché gli adepti fanno di tutto per farsi scoprire e andare a finire in prima pagina). Sappiamo benissimo che, nel corso dei secoli, popolani e intellettuali andavano al sabba, o godevano a pugnalare le ostie. È vero che sono finite sul rogo come streghe delle povere donnicciole che al massimo raccoglievano erbe medicamentose, ma che ci fossero adoratori di Satana è cosa pacifica.

Perché si partecipa a riti satanici, sempre con risvolti sessuali? Perché c'è una naturale propensione a trarre intenso piacere dall'umiliazione di un'altra persona. Salvo che la società e le chiese sono sempre lì a dirci – sin da piccoli – che non bisogna farlo. Ora, trovare uno spirito indulgente e corrivo come il diavolo, che non solo ci dice che si può fare quello che è proibito, ma incoraggia a farlo, in virtù di un patto solennemente sottoscritto, permette a molti di conciliare due desideri: di affidarsi a una entità soprannaturale che si prende cura di noi e di esercitare una libertà senza limiti. Tanto più che certe cose, a farle da solo, si prova rimorso, ma il farle nel corso di un rito alleggerisce la coscienza. E poi, a seguire i dettami del Signore si attende un premio soprannaturale di cui siamo incerti, mentre a seguire i dettami del diavolo abbiamo immediatamente quello che di solito si desidera in vita.

Perché tuttavia i riti satanici prosperano oggi, quando da un lato la gente crede meno alle rivelazioni delle chiese, e un permissivismo diffuso permetterebbe di fare, se non tutto, quasi tutto quello che si fa nel corso di un rito satanico? Perché è sempre valida la massima di Chesterton: "Quando gli uomini non credono più a Dio, non è che non credono più a nulla. Credono a tutto." Si veda l'urgenza con cui ha dovuto intervenire recentemente la magistratura per contenere l'avanzata industriale di maghi e profeti. Il che non contrasta col fatto che assistiamo, in questi tempi a un forte ritorno di aspirazioni religiose. L'aspirazione è forte, ma s'incanala in modi diversi e non sempre entro l'alveo definito dalle chiese: chi va a cercare il sacro nelle religioni orientali, chi nel culto della Madre Terra, chi nella magia, chi nel satanismo.

La TV e il cinema ci hanno da tempo insegnato come si fa ad adorare il diavolo. E accade con questi spettacoli quello che accade con la rappresentazione della violenza: la quale non sempre e non necessariamente spinge alla violenza, ma certamente vi spinge chi è già psicologicamente instabile e immaturo. Il mondo del passato è stato pieno di sangue e violenza, ma ne sentivamo parlare, non la vedevamo in presa diretta, tanto è vero che è persino possibile ai negazionisti dire che i sei milioni di vittime dell'Olocausto non sono mai esistiti. La mia generazione ha pensato sempre ai seicentomila morti della prima guerra mondiale come a una cifra, mentre i cadaveri di Sarajevo ce li siamo trovati sotto gli occhi ogni sera. E oltre ai cadaveri veri abbiamo quelli che ci mostrano i film *splatter*, con il cervello che schizza e le budella che esplodono. Questo basta a qualcuno, che altrimenti sarebbe andato dallo psichiatra, a frequentare un rito di sangue. E che molte di queste sette partano da una aspirazione alla realizzazione piena del piacere per approdare poi al suicidio collettivo non deve sembrarci una contraddizione: in ogni ricerca frenetica di un piacere spasmodico si annida sempre una pulsione di morte.

Altre ragioni? È stato detto che la magia ha sempre offerto, nei secoli, una "via breve" al dominio della natura. Mentre per dissodare un campo, acquisire ricchezza, conquistare la persona amata ci vogliono sforzo e fatica, la magia ci promette le stesse cose per virtù di un filtro, di una pietra filosofale, di un genio che fuoriesce dal beccuccio di una lampada. E Satana e i suoi accoliti sembrano seguire lo stesso criterio promozionale: tutto e subito, chiavi in mano, basta firmare la cambiale. Che cosa ci ripete la società dello spettacolo? Che è facile diventare belli e ricchi come Naomi Campbell, basta collegarsi telefonicamente con una trasmissione di largo ascolto.

1996

È importante fotografare le persone celebri?

Il mestiere più diffuso è quello di fotografo specializzato in ritratti di scrittori, filosofi, giornalisti. Chiunque scriva anche solo libri di cucina riceve settimanalmente lettere di persone che vi stanno dicendo che hanno avuto una idea straordinaria: fare un album di fotografie di scrittori contemporanei. Una volta per avere un ritratto fatto da Leonardo o da Velázquez dovevate spendere un capitale. Oggi è gratis, ovvero basta abbiate molto tempo da perdere.

Conosciamo alcuni ritratti celebri come l'"Uomo col Guanto", ma c'interessa sapere chi fosse quel signore? E c'interessa sapere chi fosse la "Gioconda"? No, sono tipi umani. Se la Gioconda non fosse mai esistita il ritratto di Leonardo sarebbe ugualmente prodigioso.

La storia della fotografia ci ha consegnato alcuni ritratti sublimi. Ma se il fotografo, invece di ritrarre il signor X, celeberrimo, di cui pare restituirci l'anima stessa, con pari passione avesse ritratto il suo vicino di casa l'impressione sarebbe la stessa. Siamo sicuri che ci abbia rivelato l'anima di una persona determinata? Talora, ma il più delle volte ci rivela l'anima di qualcuno su cui avevamo già delle idee. Tutti i ritratti di Einstein, salvo quello in cui mostra la lingua (ma è interessante per chi sa chi lui fosse) sono quelli di un professore di provincia, coi capelli troppo lunghi per la sua età, incline al barbera. Togliete a Einstein la relatività e lasciategli i ritratti: comprereste un'auto usata da quest'uomo?

Ci sono dei ritratti "veri", ma per capire quanto, superbamente mentano bisogna avere incontrato il soggetto reale. Sino a che conoscevo Strawinskij solo attraverso il ritratto di Picasso me lo immaginavo un gigante. Una volta, in una calle di Venezia, me lo hanno presentato e io, che certamente ancora lo considero un gigante della musica contemporanea, davanti a quel nanerottolo ho capito quanto fosse grande Picasso come ritrattista.

In alcuni suoi libri, pubblicati da Einaudi, Gillo Dorfles appare in un ritratto bellissimo, mezzo buio e mezzo in luce, con un profilo tagliente e aristocratico. Aggiunge qualcosa questo ritratto ai suoi indubbi meriti di studioso? Poco. Potrebbe essere il ritratto di Aristotele che medita sulle essenze, di Fouquet che sta tramando di mettere una maschera di ferro al fratello di Luigi XIV, di Fermat mentre immagina il suo ultimo teorema, di un colonnello di Radetzky in un romanzo di Joseph Roth (l'ultima risposta è quella giusta).

Abbiamo davvero bisogno del ritratto delle persone che ammiriamo? Il ritratto di Caio Mario, frequentato sui libri scolastici, con quelle escrescenze quasi cancerogene sull'arco sopraccigliare, ci dice perché egli fosse meno grande dello slavato Augusto?

Mi capita tra le mani un catalogo antiquario che vende a caro prezzo ritratti fotografici di grandi personaggi. Escludo gli attori, perché ci ricordano immagini già memorabili per conto proprio, e rimango solo colpito dal *rictus* nevrotico (ahi, quanto seducente) di Sarah Bernhardt. Certamente per quella donna avrei fatto follie. Anche se non fosse stata Sarah, ma la moglie di un commerciante?

Pierre Loti, in divisa, poteva essere il marito di Carolina Invernizio, direttore di un panificio militare. Thomas Mann, sarei incerto se definirlo un direttore di banca o l'amministratore delegato di una import-export di Amburgo. Liszt aveva certamente un bel profilo squadrato, ma mi aspetterei che scrivesse musica come Bach (che invece ha l'aspetto di un mollaccione). Mucha, celebre per le sue silhouette Liberty, potrebbe essere un professore di greco a Biella. Pasteur, fotografato con la figlia bambina, pare un cassiere di banca di Piacenza. Picabia sembra un allievo di Mascagni. Sacher Masoch, uomo terribile se mai ve ne furono, sembra il filosofo Maurizio Ferraris da giovane, di cui tutto si può sospettare meno che sia masochista (se non nella misura in cui lo è chi scrive libri esponendosi alla canea dei propri detrattori). Trotzkij, fotografato con moglie e tre figli, sembra un direttore generale del catasto di San Pietroburgo. Dreyfus, un maresciallo in pensione. Zola, il nonno di Ferdinando Adornato. Hugo un autore a proprie spese. Flaubert, il direttore di un grande magazzino per la felicità delle signore. Francis Jammes, il padre provinciale cappuccino di Novara. Debussy un assicuratore di Saluzzo. Lesseps un venditore di materassi a Voghera. Malraux pare Cuccia a quarant'anni.

L'unico ritratto che mi dice qualcosa è quello di Shirley Temple all'età di sette anni, che assomiglia ai ritratti di Shirley Temple all'età di sette anni.

1998

Come naufragare con successo

L'altro giorno qualcuno mi ha chiesto perché secondo me *Titanic* è divenuto un film di culto, con le ragazzine che asseriscono di averlo visto trenta volte di seguito. Ecco le ragioni che mi sono venute subito in mente. Primo, l'archetipo del naufragio. Da Omero in avanti il naufragio è un evento tragico che oppone la vita e la morte, noi e la maestà della natura, un fragile artefatto umano e la tremenda potenza del mare. Inoltre in *Titanic* il lento naufragio si svolge in tempo reale, e questo aumenta lo spasimo.

Secondo elemento, il richiamo alla imperfezione della tecnica umana. Il naufragio del vero *Titanic*, all'inizio di questo secolo, ha recato un colpo mortale alle utopie del secolo precedente. Questa idea sembra fatta apposta per la fine del millennio, in un clima di New Age, dove al timore per la morte della natura si unisce la diffidenza per la tecnologia dominante.

Terzo elemento, il modello del Grand Hotel, gente che va, gente che viene. Di questo modello il film propone una leggera variazione. Apparentemente il transatlantico è un Grand Hotel, e di esso ha lo sfarzo e le possibilità di infiniti percorsi. Prima di vedere il film pensavo che avrebbe seguito lo schema consueto: entrano nel Grand Hotel personaggi diversi, i due coniugi che stanno per divorziare, il banchiere che fugge con la cassa, gli sposini in viaggio di nozze, il baro gentiluomo e deluso, la coppia anziana che va a ritrovare il figlio perduto eccetera, e le storie di tutti costoro si intrecciano l'una con l'altra, sino a che, alla fine, il baro si sacrifica per gli sposini, il banchiere fellone viene punito, i divorziandi capiscono quanto si amassero.

Cameron invece ha giocato con grande abilità sul fatto che il pubblico si aspettasse esattamente questo, e ha focalizzato tutto su una sola storia, usando gli altri come personaggi di sfondo – e magnificando la storia individuale dei due ragazzi l'ha identificata con un evento di dimensioni cosmiche. Non solo, ma ha avuto il coraggio di far morire l'eroe, di salvare il ricco cattivo, e di fregarsene dei vecchietti. Questo crea grata sorpresa nello spettatore, il quale si gode archetipi usurati e tuttavia trova qualcosa di nuovo.

Con la stessa tecnica, ecco Cenerentola capovolta. La ragazza è ricca e viziata, ha già un Principe per nulla azzurro che non può sopportare, perdendo la scarpina incontra Peter Pan, e per amore ha il privilegio di diventare povera. Come tutti. Bel colpo.

Non trascurerei neppure la parte iniziale, che mette insieme l'archetipo della caccia al tesoro e quello delle ventimila leghe sotto i mari. Non sarà molto ma è tutto valore aggiunto.

Veniamo infine ai due protagonisti. Vedendo che le maggiori fan del film sono le ragazzine, si ritiene che il fascino della pellicola sia dovuto all'avvenenza di Di Caprio, il quale ha tutte le qualità per diventare sex-symbol. Ma non si calcola abbastanza la funzione (in questo gioco) della ragazza. La ragazza è grassottella e sudaticcia, ha il trucco pesante ed è sgradevolmente nevrotica. Non solo (parlo per me, ma credo di avere il consenso di molti del mio sesso) non vorremmo avere con lei un amplesso sul sedile posteriore di un'automobile, ma neppure trovarcela accanto in una sala cinematografica, in un giorno afoso, mentre biascica popcorn.

Il fatto è che Kate Winslet assomiglia esattamente alle ragazze americane che vanno a vedere *Titanic*, le quali non sono mai come Sharon Stone, ma come lei, ragazze MacDonald, il cui modello è (indovinate) Monica Lewinsky – così che tutti ci chiediamo come mai Clinton si sia messo nei guai per una sbarbina con qualche chilo di troppo. Queste ragazze tipo, che passano la vita davanti allo specchio a chiedersi come assomigliare a Sharon Stone, vedendo *Titanic* si convincono che, rimanendo esattamente come sono, possono avere Leonardo Di Caprio (o Clinton). Capirete che a questo punto andare a rifare lo stesso sogno per trenta volte di seguito è il minimo, e il successo del film era segnato sin da quando Kate, bambina bulimica, s'ingozzava di hamburger.

Dimenticavo, il film è anche fatto tecnicamente bene. Non è cosa da sottovalutare, però si tratta di una condizione necessaria ma non sufficiente.

1998

Ma in che parrocchia ha studiato Clinton?

Sul "Sexgate" tutto quello che c'era da dire è stato detto, e tra le cose più originali segnalerei un commento apparso su Internet alla notizia che Paula Jones si è fatta fare la plastica al naso: "Come farà ora a stappare le bottigliette di birra?" – domanda che pare delirante ma è invece molto pertinente, in quanto mette in luce l'aspetto radicalmente *freak* di tutta questa storia.

Però c'è qualcosa che continua a lasciarmi perplesso e, visto che nessuno me lo chiede, lo dirò. Ciò che rende la vicenda inquietante non è che un presidente degli Stati Uniti abbia storie di sesso (figuriamoci) e neppure che quelle che ha lo qualifichino come un poco immaturo: ormai i biografi ci dicono che i più eminenti scienziati, scrittori, artisti nell'intimo dell'alcova erano dei mostri, e quindi uno può sodomizzare settimanalmente i propri figli ed essere tuttavia ottimo statista, fisico delle alte energie, virtuoso di viola da gamba.

Neppure mi scandalizzo perché un presidente mente. I politici mentono per professione, e per dovere, guai se andassero in giro a dire a tutti quel che pensano e quel che fanno, dovrebbero essere licenziati subito. Essi hanno l'obbligo, se necessario, di mentire anche ai propri concittadini. Ve lo immaginate Cavour, interrogato dai torinesi perché avesse mandato la contessa Castiglione a Parigi, che convoca una conferenza stampa e dice tutto quello che ha in testa? Andiamo.

Quello che mi lascia sbigottito è che questo presidente ci dica che lui pensava (e che gli pareva ovvio che dovessimo pensare anche noi) che la fellazione non rappresenta relazione sessuale. Che quindi può praticarla anche una suora con un vescovo senza che nessuno dei due abbia violato i propri voti di castità. Ora non si pretende che un protestante americano abbia ricevuto la stessa educazione di un cattolico europeo a cui viene (o veniva) spiegato che per il sesto comandamento non esiste parvità di materia – e cioè che si va all'inferno tanto per essersi toccati il pistolino che per aver violentato Maria Goretti, e al massimo cambia il girone. Ma che una persona con PhD non abbia mai sentito parlare con ironia delle *demi-vierges* – e cioè di quelle maliziosette che si presentano come ancora illibate solo perché hanno ricevuto in vaso indebito (argomento su cui sono stati scritti tanti romanzetti e commedie pruriginose) – è perlomeno sconcertante.

Altrettanto sconcertante è il fatto che un intero paese si limiti ad accusare Clinton di giocare su un cavillo. Apro il dizionario e trovo: "Cavillo: Argomento sottile, falso ma con qualche apparenza di validità; sofisma." Ebbene, quello di Clinton non è un cavillo, perché non ha alcuna apparenza di validità, e chiunque altro lo esprimesse, in qualsiasi altra circostanza, lo prenderemmo o per stupido o per buontempone. E non tiriamo in ballo i sofismi che sono ragionamenti molto complessi e difficili da confutare. Spero vi rendiate conto: un presidente usa quell'argomento sperando che il paese lo prenda sul serio e il paese, pur riconoscendo che l'argomento non tiene, lo ritiene un argomento, su cui vale la pena di discutere.

Io non vorrei fare il reazionario legittimista, ma un bravo prete ottocentesco avrebbe detto che questi sono i guasti prodotti dalla riforma protestante con la sua faccenda della libera interpretazione. Una volta che gli hai tolto un papa che dice "guarda che questo non si può dire" la gente si abitua che in materia di fede e di morale si può dire di tutto, ed è politicamente corretto attribuire la stessa dignità a qualsiasi opinione. Davvero, non mi vedo un cattolico capace di dire sul serio: "nessun libro della Bibbia proibisce espressamente di farselo prendere in bocca in Washington D.C.".

Insomma, stavo proprio per scandalizzarmi per questi incomprensibili comportamenti degli americani, quando mi sono ricordato che anche da noi ci sono (e vengono presi sul serio) uomini politici che spiegano con vari sofismi che quello che hanno fatto non è peccato, che peccatori sono i magistrati che se ne sono accorti, e che se il male lo fanno in tanti chi lo fa non pecca. E dire che noi siamo cattolici e abbiamo avuto la controriforma.

1998

Educare alla privacy

Oggi si parla molto di privacy – che poi vorrebbe dire riservatezza, ma ormai il termine viene assunto come se significasse "diritto alla riservatezza" e dunque, benché sia un barbarismo, va usato in questo senso tecnico. Il problema è diventato urgente perché nell'epoca informatica è possibile registrare ogni mossa di ogni cittadino, da quando compera l'insalata o la rivista pornografica con la carta di credito a quando esce dall'autostrada pagando col Bancomat. E se poi su Internet vuole scaricare gratis un programma, deve fornire in cambio informazioni che sembrano poco riservate ma che alla fine lo espongono a varie forme di pressione indebita. Questa è la ragione principale che ha portato alla nascita di istituzioni che dovrebbero garantire la privacy, e questa salvaguardia si estende al nostro diritto che i mezzi di massa non rendano pubbliche le nostre malattie, le nostre abitudini sessuali o la combinazione della nostra cassaforte.

Ma curiosamente la difesa della privacy sembra affermarsi in un universo in cui nessuno la desidera più. In passato la persona comune era estremamente gelosa dei fatti propri e temeva il pettegolezzo, coniugi traditi tacevano soffrendo purché non si sapesse in giro della loro disgrazia, se un parente aveva un brutto male si faceva di tutto per celarlo, non si parlava in giro dell'entità del proprio stipendio, insomma si partiva dal principio che i panni sporchi (e persino quelli puliti) si lavano in casa.

Gli unici che ostentavano quello che gli altri nascondevano erano i potentissimi. Si pensi alla *levée du Roi* dove il povero monarca doveva fare in presenza dei cortigiani quello che al mattino ciascuno desidera fare da solo. Per non dire dei casi in cui i cortigiani dovevano testimoniare della consumazione del matrimonio; e se il re aveva un'amante, era un fatto istituzionale. In tempi più vicini a noi, il potente esibiva simboli di status, la barca di cinquanta metri, la Rolls Royce, il cilindro e il bavero di pelliccia.

Con l'avvento della società dello spettacolo, sta sempre più avvenendo l'inverso. Il miliardario veste casual, non viaggia sull'aereo in prima classe ma si sposta privatamente in elicottero, se ha molto denaro lo nasconde pudicamente in un'isola dei Caraibi. Certo, i mass media gli stanno a ridosso, lo sorprendono al ristorante con un'affettuosa amicizia, gli intercettano una telefonata oscena, cercano di dimostrare che si è dedicato a pratiche innominabili con una stagista: ma il potente non è affatto contento di questa pubblicità e se potesse la eviterebbe. Chi ha l'aria di cercarla è il falso potente, la mezza calzetta in cerca di celebrità, l'attricetta che avverte i fotografi che sarà in quel tal ristorante con quella tale persona... Ma ecco che ci avviciniamo all'altro lato della medaglia, e cioè al comportamento delle persone sciaguratamente normali, e che soffrono di questa normalità non spettacolare.

Oggi la persona comune non desidera la privacy. Se è cornuto corre in televisione a litigare con il proprio partner infedele davanti a milioni di spettatori, se soffre di una malattia terribile sfila in pubblico con cartelli per sostenere i diritti dei suoi compagni di sventura, usa compulsivamente il telefonino, e possibilmente in modo da essere ascoltato dagli astanti, per comunicare a tutti che ha un'amante a cui dice "cicci" o una cambiale da pagare entro il tramonto, persino il pentitismo è una forma ostentata di rinuncia a custodire segreti terribili.

Benché i delegati a proteggere la privacy si diano da fare per impedire che i dati personali, comunque raccolti, vengano indebitamente divulgati, la persona comune non perde occasione per comunicarli a cani e porci, compila decine di certificati di garanzia per oggettucoli che mai nessuno gli riparerà, richieste di essere tenuto al corrente su prodotti commerciali di cui nulla dovrebbe importargli, risponde a questionari, cerca di entrare in gruppi di ascolto per poter registrare *coram populo* che quella sera ha preferito il film d'amore al dibattito politico o viceversa, agita le mani dietro a ogni intervistato televisivo in modo che sia chiarito senza ombra di dubbio che lui o lei quella sera erano lì e non altrove, e (persino) mentre nei secoli scorsi gli abiti erano intesi a celare le forme del corpo (le cui delizie erano riservate agli intimissimi), porta solo abiti che mostrino l'ombelico, la curva dei glutei, la catenina della mamma sul petto villoso, la prominenza dello scroto, il capezzolo, tra poco il clitoride.

Ne emerge pertanto che il lavoro vero a cui debbono accingersi le varie autorità (che nei vari paesi sono preposte alla difesa della privacy) non sarà di assicurarla a coloro che la sollecitano (percentualmente pochi sul totale della popolazione) bensì di farla considerare un bene prezioso a coloro che vi hanno entusiasticamente rinunciato.

1998

Come la democrazia danneggia la democrazia

Qualche anno fa Hans Magnus Enzensberger aveva scritto un articolo molto persuasivo su come i politici (e i potenti in genere) sono oggi condannati a non capire coloro della cui vita dovrebbero occuparsi. Quanto più alta è la loro responsabilità, quanto più sono esposti ad attentati (o in ogni caso a violazioni della loro intimità) tanto più procedono contornati da guardie del corpo che li spingono in macchine antiproiettile, elicotteri, jet privati, si ritirano in case blindate, fanno vacanze in alto mare. Quanto più si è responsabili del mondo, tanto più del mondo non si sa più nulla.

È vero che questo accadeva anche con faraoni e monarchi assoluti, ma l'immagine che abbiamo del politico democratico è diversa, e diverso il suo ruolo, tanto è vero che vogliamo vederlo mentre va per strada e accarezza i bambini. Eppure anche quando accarezza i bambini l'uomo di potere è chiuso in una sorta di bolla invisibile, i cui confini sono protetti da gruppi di gorilla armatissimi. Non parliamo se poi vuole accarezzare delle bambine, e ventenni per giunta. Si è visto che deve farlo in pochi secondi, tra toeletta e ufficio, mentre il gorilla si è voltato un momento di là. Tutankamen o il Re Sole avevano più possibilità di prendere fiato ogni tanto.

Questo riferimento a fatti recenti mi fa venire alla mente un altro intervento, di qualche settimana fa, da parte di Mario Vargas Llosa, il quale celebrava il Sexgate come una manifestazione positiva di democrazia. Riassumendo con parole mie: il potente, in un paese democratico, non deve avere fascino carismatico né essere indiscutibile, anzi deve essere ricattabile e ricattato, e quanto più discredito acquista tanto più rimane sotto il controllo dei cittadini.

Questo principio, a pensarci bene, non è recentissimo, ma nasce in epoca moderna con la pratica di sottomettere i potenti a satira politica. Nessuna satira politica era consentita non dico nei confronti dei faraoni ma neppure degli imperatori romani; le cattiverie che i soldati gridavano durante i trionfi erano licenze carnevalesche, consentite una volta tanto, non avevano nulla a che fare con il controllo costante esercitato da quella critica violenta e continua che è la caricatura impietosa, l'invettiva quotidiana, la spietata sottolineatura dei difetti. Queste pratiche erano intese piuttosto come armi da usare contro il nemico (si pensi alle feroci caricature nel conflitto tra Roma e la Riforma), non come pratica normale di controllo dei propri signori e padroni.

Bisogna aspettare le prime mazzarinate, poi le caricature inglesi del Settecento, le invettive tra fazioni rivoluzionarie in Francia, e infine il secolo scorso in cui definitivamente trionfa la caricatura politica. Parlo di caricatura perché la vignetta satirica evoca immediatamente un modo poco rispettoso di parlare del potere, ma in questa forma di pressione quotidiana, a cui il potere viene sottoposto, rientrano tutte le forme di monitoraggio scandalistico, quali rivelazioni di infermità e debolezze, scheletri nell'armadio, familiari indegni, comportamenti disinvolti eccetera eccetera, andando sempre più a frugare nell'intimo, sia in senso spirituale che materiale.

La gente normale di solito non ci pensa, ma sentirti dire (e vedere) ogni giorno che hai un difetto fisico, che hai commesso un'azione vergognosamente ridicola, che sei impotente, che sei un ladro, fa male, sia che si tratti di cosa vera che di calunnia, e non ti ci abitui mai, per tanto pelo che tu abbia sullo stomaco. E allora che cosa fai? Ti rifugi nella cerchia dei tuoi fedeli, i quali ti dicono di non far caso a quei maledetti calunniatori invidiosi e venduti, e ti ribadiscono la loro stima e ammirazione. E come tieni insieme questa cerchia di fedeli, condizione vorrei dire psicologica della tua sopravvivenza politica? Attraverso una rete di favori, ponendoli in posti di responsabilità, creando un circuito fortissimo di mutua assistenza.

Il cerchio si chiude. Per poterti tenere sotto controllo l'opinione pubblica democratica ti deve discreditare, ma per sopravvivere al discredito democratico tu sei costretto a crearti intorno strutture di potere occulto, che sfuggono a ogni controllo.

1998

Privacy e arresti domiciliari

Se si chiede a una persona normale se sia lecito introdurre uno strumento tagliente nel ventre di un altro essere umano, la risposta dovrebbe essere negativa: è proibito dalla legge e dal quinto comandamento. Se però si specifica che chi introduce la lama è un chirurgo in una sala operatoria, allora le persone normali sarebbero disposte a riconsiderare il caso. Tutto acquista significato solo in un dato contesto. Pare la cosa più semplice del mondo, ma non tutti se ne rendono conto.

Di fronte ai casi di detenuti agli arresti domiciliari che continuano a delinquere, qualcuno ha proposto di mettergli addosso un dispositivo elettronico che segnali i loro movimenti, e si sono subito levate voci virtuose che hanno osservato che questo sarebbe una violazione della privacy. Ma della privacy di chi, della mia, cittadino incensurato a piede libero, che non desidero essere monitorato? Niente affatto, di un carcerato, che per definizione, e col consenso della società intera, è qualcuno che alla privacy, nonché alla libertà, ha dovuto forzosamente rinunciare, e di solito sta in una cella in cui deve fare i propri bisogni alla presenza dei suoi coinquilini, e dormire con la luce accesa.

Se dunque a costui si dice che può stare a casa propria, salvo un cosino elettronico alla caviglia, che dice se per caso se ne scappa, e per il resto nessuno lo guarda mentre fa la popò, non mi sembra proprio che gli si sottragga la sua privacy, anzi gli si concede qualche intimità in più. Sono cose che capirebbe anche un bambino ma, a meno che i giornali mentano, c'è pur stato qualcuno che ha tirato fuori questa bella trovata – incapace appunto di giudicare secondo contesto.

Però, se vogliamo davvero considerare i contesti, invito i miei lettori a fare un'altra riflessione. Se gli arresti domiciliari sono fatti per sfoltire le carceri, non discuto, si tratta solo di stabilire se funzionano, o se il soggetto appena può esce di casa e va ammazzare un orefice – nel qual caso occorre trovare altre soluzioni. Tuttavia, quando succedono casi del genere, l'opinione pubblica tende a considerare gli arresti domiciliari come un favore che si fa al detenuto. È vero?

Cerco di immaginarmi che cosa accadrebbe se fossi incarcerato e, dopo alcuni mesi nella solita cella con la luce accesa e la toeletta a vista, mi proponessero di passare agli arresti domiciliari. Ne sarei ovviamente felice (e avrei pagato profumatamente alcuni principi del foro per ottenere questo privilegio). Ho a casa una biblioteca ben fornita, il frigorifero pieno di leccornie, un terrazzino su cui mettere la cyclette, tre balconi da cui guardare la gente che passa, il televisore, il necessario per ascoltare e persino per eseguire della musica, il computer, la possibilità di ritirarmi nel mio studio se gli altri mi danno noia, oppure di sedere su comodi divani a conversare coi miei familiari sorseggiando un Gin Martini *on the rocks*, insomma dovrei solo stare attento a non esagerare col Martini per non ingrassare troppo alla fine della pena, ma la cosa sarebbe sostenibile.

Il problema è che agli arresti domiciliari vengono mandate anche persone che vivono in un monolocale di quattro metri per quattro con vista su un cavedio, in quattro dormono nello stesso letto, non sanno come sfuggire alla malefica suocera che odiano, e che provvede loro minestre insipide (perché chi sta agli arresti domiciliari non produce reddito) rispetto alle quali il cibo del carcere è puro Escoffier. Agli arresti domiciliari vengono mandate persone che hanno delitto proprio perché volevano fare qualche soldo per sfuggire a una moglie o a un marito odiatissimi, ai figli drogati sino agli occhi che li pigliano a sganassoni, a vicini che gli buttano lo sterco davanti alla porta di casa per fargli dispetto, a soffitti da cui cola la pioggia, a pareti che trasudano umidità, a rumori insopportabili di metropolitana, a maleodoranze, topi e scarafaggi.

Siamo sicuri che per costoro gli arresti domiciliari siano una manna? Siamo certi che non preferirebbero il carcere? Diremmo che non hanno qualche ragione di cercare di uscire di casa, rischiando tutto, e anche a costo di delinquere di nuovo? E magari con la speranza di tornare in galera?

Una diceria accademica vuole che i mezzi di massa ci rendano il mondo più vicino, ci facciano capaci di soffrire per i patimenti di popolazioni di cui una volta non sapevamo nulla, sensibili ai patemi dei kosovari, dei bosniaci, degli albanesi e persino dei serbi che pure, come ci insegnano, sono la feccia dell'universo. Sarà, e per costoro apriamo volentieri i cordoni della borsa, perché il rimorso, anche se collettivo, ci impedisce di godere il piacere della buona tavola, o delle vacanze su quattro ruote motrici. Ma basta una definizione accattivante, come "arresti domiciliari", e diventiamo incapaci di capire il dolore che ci sta intorno.

1999

Chi assomiglia a Gérard Philipe?

Gianfranco Marrone ha riunito ed edito per Einaudi una serie di "scritti" di Roland Barthes che non erano mai apparsi in italiano. Sono tutti godibili e leggerli non è tempo perso, anche se per alcuni si capisce perché Barthes non li aveva inseriti in altre raccolte maggiori. Per esempio c'è una bellissima analisi delle Folies Bergère, che mi ricordo di aver letto su *Esprit* nel 1953. Probabilmente Barthes non l'ha messa in *Mithologies* perché è troppo lunga e un poco ripetitiva. Intendiamoci, chiunque sarebbe fiero di avere scritto questo pezzo, ma forse Barthes non lo riteneva fulminante come l'analisi della Ds Citroën.

Il libro è pieno di quelle osservazioni rivelatrici per cui Barthes va famoso. In "Visi e facce" (1953) egli osservava che per strada si vedevano sempre più dei giovanotti con la faccia di Daniel Gelin e di Gérard Philipe. Quindi il contagio della moda incide sulla morfologia profonda e l'individuo "sceglie" la propria testa per pigrizia, delegandone la responsabilità ai media. Gianfranco Marrone, nella sua introduzione, riprende il tema e ricorda come si vedano per strada molte Ambre Angiolini. Ed ecco una bella intuizione che va oltre Barthes e lo fa germogliare ulteriormente: "Crediamo che Ambra sia lo stereotipo che riassume il modo di atteggiarsi e di esprimersi delle ragazze di oggi. Ma è vero esattamente il contrario: sono loro, le fanciulle che incontriamo per la strada, a essere gli inconsapevoli stereotipi della realtà televisiva."

Questa antologia (uscita da poco) porta però un finito di stampare del luglio 1998, il che lascia pensare che Marrone abbia consegnato il testo a metà novantasette, e abbia scritto la sua prefazione un poco prima. Abbastanza perché ormai non ci siano più per la strada ragazze che assomigliano ad Ambra, la quale è ormai archeologia massmediatica. Ma il problema non è quanto duri un modello. È se davvero la gente prenda la faccia dei propri idoli. E per non discutere su un modello che è durato lo spazio di un mattino, pensiamo a uno che è durato quasi un decennio, Brigitte Bardot. È indubbio che tra i cinquanta e i sessanta le strade e le balere erano piene di ragazze che assomigliavano a Brigitte Bardot. Che cosa era successo?

Credo che i fenomeni in gioco, in questo e in altri casi analoghi, siano quattro. Il più ovvio è che le ragazze cercassero di imitare il trucco, la pettinatura e gli abiti di Brigitte. Il secondo è che i tratti del viso e i gesti di chi vive in una certa comunità lentamente si adattano al modello ambientale. Per questo si dice che i seminaristi hanno la faccia da seminaristi, e i comunisti che avevano studiato alle Frattocchie avevano la faccia da comunisti delle Frattocchie. Lo schermo televisivo e le pagine dei rotocalchi costituiscono un ambiente chiuso, come un convento. A guardarsi in faccia a vicenda, giorno e notte, i muscoli del nostro viso si modellano su quelli altrui.

Tuttavia questo duplice adattamento funziona solo se si ha già la faccia adatta. Non si diventava Brigitte se si aveva la faccia di Fernandel. Dunque si può assomigliare a X se si ha già qualcosa nei tratti che ci accomuna a X. E se non lo si ha? Si è fuori moda. Il che significa che, all'epoca di Brigitte, tante donne che assomigliavano a Francesca Bertini o a Claudette Colbert non erano considerate esteticamente o sessualmente interessanti (naturalmente vale anche per gli uomini che non assomigliavano a Gérard Philipe bensì a Emilio Ghione).

In tal senso il modello funziona da selettore quasi razzista. Promuove dei tipi umani e ne condanna irrimediabilmente altri – altri, si noti, che in altra epoca sarebbero stati vincenti. Potremmo parlare di un darwinismo a sinusoide, o a spirale, dove la selezione non procede in linea retta. Gli esclusi di oggi potrebbero diventare gli eletti di domani, e viceversa. C'è un futuro anche per le ragazze che assomigliano oggi a Francesca Bertini, ma non immediatamente, solo quando saranno ormai signore mature.

Altro elemento, la selettività dello sguardo. Negli anni cinquanta c'erano molte ragazze che assomigliavano a Brigitte Bardot e molte che continuavano ad assomigliare a Claudette Colbert. Lo sguardo altrui si soffermava su quelle che assomigliavano a Brigitte e abbandonava a zitellaggio precoce quelle che assomigliavano a Claudette (mentre venti anni prima sarebbe accaduto l'opposto). Anche in questo senso, per donne come per uomini, esiste la disgrazia di essere nato nel decennio sbagliato. È atroce ma è così. Però ciò accade solo nell'epoca dei mass media. Nei secoli precedenti non c'erano modelli universali, la Pompadour o la pastorella della Carinzia piacevano o non piacevano per tanti motivi, ma non perché dovessero essere commisurate a una immagine delle Tv o dei rotocalchi. La selezione era meno ferrea e c'era una maggior democrazia del desiderio.

1999

Sul cazzeggio

Nel febbraio 1991 avevo scritto una Bustina in cui, parlando della guerra del Golfo, m'intrattenevo sulla nuovissima espressione "fuoco amico", spiegando: "che è poi la bomba che ti tira addosso per sbaglio uno stronzo che porta la tua stessa divisa."

Non è chi non veda come fosse esageratamente cortese, quasi ampolloso, definire stronzo chi, per disattenzione o imperizia, spara addosso a un commilitone – specie se ci si pone cristianamente dal punto di vista del commilitone. Ebbene, avevo ricevuto lettere furibonde in cui mi si chiedeva come mai usassi su un giornale di larga diffusione una parola così volgare.

Ero stato costretto a ricordare che Dante Alighieri aveva parlato di culo e di fiche e, per acquisire altri elementi a mio discarico, avevo richiesto alla redazione del Grande Dizionario del Battaglia la voce *stronzo* (dato che non era ancora uscito il volume dedicato alla S). Ero stato consolato dal fatto che molti scrittori illustri avevano usato quel termine, e avevo ricevuto varie lettere di consenso.

Ricordo questi storici avvenimenti perché la settimana scorsa, su questa stessa pagina, Eugenio Scalfari parlava con grazia e disinvoltura di cazzeggio e di cazzate. Ora, una cazzata è cosa ben più ardita di una stronzata, perché in un paese cattolico come il nostro l'umorismo sessuale è sempre stato tabù, mentre ha sempre avuto libero corso anche nelle parrocchie l'umorismo anale e peristaltico.

Sia chiaro che non sto moraleggiando, e che trovo *cazzeggio* un termine affettuoso e indulgente. È che sono disposto a scommettere che Scalfari non riceverà alcuna lettera di protesta. Forse nove anni fa Scalfari non avrebbe scritto neppure *stronzo*, mentre oggi sa di poter usare *cazzeggio*, per nobili ragioni di critica di costume.

Dunque bastano nove anni per cambiare radicalmente le abitudini linguistiche, tanto è vero che due settimane fa ho udito in televisione la deliziosa Linda, figlia di brigadiere, e commissario di pubblica sicurezza ella stessa, dire all'uomo amato (ma pur sempre vicequestore), col suo sorriso incomparabilmente preraffaellita: "cazzo, fidati di me!"

È vero che in questi anni sono accadute molte cose, i parlamentari parlano di celodurismo, Benigni in teatri affollatissimi ha elencato numerosi sinonimi per l'organo femminile, il cabaret televisivo non certo ha pudori linguistici, tante cose che prima non si potevano nominare sono oggi mostrate nelle sfilate di moda, dove sembra che i materiali tessili siano severamente razionati.

Infine c'è stato nel contempo il caso Lewinsky, e sugli schermi e sulle pagine di giornale si sono usati tutti i termini espliciti e tutte le più trasparenti metafore e perifrasi, per indicare quella pratica che non solo la morale ufficiale condanna ma che addirittura in alcuni stati della barbara America è ancora oggetto di azione penale (e mi scuso per il gioco di parole non voluto).

Quando una lingua si libera di alcuni tabù, si raggiunge uno stato di nuova innocenza. Ormai da tempo non solo i ragazzi ma buona parte dei loro genitori credono davvero che *casino* voglia dire soltanto rumore o disordine, e anche persone di rango dicono *fichissimo* di un bel ragazzo, avendo completamente dimenticato che il termine mascolinizza un pesante apprezzamento una volta usato per il sesso opposto. C'è quindi la possibilità che la prossima generazione ritenga in buona fede che *cazzo!* voglia dire soltanto "perbacco", e *cazzeggio* sia un sinonimo per "chiacchiericcio", già raccomandato dal Tommaseo.

Quello che però suscita la mia più profonda preoccupazione, è come si farà allora a nominare il membro virile, in quelle auspicabili occasioni in cui la gente, abbandonando per un momento la navigazione su Internet, cercherà di avere rapporti fisici con altri esseri di qualche sesso simile od opposto. Non rischieremo che, per eccesso di ottundimento della sensibilità lessicale, alcuni organi fondamentali non possano più essere designati in modo letterale, in modo che il partner capisca quel che intendiamo dire, e ne consegua l'impossibilità di sollecitare quella mutua offerta di incavi ed escrescenze che è così necessaria per implementare (come si dirà allora) l'amplesso?

E che ne sarà di quella pratica così indispensabile alla salute psichica che è l'insulto? Come manifestare il nostro sdegno dicendo a qualcuno l'equivalente di "o testa di perbacco, la smetta di divagare con grazia"?

1999

Stare insieme per pregare. Oppure pregare per stare insieme

Ci sono delle lingue dove l'ordine delle parole conta moltissimo, e l'italiano è una di queste. Infatti c'è una bella differenza tra dire "Hannibal divora la fanciulla" o "la fanciulla divora Hannibal", e non solo dal punto di vista della lingua ma anche di colui, tra Hannibal o la fanciulla, che si trova collocato alla fine della frase. Non è chi non veda come dalla prima situazione si possa trarre solo un secondo (e ultimo) episodio del *Silenzio degli innocenti*, mentre l'altra situazione aprirebbe nuove prospettive alla cinematografia e a un più giusto rapporto tra i sessi.

In latino non accade così, per via delle declinazioni. Pertanto "Hannibal puellam devorat, Puellam Hannibal devorat, Hannibal devorat puellam, Puellam devorat Hannibal, Devorat Hannibal puellam e Devorat puellam Hannibal" vogliono dire tutti la stessa cosa, sia dal punto di vista giuridico che da quello culinario. È vero che nel suo *Teoria del linguaggio e linguistica generale* (Laterza 1971, pagina 72) Eugenio Coseriu (sia pure facendo il più caritatevole esempio di "Petrus Paulum amat") osservava che solo la prima è la costruzione normale mentre le altre o non sono normali o assumono valori stilistici particolari; ma Coseriu in quel contesto discuteva la differenza tra sistema e norma, e per quel che ci riguarda possiamo prescinderne. In parole povere possiamo dire che tutte e sei le costruzioni raccontano la stessa storia (per gli addetti ai lavori chioserò che sei diverse soluzioni discorsive raccontano la stessa fabula).

Quando si racconta una storia non si vogliono solo designare dei fatti che sono avvenuti in un mondo reale o possibile – come talora pensano quei filosofi per cui il linguaggio serve solo per dire come stanno le cose. Il linguaggio serve anche per cambiare le cose, attraverso strategie discorsive che possono suggerire, alludere, insinuare; e nel raccontare storie si vuole di solito anche dare vita a un senso secondo, come potrebbe essere la morale di una parabola.

Chi sa bene queste cose sono gli uomini di chiesa, che sin dalla

Bibbia hanno per esempio imparato che si può rispondere a una domanda con un'altra domanda ("Dov'è Abele?" "Sono forse il custode di mio fratello?"). Una delle più belle strategie discorsive è quella raccontata dalla storiella del gesuita e del domenicano che stanno facendo insieme gli esercizi spirituali. Il domenicano sta recitando compuntamente il suo breviario passeggiando in giardino, e vede il gesuita che sta facendo lo stesso, ma fumando nel contempo una sigaretta. Il domenicano gli osserva che ha appena chiesto al superiore se poteva fumare mentre pregava e quello gli aveva risposto di no, perché mentre si prega non si deve fare nient'altro. Il gesuita gli obietta che ha formulato male la domanda: lui ha domandato se si poteva pregare mentre fumava, e il superiore gli aveva detto di sì, perché si può pregare sempre e in ogni circostanza.

Come si vede, bastava costruire diversamente la frase. Non è chiaro se la storia sia stata messa in giro dai domenicani per accusare i gesuiti di troppa sottigliezza casuistica, o dai gesuiti per celebrare la loro proverbiale accortezza. E forse è falsa. Ma eccone qui una che è (credo) vera. Appare in un divertente libretto pubblicato da un Anonymus e intitolato *Anche in Vaticano* (Ancora editrice), che raccoglie aneddoti, curiosità e facezie sui papi del XX secolo. Non si tratta di quell'altro libro scritto da un monsignore e che sta facendo imbestialire gli ambienti vaticani, anzi vorrebbe esserne il bonario contraltare. Anche questo è di un prelato, latinista della segreteria di stato vaticana. Io so chi è, perché mi ha inviato il libro dichiarandosi affezionato lettore di questa Bustina. Ma siccome l'autore in copertina non si firma, non mi pare corretto tradire il suo desiderio di riservatezza.

Tra i tanti aneddoti del libretto, eccone uno. Nel 1986 si è svolto ad Assisi un incontro di preghiera tra gli esponenti di quasi tutte le religioni della terra, e qualcuno aveva pensato di lanciarlo con lo slogan "Ad Assisi per pregare insieme." Ma fu osservato che suggerire l'idea che persone dalle fedi così differenti, e con diverse concezioni della divinità, pregassero insieme, poteva puzzare di sincretismo, come se fosse la stessa cosa rivolgersi al Dio d'Israele o al Grande Spirito della Prateria. Ed ecco che fu trovata (io scommetto da un gesuita) la soluzione: "Ad Assisi, insieme, per pregare."

Come si vede, è bastato spostare un avverbio, e chiuderlo tra due virgole, e una comunanza teologica è diventata una comunanza fisica. Se poi qualcuno volesse osservare che queste sono quisquilie, gli ricorderei che quisquilie apparentemente più trascurabili ancora, come il famoso *Filioque*, hanno cambiato la storia del mondo.

1999

QUEL CHE NELL'UNIVERSO SI SQUADERNA

Dal libro all'ipertesto, via Web

De Mauro, sei pazzo!

Caro Tullio De Mauro, permettimi da collega a collega di dirti con franchezza che sei un imprudente e uno sconsiderato. Un professore dell'Università di Canterbury pubblica una sintesi di vaste indagini condotte in trentun paesi su quanto leggano gli studenti. Che cosa ne conclude? Francamente, mi pare, quello che tu e io e chiunque altro potrebbe sapere benissimo calcolando il numero dei libri pubblicati e venduti nel mondo, e andando a vedere chi circola in quelle librerie costruite per invogliare il pubblico a circolarvi, come la Feltrinelli in Italia, o il FNAC di Parigi, o certe immense Rinascenti del libro in Germania.

Scopre dunque costui – e conferma con serie statistiche – che la maggior parte dei lettori abita la fascia giovanile, che se ci sono 70 anziani che non leggono, i giovani non leggenti si riducono a 25, e dunque che i giovani leggono più dei loro genitori. Ora, caro Tullio, che cosa mi combini? Con l'aria del saputello che dice che lui lo aveva sempre detto, vai a raccontare tutto su *la Repubblica* di sabato 7 novembre. Non dico di comportarci come iscritti alla P2, ma un minimo di senso del segreto va coltivato, e insegnava Torquato Accetto che dissimulare non è peccato, quando lo si fa per salvarsi nella giungla del mondo, perché dissimulare non è dire quel che non è, ma astenersi onestamente dal dire ciò che è. I giovani leggono? Bene, siine contento, ma lascia che lo sappiano loro, e io se permetti, e il professor Elley di Canterbury, ma non andare a dirlo in giro, e specie sui giornali, che una volta lì la cosa diventa di dominio pubblico. E sai benissimo che non diventerà argomento del giorno il fatto che i giovani leggono, ma il fatto che tu lo abbia mendacemente affermato.

Ma tu, non leggi i lunghi e pensosi articoli sul declino della lettura, sul fatto che la civiltà della visione abolisce la pagina scritta, che l'avvento del computer ha sancito la morte del libro? Non ti sei accorto che i supplementi culturali dei quotidiani, e molte sezioni "cultura" dei rotocalchi ormai rinunciano a parlare di libri, per soffermarsi solo sulle vicende private dei loro autori? Non hai letto le interviste di uomini più saggi di te che, entrati per errore in una libreria e avendola vista piena di giovani, hanno deprecato il rischio che le pagine immortali di Kafka possano cadere sotto gli occhi di una liceale qualsiasi (e donna per giunta) e che alla fine traggono esile motivo di consolazione dalla riflessione (ormai di prammatica) che in verità quei ragazzi brufolosi i libri li guardano, e ne memorizzano al massimo la copertina, ma infine per fortuna non li leggono?

Tullio, hai famiglia, lo stipendio universitario è certo dignitoso ma non lussuoso, un articolo ogni tanto arrotonda le entrate. Ti rendi conto che se incominci a dire che i giovani leggono ti troverai sbarrate le pagine di tutte le gazzette, ghiotte invece di laudatori del tempo che fu, che scrivono invece del loro dolore di fronte all'analfabetismo incalzante e al declino dei grandi maestri, della letteratura, della Galassia Gutenberg, della filosofia, della religione? Ti rendi conto che gli ex autonomi che ora lavorano per l'industria ti accuseranno di essere organico al capitalismo, che i mistici devoti della realtà virtuale ti diranno nemico della Parola, che qualcuno – vedendoti così prono alle statistiche – potrebbe persino accusarti di cercare quante volte Montale ha scritto "cavallo" o addirittura, come un Contini qualsiasi, quante volte ha corretto "cavallo" dopo che aveva scritto "ippopotamo"?

Sei un intellettuale (no?), non un poliziotto. Al poliziotto chiediamo di scoprire chi fa cosa, ma all'intellettuale si richiede di incarnare le speranze, le passioni, le pulsioni segrete di un'epoca. E tu, a un popolo affamato di notizie sul declino delle lettere e delle scienze, vai a raccontare che i giovani leggono, più di prima, anche se ascoltano musica rock, e che i dibattiti televisivi tra analfabeti li lasciano a mamma e papà? Riprendi, se vuoi salvarti in corner, una parentesi che avevi lasciato cadere quasi per ragioni stilistiche nel tuo articolo: dove dicevi che in fondo i giovani leggono ancora poco rispetto ai desideri di noi professori.

Inchiodali su quella soglia! Quanti giovani tra i sedici e i diciotto anni hanno letto *L'Harmonie Universelle* di Marin Marsenne? Quanti *L'Anthropoglottonia sive Humanae Linguae Genesis* di Johannes Petrus Ericus nell'edizione Tramontini del 1697? Quanti il *De umbris idearum* del Bruno nell'edizione critica di Rita Sturlese (Olschki 1991)? Lì li voglio e li devi voler tu, questi portatori di acne giovanile, che cara grazia se sono arrivati a Proust, e qualcuno magari è ancor fermo a Musil in edizione economica, e comperano Epicuro a mille lire, ma piuttosto che un incunabolo preferiscono farsi un paio di Timberland. Dillo! Forse ti lasceranno scrivere ancora.

1992

Libri da consultare e libri da leggere

Giorni fa, lavorando distrattamente di zapping, sono caduto su un canale dove andava in onda una sorta di lungo spot, o di annuncio di una trasmissione a venire. Ho l'impressione che fosse sulla Quattro o sulla Cinque, ma non ne sono sicuro (e questo conferma quanto sia più ideologicamente indifeso il telespettatore rispetto al lettore di giornali, il quale sa sempre con esattezza chi gli sta parlando). Si stavano pubblicizzando i prodigi del Cd-rom, e cioè di questi dischetti ipermediali che ci possono dare l'equivalente di una intera enciclopedia, con colori, suoni, e possibilità di istantanei collegamenti tra argomento e argomento. Siccome sto facendo qualche esperienza in questo campo, e quindi conosco l'argomento, seguivo distrattamente. Sino a che, a un certo punto, ho udito fare anche il mio nome: si stava dicendo che io affermerei che questi dischetti sostituiranno definitivamente i libri.

Nessuno, a meno che non sia paranoico, può pretendere che gli altri leggano tutto quello che scrive, ma almeno può sperare che non gli facciano dire il contrario, specie se lo stanno usando, illecitamente, come "testimonial" di qualcosa. Sta di fatto che vado ripetendo ai quattro venti che il Cd-rom "non" potrà sostituire il libro.

Ci sono due tipi di libro, quelli da consultare e quelli da leggere. I primi (il prototipo è l'elenco telefonico, ma si arriva sino ai dizionari e alle enciclopedie) occupano molto posto in casa, sono difficili da manovrare, e sono costosi. Essi potranno essere sostituiti da dischi multimediali, così si libererà spazio, in casa e nelle biblioteche pubbliche, per i libri da leggere (che vanno dalla *Divina Commedia* all'ultimo romanzo giallo).

I libri da leggere non potranno essere sostituiti da alcun aggeggio elettronico. Sono fatti per essere presi in mano, anche a letto, anche in barca, anche là dove non ci sono spine elettriche, anche dove e quando qualsiasi batteria si è scaricata, possono essere sottolineati, sopportano orecchie e segnalibri, possono essere lasciati cadere per terra o abbandonati aperti sul petto o sulle ginocchia quando ci prende il sonno, stanno in tasca, si sciupano, assumono una fisionomia individuale a seconda dell'intensità e regolarità delle nostre letture, ci ricordano (se ci appaiono troppo freschi e intonsi) che non li abbiamo ancora letti, si leggono tenendo la testa come vogliamo noi, senza imporci la lettura fissa e tesa dello schermo di un computer, amichevolissimo in tutto salvo che per la cervicale. Provate a leggervi tutta la *Divina Commedia*, anche solo un'ora al giorno, su un computer, e poi mi fate sapere.

Il libro da leggere appartiene a quei miracoli di una tecnologia eterna di cui fan parte la ruota, il coltello, il cucchiaio, il martello, la pentola, la bicicletta. Il coltello viene inventato prestissimo, la bicicletta assai tardi. Ma per tanto che i designer si diano da fare, modificando qualche particolare, l'essenza del coltello rimane sempre quella. Ci sono macchine che sostituiscono il martello, ma per certe cose sarà sempre necessario qualcosa che assomigli al primo martello mai apparso sulla crosta della terra. Potete inventare un sistema di cambi sofisticatissimo, ma la bicicletta rimane quel che è, due ruote, una sella, e i pedali. Altrimenti si chiama motorino ed è un'altra faccenda.

L'umanità è andata avanti per secoli leggendo e scrivendo prima su pietre, poi su tavolette, poi su rotoli, ma era una fatica improba. Quando ha scoperto che si potevano rilegare tra loro dei fogli, anche se ancora manoscritti, ha dato un sospiro di sollievo. E non potrà mai più rinunciare a questo strumento meraviglioso.

La forma-libro è determinata dalla nostra anatomia. Ce ne possono essere di grandissimi, ma per lo più hanno funzione di documento o di decorazione; il libro standard non deve essere più piccolo di un pacchetto di sigarette o più grande de *L'Espresso*. Dipende dalle dimensioni della nostra mano, e quelle – almeno per ora – non sono cambiate, con buona pace di Bill Gates.

È vero che la tecnologia ci promette delle macchine con cui potremmo esplorare via computer le biblioteche di tutto il mondo, sceglierci i testi che ci interessano, averli stampati in casa in pochi secondi, nei caratteri che desideriamo – a seconda del nostro grado di presbiopia e delle nostre preferenze estetiche – mentre la stessa fotocopiatrice ci fascicola i fogli e ce li rilega, in modo che ciascuno possa comporsi delle opere personalizzate. E allora? Saranno scomparsi i compositori, le tipografie, le rilegatorie tradizionali, ma avremmo tra le mani, ancora e sempre, un libro.

1994

Leggere i libri coi polpastrelli

Una biblioteca di casa non è solo un luogo in cui si raccolgono libri: è anche un luogo che li legge per conto nostro. Mi spiego. Credo che sia capitato a tutti coloro che hanno in casa un numero abbastanza alto di libri di vivere per anni con il rimorso di non averne letti alcuni, che per anni ci hanno fissato dagli scaffali come a ricordarci il nostro peccato di omissione.

Poi un giorno accade che prendiamo in mano uno di questi libri trascurati, incominciamo a leggerlo, e ci accorgiamo che sapevamo già tutto quel che diceva. Questo singolare fenomeno, di cui molti potranno testimoniare, ha solo tre spiegazioni ragionevoli. La prima è che, avendo nel corso degli anni toccato varie volte quel libro, per spostarlo, spolverarlo, anche soltanto per scostarlo onde poterne afferrare un altro, qualcosa del suo sapere si è trasmesso, attraverso i nostri polpastrelli, al nostro cervello, e noi lo abbiamo letto tattilmente, come se fosse in alfabeto Braille. Io sono seguace del CICAP e non credo ai fenomeni paranormali, ma in questo caso sì, anche perché non ritengo che il fenomeno sia paranormale: è normalissimo, certificato dall'esperienza quotidiana.

La seconda spiegazione è che non è vero che quel libro non lo abbiamo letto: ogni volta che lo si spostava o spolverava vi si gettava uno sguardo, si leggeva la bandella di copertina, si apriva qualche pagina a caso, e così poco per volta se ne è assorbita gran parte. La terza spiegazione è che mentre gli anni passavano leggevamo altri libri in cui si parlava anche di quello, così che senza rendercene conto abbiamo appreso che cosa dicesse (sia che si trattasse di un libro celebre, di cui tutti parlavano, sia che fosse un libro banale, dalle idee così comuni che le ritrovavamo continuamente altrove).

In verità credo che siano vere tutte e tre le spiegazioni che interagiscono tra loro. Si leggono altri libri, senza accorgercene leggiucchiamo anche quello, e anche soltanto a toccarlo qualcosa nella grafica, nella consistenza della carta, nei colori, ci parla di un'epoca, di un ambiente. Tutti questi elementi messi insieme "quagliano" miracolosamente e concorrono tutti insieme a renderci familiari quelle pagine che, legalmente parlando, non abbiamo mai letto.

Se pertanto una biblioteca serve per conoscere il contenuto di libri mai letti, quello di cui ci si dovrebbe preoccupare non è la sparizione del libro bensì quella delle biblioteche di casa.

1998

Betzeller

Nelle varie cronache sulle vicende del libro, si legge spesso l'espressione "best seller" (che viene poi regolarmente pronunciato "betzeller"). Ricordando che il termine nasce in America per designare qualsiasi articolo commerciale che vende bene, e si applica di conseguenza anche ai libri di successo, ritengo che però – nel campo letterario – questo termine presenti due inconvenienti. Anzitutto è una categoria commerciale che non dice ancora nulla sul valore del libro in questione: sono certamente best seller (nel senso che ogni anno continuano a vendere moltissime copie) la Bibbia e *Pinocchio*, e per molto tempo lo sono stati i libri di Carolina Invernizio, eppure si tratta di opere (si converrà) molto diverse tra loro. In secondo luogo l'espressione best seller nasconde quattro fenomeni diversi.

In primo luogo ci sono quelli che chiamerei "best sold", vale a dire libri che per un certo periodo hanno avuto una popolarità immensa, come *I reali di Francia* o *La capanna dello zio Tom*. Poi ci sono i "sempreverdi" e cioè i libri che continuano a vendere, da secoli o da decenni, la Bibbia appunto, ma anche *I promessi sposi*, e ai giorni nostri *Il piccolo principe* o *Siddharta*. Il fatto che alcuni appaiano nelle classifiche e altri no è dovuto al fatto che il vero sempreverde non vende cento copie al giorno nelle librerie del centro, ma una copia al giorno in qualsiasi cartolibreria, e quindi sfugge ai rilievi.

Poi vengono quelli che chiamerei "best selling", libri che al momento in cui escono hanno clamoroso successo, ma non è detto che questo successo si prolunghi negli anni. Siccome però vendono abbastanza da far gola ad autori, editori e librai, da essi si genera il "best to sell", cioè il libro confezionato apposta per vendere. Sono di solito romanzi a ricetta fissa, un poco di sesso, un poco di denaro, un poco di vita nei quartieri alti; oppure una erezione ben descritta a ogni capitolo; o una calcolata miscela di orrore e morte. Eccetera. Sono sempre esistiti, ed è talora accaduto che siano sopravvissuti perché, anche se scritti tirando al soldo, avevano delle qualità che direi mitologiche; l'esempio classico sono i romanzi di Dumas. In ogni caso è l'esistenza dei "best to sell" che ha caricato la parola best seller di una connotazione spregiativa.

Ci si è dimenticati che Dante, Ariosto, Tasso hanno avuto un enorme successo, e che Manzoni si è ridotto a stampare a dispense la seconda edizione del suo romanzo, con illustrazioni appositamente commissionate, proprio per reagire al diluvio di edizioni pirate. Lui non ci ha cavato un soldo, ma il suo libro era certamente un best seller. Inoltre, il suo desiderio era che il libro fosse di qualità (e sappiamo quanto ci ha lavorato) ma che nello stesso tempo fosse letto da moltissimi. Ma in realtà, tranne alcuni episodi storici di provocazione avanguardistica, non si è mai visto un autore serio che, cercando di scrivere un libro, non sperasse al tempo stesso che fosse buono e che fosse letto da moltissimi. Cercare di scrivere un buon libro è però diverso da scrivere un "best to sell" con una erezione a capitolo.

È stato appena pubblicato dal Saggiatore *Il mercato delle lettere* di Gian Carlo Ferretti (una parte già uscita nel 1979, e una inedita). Ferretti è stato il primo a interessarsi di alcuni fenomeni per cui si è parlato di "best seller di qualità" (esempio: l'ultimo Calvino), ma quello che lascia imbarazzati in questa categoria è che si tratta di opere che ottengono successo senza peraltro usare gli ingredienti che per definizione dovrebbero piacere al lettore. Nella nuova parte del suo saggio Ferretti parla di opere che permettono livelli di lettura differenziati.

Parleremmo allora di libri che permettono al lettore ingenuo una lettura di primo livello, e poi a lettori sempre più colti e smaliziati delle letture "a scavo" o a sovraelevazione. Diciamo Libri Ziggurath. La formula mi pare efficace. Salvo che ne fa venire in mente un'altra: quella dei nostri ermenuti biblici medievali, o dell'ermeneutica ebraica, per cui ogni testo, oltre al senso letterale, ne ha altri che bisogna scoprire a poco a poco. In tal senso può darsi che negli ultimi tempi siano stati scritti libri contemporanei a modello scalare (e la cosa funziona sia facendo della fantascienza, si pensi a Gibson, che della letteratura sperimentale, e si pensi a Pynchon). Ma esse sarebbero allora opere che portano a livello di autocoscienza metanarrativa una possibilità che tutti i libri sempreverdi, magari senza volerlo, hanno realizzato. Per non dire di chi, come Dante, lo sapeva e voleva benissimo, e andava a dire in giro che così voleva essere letto.

1994

Non preoccupatevi per l'ipertesto

Chiacchierata con l'amico scrittore, che torna, un poco perplesso, da un convegno in cui ha sentito parlare di ipertesto. L'ipertesto è quella diavoleria che permette all'utente di un computer di "navigare", come si dice, all'interno di un testo, vedendone contemporaneamente più parti, ponendone in rapporto punti diversi, individuando incroci, connessioni, nodi... È utilissimo per una grande quantità di cose, in particolare per lavori di consultazione e per la didattica, ma il mio amico ne ha sentito parlare in connessione con l'attività letteraria.

"Dicono che sarà diverso il modo di leggere. Che ciascuno potrà navigare nell'opera come meglio crede. Che nasce una nuova stagione artistica." Decisamente ha paura di rimanere obsoleto. Cerco di tranquillizzarlo. Con un buon ipertesto si possono trovare nella *Divina Commedia* tutti i versi che terminano con "rispuose" (sono 14, per la cronaca) e magari stamparli come se fosse una tiritera a rima costante, ma se uno vuole leggersi un canto in santa pace, sullo schermo si consuma gli occhi, e va ancora bene una edizione a stampa.

"Ma mi hanno detto che si potranno finalmente fare romanzi con diramazioni, esiti e finali multipli, e ciascuno poi si stampa il proprio..." Stai tranquillo, gli dico, a parte che per questo non è necessario l'ipertesto, lo si poteva fare anche prima con un programmino in Basic, non è questo che la gente vuole. "Perché?" mi chiede. Oh santa pace, questi intellettuali. L'unico sport che sanno praticare è il timore che corrano tempi oscuri per il libro. È dal tempo dei caratteri cuneiformi che ritornano su questo chiodo. Ascolta, gli dico, qui c'è l'ultimo libro di Jurij Lotman *La cultura e l'esplosione* (Feltrinelli). Non è l'ultima traduzione soltanto, è proprio l'ultimo libro, è apparso in Russia quest'anno. Parla di tante cose, e non è che si possa riassumere in due parole, ma a un certo punto, nel quarto capitolo, riprende la storia di quel detto di Čechov, quello del fucile. "Ma non era di

Puškin?" Non so, ogni tanto la sento attribuire a Čechov, ogni tanto a Puškin, ma se Lotman dice Čechov, ci credo.

È la famosa raccomandazione che se in un racconto viene descritto all'inizio o in un dramma viene mostrato nel primo atto un fucile appeso alla parete, prima della fine quel fucile deve sparare. Ebbene, dice Lotman, "la regola di Čechov aveva senso solo nell'ambito di un genere definito, per di più ormai definitivamente cristallizzato. In realtà, proprio il non sapere se il fucile sparerà o no, se lo sparo provocherà un ferita mortale o risulterà essere soltanto la caduta di un barattolo, che ne imita il suono, conferisce significatività all'intreccio."

E poco prima aveva detto: "Lo spettatore, collocandosi con il pensiero in quel 'tempo presente', che è realizzato nel testo (per esempio, nel 'dato' quadro, nel momento nel quale io lo guardo), è come se rivolgesse il proprio sguardo al passato, il quale si stringe come un cono che poggia con la punta nel tempo presente. Rivolgendosi verso il futuro, il pubblico si sprofonda in un fascio di possibilità che non hanno ancora compiuto la loro scelta potenziale."

Capito? E tu pensi che il lettore voglia perdere questa tensione, questo spasimo, per decidere lui come andrà a finire? Ma un romanzo lo si legge per provare il brivido del destino. Se potessi decidere del destino dei personaggi, sarebbe come andare al banco di una agenzia di viaggi: "Allora dove vuole trovare la Balena, alle Samoa o alle Aleutine? Col ticket Giro del Mondo costa lo stesso..."

In un romanzo ci sono tante cose, si dice persino – che so – che sta passando una nuvola in cielo, o che striscia una lucertola tra i sassi. Senti Lotman: "L'ignoranza del futuro permette di attribuire un significato a tutto." Questo è il bello. Scoprire che cosa importa, e non saperlo ancora. Poi alla fine, caso mai, saprai che cosa dovevi guardare meglio (o vedere, addirittura) – e certe volte non lo saprai neppure, e per questo dovrai rileggere, e rileggendo ti cambierà anche il significato della storia. Ma all'inizio, e durante la lettura, sei nel pieno di una inchiesta, e il colpevole è l'autore.

E tu vuoi che la gente paghi per decidere se Renzo sposerà Lucia. Magari una volta, per gioco, come si va al tirasegno o al Tre Palle un Soldo. Ma leggere storie è un'altra storia.

"Davvero non debbo temere per il mio futuro?" – chiede l'amico. "Sì, in un certo senso sì, devi temere, ma perché scrivi brutti romanzi di tuo – e anche questa è un'altra storia." (Nota. Questo apologo mi è stato ispirato da una conversazione con un amico che invece scrive bellissimi romanzi. Ma avevo bisogno di una testa di turco per terminare la Bustina.)

1993

Come buttar via mezzo Windows

È rarissimo che negli Stati Uniti (salvo che non si tratti di un seminario in una istituzione estremamente specializzata) qualcuno vi parli del problema televisivo. Nessun giornalista vi domanderà mai che cosa pensate del predominio della televisione nella vita contemporanea, nessun giornale dedicherà riflessioni preoccupate all'argomento. La televisione è un elettrodomestico come il frigorifero, e rispetto al frigorifero gli americani pensano che debba essere possibilmente pieno di molte cose, poi distinguono tra le persone normali che lo aprono al mattino per farsi uova e pancetta, e persone anormali che lo aprono giorno e notte, raggiungendo quelle dimensioni e forme alla Botero che si trovano solo in questo continente.

Del pari, sempre negli Stati Uniti, l'informatica ha raggiunto uno stadio di diffusione e perfezione incredibile, ormai tutti non inviano più lettere ma usano la posta elettronica, e tuttavia è raro che nel corso di un dibattito qualcuno vi chieda cosa ne pensate di questa diffusione dell'informazione. L'informazione c'è, e basta.

Nell'America Latina, invece, dove televisione e informatica sono certo diffuse, ma – direi – più in dimensioni europee che statunitensi, si è ossessionati dal problema della comunicazione. Se passate da quelle parti non vi chiedono altro. Corsi di scienze della comunicazione si tengono persino nelle facoltà scientifiche. E infine, sono i latino-americani che hanno inventato lo strano termine di "communicador", comunicatore, che non si capisce mai se si riferisce a qualcuno che comunica (nel qual caso, spiego sempre, nel mondo ci sono cinque miliardi di comunicatori), a qualcuno che studia la comunicazione, o a qualcuno che comunica meglio degli altri.

Non so se questa ossessione sia un effetto dell'inevitabile dipendenza che questi paesi sentono nei confronti dei modelli comunicativi statunitensi, o se i popoli diventino sensibili alla comunicazione come diventano sensibili al calcio (nel qual caso si dovrebbe dire che la pratica intensa della comunicazione di massa si accompagna al disinteresse teorico verso di essa solo nell'area del baseball).

L'avere un'ossessione non impedisce di porsi problemi anche molto giusti. Per esempio, in America Latina ci si chiede costantemente (e ve lo chiedono nelle interviste, nei dibattiti, nei seminari, alla fine di una lezione accademica che magari verteva sull'agopuntura cinese) come faremo a selezionare una informazione che ormai diventa sovrabbondante. Si deliziano quando rispondete con un esempio come questo: che una volta un tale che doveva fare una ricerca andava in biblioteca, trovava dieci titoli sull'argomento e li leggeva; oggi schiaccia il bottone del suo computer, riceve una bibliografia di diecimila titoli, e rinuncia.

Nei giorni scorsi ho trovato molti interlocutori toccati da un altro esempio, che penso possa interessare anche i miei lettori della Bustina. Negli aeroporti compero sempre riviste sui computer, perché sono ricche di notizie e buone da sfogliare in aereo. Nel numero di luglio di *Pc World* (a firma Dan Miller) ho trovato ottanta, dico ottanta, consigli per buttar via una gran quantità di cose che il vostro programma Windows 3.1. sa fare, ma che alla maggioranza degli utenti non serviranno mai, e che occupano uno spazio di memoria immenso, rallentando l'esecuzione degli altri programmi.

Alcune delle istruzioni sono facili da eseguire, altre richiedono attenzione e molto lavoro, e si rischia di creare pasticci irrimediabili, ma è vero che alla fine, anche solo scegliendo una ventina di questi consigli, avrete reso il programma più agile. Ho provato, ho scoperto che Windows non solo è capace di fare cose di cui non sapevo nulla e di cui non mi interessa nulla, ma anche che, nella sua generosità, carica sul vostro computer una infinità di istruzioni che esistono anche in Dos, e che si può decidere di tenere solo quelle contenute nella directory scelta dal vostro Autoexec. bat (parlo per gli esperti).

Voi spendete soldi per comperare un programma ricchissimo di informazione, quindi spendete altri soldi per comprare una rivista che vi insegna come buttarla via (e altri soldi spendete in termini di lucro cessante per riuscire a buttarla via in modo appropriato).

È bello avere tanta informazione a disposizione, ma poi occorre imparare a selezionarla, a non lasciarsene travolgere. Bisogna prima imparare a usare l'informazione e poi a usarla con moderazione. Si tratta certamente di uno dei problemi educativi per il secolo a venire. L'arte della decimazione diventerà una delle branche della filosofia teoretica e morale.

1994

Mac *vs* Dos

Non si è mai riflettuto abbastanza sulla nuova lotta di religione che sta sotterraneamente modificando il mondo contemporaneo.

Il fatto è che ormai il mondo si divide tra utenti del computer Macintosh e utenti dei computer compatibili col sistema operativo Ms-Dos. È mia profonda persuasione che il Macintosh sia cattolico e il Dos protestante. Anzi, il Macintosh è cattolico controriformista, e risente della "*ratio studiorum*" dei gesuiti. È festoso, amichevole, conciliante, dice al fedele come deve procedere passo per passo per raggiungere – se non il regno dei cieli – il momento della stampa finale del documento. È catechistico, l'essenza della rivelazione è risolta in formule comprensibili e in icone sontuose. Tutti hanno diritto alla salvezza.

Il Dos è protestante, addirittura calvinista. Prevede una libera interpretazione delle scritture, chiede decisioni personali e sofferte, impone una ermeneutica sottile, dà per scontato che la salvezza non è alla portata di tutti. Per fare funzionare il sistema si richiedono atti personali di interpretazione del programma: lontano dalla comunità barocca dei festanti, l'utente è chiuso nella solitudine del proprio rovello interiore.

Mi si obietterà che, col passaggio a Windows, l'universo del Dos si è avvicinato alla tolleranza controriformistica del Macintosh. È vero: Windows rappresenta uno scisma di tipo anglicano, grandi cerimonie nella cattedrale, ma possibilità di subitanei ritorni al Dos per modificare un sacco di cose in base a bizzarre decisioni: in fin dei conti si può conferire il sacerdozio anche alle donne e ai gay.

Naturalmente cattolicesimo e protestantesimo dei due sistemi non hanno nulla a che fare con le posizioni culturali e religiose degli utenti. Ho scoperto un giorno che il severo e tormentato Fortini usa il Macintosh, cose da non credere. Però c'è da chiedersi se alla lontana, col tempo e con le nespole, l'uso di un sistema piuttosto che l'altro non porti anche a profonde modificazioni interiori. Davvero si può usare il Dos e tifare per la Vandea? E inoltre: Céline avrebbe scritto con Word, Word Perfect o Wordstar? Cartesio avrebbe programmato in Pascal?

È il linguaggio macchina, che decide al di sotto del destino di entrambi i sistemi o ambienti che dir si voglia? Eh, quello è veterotestamentario, talmudico e cabalistico. Ahi, sempre la lobby ebraica...[1]

1994

[1] Questa Bustina è di sei anni fa. Nel frattempo le cose sono cambiate. I vari *releases* hanno portato Windows 95 e 98 a diventare decisamente cattolico-tridentini, insieme a Mac. La fiaccola del protestantesimo è passata nelle mani di Linux. Ma l'opposizione rimane valida. (1999)

Cronaca di una notte di peccato

Quando incominciano a esplorare Internet, quasi tutti vanno subito a connettersi con *Playboy* e *Penthouse*. Dopo averlo fatto una volta, e aver richiesto il nudo a piena pagina delle conigliette degli ultimi due o tre mesi, smettono, perché – per grande che sia lo schermo ed eccellente la definizione delle immagini – è più comodo e gratificante acquistare la rivista in edicola. Tuttavia di solito gli amici raccontano di aver intercettato da qualche parte immagini indicibili, e allora uno ci prova, se non altro per dimostrare di essere un buon navigatore.

L'altra notte, stanco di navigare tra bibliografie sulla metafora, programmi per generare storie ipertestuali, e la *Critica della ragion pura* in una vecchia traduzione inglese fuori diritti, ho chiesto "sex" al Web Crawler. Mi ha identificato 2088 indirizzi, passandomene solo 100. L'anarchia che governa Internet fa sì che non si può sapere quali sono gli indirizzi interessanti e quali le bufale. Leggevo indicazioni promettenti come "I giardini del piacere", "Immagini per adulti x-rated", "Arrgghhhhh, donne nude!!", "Le dee del sesso dell'emisfero occidentale" ma sono capitato per lo più in posti dove mi promettevano immagini ghiottissime solo se mandavo un'ordinazione.

Clicca che ti clicco, sono finito su "Kramer's Korner-Erotica" dal quale potevo collegarmi a "Supermodels", "Very Hot Links", di nuovo a *Penthouse* e a *Playboy*, nonché a "Babes on the Web". Sono andato a cercare "Supermodels", dove questo signor Kramer mi provvede foto (vestita) e informazioni su una serie di modelle che gli sono simpatiche. Sono andato su Cindy Crawford e ho saputo tutto su di lei, ma più o meno come se avessi acquistato *Famiglia Cristiana*.

Deluso sono andato a "Very Hot Links", da dove mi rinviavano di nuovo a *Playboy* e a un *Western Canada's Gay and Lesbian Magazine* (che però avvertiva subito che non dovevo attendermi di trovare delle immagini). Mi sono allora spostato su "Babes on the Web", dove mi si offriva l'indirizzo di una cinquantina di "Babes" (il termine può anche voler dire bambola o pupa), ciascuna con la propria *home page* e alcune con nomi affascinanti come Chok-Eng Cheng. Ci siamo, vediamo cosa offrono queste pupe.

Ho cliccato, quasi a caso, su Jennifer Amon. Mi è apparsa la pagina di Jennifer, con la sua foto (solo la testa): non era ripugnante, ma neppure una bomba. Una signora normale, che mi informava di essere un'analista programmista che lavora nel serissimo Oberlin College, e mi forniva in dettaglio altre qualifiche professionali. Iniziava avvertendomi che il suo gatto siamese era appena morto alle dodici e ventotto del 15 agosto, e infine mi chiedeva, se ero arrivato alla sua pagina attraverso UD, di dire "salve!" a un certo Joe Lang. Sesso, niente. Jennifer o si fa pubblicità professionale, o si sente sola e vuole comunicare con qualcuno.

Ma a che gioco sta giocando questo Kramer? Torno da lui e clicco sulla sua biografia. Apprendo che ha ventotto anni, si è laureato a Boston, lavora in una banca di Jersey City e si offre come consulente, nelle ore libere, per disegnare *web pages* e cioè per fare quello che sto vedendo. Per attirare possibili clienti, offre connessioni con siti erotici, qualche foto castissima di belle ragazze, e ti spinge a incontrare delle pupe o pollastrelle che bambole non sono, ma signore di costumi integerrimi.

Torno disperato all'elenco iniziale dei cento indirizzi caldi e trovo qualcosa che mi fa saltare sulla sedia. Tale Dan Moulding mi avverte che se voglio seni, genitali o altre parti del corpo femminile, e materiale iperporno in quantità ed evidenza mai raggiunta su uno schermo di computer, ho trovato pane per i miei denti. Mi connetto di corsa, e mi appare subito un messaggio che dice che sono uno sporcaccione e dovrei vergognarmi.

Dan Moulding è un severo moralista dello Utah (dunque forse mormone) che con un testo lunghissimo prima mi rimprovera perché diffondendo o cercando immagini porno su Internet intaso le linee. Poi mi spiega che se cerco sesso sul computer è perché sono un malato, privo di amici – per non dire di ragazze – mi chiede se non ho parenti a cui voler bene, e mi avverte che mia nonna, se sapesse quel che sto facendo, potrebbe morire di aneurisma. Infine (dopo avermi esortato ad andarmi a confidare con un prete, un rabbino, un pastore), mi fornisce una lista di indirizzi (su Internet) dove posso avere aiuto morale, compreso un servizio specializzato nella riabilitazione di pornografi come me (hp/wwww.stolaf.edu/people/bierlein/noxxx/noxxx.html).

Conclude: contattami (dmoulding@eng.utah.edu), e ti farò leggere tante lettere scrittemi "da falliti come te, abbastanza stupidi da esser cascati nella mia trappola."

Erano le tre. Quell'abbuffata di sesso mi aveva debilitato. Sono andato a dormire e ho sognato greggi di pecore, angeli e unicorni gentili.

1995

Il colon di mister X

Ormai lo hanno già riportato varie riviste specializzate. Se navigate accortamente su Internet potrete trovare la *home page* di un signore che su Internet vi mette a disposizione la foto del suo colon. Forse non tutti i lettori sanno che cosa significhi avere la foto del proprio colon. Dunque, da alcuni anni è possibile andare in una clinica (convenzionata o no) in cui un medico vi inserisce nel retto una sonda che reca al culmine una piccola telecamera. Non è più doloroso (o più imbarazzante) di un clistere. La sonda avanza nel vostro intestino, mentre un assistente (o, colmo della perversione, una suora!) vi accarezza dolcemente l'addome per permetterle di viaggiare senza pena lungo quei meandri.

Oh, meraviglia! Se non prestate troppa attenzione a quel che vi si fa, e avete una bella immaginazione narrativa, voi potete osservare su uno schermo televisivo a colori il viaggio della sonda (e della telecamera) "*in interiore homine*". Fate un viaggio tra sant'Agostino e Jules Verne, e avete l'impressione di essere, se non il primo uomo al mondo, certo tra i primi della specie, dopo millenni e millenni, a seguire su schermo un itinerario attraverso le vostre viscere.

L'esperienza (se accettate il piccolo disagio) è affascinante. Viaggiate tra cunicoli variamente colorati tra il rosa pallido e il rosso cupo, e l'unico disappunto si verificherebbe se il medico a un certo punto, incontrando una formazione cromaticamente e plasticamente interessante, esclamasse: "Oh, che bel cancro!" Se questo non avviene, ve ne andate a casa sicuro che, dal vostro infimo introito sino alle soglie dello stomaco (più o meno, e mi scuso per le imprecisioni) voi siete sani. E se accadesse il contrario, meglio saperlo subito, forse siete ancora in tempo. Per cui ogni essere umano dovrebbe (USL permettendo) fare questa esperienza almeno ogni due anni, grazie alle nuove tecnologie che ce lo consentono.

Poi il medico vi consegna, dopo qualche giorno, la foto a colori del vostro colon, e se volete potete inquadrarla e metterla accanto a quella dei vostri antenati, o di voi appena nato sopra una pelle di leopardo, come si usava un tempo.

Il solo problema è che tutti i colon di tutti gli esseri umani, in condizioni normali, si assomigliano – e questo è il vantaggio della natura, che procede in modo costante, forse un poco monotono, ma consentendoci di trarre da molti casi individuali (sia pure per azzardata induzione) leggi generali. Per cui voi potete essere gratificati dalla foto a colori del vostro colon (le vie del narcisismo sono infinite), pur restando completamente indifferenti alla foto a colori del colon altrui. Il che mi pare umano e normale. Perché deve interessarmi il colon di Chirac o di Clinton? E di Sharon Stone ci sono cose che interessano più del suo colon, altrimenti Paul Verhoeven non avrebbe girato *Basic Instinct*, bensì un documentario alla Piero Angela.

Ebbene, il signore di cui si parla, ha comperato una *home page* in Internet (che costa qualcosa) per fare vedere a tutti la foto del suo colon. Si intravede il dramma psicologico all'origine di questa decisione. Una persona a cui la vita non ha offerto alcuna possibilità di emergere, di trasmettere il proprio nome non dico alla posterità, ma neppure ai contemporanei – a male estremo estremi rimedi – decide di passare, se non alla storia, almeno all'attualità, mostrando a milioni di potenziali navigatori della rete telematica il proprio colon, che per ventura è uguale al colon di chiunque altro. C'è chi, per diventare famoso, ammazza i genitori, chi va a mostrare a un talk show la propria nullità. Tra tutte le soluzioni, questa sembrerebbe la meno dannosa per la società.

Questo è il bello dell'anarchia di Internet. Chiunque ha diritto di manifestare la propria irrilevanza. Siccome milioni di irrilevanze fanno qualcosa di statisticamente rilevante, lo studioso si consola. Ha ottenuto una istantanea che dice molto sulle tragedie contemporanee della solitudine e dell'anonimato. Di fronte a Erostrato che, per passare alla storia, incendiava il tempio di Diana in Efeso (e arrecava un consistente danno alla comunità – benché come diceva Lec, prima di condannare Erostrato vorrei aver visto il tempio di Diana in Efeso), ben venga chi porta in superficie le proprie interiora, e fa perdere al massimo poche lire di connessione telefonica.

1995

Appunti sulle icone dei computer

"*Pictura est laicorum literatura*" dicevano i medievali: ossia, con gli analfabeti (allora la stragrande maggioranza) si può comunicare solo attraverso immagini. Poi viene l'invenzione della stampa, e le cose cambiano, ma non certo per gli analfabeti. A un certo punto si è pensato che la Galassia Gutenberg fosse finita, e iniziasse una nuova era dell'immagine. Tutti analfabeti televisionari. Infine è venuto il computer e ha di nuovo capovolto la faccenda: per usare il computer bisogna saper leggere, e in fretta.

La comunicazione per immagini rimane spesso indispensabile: negli aeroporti dove circolano persone di lingue diverse, è utile segnalare i gabinetti con omini e donnine, i ristoranti con coltello e forchetta incrociati. Si tratta di simboli (o icone) noti a tutti. Ma se in un aeroporto si rappresentassero Alitalia, Air France, Lufthansa, e meglio ancora Parigi, Alghero o Pisa con icone invece che con parole? Pazienza con Pisa, che ci metti la torre, ma che fai con Decimomannu? Nella confusione si finirebbe a Città del Capo volendo andare a Palermo.

Qualcosa del genere accade ora coi computer. Si vuole che siano *friendly* e cioè amichevoli; amichevole significa a prova di cretino, e si è deciso che il cretino sa riconoscere le icone e non le parole. L'idea è sbagliata: per cretino che sia, qualcuno che usa un computer (non dico per fare un videogioco, ma per scrivere, tenere i conti, fare elenchi puntati e numerati, disegnare tabelle, spedire posta, mettersi in linea con una associazione di pedofili) sa leggere.

Ora a questo cretino si chiede di memorizzare un numero insostenibile di icone, alcune delle quali per nulla intuitive. Sto scrivendo con il mio Winword 6, e ormai ricordo le icone che significano chiudi, apri, salva o stampa. Ma per esempio ce n'è una che rappresenta un quadratino con una riga di puntini in mezzo. Non è intuitivo che voglia dire "dividi finestra", anche perché è molto simile a quella che significa "inserisci tabella" e pericolosamente simile a quella che significa "bordi". Siccome io divido molte finestre, quando voglio farlo ho una soluzione (questa sì) veramente a prova di cretino. In alto c'è scritto "finestra", io clicco su quella parola e scende una tendina che mi dice che posso, nell'ordine, creare finestre, affiancarle, dividerle.

Vado su Italia on Line e trovo in alto un cuoricino. È per aprire una "chat line" erotica? No, significa "elenco servizi" (avete capito l'idea ingegnosa: trovo l'elenco dei servizi che preferisco, e che quindi mi stanno a cuore). Ma se io sono uno che vuole approfittare dei servizi di Italia on Line non sono un troglodita, e quindi sono in grado di leggere in alto la parola "servizi" e trovo quel che mi serve. Elementare. Non parliamo poi dei cestini: all'inizio era parsa una idea straordinaria permettere a tutti di capire con un colpo d'occhio come si fa a buttare via un "file". Ma ora ogni programma ha il suo cestino, salvo che l'idea visiva di cestino cambia da grafico a grafico: visto che non si può spudoratamente copiare il cestino in vimini dei precursori, il cestino sembra talora un cassonetto in metallo, talora un barattolo di miele. In certi posti trovi una porta aperta che ti fa indovinare che di lì si esce: ma da che cosa? Dal "file", dal programma?

Nei vari Cd-rom interattivi, ipertestuali e multimediali appaiono piedoni, manine, globi, fogli sfogliati, lenti d'ingrandimento, cappelli da Sherlock Holmes, frecce colorate che si mordono la coda, di tutto. Ogni Cd-rom ha le sue icone (e per i grafici è uno sballo). Cara grazia se il programma mi fornisce anche una indicazione verbale che dice vai indietro di una pagina, o ritrova il percorso che hai fatto. Obiezione: lo stesso programma potrebbe essere usato in paesi diversi e non tutti sanno l'inglese. Risposta (a parte che ormai i programmi si trovano nella propria lingua): per capire il senso delle icone devi leggere un manuale di duecento pagine, che anche se è scritto nella tua lingua è incomprensibile. Meglio allora allegare un vocabolario inglese-italiano di quattro paginette.

Ripeto, poche icone per le operazioni principali sono utili, troppe fanno fumigare le meningi e creano analfabetismo di ritorno. Ma via via che si va avanti le icone aumentano, è come il finto legno sul cruscotto delle utilitarie: pare che più il legno sembra finto meglio si vende. Alla fine avremo programmi amichevolissimi, fatti tutti di geroglifici, dove anche quello che scrivo apparirà sullo schermo in forma di Anubi, di civetta, di bocca con una riga seghettata sopra: e invocheremo Champollion.

1996

La verità, solo la verità

Nel corso della campagna elettorale si sono dette molte bugie. Si mente per sintetizzare un pensiero e renderlo più semplice, si mente per fretta, si mente per convinzione (è il caso più tragico, chi mente di fatto non mente, semplicemente dice il falso per carenza d'informazione), si mente per vizio. E va bene, chiuso l'argomento, la vita va così un poco dappertutto. Ma è certo che talora si sente la nostalgia di qualcuno che ci dica la verità, solo la verità, nient'altro che la verità.

Per fortuna questo profondo desiderio di limpidità e schiettezza viene soddisfatto da due categorie di operatori intellettuali che ci dimostrano come sia possibile seguire il precetto evangelico "sia il vostro parlare sì-no, sì-no, il di più viene dal maligno". Sono coloro che scrivono i cosiddetti bugiardini, che per ironia semantica sono le istruzioni che accompagnano ogni confezione farmaceutica, e gli autori delle guide in linea (ovvero dei cosiddetti "help") del computer.

Gli autori dei bugiardini hanno imparato sin da piccoli che quando devi dire qualcosa dici soltanto tutto quello che sai, non di più e non di meno. Così spesso alla voce "controindicazioni" si legge: "Accertata ipersensibilità al prodotto." Questo significa che, se prendete la medicina e subito dopo stramazzate a terra con una bava verde alla bocca ed encefalogramma piatto, vuole dire che non dovrete continuare a prendere quella medicina.

Ma si può mentire anche per reticenza, e dunque talora l'autore vi dice tutto, senza nascondervi nulla: "La casistica ha accertato che presso alcuni soggetti il prodotto può provocare secchezza delle fauci, cefalea, vomito, capogiro, artrosi, diarrea, congiuntivite, eritema, colite spastica, calcolosi renale, morbo di Alzheimer, febbre gialla, peritonite fulminante, afasia, cataratta, erpete zoster, acne senile, mestruazioni settimanali in soggetti di sesso maschile, sindrome di Krauss-Eldermann, zeugma e ysteron proteron."

Veniamo ora agli autori della guida in linea. Quando avete qualche problema con il vostro computer, specie se siete dei neofiti o state provando un nuovo programma, sapete benissimo che non potete ricorrere al manuale fornito dalla casa produttrice perché non avete a disposizione uno schiavo nubiano per trasportarvelo sul tavolo, e anche se l'avete già sul tavolo non capite perché la pagina A 115 debba trovarsi dopo la pagina W 18. Quanto ai manuali venduti a caro prezzo da editori indipendenti, o sono costruiti a misura di stupido, e perdono dieci pagine a spiegarvi che se schiacciate il bottone di accensione lo schermo si riempirà come per miracolo di immagini colorate, ciò che difficilmente accadeva con la vostra vecchia penna stilografica, oppure sono di ottocento pagine e nell'indice elencano puntigliosamente tutto, meno la voce che state cercando.

Allora non vi resta che la guida in linea, e cioè uno schermo che si apre improvvisamente davanti ai vostri occhi dopo che avete premuto una icona che di solito rappresenta un punto interrogativo. Poniamo che il vostro programma vi dia la possibilità, come recita la "tendina" apposita, di "Inserire Oggetto". Voi vi chiedete che cosa sia un oggetto e come si faccia a inserirlo (e soprattutto dove sia ragionevole inserirlo). Niente paura, attivate la guida in linea e ricevete questa risposta: "Questo comando inserisce un oggetto nel vostro documento." Nel caso supponiate che l'autore della guida non vi abbia detto la verità, vengo in suo soccorso morale: l'ha detta, ma quella che avete ricevuto non è la risposta alla vostra domanda, bensì più o meno la vostra domanda a cui è stato tolto il punto interrogativo.

Altri interessanti esempi di risposte della guida in linea. Che cosa significa "Crea collegamento"? Risposta: "Il comando consente di creare un collegamento. Vedi anche Accesso." Voi andate sull'indice a cercare "Accesso" e trovate: "Consente di accedere a un file di collegamento (vedi 'Crea Collegamento')." Molto utili i messaggi di emergenza, come per esempio "Errore 125". La guida vi informa immantinenti che siete incorsi nell'errore 125 e che dovete eliminarlo.

Per formare un autore di guida in linea e di bugiardini ci vuole un allenamento che inizi sin dalla più tenera infanzia, in scuole apposite. I ragazzi debbono essere stimolati a formulare asserzioni come "Tutti gli scapoli sono scapoli" (si riceve in regalo una caramella), oppure: o Epamimenide corre oppure Epamimenide non corre, tutti gli animali sono animali, Socrate è Socrate, o piove o non piove, se Corbulide enuncia il principio del terzo escluso allora Corbulide enuncia il principio del terzo escluso, tutti gli uomini sono mortali – tutti gli uomini sono mortali – ergo tutti gli uomini sono mortali.

1996

Dell'importanza delle lettere maiuscole

Ogni mattina mi arrivano sul tavolo, per posta, almeno una decina di volumi omaggio. Non credano i lettori giovani, agitati dalle mie stesse giovanili passioni, che questo sia il felice coronamento di una lunga carriera. Dieci volumi al giorno sono una disgrazia (specie se tornate da un viaggio di una settimana), minacciano le fondamenta della vostra abitazione, vi sottopongono a scelte crudeli e soprattutto vi tolgono il delizioso piacere di andar per librerie a scoprir le novità. Si aggiunga che almeno la metà erano ancora alcuni anni fa in serbo-croato o in giapponese, ora osano anche essere in ucraino o in lettone.

Tra questi libri alcuni attirano la vostra attenzione. Uno, l'altro giorno, mi ha spinto a vederne subito almeno l'indice perché si intitolava all'estetica, materia alla quale ho dedicato alcuni sforzi sin dalla più tenera giovinezza. Come non dire del mio luciferino orgoglio quando mi son visto, sull'indice dei nomi, citato ben sette volte, contro le due del mio maestro Luigi Pareyson?

Credo che perdonerete la debolezza, che debolezza neppure non è, per uno studioso, ma giusto desiderio di documentazione, indagine – come taluni dicono – conoscitiva (pare esistano indagini prive di finalità conoscitive). Ho segnato le pagine in cui ero citato e sono andato a vedere che cosa vi si diceva.

Ahimè, non mi ci son trovato. Voglio dire che in quelle pagine non appariva il mio nome. Esperto come sono di cose editoriali, mi sono detto che probabilmente l'autore o chi per lui aveva fatto l'indice analitico sulle bozze, poi nel corso dell'impaginazione finale le pagine avevano slittato, e io dovevo trovarmi o una pagina prima o una pagina dopo. Niente.

Non mi sono dato per vinto. Ormai non era più una questione di narcisismo, ma di curiosità professionale: so quanto gli indici dei nomi possano riservare bizzarre sorprese (in un mio libro ero riuscito a togliere all'ultimo momento dall'Indice degli Autori Citati il nome di Pollicino, perché il redattore lo aveva trovato con l'iniziale maiuscola, come Croce e Hegel, e lo aveva arruolato d'autorità tra le autorità). E finalmente ho scoperto l'arcano.

In tutte le pagine citate nell'indice appariva realmente la parola "eco", ma con la lettera minuscola. A pagina 199 si menzionava una "eco winkelmanniana", alla pagina 206 la "eco di una presa di coscienza", a pagina 244 la "eco di un tumulto corporeo", a pagina 290 la "eco di una grande anima", a pagina 345 si dice che il pensiero di Du Bos avrà una grande eco per tutto il Settecento, e a pagina 349 si dirà che Schiller avrà una grande eco per tutto l'Ottocento.

Tranne l'osservazione che forse l'autore eccede nell'attribuire a ogni pensiero esposto una grande eco, rimane il problema di come si possa essere incorsi in una svista così ridicola. Impossibile immaginare un essere umano che legge "eco" con la minuscola e pensa che si parli di me (anche se, in una bibliografia recente, il libro *Eco e Narciso* della mia amica Marina Mizzau è apparso come se tali Eco & Narciso avessero scritto un libro intitolato *Marina Mizzau*). D'altra parte anche un indice analitico comandato al computer non potrebbe aver listato tutte le parole in minuscolo, perché in tal caso sarebbero apparsi nell'indice autori chiamati, che so, Altrettanto, Tuttavia e Nondimeno. L'ipotesi più attendibile è che chi era preposto all'indice dei nomi abbia trovato nelle prime pagine il mio (sono infatti chiamato in causa di sfuggita a pagina 75), e poi abbia chiesto alla macchina di trovargli tutte le altre occorrenze dello stesso nome, dimenticandosi di specificare che il programma doveva distinguere tra maiuscole e minuscole.

Questo gustoso episodio ci invita ad alcune riflessioni sull'utilità della macchina e l'utilità dell'uomo. Una macchina che in pochi istanti trova tutte le occorrenze dello stesso nome in un testo di cinquecento pagine è davvero una gran bella cosa che risparmia lavoro e sviste. Ma le macchine, più che essere stupide come si dice, sono intelligentissime, nel senso che fanno con coscienza, competenza e serietà quello che viene detto loro: e se non gli si dice di distinguere tra parole che iniziano con la maiuscola e parole che iniziano con la minuscola, non lo fanno, perché partono dal principio che il loro padrone umano sia una persona che sa quello che vuole – e che sapendolo lo dice.

Nel libro in questione ho trovato molte menzioni di Francis Bacon. Non ho avuto bisogno di controllare, credo che davvero in quelle pagine si citi il grande filosofo inglese. Ma se si fosse trattato di un libro di culinaria scritto in inglese? Avremmo trovato rimandi al grande filosofo ogni volta che si citavano "eggs and bacon", "ham and bacon" e chissà quante altre squisitezze insulari.

1996

E-mail, l'inconscio e il Superego

L'e-mail è una diavoleria telematica con cui voi potete mandare pagine e pagine, anche in Australia, al costo di una telefonata urbana, in pochi secondi. Non solo, ma chi ha ricevuto un messaggio può subito rispondervi rinviandolo con una nota in calce, talora basta un "d'accordo" e non c'è bisogno di formule come "egregio signore ho ricevuto la sua pregiata eccetera": si fa un clic, mittente e destinatario s'invertono, e in pochi secondi la risposta arriva in Australia. La navigazione su Internet, inoltre, incoraggia a mandare messaggi anche a persone che non conosciamo, per chiedere o inviare una informazione. Tuttavia i manuali dell'e-mail forniscono alcune regole di etichetta. Esistono le *emoticons*, piccole immagini prodotte alla tastiera, come :) e cioè due punti e parentesi. Girando la testa (o il computer) si vede un volto sorridente: significa "dico per scherzo". Perché? Perché parlando faccia a faccia si fa capire con gli occhi se si sta parlando per gioco, e di solito si scrivono lettere a persone che si conoscono bene; ma l'e-mail ci pone in contatto con sconosciuti, talora appartenenti a culture di cui non conosciamo il senso dell'umorismo, ed è bene andar cauti.

Ma la distanza e la rapidità pongono altri problemi psicologici. Per esempio: si è portati a essere invadenti, a sollecitare dieci volte una risposta, mentre con una lettera si sarebbe stati tranquilli ad attendere. Tra gli inconvenienti della rapidità, eccone uno che illustrerò con un caso recente, e vero. Un tale (lo chiameremo Pasquale) ha passato alcuni anni in una azienda, stimato da superiori e colleghi per la sua cortesia e disponibilità. Magari covava delle insoddisfazioni, ma non lo lasciava capire.

Pasquale viene inviato all'estero per una missione di fiducia, e si tiene in contatto con i colleghi via e-mail (ha appena appreso a usarla). Un amico gli comunica (via e-mail) che gli è stato fatto un torto: un suo progetto, che aveva lasciato prima di partire, è stato giudicato insufficiente e affidato a un altro che lo ha rifatto. Giusto o meno che fosse, è comprensibile che Pasquale senta di aver subìto un affronto, e si prende una grande arrabbiatura.

Quando ci arrabbiamo per una presunta ingiustizia, nel momento dell'ira siamo disposti a dire che chi ci ha fatto il torto è un imbecille, che "quelli" non ci hanno mai capito, che ci hanno fatto passare davanti dei leccapiedi, e ci viene voglia di mandare tutti al diavolo. Poi di solito si lascia sbollire l'ira, si chiede un colloquio e, con tono fermo e dolente, si domandano spiegazioni. Se si è lontani si scrive una lettera, la si rilegge prima di spedirla, la si corregge per tenere il tono più efficace.

Invece Pasquale ha ricevuto la notizia e immediatamente (e-mail è così comodo) ha scritto al responsabile del presunto torto trattandolo da mascalzone, facendo insinuazioni sulla sua correttezza professionale, accusandolo di aver concesso favori aziendali in cambio di prestazioni sessuali da dipendenti di ambo i sessi, e quando quello ha risposto irritato (via e-mail), chiedendogli se era matto, Pasquale ha rincarato la dose, spiegandogli quali menomazioni fisiche gli avrebbe fatto subire se non fosse stato per la distanza geografica. E siccome un messaggio e-mail può essere inviato contemporaneamente a più persone, Pasquale ne ha inviato copia al capo dell'azienda, aggiungendovi altre riflessioni sulla considerazione che egli aveva per quel luogo, da lui fermamente ritenuto non dissimile da una discarica di rifiuti organici.

Era un modo originale di dare le dimissioni? Niente affatto, tutti sono convinti che Pasquale desiderasse continuare a lavorare, il torto subìto (presunto) non era drammatico, forse il suo informatore aveva esagerato. Pasquale si è probabilmente rovinato la carriera. Che cosa gli è successo? Ha ricevuto una notizia inquietante e l'e-mail lo ha incoraggiato a reagire subito, nonché a dare eccessiva pubblicità alla sua reazione. Isolato dal mondo, lui e la sua rabbia, era solo di fronte allo schermo del computer, che aveva eccitato la parte più oscura del suo animo. Il messaggio ricevuto ha mandato in cortocircuito il suo inconscio, senza lasciargli il tempo di consultare il Superego, come di solito accade. La macchina lo metteva in contatto immediato con tutto il mondo, ma gli imponeva le sue regole di accelerazione, facendogli dimenticare che, nel corso dei secoli, il contratto sociale ha imposto tempi diversi di azione e reazione.

Il che ci dice come anche e-mail (invenzione grande almeno quanto i jet intercontinentali) ponga dei nuovi problemi di mail-lag, ai quali dobbiamo psicologicamente adattarci. E per ora la melatonina non serve.

1996

Lo strano caso delle palle del topo

Con la posta elettronica, che permette di girare un messaggio a moltissimi indirizzi in un colpo solo (e invitare ciascun destinatario a fare altrettanto, dando così vita alle più grandi catene di sant'Antonio della storia) si è diffuso un altro simpatico vezzo accademico, lo scambio di facezie, dalla barzelletta nuda e cruda al giochino linguistico più sofisticato. Non si può più raccontare una storiella a un collega che quello ti risponde che l'ha già ricevuta per e-mail.

Nelle ultime settimane i più severi studiosi della penisola sono stati coinvolti nella faccenda delle palle del topo. Tutti gli utenti di computer sanno che il *mouse* è quell'aggeggio con il quale si trasmettono comandi al computer senza usare la tastiera, e che alla base del mouse vi è di solito un foro da cui spunta una pallina, che ruota a mano a mano che noi muoviamo il mouse. Ruota oggi e ruota domani, la pallina tende a sporcarsi, e talora diventa insensibile. Per il ché occorre estrarla dal mouse, pulirla, e poi rimetterla nella propria sede naturale.

Salvo che mouse in inglese significa topo, e se qualcuno volesse dire topo invece di mouse ecco che potrebbero venirne fuori serie di istruzioni di questo genere: "Se il vostro topo ha difficoltà a funzionare correttamente, o funziona a scatti, è possibile che esso abbia bisogno di una palla di ricambio. A causa della delicata natura della procedura di sostituzione delle palle, è sempre consigliabile che essa sia eseguita da personale esperto. Prima di procedere, determinate di che tipo di palle ha bisogno il vostro topo. Per fare ciò basta esaminare la sua parte inferiore. Le palle dei topi americani sono normalmente più grandi e più dure di quele dei topi d'oltreoceano... La protezione delle palle dei topi d'oltreoceano può essere semplicemente fatta saltare via con un fermaglino, mentre sulla protezione delle palle dei topi americani deve essere prima esercitata una torsione in senso orario o antiorario... Si raccomanda al personale di portare costantemente con sé un paio di palle di riserva, così da garantire sempre la massima soddisfazione ai clienti."

Molto divertente, come si vede, e bene inventata. Salvo che questa istruzione, attribuita alla IBM, è certamente falsa. Essa arriva in e-mail preceduta dalla seguente spiegazione: "Il mouse si chiama in francese *souris*, in spagnolo *raton*, in tedesco *maus* e solo da noi, invece di topo, *mouse*. Gli americani della IBM non lo sapevano e così hanno tradotto un loro manuale di istruzioni distribuito in tutte le filiali del mondo, tra cui quella italiana."

Il fatto è che la IBM avrebbe potuto ignorare i risultati osceni della traduzione, solo se in inglese mouse non volesse ugualmente dire topo (l'aggeggio è stato chiamato così proprio perché ricorda la sagoma di un topino) e *ball* volesse dire solo palla o pallina e non anche, come da noi, testicolo. Quindi la IBM non avrebbe scritto un testo inglese innocente che poi, tradotto in italiano, diventava malizioso, ma avrebbe scritto un testo maliziosissimo anche in inglese, il che non pare verosimile. Pertanto questa pseudotraduzione è un falso.

Il bello è che chiunque se ne potrebbe accorgere ritraducendo all'indietro dall'italiano in inglese. A parte il fatto che la falsità del messaggio è dovuta al fatto che per sostituire eventualmente quella pallina non occorre affatto un esperto, ma può farlo anche un bambino. Ora, ammettiamo pure che molti dei dotti ritrasmettitori del messaggio si siano benissimo resi conto del trucco, e abbiano fatto finta di nulla perché la cosa era in ogni caso divertente. Ma ecco che trovo la faccenda del topo diventata notizia sul numero di luglio del mensile *Focus*, e la storia viene presentata come un tipico incidente di traduzione automatica. Quindi, o i redattori del giornale avevano mangiato la foglia, ma hanno presentato la notizia come vera (perché non l'hanno pubblicata nella rubrica delle barzellette, "Flash", bensì nella rubrica "Prisma Computer"), nel qual caso il loro comportamento non sarebbe stato giornalisticamente corretto, il che è impensabile; oppure l'hanno presa per buona, e l'hanno comunicata ai lettori in buona fede – così come in buona fede, suppongo, me l'hanno comunicata molti illustri colleghi (tranne quelli che l'hanno trasmessa avvertendo che forse si trattava di leggenda metropolitana, e altri noti per la loro mistica della malafede).

Perché mi soffermo su un incidente tutto sommato minore? Perché mi pare un sintomo del disagio in cui a Unione europea ormai avanzata, affrontiamo ancora la realtà della pluralità delle lingue e dei problemi della traduzione.

1999

La vera storia dei pali del Papa

Da un po' di tempo, quando su Internet chiamate Altavista o un altro motore di ricerca per domandare che cosa vi sia su un certo argomento, trovate la solita lista dei siti e in fondo a ciascuno l'indicazione che potete avere il messaggio tradotto istantaneamente nella vostra lingua (dall'inglese in italiano, tedesco, russo, giapponese eccetera, oppure viceversa). Io ho lavorato di preferenza su siti inglesi chiedendo la traduzione in italiano, e il primo scossone l'ho avuto quando mi sono trovato un testo intitolato "Gli impianti di Shakespeare".

Il mistero di questa vocazione del Bardo all'impiantistica è stato rapidamente risolto: evidentemente il testo originale parlava dei suoi *works* e cioè delle sue opere, ma il dizionario a disposizione del traduttore automatico specificava che i *works* possono essere anche degli impianti. Il secondo scossone l'ho avuto leggendo, su un certo autore, che ha numerosi ventilatori. Il problema è che questo autore ha dei *fans*, e non si può dire che la traduzione sia scorretta (basta non far caso al contesto e tradurre parola per parola). Infine quell'autore aveva pubblicato da "Sostegno di Harcourt". Ho avuto un'illuminazione e ho pensato che potesse trattarsi dell'editore americano Harcourt Brace. Ho subito intuito che *brace* può voler dire anche sostegno, e dopo una scorsa al dizionario mi sono rammaricato che la macchina non abbia scelto "bretella", ugualmente registrato.

Ho provato a chiedere informazioni sulla Repubblica italiana, fornite in inglese, e ho avuto il piacere di scoprire che (in traduzione) Luciano Violante è "Altoparlante dell'alloggiamento dei delegati", traduzione non del tutto assurda di *Speaker of the chamber of Deputies*. Da quel momento nulla poteva ormai arrestarmi, e volevo di più. Ho chiesto un sito che originalmente si chiama *Studies in the logic of Charles Sanders Peirce* e ho avuto come risultato "Studi nella logica delle sabbiatrici Peirce del Charles".

Ho pensato che come al solito l'Italia non viene presa seriamente e chissà quale dizionario hanno usato, ma ho visto che anche col tedesco non va meglio, perché ho ottenuto la traduzione *Studien in der Logik der Charlessandpapierschleifmaschinen Peirce*, e anche se non sapete il tedesco ammetterete che questa traduzione di *sanders* è sublime.

Il fatto è che il traduttore automatico, per cominciare, non tiene conto delle maiuscole. Così, andato a visitare un sito in cui si parla del viaggio del papa in Polonia, sotto un titolo che recita "Il papa fa un'offerta l'addio impressionabile" (traducendo *Pope bids emotional farewell*) ho appreso che i pali gli chiedevano di rimanere. Naturalmente i pali sono i *Poles*, che in maiuscolo vuole dire "polacchi" ma in minuscolo possono essere pali. Mi domando che cosa sarebbe avvenuto se il testo avesse detto che i polacchi sono in *pole position*. Trascuro altre bellezze di questo testo, per cui il papa ha detto qualcosa "prima di imbarcarsi su un getto, spostante su un viaggio che le funzioni 'papal mixed' con le chiamate personali ai posti gradiscono la sua tomba della ritirata favorita della montagna e dei suoi genitori." Qui non ce l'ho fatta con l'intuizione e ho dovuto richiamare il testo inglese: più o meno vi si dice che il papa stava tornando per visitare la tomba dei suoi genitori.

Volevo ora il massimo, e sono andato a cercare un testo in cui si riassume *Il Critone* di Platone, naturalmente secondo il "trasporto" (vale a dire la traduzione) di Benjamin Jowett. Trascrivo alcuni brani.

"Socrates è impaurito che Crito è ma premendo su di lui le opinioni dei molti, considerando che tutta la sua vita lungamente ha seguito i dettami di motivo soltanto e l'opinione dell'un nell'uomo saggio o esperto. Ci era un periodo in cui Crito egli stesso aveva permesso la convenienza di questo... L'unica domanda è se sarebbe di destra nel tentare di fuoruscirne" (e cercate di capire perché fuoruscirne sarebbe di destra e non di sinistra).

Tuttavia ogni cosa può essere volta a fini di bene. Immaginiamo una scuola in cui si faccia fare ai ragazzi quello che ho fatto io. Trovare un testo mal tradotto e (senza ancora conoscere l'originale) riuscire a capire quale poteva essere l'espressione da tradurre e per quali misteri lessicali e sintattici la macchina sia arrivata a quel risultato. È un buon modo per imparare le lingue e diventare finalmente più intelligenti delle macchine.

1998

Come giocare con Altavista

Dopo il mio intervento sulle traduzioni di Internet, Enrico Pedemonte segnalava sul numero scorso che Altavista ha preparato, sempre su Internet, un servizio di traduzione per frasi che l'utente può proporre. Affascinato dalla prospettiva sono andato a fare alcuni esperimenti. Debbo dire che per espressioni molto brevi e semplici la macchinetta funziona. Ho scritto "L'Italia è una repubblica fondata sul lavoro", l'ho fatto tradurre in inglese (dove viene maluccio: *Italy is one republic founded on the job*), ma ritraducendo in italiano ho avuto l'originale esatto.

Con una frase di Eraclito, che vi risparmio, il passaggio italiano-inglese-italiano dà risultati sgrammaticati, ma il senso rimane. Ho proposto *You must remember this, a kiss is just a kiss*, e ho riavuto in italiano "Dovete ricordarsi di questo, un bacio siete giusti un bacio". Ritraducendo, dall'italiano in inglese si riceve *You must ricordarsi of this, a kiss you are right a kiss.*

Ho poi trascritto in francese l'inizio del *Discorso del metodo* di Cartesio, quello che dice che il buon senso è la cosa meglio distribuita al mondo. L'ho fatto tradurre in inglese, poi dall'inglese di nuovo in francese, poi di nuovo dal francese in inglese, e infine dall'inglese in italiano. Risultato: "Il buon senso è la cosa del mondo comune migliore, perché ogni pensa così buono dotato di lui, che questo stesso esso sia il più difficile da soddisfare quello in niente altro non ha nella pratica desiderare ancor più alcuni a lui." Quindi immaginatevi qui vecchi nostri traduttori che traducevano i romanzi russi in italiano usando la versione francese. Ma il principe Andreij sarà morto davvero?

La maggiore malignità è consistita nel dare uno scioglilingua inglese che recita *A tutor who tooted the flute tried to tutor two tutors to toot. Said the two to the tutor: Is it harder to toot, or to tutor two tutore to toot*? Il risultato italiano è stato: "Un insegnante privato che tooted la scanalatura, provato agli insegnanti privati dell'insegnante privato due a toot. Ha detto i due all'insegnante privato: È più duro a toot o agli insegnanti privati dell'insegnante privato due a toot?"

Una profittevole complicazione di questo procedimento mi è stata suggerita da Lee Marshall. Egli ha prima di tutto tradotto dall'italiano in inglese e poi dall'inglese all'italiano i primi due versi della *Divina Commedia*, e il risultato ha semplicemente confermato che una macchina non può scendere in gara con il Divino Poeta. Ma Marshall ha avuto un'idea migliore. Ha scritto il verso originale italiano, ma ha detto al computer che era in spagnolo, e gli ha chiesto di tradurlo in inglese. La macchina ha ovviamente trovato parole spagnole che non conosceva, e le ha lasciate stare così come erano: *Nel mezzo del cammin I gave nostra vita, mi ritrovai to per a dark forest.*

Dopodiché gli è stato chiesto di tradurre in francese, ed ecco il risultato: *Mezzo de Nel de cammin j'ai donné le vita de nostra, ritrovia de mille a par foncée une forêt.* A una mia prova successiva il risultato è stato diverso (segno che la macchina ogni volta tenta nuove strade) e la seconda parte è venuta *mon ritrovai à foncée unites forêt.* Marshall osserva che, nella sua insensatezza, il distico viene a prendere un sapore leggermente provenzale (e lascio decidere ai filologi romanzi, che potrebbero provare ancora).

Marshall ha provato a chiedere ad Altavista di ritradurre la frase dal francese in inglese – ma la macchina si è rifiutata, il che è segno che ha una sua interna moralità. Però, con tratto sempre più diabolico, le ha chiesto di considerare il testo francese come spagnolo, e di ritradurlo in inglese e poi di nuovo in italiano. Il silicio ha ceduto restituendo infine *Mezzo de Nel del donné di j'ai di cammin il vita ael nostra, ritrovai di mille per accoppiare il foncée unisce il forêt.*

L'ultimo esperimento consisteva nell'attuare i seguenti passaggi: italiano-inglese, inglese-francese, francese-inglese, inglese-portoghese, portoghese-inglese, inglese-italiano. Ecco il risultato finale: *Nei sensi del modo della nostra vita, ho ritrovato ancora per scuri i trivelli.* Basterebbe a questo punto aggiustare di poco, e produrre: *Nella vita dei nostri sensi – ho trovato per oscuri trivelli – ancora*, e poi decidere a quale poeta contemporaneo si potrebbe attribuire questo verso.

Ammetto di avere poi barato, dando un testo spagnolo dove si nomina *pane e burro* e ottenendo per vari raggiri *lastra di vetro e asino*, ma era facile. Piuttosto ho dovuto arrestarmi quando, senza malizia, ho scritto l'inizio di una preghiera in latino, dicendo al computer che era spagnolo; non avevo calcolato che in tal caso una certa parola cambiava moltissimo di senso, e dopo alcune trasformazioni ho ottenuto un effetto fortemente blasfemo.

Gentilmente Marshall mi fa notare che non avrei più bisogno d'inventare un personaggio di un mio vecchio romanzo, che parlava mettendo insieme pezzi di tutte le lingue. In realtà, giocando con le possibilità della tecnologia, potrei inventare un personaggio ancora più flessibilmente facondo. Salvo che tutti lo prenderebbero per un essere normale che ha deciso solo di parlare on line.

Qualcuno potrebbe pensare che esercizi del genere potrebbero un giorno permetterci di ricostruire la lingua perfetta che esisteva prima della catastrofe di Babele. Vorrei ricordare che, secondo il pensatore arabo Ibn Hazm questa lingua (parlata da Adamo con Dio) era perfetta non perché fosse diversa dalle nostre lingue ma perché le comprendeva tutte.

Però è possibile l'altra ipotesi: che Adamo, avendo parlato a Dio usando il traduttore di Altavista, sia stato cacciato dall'Eden non per aver mangiato la mela (ogni allusione allo Apple mi sembra ingenerosa) ma proprio per avere anticipato la catastrofe della Torre di Nembrotte. Ma anche questo sarebbe un risultato non male: avremmo scoperto come non bisogna parlare per evitare che la Torre ci caschi addosso.

Buon avviso per chi eccede in anglicismi inutili, e quindi monito severo per il millennio della Globalizzazione. D'altra parte, ricordate quell'essere umano che in televisione aveva letto l'espressione latina "*sine die*" intendendola come inglese e pronunciando "*sain dai*"? Ebbene, ho proposto "*sine die*" ad Altavista, esso lo ha riconosciuto come espressione latina che fa parte ormai anche del vocabolario inglese, e l'ha tradotta in modo giusto. Non dico che talora le macchine siano meglio degli uomini ma certamente spesso gli uomini sono più stupidi delle macchine.

1998

Ricordate tutti i sette nani?

Un giochetto di società che si fa sovente è di vedere se qualcuno ricorda immediatamente tutti i nomi dei sette nani. La mia esperienza mi dice che (ammesso che si tratti di soggetti cresciuti su Biancaneve) le persone arrivano di solito a sei nani, ma si ingrippano sul settimo – e naturalmente il settimo cambia per ciascun soggetto. Potete provare anche coi sette re di Roma: una volta sarà Servio Tullio, l'altra Tullo Ostilio, ma uno dei sette rimane sempre imprendibile.

Se accadesse anche a voi, fate ricorso a un trucco mnemotecnico. Cercate di ricordare una scenetta facile: un dottore raffreddato e lamentoso dorme in cuccetta, mentre sua mamma sorride. Ed ecco che avete Dotto, Eolo, Brontolo, Pisolo, Cucciolo, Mammolo e Gongolo.

Coi sette re la faccenda sarebbe un poco più complicata ma c'è sicuramente chi l'ha risolta. Erano gli autori di manuali mnemotecnici (e la storia è iniziata nell'antica Grecia) che suggerivano di costruire complesse architetture, dove in ciascun luogo era allogata una immagine (talora sorprendente o spaventosa) tale che per omonimia o contrasto ricordasse una certa parola, concetto, principio scientifico, fatto o gerarchia celeste.

Dobbiamo pensare che per secoli la gente non aveva strumenti di registrazione, e portarsi dietro dell'informazione (specie se su tavolette di ceramica o di cera) era faticoso. Il sapere andava trasportato tenendolo in testa, e per ricordare cose (e ciò era indispensabile a maestri, predicatori, studiosi, legulei e così via) ci volevano delle tecniche particolari. Che queste tecniche funzionassero (anche se talora alcuni ne uscivano pazzi per aver ideato sistemi troppo complessi) ce lo dice il fatto che questa gente ricordava moltissime cose senza avere a disposizione vaste biblioteche o i nostri computer.

Noteremo infine che questi apparati mnemotecnici hanno continuato a trionfare specie dopo l'avvento del libro a stampa, quando avrebbero dovuto diventare inutili, e si erano trasformati in tentativi di coordinare tutto il sapere dell'universo, di costruire dei Teatri del Mondo che non solo contenessero tutto quello che si sapeva ma anche servissero (come prodigiose macchine elettroniche ante litteram) a produrre nuove conoscenze.

Alcuni dei libri sulle arti della memoria (su cui hanno scritto Paolo Rossi e Frances Yates da gran tempo) potrete vederli, nella meraviglia delle loro incisioni spesso surreali, a San Marino, dove la settimana scorsa la locale università ha inaugurato il Fondo Young, che raccoglie tutto quello che si è scritto sulla memoria, da quei trattatelli rarissimi di mnemotecnica, sino alle scienze attuali.

Non si poteva, presentando la mostra e il catalogo della sezione dei documenti antichi (da un manoscritto medievale ai libri sino al Settecento) parlare della memoria in generale. Una facoltà grazie alla quale sia gli individui che le collettività fondano la propria identità (lo smemorato non sa più chi è) e che tuttavia, tra le fosche previsioni che circolano al finire di millennio, pare sulla via di atrofizzarsi, perché ormai innumerevoli apparati di ogni tipo ci conservano (e ci mettono a disposizione quando ne abbiamo bisogno) quello che ci serve ricordare, cosicché il cervello s'impigrisce.

È naturale che, avendo un buon calcolatorino elettronico, si possa fare a meno di ricordare le tabelline; ma ricordare le tabelline non serve solo a fare i conti, bensì a tener allegro il cervello. Accade con il cervello come con le gambe: è certo che, tra auto, treni e aerei abbiamo bisogno di camminare molto meno, ma guai se non camminassimo lo stesso alcune ore al giorno, non foss'altro che per sport. Camminare non serve solo per spostarsi da un luogo all'altro, ma per vivere più a lungo. E così una persona che per tutta la vita imparasse a memoria almeno alcuni versi al giorno, a ottant'anni sarebbe più giovane di un'altra persona che si fosse fidata del fatto che, ad averne bisogno, quei versi poteva trovarli su un libro o su un dischetto.

Qualcuno ha osservato che non è che il computer ci ottunda la memoria perché, solo a ricordare tutti i programmi e le loro regole di funzionamento, la si tiene in esercizio. Ma varrebbe la pena di fare più *jogging* mnemonico, anche a scuola. Certo era limitativo risolvere ogni conoscenza letteraria o storica nell'apprendimento a memoria di qualche poesia o di una lista di date. Ma anche imparare a memoria la *Cavallina Storna* è una forma di assicurazione sull'Alzheimer.

1998

Ma ne abbiamo inventate davvero tante?

L'annuncio è apparso probabilmente su Internet ma non so dove, perché mi è stato passato per posta elettronica. È una pseudoproposta commerciale che pubblicizza una novità, il Built-in Orderly Organized Knowledge, la cui sigla dà BOOK, ovvero Libro.

Niente fili, niente batteria, nessun circuito elettrico, nessun interruttore o bottone, è compatto e portatile, può essere usato anche seduti davanti al caminetto. È costituito da una sequenza di fogli numerati (di carta riciclabile) ciascuno dei quali contiene migliaia di bit d'informazione. Questi fogli sono mantenuti insieme nella sequenza corretta da una elegante custodia detta rilegatura.

Ogni pagina viene scannerizzata otticamente e l'informazione è direttamente registrata nel cervello. C'è un comando *browse* che permette di passare da una pagina all'altra, sia in avanti che all'indietro, con un solo colpo di dito. Una utility detta "indice" permette di trovare istantaneamente l'argomento voluto alla pagina giusta. Si può acquistare un optional chiamato "segnalibro" che permette di tornare dove ci si era fermati la volta prima, anche se il BOOK è stato chiuso.

L'avviso termina con varie altre precisazioni su questo strumento tremendamente innovativo e annuncia anche la messa in commercio del Portable Erasable-Nib Cryptic Intercommunication Language Stylus, PENCIL (e cioè matita). Non si tratta solo di un bel pezzo umoristico, è anche la risposta alle molte angosciate domande circa la possibile fine del libro di fronte all'avanzata del computer.

Ci sono numerosi oggetti che, da che sono stati inventati, non sono ulteriormente perfezionabili, come il bicchiere, il cucchiaio, il martello. Quando Philip Stark ha voluto cambiare la forma dello spremiagrumi ha prodotto un oggetto bellissimo che però lascia cadere i semi nel bicchiere, mentre lo spremiagrumi classico li trattiene con la polpa.

Mentre il XX secolo volge al termine ci sarebbe da domandarsi se veramente in questi cento anni ne abbiamo inventate davvero molte, di cose nuove. Tutte le cose che usiamo quotidianamente sono state inventate nell'Ottocento. Ne elenco alcune: il treno (ma la macchina a vapore è del secolo precedente), l'automobile (con l'industria del petrolio che presuppone), le navi a vapore con propulsione a elica, l'architettura in cemento armato e il grattacielo, il sommergibile, le ferrovie sotterranee, la dinamo, la turbina, il motore Diesel a nafta, l'aeroplano (l'esperimento definitivo dei fratelli Wright avrà luogo tre anni dopo la fine del secolo), la macchina per scrivere, il grammofono, il dittafono, la macchina da cucire, il frigorifero e i cibi in scatola, il latte pastorizzato, l'accendisigari (e la sigaretta), le serrature di sicurezza Yale, l'ascensore, la lavatrice, il ferro da stiro elettrico, la penna stilografica, la gomma per cancellare, la carta assorbente, il francobollo, la posta pneumatica, il water closet, il campanello elettrico, il ventilatore, l'aspirapolvere (1901), il rasoio a lametta, i letti ribaltabili, la poltrona da barbiere e la sedia girevole per ufficio, il fiammifero a frizione e i fiammiferi di sicurezza, l'impermeabile, la chiusura lampo, la spilla da balia, le bevande gassate, la bicicletta con copertoni e camera d'aria, le ruote a raggi d'acciaio e trasmissione a catena, l'omnibus, il tram elettrico, la ferrovia sopreelevata, il cellophane, la celluloide, le fibre artificiali, i grandi magazzini per vendere tutta questa roba e – se permettete – illuminazione elettrica, telefono, telegrafo, radio, fotografia e cinema. Babbage inventa una macchina calcolatrice capace di fare 66 addizioni al minuto, e siamo quindi sulla strada del computer.

Certo, il nostro secolo ci ha dato l'elettronica, la penicillina e tanti altri farmaci che ci hanno allungato la vita, le materie plastiche, la fusione nucleare, la televisione e la navigazione spaziale. Ma è pur vero che le penne stilografiche e gli orologi più costosi, oggi, cercano di riprodurre i modelli classici di cento anni fa, e in una vecchia Bustina osservavo che l'ultimo perfezionamento nel campo delle comunicazioni – che sarebbe Internet – supera la telegrafia senza fili inventata da Marconi con una telegrafia coi fili, ovvero segna il ritorno (all'indietro) dalla radio al telefono.

Per almeno due invenzioni tipiche del nostro secolo, le materie plastiche e la fusione nucleare, si sta cercando di disinventarle perché ci si accorge che ammorbano il pianeta. Il progresso non consiste necessariamente nell'andare avanti a ogni costo.

1998

Viaggiare su Internet

Quanti non hanno pianto sui treni, che uccidevano la poesia dei lunghi viaggi a piedi per la foresta o a cavallo per strade polverose. E poi, ecco i Grandi che hanno saputo parlarci della poesia (talora terribile) dei treni, da Tolstoj a Cendrars, a Butor sino a Montale. È inutile, si può fantasticare e morire d'amore, di nostalgia, di paura, di eccitazione anche su una nave spaziale. D'altra parte Proust leggeva Nerval e poi ci raccontava come se ne poteva rivivere il profumo anche leggendo l'orario dei treni dell'Ile de France.

Uno dei problemi che avevo sino a ieri era di trovare un programma Internet che mi dicesse quale treno dovevo prendere, e tutti penseranno che è la cosa più facile: ci sono vari siti, tra cui uno delle ferrovie dello stato, altri di altri paesi, e funzionano quasi bene, ma sono limitati. Quello italiano ci dice come viaggiare in Italia, ma non come andare da Nancy a Lille.

Finalmente sono caduto quasi per caso su un programma favoloso che si chiama Deutsche Bahn (è inutile, questi tedeschi per la tecnica sono imbattibili) e di cui trascrivo (mettendolo tra virgolette) lo URL per i navigatori della rete: "http:// bahn.hafas.de/ bin/ db.w97/ detect.exe/ bin/ db.w97/ query.exe/e?".

È un programma che vi dà tutte le connessioni ferroviarie europee, e immagino che saprebbe dare anche quelle intercontinentali, se i treni viaggiassero sull'oceano (come vedremo tiene conto anche della nuova ferrovia che passa sotto la Manica).

Inutile dire che potrete sapere in un battibaleno quali e quanti treni ci siano a un'ora data o lungo il giorno tra Milano e Palermo, o tra Palermo e Londra, o tra Londra e Francoforte. Il programma vi dice anche quanto tempo ci vuole, se trovate vagoni ristorante, cuccette, e tutto quello che vi serve. Ma a quel punto si incomincia a usare il programma disinteressatamente. Ed ecco che gli ho posto il quesito su come andare da Francoforte a Battipaglia, e ho ottenuto risposte soddisfacenti: si può, e ci si mette da diciotto a venti ore secondo la soluzione prescelta.

A questo punto ho domandato come andare da Londra a Grosseto via Napoli. Il primo itinerario prende 29 ore ed è banale. Il secondo riesce a metterci 34 ore ma solo perché incappo in uno spostamento tra due stazioni parigine. Il terzo è superbo: 26 ore, ma sono costretto a fermarmi a Bardonecchia, Alessandria, Novi, Viareggio, passo per Grosseto all'una di notte (ma non mi fermo) arrivo a Napoli Campi Flegrei, risalgo per Roma Ostiense e ritorno a Grosseto circa nove ore dopo. Questo è già più eccitante, dovrei portarmi dietro da leggere e un thermos – e poi chissà.

Tentiamo l'impossibile. Chiedo Battipaglia-Roscoff via Madrid. Da Battipaglia a Chambéry via Milano, poi Parigi, Madrid, Poitiers, Nantes, Rennes, Morlaix e Roscoff. Sessantasei ore di delizioso vagabondare. Il secondo capolavoro mi pare Battipaglia-San Pietroburgo Witeb (ho avvertito un sapore chagalliano ma non ne sono sicuro) via Madrid. Battipaglia-Parigi è ovvio, ed è ovvio Parigi-Madrid, ma poi l'avventura comincia da Madrid a Bruxelles, di lì a Orscha Central, sino a San Pietroburgo. Il tutto in 110 ore e 34 minuti.

Altrettanto appassionante è Madrid-Roma via Varsavia. Qui i nomi di queste stazioni da storiella yiddish fanno sognare: Warszawa Wschodnia, Byalystok, Czeremcha, Siedlce, Warszawa Srodmiescie,Vienna Est, Vienna Sud, e infine (come in un lampo, trascurando le minuzie di questa nostra penisola) Roma Termini.

Ho trovato un Mosca-Istanbul via Lisieux (tre misticismi in un colpo solo) che non è male, ma meno evocativo di quanto pensassi.

Come è chiaro, ho scoperto la mia droga. Come da piccolo immaginavo esplorazioni avventurose sopra l'atlante, tenuto sotto il banco nell'ora di matematica, ora non ho che da inseguire suoni magici, e percorrere valichi e pianure senza fermarmi più. Se questa è realtà virtuale, certamente lo è. Per stare notti e notti davanti al computer dovrò fornirmi di liquori forti, adatti ai vari luoghi che visito, pipe e magari narghilè, vesti impellicciate e scaldini. Se va bene ci scappa anche un assassinio sull'Orient-Express.

Troverò tra una stazione e l'altra la Madonna degli Sleeping-cars, esangue e con le nari frementi, le labbra rosse come una ferita che sugge con voluttà sottili sigarette russe?

1997

Storie già fatte e storie da fare

"Siamo entrati nell'era dell'ipertesto." Si può avere un dischetto che contiene l'equivalente di una enciclopedia, o l'opera completa di un autore prolifico come san Tommaso, o addirittura un corpus di scrittori. Il vero vantaggio non è quello di poter comprimere una mole enorme di informazione: è che questa informazione non occorre necessariamente "sfilarla" tutta, perché vi si viaggia attraverso, come un ferro da maglia in un gomitolo di lana. Da una parola, un cenno, si accede in un secondo ad altre parti di quella biblioteca che non si vede, si naviga senza dover superare meridiani e paralleli. Si scoprono connessioni tra terre lontane.

D'altra parte il World Wide Web su Internet è la Gran Madre di tutti gli ipertesti: con un clic su una parola evidenziata potete passare da un libro conservato nella biblioteca dell'Università di Toronto a una ricetta per fare il chilì con carne, e di lì alle opere complete di Mark Twain. Questo talora induce a vagare senza costrutto, ma permette anche innumerevoli scoperte. Però su Internet trovate anche programmi con cui potete scrivere collettivamente delle storie, partecipando a narrazioni di cui è possibile modificare l'andamento, all'infinito. Per questo molti parlano di una rivoluzione nell'idea stessa di letteratura.

Se leggete con passione *Guerra e Pace* vi chiedete se Natascia cederà davvero alle lusinghe di Anatolio o resterà fedele al principe Andrea, se quest'uomo meraviglioso morirà davvero (e non vorreste), e se Pierre sparerà su Napoleone. Potreste immaginare soluzioni diverse, ma alla fine Tolstoj vi dice che le cose sono invece andate in un certo modo, e voi non potete farci nulla. Invece con un *Guerra e Pace* ipertestuale a ogni snodo importante della storia voi potreste modificare il destino dei personaggi. Non solo, potreste incominciare un nuovo *Guerra e Pace* e farlo continuare da altri... Così sfuggireste a due condizioni che molti giudicano repressive: il trovarvi di fronte a un romanzo già fatto, e l'essere condannati alla divisione sociale tra coloro che scrivono e coloro che leggono. Giocare creativamente con gli ipertesti, modificando le storie e contribuendo a crearne delle nuove, può essere un'attività appassionante, un bell'esercizio da praticare a scuola, una nuova forma di scrittura molto affine alla *jam session* del jazz, dove ogni esecuzione è diversa dall'altra, e chiunque può inserirsi nel gioco, improvvisando e variando.

Ma, come il jazz non ha reso obsoleti altri generi di musica ancora regolati da una partitura, così questa attività creativa nuovissima non ha nulla a che fare con i racconti "già scritti", né li può sostituire.

Pensate alla descrizione che Hugo fa della battaglia di Waterloo ne *I miserabili*. A differenza di Stendhal, che descrive la battaglia con gli occhi di Fabrizio, che ci sta dentro e non capisce che cosa stia avvenendo, Hugo la descrive con gli occhi di Dio, la vede dall'alto: sa che, se Napoleone avesse saputo che oltre la cresta dell'altopiano di Mont-Saint-Jean c'era un dirupo (ma la sua guida non glielo aveva detto), i corazzieri di Milhaud non sarebbero rovinati ai piedi dell'esercito inglese; che se il pastorello che faceva da guida a Bolow avesse suggerito un percorso diverso, l'armata prussiana non sarebbe giunta in tempo a decidere le sorti della battaglia.

Con una struttura ipertestuale potremmo riscrivere la battaglia di Waterloo facendo sì che arrivino i francesi di Grouchy invece che i tedeschi di Blücher, e ci sono dei *war games* che permettono di farlo, e con gran divertimento. Ma la tragica grandezza di quelle pagine di Hugo sta nel fatto che (al di là dei nostri desideri) le cose vanno invece come vanno. La bellezza di *Guerra e Pace* è che l'agonia del principe Andrea si conclude con la morte, per quanto ci dispiaccia. La dolorosa meraviglia che ci procura ogni rilettura dei grandi tragici è che i loro eroi, che avrebbero potuto sfuggire a un fato atroce, per debolezza o cecità non capiscono a cosa vanno incontro, e precipitano nell'abisso che si sono scavati con le proprie mani. D'altra parte Hugo lo dice, dopo averci mostrato quali altre opportunità Napoleone a Waterloo avrebbe potuto cogliere: "Era possibile che Napoleone vincesse quella battaglia? Rispondiamo di no. Perché? A causa di Wellington? A causa di Blucher? No. A causa di Dio."

Questo ci dicono tutte le grandi storie, caso mai sostituendo, a Dio, il fato, o le leggi inesorabili della vita. La funzione dei racconti "immodificabili" è proprio questa: contro ogni nostro desiderio di cambiare il destino, ci fanno toccar con mano l'impossibilità di cambiarlo. E così facendo, qualsiasi vicenda raccontino, raccontano anche la nostra, e per questo li leggiamo e li amiamo. Della loro severa lezione "repressiva" abbiamo bisogno. La narrativa ipertestuale ci può educare alla libertà e alla creatività. È bene, ma non è tutto. I racconti *già fatti* ci insegnano anche a morire.

1995

BENCHÉ IL PARLAR SIA INDARNO

Polemiche sui mezzi d'informazione

Giornali, siete diventati schiavi della Tv

Ma allora le donne italiane sono cretine o no? Se qualcuno avesse annunciato due mesi fa che, dopo l'assassinio di Falcone e Borsellino l'opinione colta italiana si sarebbe affannata su questo tema, gli avrebbero dato del burlone di cattivo gusto. Eppure sarà profeta Andrea Barbato (vedi *L'Espresso* n. 33): tra poco discuteremo se il cretinismo è di destra o di sinistra. Rischiamo di rimanere esclusi dall'Europa, e ci chiediamo se i cretini sono le donne.

Tutto è nato per uno scatto d'umore di Federico Zeri (*L'Espresso* n. 31). Si fa un dibattito socio-bio-filosofico su uno scatto d'umore? È il tipico esempio di come la stampa si alimenti da sé, creando problemi fittizi, non solo d'estate, ma ormai anche d'inverno. In tempi di stretta censura la televisione aveva inventato lo "sfottò circolare": tu fai una trasmissione idiota e io ne faccio un'altra per prenderla in giro (così il mondo esterno rimane fuori e nessuno ci rimprovera). Ma con la stampa succede di peggio: è diventata succube non solo di se stessa, ma anche della televisione. Il dibattito sulle donne cretine ha occupato le pagine interne perché si è originato su un giornale. Se la battuta stimolo fosse stata detta in televisione, la discussione finiva in prima pagina.

Badiamo bene, è certo da prima pagina il dibattito sulle concessioni televisive, o una rivoluzione ai vertici della RAI, e se Berlusconi congeda Funari l'argomento ha certamente dei risvolti politici. Ma anche in questo caso, il fatto va in prima pagina solo il primo giorno, e vi ritorna solo in due casi: se Berlusconi fa marcia indietro, o se Funari diventa direttore del Tg1. Tranne qualche polemica di mesi fa su *Samarcanda* ogni altra notizia televisiva che ha affollato le nostre prime pagine nell'anno in corso doveva rimanere nella pagina degli spettacoli.

L'agenda dei quotidiani (come si usa dire), è fissata dalla televisione. Chiunque può decidere che cosa andrà in prima pagina il giorno dopo mettendosi in mutande durante un'intervista con Pippo Franco.

I quotidiani hanno già il problema assai serio che arrivano in ritardo rispetto ai telegiornali, e per ovviare allo spiacevole inconveniente decidono di arrivare in ritardo anche rispetto alle trasmissioni di varietà. L'intera comunità dei quotidiani italiani pare aspirare soltanto a diventare il supplemento di *Sorrisi e Canzoni*. Ripeto, è un fatto unico. Non accade neppure nel Terzo mondo, perché i giornali non hanno abbastanza pagine.

Ma credo che sia proprio questa la ragione per cui la stampa italiana soffre di sudditanza sia rispetto alla televisione, sia rispetto ai propri dibattiti autosostenuti. I quotidiani hanno troppe pagine. Ne hanno troppe perché debbono catturare pubblicità, capisco il problema, ma rispetto alle cose importanti che dovremmo sapere, ne hanno troppe. E dunque debbono riempirle in qualche modo. E se proprio quel giorno non hanno ammazzato il presidente degli Stati Uniti, si cerca affannosamente qualcuno disposto a discutere se le donne italiane siano cretine o no.

E se quel giorno non fosse proprio accaduto niente d'altro? Allora non bisogna far finta che sia accaduto qualcosa. Il caso sarebbe così drammatico da meritare tre colonne di fondo del direttore. Se ci fosse sui quotidiani un fondo del direttore ogni volta che non accade niente, e invece qualcosa avrebbe pur dovuto accadere, leggeremmo i giornali con maggior rispetto e tensione. Se la DC non riesce a esprimere un nuovo segretario, e si assiste al balletto delle dimissioni presentate e ritirate, più e più volte, da Forlani, questo è un niente che deve fare molto rumore, ed è degno di accorate prime pagine.

Naturalmente sta all'abilità del giornalista rendere drammatico questo niente, impedire che la gente vi si abitui. Qui la stampa ritrova la propria immagine intemerata ed eroica, quando riesce a sbattere in prima pagina il più drammatico dei niente facendolo apparire più giornalistico di una rivoluzione in Guatemala.

Ma lasciarsi cadere le braccia perché nulla accade, e donare un'illusione di attualità raccontando dei dissapori tra Franchi e Ingrassia, questo è un inganno.

1992

È attentato alla Costituzione il processo ripreso in Tv

Ho seguito con molta tristezza e civile preoccupazione la trasmissione del processo in cui è stato condannato l'ex assessore Walter Armanini. Come persona dotata di senso morale e rispetto per le garanzie costituzionali, stavo dalla sua parte. Non perché lo ritenessi innocente (non ho motivo di discutere la sentenza) ma perché vedevo il volto di un uomo esposto alla gogna, spiato in ogni piega del labbro o contrazione delle mascelle, esposto al ludibrio di milioni di spettatori. Questo tipo di gogna vale un ergastolo. È vero che in passato c'erano le pubbliche esecuzioni in piazza, ma proprio per questo noi ci riteniamo più civili dei nostri avi. Inoltre la pubblica esecuzione riguardava un reo, mentre un processo riguarda un imputato che non è ancora stato giudicato colpevole.

La tragedia di un processo televisivo è che distrugge anche la vita di un innocente. Sappiamo tutti che l'imputato deve sempre rispondere a domande imbarazzanti sulla sua vita. Pochi giorni prima del processo televisivo si era visto sui teleschermi un film con Barbra Streisand (tratto da un episodio reale) in cui l'imputata (poi assolta) doveva confessare di essere una prostituta. Un uomo accusato ingiustamente di violenza carnale potrebbe difendersi dimostrando che è evirato. E noi vorremmo che questo innocente, già sfortunato, diventasse anche lo zimbello dell'intero paese?

Il processo è pubblico? Certo, ma bisogna stabilire il concetto di pubblicità. Gli esami universitari sono pubblici, nel senso che chiunque può assistervi per controllarne la regolarità. Mi accade sovente nel corso di un esame di dovere umiliare l'esaminando, per indurlo a ritirarsi in tempo, spiegandogli che non ha capito nulla, che forse non è fatto per materie di tipo speculativo, e dandogli suggerimenti molto elementari sul come si legge, si sottolinea, si cerca di ripetere quel che non si è capito bene. Mi spiace che questa umiliazione avvenga di fronte a una decina di suoi compagni, ma so che essi partecipano con simpatia, e magari ne traggono un insegnamento.

Ma se sapessi che quella scena viene proiettata di fronte a milioni di spettatori, saprei che quella persona non avrà più il coraggio di tornare a casa. Le dichiarazioni fiscali sono pubbliche perché ogni cittadino può andare a controllarle, ma ha senso costituzionale metterle sotto gli occhi di tutti solo se riguardano una personalità pubblica, per esempio un deputato, che ha scelto di sottoporsi a uno scrutinio dalla parte di tutti. Ma un imputato non ha scelto di essere imputato.

Capisco che mi si può obiettare che la televisione trasmette un processo solo dopo, quando si è stabilito che l'imputato era colpevole. Non sono soddisfatto. C'è anche il dovere di difendere la dignità del colpevole, che paga già in altra moneta. C'è una differenza tra subire un processo in aula alla presenza di cento persone e subirlo in Tv alla presenza di milioni e milioni? Certo che c'è. Se qualcuno mi calunnia a casa mia alla presenza di tre testimoni, lo metto alla porta. Se lo fa in piazza davanti a duecento persone, lo cito in giudizio e gli chiedo i danni morali. L'umiliazione subita nel corso di un processo in aula, alla presenza di cento persone in qualche modo interessate al caso, per così dire evapora a caso concluso; invece alla presenza di milioni di spettatori, comunque si concluda il caso, lascia una immagine indelebile, che l'imputato si trascinerà dietro anche quando avrà pagato il suo debito. Per non dire che, l'abbiamo visto, la trasmissione televisiva è montata, e dunque quello che viene reso pubblico non è il processo nella sua interezza, ma una scelta, a qualsiasi criterio essa sia ispirata – come ha osservato anche Luigi Manconi su *La Stampa*. Quindi non vediamo la Giustizia in azione, ma la Televisione che interpreta la Giustizia.

Noi non abbiamo ancora una idea esatta di come la presenza dei mass media possa mutare i nostri criteri di libertà, privatezza, pubblicità. Ma è costituzionalmente urgente deciderlo. Anche perché ritengo che pubblico ministero, giudici, avvocati e imputati, alla presenza delle telecamere, siano costretti a comportarsi, anche se non se ne rendono conto, in modo diverso da come si comporterebbero in un'aula normale. E allora, se si deve ammettere che il processo deve adeguarsi all'era della televisione, che sia televisivo in tutto e per tutto, il giudice a Milano, il pubblico ministero a Palermo, l'imputato a Firenze, tutti collegati via etere, sapendo che si muovono in una dimensione diversa.

Se mi accadesse – anche come testimone – di essere trascinato in un dibattimento ripreso per televisione, mi dichiarerei prigioniero politico e rifiuterei di rispondere, rischiando ogni pena pur di segnalare, come il dovere m'impone, questo attentato alla Costituzione.

1993

Se l'imputato è d'accordo, chi garantisce il testimone?

Scrivo questa Bustina mentre sono in viaggio fuori dall'Italia, e non sono aggiornato sullo sviluppo della polemica intorno alla ripresa televisiva dei processi. Ho fatto appena in tempo a leggere che a qualcuno è stato chiesto come mai reagisce ora che si processano uomini politici, mentre i processi vengono ripresi da gran tempo. Domanda certo interessante, ma per quel che mi riguarda avevo iniziato a sollevare eccezioni sin dalle prime trasmissioni, quando erano implicati piccoli ladruncoli, ricettatori e firmatari di assegni a vuoto. Avevo eccepito con rammarico, perché quei processi rappresentavano una commovente "commedia umana", e oggi vedere Di Pietro in azione è certamente appassionante e istruttivo. Eppure tutti siamo d'accordo che, per quanto istruttivo possa essere, non si deve ricorrere alla vivisezione per insegnare l'anatomia.

Mi è parso che la obiezione più comune è che l'imputato è consenziente. Ma se l'imputato, per ignoranza, vanità o desiderio di autopunizione, sceglie il proprio danno, la legge gli impedisce di danneggiarsi: se rifiuta il difensore, la legge glielo impone d'ufficio. E poi, se anche l'imputato è d'accordo, chi garantisce il testimone? Ci sono processi dove una domanda maliziosa obbliga un testimone ad ammettere cose deleterie per il suo buon nome.

Infine, immaginate che un signore venga accusato di un crimine non gravissimo, e sia così sicuro di poter provare la sua innocenza che accetta tranquillamente la ripresa del dibattito; ma il pubblico ministero o l'avvocato di parte civile sono così determinati (in buona fede) a demolire la sua difesa che, per dimostrare la sua scarsa attendibilità, tirano fuori un episodio imbarazzantissimo accaduto vent'anni prima. Questa persona che potrebbe poi essere assolta, o prendersi tre mesi con la condizionale, verrebbe umiliata al di là di quanto non meritasse.

Ma il problema non riguarda solo i diritti dell'imputato. La ripresa del processo estende indebitamente il concetto di pubblicità dell'evento perché la comunicazione di massa si differenzia dalla comunicazione faccia a faccia. Con i mezzi di massa non esiste *feed-back* e cioè i destinatari non possono reagire e chi parla non ne può conoscere le reazioni. Un processo è un rapporto faccia a faccia, e il pubblico in aula fa parte di questo rapporto, tanto è vero che il presidente ne controlla il comportamento, in modo che non possa influenzare, con applausi o proteste, lo stato d'animo degli attori di quel dramma. Sapere che ci sono cinque milioni di spettatori che ti seguono, influenza il comportamento di chiunque. La pubblicità di un rapporto faccia a faccia deve essere adeguata alle modalità di questo rapporto.

Questo significa che il processo non dovrebbe neppure essere raccontato sui giornali? No: quando leggo il resoconto di un processo su un giornale so con assoluta esattezza che leggo una testimonianza altrui, ed esercito le cautele psicologiche del caso. Invece il teleschermo mi dà la sensazione di essere là. E invece non ci sono e non sono spettatore dell'evento nella sua interezza. Magari, mentre l'imputato dice una cosa, vedo una espressione di scetticismo sul volto dell'avvocato di parte civile: ma in quello stesso momento non vedo l'espressione del difensore, o del presidente. Non sono ammesso allo svolgimento di un "fatto", bensì seguo il "racconto di un fatto", dove qualcuno ha scelto, nel flusso degli eventi, quelli che gli parevano più significativi e drammatici.

Inoltre, se sono ammesso in aula, non chiacchiero ad alta voce, non leggo il giornale, seguo quello che avviene, e sono giustamente compreso della maestà del luogo. In televisione seguo distraendomi a ogni istante, esco dal programma magari nel momento in cui si dice la cosa più importante, ci rientro per altri dieci minuti mentre sfoglio i programmi della serata. Sono in posizione *deresponsabilizzata* rispetto a quelli che sono in aula, quindi non godo del diritto di responsabile controllo, che la pubblicità dell'evento dovrebbe garantirmi, ma di un *diritto di sbirciamento*. Il modo in cui seguo il processo si avvicina pericolosamente al modo in cui seguo un film, mi sento in posizione di distacco nei confronti dei personaggi cattivi o di superiorità nei confronti dei personaggi grotteschi. La mia buona coscienza è a posto, ma non pago dazio. Potrei permettermi anche di insultare il presidente perché mi è antipatico, mentre se lo facessi in aula sarei punito. Siamo sicuri che tutto questo non intacchi la maestà della giustizia?

La Chiesa, nella sua saggezza, ha già spiegato che seguendo la messa per televisione non si soddisfa il precetto festivo.

1993

Vetero-stalinismo?

Dopo i miei interventi contro la ripresa dei processi per televisione ho ricevuto moltissime lettere, e nessuna mostra di aver colto che io prendevo pretesto da un processo recentissimo (quello Armanini) per parlare del problema in sé – che, come sto ripetendo da anni, riguarda chiunque, sia chi è accusato del furto di una mela sia chi è accusato di strage. Ma c'è una tendenza, in chi legge, ad assolutizzare l'esempio. Se io scrivessi (attenzione, è solo un esempio) "non bisognerebbe mai rubare, neppure la marmellata alla mamma", mi accadrebbe di ricevere lettere che arzigogolano sulla legittimità del furto di marmellata, o una del dottor Chiesa che mi ringrazia di non averlo coinvolto nella polemica, perché lui non ha mai chiesto vasetti di marmellata a nessuno.

La seconda caratteristica di queste lettere è l'ira, al di là di ogni ragionevolezza. Un indignato studente mi scrive: "Possibile che lei non abbia un moto di ribellione alla strafottenza dell'Armanini?" Ma io ho un moto di ribellione anche di fronte alla strafottenza di Riina, e tuttavia sostengo che non si deve processare in TV neppure Riina (il quale, ormai lo dicono tutti, usa il mezzo per farsi le strafottenze sue). Io dico che non si sarebbe dovuto processare in TV neppure Rina Fort, neppure il mostro della via Salaria o la saponificatrice Leonarda Cianciulli. Possibile che sia così difficile separare i propri sentimenti da una serena riflessione sulla giustizia? Lo so che è difficile, altrimenti non ci sarebbero tanti sostenitori della pena di morte. Uno che ha ammazzato un bambino dovrebbe essere fatto a pezzi sulla pubblica piazza? È una voglia istintiva che ci coglie di fronte ai delitti più efferati, ma se siamo persone civili dobbiamo dominare la nostra ira e dire di no. Non si deve, se no diventiamo come lui.

Un lettore molto equilibrato mi dice che concorda con me, ma che si dovrebbe fare eccezione per coloro che avendo scelto di essere uomini pubblici, eletti dal popolo, al popolo debbono rendere conto. Ma non ha colto il fatto che io non dico che gli uomini pubblici non debbano rendere conto delle loro malefatte, e non dico che il telegiornale non debba renderle pubbliche. Dico che un processo in TV perde alcune delle caratteristiche che debbono essere tipiche di un processo. Punto e basta. In questo momento tutti i cittadini italiani stanno conoscendo e valutando le malefatte di molti uomini politici anche potentissimi, anche se queste persone non sono ancora apparse in un'aula di tribunale. Tutto si può dire di questo nostro tragico momento, non che manchi la trasparenza.

Ci sono persone che hanno agito contro la legge, e debbono essere esemplarmente punite. Ma punite secondo la legge, non affidate alla folla inferocita che ne faccia scempio. E – mi scuso per la brutalità – i miei corrispondenti mi sembrano troppo irrazionalmente inferociti. Si può certo discutere se riprendere un processo in TV equivalga affidare gli imputati alla folla inferocita, e può darsi che io abbia torto. Ma molte delle lettere che ho ricevuto (non tutte) sembravano contenere la seguente richiesta: "Lasciateli a noi, sia pure via etere, che penseremo noi a fare giustizia." Ebbene, questi sentimenti sono umani, ma colpevoli.

Come esempio di lettere imbestialite citerei un signore che scrive sulla carta intestata del sindaco di Sali Vercellese (e spero per i cittadini locali che si tratti dello scherzo di un buontempone, ma il sindaco farebbe bene a chiudere a chiave l'ufficio quando esce). Costui mi scrive: "L'antico zoccolo duro dello stalinista-leninista che è in Lei ha avuto il sopravvento. Lei ama sempre tutto ciò che è nascosto. I processi alla Lubianka e del KGB, colpo alla nuca in segreta riservatezza. Il suo *Nome della Rosa* ha avuto il massimo d'ascolto in TV. Oh borghesia immemore." Di tutto mi avevano accusato, ma mai di vetero-stalinismo. Pazienza, ma questo signore confonde il rispetto della forma, nei procedimenti giudiziari, con la segretezza, e il rispetto dei diritti dell'imputato con il colpo alla nuca. Meno male che non siamo in America, altrimenti un giorno potrebbe candidarsi come giudice.

Il ragionamento dello pseudosindaco è: ti è piaciuto che trasmettessero una cosa che ti giovava, quindi accetta che trasmettano qualcosa che nuoce agli altri, o sporco borghese vetero-stalinista (mirabile fusione di opposti estremismi). Gentile amico (??), ammettiamo che Lei chieda, in pieno diritto, di essere intervistato alla TV sui problemi di Sali Vercellese: sarebbe altrettanto soddisfatto se la riprendessero in diretta (per ragioni di educazione sanitaria) il giorno che la operassero di emorroidi?

1993

I giornali somigliano sempre di più ai bambini

Chi scrive libri e collabora a giornali riceve sovente richieste di interviste. A pensarci bene, questa è una cosa strana, dato che se uno ha varie occasioni di esprimere il proprio pensiero, non si vede perché debba esprimerlo ancora una volta. Si dovrebbero chiedere interviste solo a persone che per mestiere non hanno la possibilità di rendere esplicito il loro pensiero a mezzo stampa, come medici, politici, attrici, saltatori con l'asta, fachiri, giudici o imputati. Pensate un momento: vi parrebbe normale che su *L'Espresso* apparissero sempre interviste al direttore di *Panorama* o dell'*Europeo* – e viceversa? Capisco un'intervista a Indro Montanelli, perché è un giornalista che lascia un giornale per andare a farne un altro, ma che diremmo se ogni mattina Eugenio Scalfari intervistasse Paolo Mieli, Paolo Mieli Ezio Mauro, ed Ezio Mauro Vittorio Feltri? Eppure è lo stesso che accade quando lo scrittore Tizio intervista lo scrittore Caio.

Certo, si sono dati casi di interviste famose, che hanno rivelato aspetti nuovi di una personalità, ma erano opera di un lungo dialogo tra due persone che, per così dire, il destino aveva fatto l'una per l'altra (o l'una contro l'altra). Impossibile che casi del genere si verifichino più volte nello stesso giorno. Eppure i nostri quotidiani e settimanali sono pieni di interviste, e già gli scrittori si stanno lamentando che nessuno li recensisce più, perché il giornale preferisce che si recensiscano da soli attraverso un'intervista.

Mentre può aver senso intervistare un personaggio pubblico per fargli dire quello che non ha ancora detto a nessuno, non ha senso chiedere a un autore che cosa ha scritto nel libro appena pubblicato. Anzitutto perché i lettori non sanno ancora di che cosa parli il libro, e quindi leggono un dialogo su un oggetto che essi non conoscono: in secondo luogo perché l'autore per scrivere il suo libro ha lavorato a lungo e quindi si suppone che in quelle pagine abbia dato il meglio di sé, mentre nell'intervista dice cose pensate sul momento, senza averci riflettuto, e dunque dà il peggio di sé. Niente da fare: il giornale dirà sempre che senza intervista ci rimette la faccia e se non c'è l'intervista non seguirà neppure la recensione (talora il giornale è così contento dell'intervista che poi dimentica la recensione).

Per spiegare meglio ai lettori della Bustina come vanno queste cose, immaginiamo che nella redazione di un quotidiano arrivi la notizia che Alessandro Manzoni ha appena pubblicato *I promessi sposi*. Il capo della sezione culturale corre dal direttore: siccome il giornale concorrente ha chiesto delle impressioni di lettura a Leopardi, sarebbe un bel colpo chiedere una lettura critica al professor De Sanctis. Il direttore s'infuria: "Ma che De Sanctis e De Diabolis! Quello poi ci spara dieci cartelle che nessuno vuole leggere, peggio che Citati! Intervista, intervista con questo Manzoni! Dichiarazioni inedite! E soprattutto fagli dire quello che il lettore si attende da lui, perché scrive, se pensa che il romanzo sia morto, cose del genere! Una cosa fulminante, non più di una cartella, mi raccomando!"

Segue ora il testo dell'intervista scoop.

Signor Manzoni, mi può riassumere il suo romanzo in dieci parole?

"Proviamo: due si amano, vogliono sposarsi, prima pare che no, poi invece sì..."

Sono dodici, ma pazienza, magari farò un piccolo taglio. Dunque è una storia d'amore?

"Non del tutto. C'è la Provvidenza, c'è il Male, c'è la peste..."

Come mai la peste e non, mettiamo, un infarto?

"Con un infarto bastava una pagina..."

Ma mi dica, perché scrive?

"E che altro? Mi vede a fare il sollevatore di pesi?"

Andiamo più a fondo. Perché la sua storia si svolge sul lago di Como e non sul Titicaca?

"Sa, noi artisti seguiamo gli impulsi del cuore, e il cuore ha ragioni che la ragione non conosce."

Bellissimo, aspetti che me lo segno. Dunque: al cuore non si comanda...

"No. Il cuore ha ragioni che la ragione non conosce."

Appunto, sintetizzavo. Ora mi dica, quando pensa le cose che scrive?

"Mah, dipende... Ci penso sempre. Pensare vuol dire vivere, quando penso mi sento vivo..."

Fantastico! Me lo potrebbe ridire in tre parole?

"Penso dunque sono."

Originalissimo. Ma lei ha scritto degli inni sacri, sul Natale per esempio... Perché un romanzo su due fidanzati e non sulla Pentecoste?
"Perché sulla Pentecoste avevo già scritto un inno."
Giusto. E sta già scrivendo il suo nuovo romanzo?
"Ho appena finito questo, mi lasci prendere fiato!"
Facciamo i misteriosi, eh? Ultima domanda: che cosa si aspetta da questo libro?
"Mah, che lo leggano in molti, che piaccia..."

Il direttore legge l'intervista: "Questo sì che è uno scoop! Spara un titolo su quattro colonne, e puntiamo sui particolari più piccanti, specie l'ultima dichiarazione: 'Manzoni si confessa, basta con la Pentecoste'. Te lo do io il best seller!"

Ormai l'andazzo è questo (e si badi, non solo in Italia). Per cui – a gente che fa il nostro mestiere – accade di trovare la scrivania ingombra di fax che sollecitano un'intervista. Per fortuna viene eliminata, attraverso la segreteria telefonica, la telefonata proditoria che vuole sapere il tuo parere cotto e mangiato su qualsiasi fatto che avviene nell'universo mondo. È vero che un essere umano responsabile ha e deve avere qualche pallida opinione su tutto quel che accade, ma avere un'opinione su qualcosa non vuol dire necessariamente avere un'opinione originale. Io per esempio ho la ferma opinione che sia male uccidere bambini, ma trovo sbagliato che qualcuno mi telefoni per sapere qual è la mia opinione sul Massacro degli Innocenti. Io credo che sia male uccidere anche gli adulti; ma, se rilasciassi questa precisazione, mi farebbero dire che dei bambini – in fondo – non dobbiamo preoccuparci più di tanto.

Torniamo ai fax. Diciamo che sul tavolo di ogni persona che scrive si ammassano ogni settimana un numero fisiologicamente costante di richieste di intervista. Salvo in un caso. Che si sia data di recente una intervista. In quel caso il numero delle richieste si decuplica. Faccio un esempio. Due settimane fa un mio amico scrittore ha pubblicato su un quotidiano una lunga intervista su alcuni problemi preelettorali. Come accade in quei casi, diceva alcune cose che aveva pensato lui, e altre che pensano tutti. Che cosa sta accadendo? Che ora moltissimi giornali (tra cui uno olandese) gli chiedono di dar loro un'intervista sugli stessi argomenti.

L'ambizione di un giornale dovrebbe essere, per le notizie di attualità, riuscire a darle prima degli altri ma, in ogni caso, di darle anche se le stanno dando anche gli altri giornali; invece, per le opinioni, si dovrebbe aspirare all'inedito. Se dovessi fare l'insegnante di giornalismo spiegherei ai miei catecumeni che, se Tizio ha pubblicato un articolo interessante sulla *Gazzetta dei Tizi*, il *Giornale dei Cai* non deve ripubblicare l'articolo di Tizio, ma al massimo sollecitare un articolo del tutto diverso da Caio. Ebbene no. Pare che oggi l'imperativo del giornalismo sia ripubblicare a ogni costo quello che è apparso altrove. È come se Einaudi, folle di invidia perché Bompiani ha pubblicato l'ultimo romanzo di Nanni Balestrini, si facesse in quattro per ristampare subito lo stesso identico romanzo, con una copertina diversa.

Lo so che sembra una idea da Achille Campanile, eppure è la realtà. E quindi via, occorre assolutamente intervistare chi ha appena dato un'intervista, e a maggior ragione se l'ha già data a molti altri giornali. E che, mi raccomando, sia sullo stesso argomento. Se l'intervistato si lascia scappare qualche cosa in più, lo si tagli.

Un tempo, quando due signore della buona società si trovavano alla stessa festa con lo stesso modello firmato, e dello stesso colore, facevano una scena isterica. E gli autori di barzellette, o di commedie brillanti, giocavano su questo logoro luogo comune. Invece con i bambini accade il contrario: se il compagno di scuola ha la maglietta col dinosauretto, o l'Agenda Smemoranda, la vogliono anche loro, proprio per non sfigurare. I giornali stanno assomigliando sempre più ai bambini. Lasciamo che i pargoli vengano a noi.

1994

Roro, Craxi, e il ruolo del portinaio

Intorno all'arresto di Ferdinando Mach di Palmstein lunedì 31 ottobre i lettori apprendevano da un grande quotidiano: "Ultimo domicilio conosciuto Parigi, boulevard Saint Germain, elegante palazzo di cinque piani con codice segreto d'accesso." Visto che l'arresto era stato quasi "rocambolesco" (questo non c'era scritto, ma lo si indovinava da ogni cronaca), il lettore intravedeva subito la particolare situazione di un ricercato che si celava in una sorta di bunker elettronico difeso – caspita – col codice segreto d'accesso.

Invece era come se si fosse detto che viveva in un appartamento separato dall'ambiente esterno mediante una porta munita di chiave. Oppure come se qualcuno ci avesse rivelato che era stato ritrovato a Milano in una casa dove per entrare occorre suonare il campanello, poi qualcuno chiede al citofono chi è, quindi schiaccia quello che a Bologna chiamano "il tiro". Questa non sarebbe una notizia e non caratterizzerebbe la natura del rifugio. Come sa ogni turista, a Parigi tutti, dico tutti, gli ingressi dei palazzi d'abitazione hanno un codice di accesso, invece del "tiro". Sfortunatamente questo codice è un segreto di Pulcinella, perché un inquilino lo dà al salumaio, l'altro all'amico, l'altro ancora all'elettricista, e dopo poco lo viene a sapere il barbone dell'angolo, che va a passar la notte nell'atrio, dove fa anche i propri bisogni. Tanto che ogni sei mesi il condominio deve cambiare il codice, ma serve a poco.

Dire che Mach era stato arrestato (e per quali ragioni!) non pareva notizia sufficientemente succosa, bisognava aggiungere un elemento più drammatico. Naturalmente si è subito capito che la faccenda del codice non faceva abbastanza impressione, e si è trovata la bella amica; ma poco dopo è parso giocoforza ammettere che non era la sua amante. Come si fa a interessare i lettori se il ricercato non abitava neppure a casa dell'amante? Si cerca un'altra amante. E se non è la sua? Non importa, basta che sia un'amante, da mettere (andate a controllare) nella stessa pagina. E la provvidenza ha fatto uscire allo scoperto Roro, amante di Craxi.

Certo ci sono stati rapporti tra Mach e Craxi, ma che Craxi abbia amato Roro non aggiunge nulla a quanto dovremmo sapere di Mach. Anzi, a dire la verità non aggiunge nulla a quanto dovremmo sapere di Craxi. Una volta appurato (da tempo) che Craxi non era insensibile al fascino femminile, una ragazza in più o in meno non fa notizia (a meno che non le sia stato affidato un pacco contenente cento miliardi – ma non pare il caso). Insomma, Roro avrebbe fatto un pochino notizia se fosse stata l'amante del cardinal Ratzinger, non di Craxi.

In ogni caso, i giornali (quasi tutti) annunciano la scoperta della nuova amante di Craxi. Voi dite, hanno lanciato segugi astutissimi sulle tracce dell'Esule, hanno scoperto attraverso contatti con il terrorismo sudamericano l'indirizzo di una signora misteriosa, l'hanno fotografata col teleobbiettivo rischiando la vita... No, no. I giornali hanno solo rivelato che il settimanale *Gente* avrebbe pubblicato il giorno dopo le confessioni di Roro.

Ora *Gente* è un settimanale che ama pubblicare confessioni di persone note o meno note: nello stesso numero ci sono quelle del padre di Anja Pieroni, della sorella della vittima di San Patrignano, di Heather Parisi, della moglie di Gianni Rivera, di Maria Teresa Ruta, di Sandra Mondaini sul paranormale, dell'amico di padre Pio, della moglie di Pacciani. Il criterio di questo genere giornalistico è il seguente: fa notizia che qualcuno voglia dire qualcosa, e noi garantiamo che lo abbia detto davvero (di lì la foto che mostra Roro mentre parla con l'inviata di *Gente*); se quello che la persona dice è vero o falso non è nostro compito appurare. E infatti, molto correttamente, l'intervista è piena di incisi del tipo "dice lei".

Ma se *Gente* ha fatto il suo mestiere, non l'hanno fatto i giornali quotidiani. Dai quali ci aspettiamo delle notizie sicure e controllate. E quindi quel che dovrebbero fare i quotidiani (se proprio ritengono che questa storia costituisca notizia interessante), è scatenare i segugi di cui sopra onde appurare se Roro è stata davvero l'amante di Craxi. Invece i quotidiani hanno presentato, come se si trattasse di notizia, il fatto che *Gente* dice che Roro ha detto che... Questo dalle mie parti non si chiama notizia, bensì citazione bibliografica.

I giornali stanno diventando un bollettino bibliografico che parla di altri giornali. Una sorta di *Reader Digest*. Inoltre, la sera prima il telegiornale della notte mostra i titoli dei quotidiani del giorno dopo, i quali il giorno dopo ci parlano dei telegiornali del giorno prima. A chi chiederemo d'ora in poi notizie sicure? Al portinaio.

Se non l'avranno ormai sostituito col codice – segreto, s'intende.

1994

In Tv non si prova l'innocenza. Si delegittima l'accusa

Molto è già stato scritto sul processo di O.J. Simpson. In America circolano persino decine e decine di *O.J. jokes* che ormai vengono scambiati via Internet. Per esempio, il giudice che dice a Simpson: "Signor Simpson, lei è stato assolto, è libero, vada pure e le ridaremo indietro i suoi effetti personali". E Simpson dice: "Mi dà indietro anche il mio coltello?" Solo per quelli che praticano la e-mail c'è l'indirizzo di Simpson, che va prima scritto e poi pronunciato ad alta voce: "O.J.@\\\ / Esc", vale a dire "slash, slash, slash, backslash, escape". Piccole crudeltà che sono sintomo di una situazione di disagio.

La maggior parte degli americani avverte disagio perché suppone che Simpson fosse colpevole, e che la sentenza abbia ubbidito a criteri di opportunità politica, o di schieramento razziale. Ma il disagio dovrebbe rimanere anche nel caso che, come mi auguro (per lui e per la giustizia), Simpson fosse davvero innocente. Perché Simpson non è stato assolto perché era innocente, e neppure perché la difesa ha potuto brillantemente provare che le prove fornite dall'accusa non erano valide (o almeno non soltanto). Simpson è stato assolto perché la difesa è riuscita a delegittimare l'accusa, a dimostrare che i poliziotti erano razzisti, bugiardi e corrotti, e il procuratore generale prevenuto.

Ora, si noti, un processo in cui si dimostri che l'accusa è prevenuta o sleale, in sé sarebbe una bella dimostrazione di democrazia, e fosse stato possibile fare così in tanti processi messi in scena da dittature di vario colore. Ma questo si deve fare in situazioni eccezionali. Una società in cui, sempre e a priori, non solo l'accusa, ma anche il collegio giudicante sia delegittimato, sistematicamente, è una società in cui qualcosa non funziona.

Eppure questo è ciò a cui stiamo assistendo da qualche tempo, non solo in America ma, non so se avete presente, anche in Italia. La prima mossa dell'inquisito non è di provare che è innocente, o che le prove di accusa sono inconsistenti, ma di mostrare all'opinione pubblica che l'accusa non è immune da sospetti, come dovrebbe essere la moglie di

Cesare. Se l'inquisito riesce in questa operazione, l'andamento del processo è secondario. Perché chi decide, in processi ripresi alla televisione, è l'opinione pubblica, che sfiducia l'inquirente e tende a convincere ogni giuria che sarebbe impopolare dargli ragione. Quindi il processo televisivo non riguarda più un dibattito tra le due parti che presentano prove e controprove: riguarda, e prima ancora del processo, un duello massmediatico tra futuri imputati e futuri procuratori (e possibilmente giudici) a cui l'inquisito contesta il diritto di giudicarlo. E il verdetto è demandato all'opinione pubblica (che pregiudica), non ai giurati (che postgiudicano).

Quando nel 1993 sono iniziati i processi televisivi di Tangentopoli (ma erano già iniziati i vari "giorni in Pretura" televisivi) in questa rubrica avevo protestato contro il processo pubblico a Walter Armanini. Sono stato sommerso di insulti da parte della migliore intelligenza democratica, come se volessi difendere i corrotti. Ero diventato un complice di Craxi. I risultati li vediamo ora. Il processo Cusani ha avuto l'esito che ha avuto perché l'accusa (Di Pietro), con geniali intuizioni massmediatiche, è riuscita a rendersi simpatica agli occhi della pubblica opinione (e, va detto, perché l'avvocato Spazzali non ha usato la tattica di delegittimare, prima e durante il processo, l'accusa). Ma poi tutti hanno capito la lezione. Spazzali ha perso il processo perché si era comportato secondo le regole dei gentiluomini pretelevisivi, cercando ancora di giocare su prove e controprove. Ingenuo, se non peggio. Occorreva cambiar tattica. Il segreto della vittoria in un processo televisivo è dimostrare che l'accusatore (e possibilmente il giudice) è un criminale.

Adesso la lezione l'hanno capita tutti. Se riesci a dimostrare che il tuo accusatore è un adultero, ha commesso peccati, leggerezze o crimini – anche se nulla hanno a che fare con il processo – hai già vinto. Il processo si fa prima, attraverso i mass media. Il rito nell'aula di giustizia rischia di ridursi a un rito, appunto, che sancisce il giudizio dei media.

L'avete voluta, la televisione nell'aula di giustizia. Accettate ora che la giustizia sia umiliata, ridotta a ratificare i verdetti dell'opinione pubblica. E ricordate, la prossima volta che vi coglieranno con le mani nel sacco, nell'istante in cui date una mazzetta al poliziotto che vi ha sorpreso mentre spaccavate il cranio di vostra nonna a colpi di scure, non preoccupatevi di lavare le tracce di sangue, o di dimostrare che a quell'ora eravate altrove, a colloquio con un cardinale. Basta che dimostriate che chi vi ha sorpreso con le mani nel sacco (o sulla scure), dieci anni fa non ha dichiarato al fisco un regalo ricevuto dalla sua (o dal suo) amante. Sarete persone rispettabili.

1995

Un sondaggio sui sondaggi?

La notte di capodanno, per far venire la mezzanotte, si fanno tante sciocchezze innocenti: gli snob giocano a tombola, i semplici suonano le Variazioni Goldberg per ocarina e tamburo. Alcuni amici, la sera del 31 scorso, hanno messo insieme uno spettacolo per burattini con intervento libero degli astanti. E quando il burattino Amleto ha iniziato a recitare "essere o non essere", gli astanti hanno chiesto a gran voce un sondaggio. Dovutamente falsificato, il sondaggio ha dato un due e passa per cento per l'essere, un tre virgola qualcosa per il non essere, e il novantaquattro per cento di "non so". Allora gli astanti hanno sollecitato un dibattito e alcuni volonterosi hanno interpretato un padre Theobald Glunz del seminario teologico di Tubinga (particolarmente coinvolto da questa "liquefazione dell'essere", tipica di un'epoca dal pensiero debole), un dottor Pilo Biancoponte del Lib-Lab del MIT, che enunciava solo formule capaci di gettare Giorgio Bocca nel più cupo sconforto esistenziale, e un presunto esperto giapponese che poi si rivelava come attore di Nō, e quindi emetteva solo melismi monosillabici.

Questo per dire che ormai il sondaggio è diventato cosa da prendere poco sul serio. Di chi è la colpa?

Un sondaggio può essere fatto bene o male, e uno dei modi per farlo bene è che la domanda non predetermini la risposta. È naturale che, chiedendo a un campione ampiamente rappresentativo se si preferisce andare subito alle elezioni o morire di AIDS tra dolori atroci, si ottiene un plebiscito in favore della tesi del governo uscente. Ma non basta fare domande calibrate a un campione altrettanto calibrato. Noi siamo stati stupiti che in una trasmissione televisiva, all'inizio del dibattito tutti volessero l'ex ministro della sanità, Francesco De Lorenzo, in galera e alla fine moltissimi avessero cambiato idea e lo volessero a casa. Ma questo è un fenomeno normalissimo: se si discute tra amici, ci può accadere di avere una opinione a inizio serata, e inclinare verso l'opinione opposta due ore dopo; salvo tornare della nostra opinione il mattino seguente. Ci possono chiedere alle nove di sera del mercoledì se troviamo simpatico il tal uomo politico che è appena stato intervistato al telegiornale, e possiamo contribuire a conferirgli un attestato di simpatia: ma questo non dice affatto che, arrivati tempo dopo in cabina elettorale, voteremo per lui. Quindi un sondaggio che ci dica quali sono le emozioni del momento degli intervistati, ci dice pochissimo.

Manovrato con disinvoltura, il sondaggio diventa dunque una semplice arma propagandistica, il cui valore scientifico non è superiore di molto all'affermazione che nove stelle su dieci preferiscano quel dato sapone. E di uso disinvolto dell'arma del sondaggio la stampa ha sovente accusato Berlusconi e i suoi. Ma adesso mi capita tra le mani il rapporto CENSIS sulla società italiana del 1994, e provo alcune sorprese.

Non mi stupisco che negli ultimi due anni il fatturato complessivo delle attività di sondaggio politico-elettorale e di opinione sia passato da 2,54 miliardi a 5,6. Ma la notizia inattesa è che il 73 per cento di questi sondaggi non è stato commissionato da gruppi politici, ma dalla stampa, la quale sbatte per il 69,4 per cento i risultati in prima pagina, a sostituire notizie e commenti. È vero che la stampa potrebbe rispondere che commissiona sondaggi proprio per offrire una alternativa scientifica a inchieste che reputa scorrette. Ma qui viene un'altra sorpresa. Appare che l'84,8 per cento del totale dei sondaggi (e quindi ci sta dentro anche un'altissima percentuale di quelli commissionati dai giornali) non recano indicazioni metodologiche (come numerosità del campione, tecniche di rilevazione eccetera).

Anche chi non se ne intende di queste cose capisce che un sondaggio che non mette in pubblico i propri criteri metodologici non ha nessun valore, ovvero vale quanto un sondaggio inventato, o quanto la battuta pubblicitaria per cui il tale detersivo lava più bianco. O si crede sulla parola o niente.

Quindi, da un lato prevale sempre più un metodo di democrazia diretta, o di plebiscito "in tempo reale", che tenderebbe a sostituirsi ai sistemi più tradizionali di creazione e verifica del consenso; d'altro lato questo sistema non garantisce la propria obiettività, anzi elude disinvoltamente il problema. Infine, come si è detto, questi tipi di sondaggio rilevano stati emotivi transitori e assai labili, mentre a un sondaggio scientifico chiediamo invece di solito, se ci riesce, di darci il polso delle opinioni di lunga durata. Pari a quelle che, si spera, il cittadino esprime in cabina, avendo almeno fatto una media ponderata di tutte le emozioni provate nel corso di una campagna elettorale, soppesando i pro e i contro.

1995

Il sedere dell'onorevole

Anch'io, come tutti i cittadini italiani, conosco ora la forma del sedere dell'onorevole Casini. Devo dire che la cosa non ha arricchito il mio patrimonio di conoscenze. L'onorevole Casini è normotipo, non presenta all'esterno segni di deformità, ed era immaginabile che anche il suo sedere fosse normale. Mi intrattengo su questo argomento non solo perché non ha cessato di interessare la stampa, ma perché è stato sfiorato sere fa anche da una inchiesta televisiva, la quale intervistava come eroe del nostro tempo un tal fotografo che è riuscito (udite udite) a fotografare, dopo molti e appassionanti appostamenti, il professor Prodi mentre faceva il bagno. Nella tinozza di casa sua, nudo e col pistolino in vista? No, in mare, che si vedeva solo la testa, e s'indovinavano mutandine d'ordinanza.

Che cosa c'è d'inquietante in queste storie, sia pure balneari? L'onorevole Casini è in regola, si cambiava in luogo aperto al pubblico, come fanno tutti al mare. Prodi, non parliamone. Ha fatto male forse il fotografo, che va in giro a spiare dai buchi della serratura? Ma mettetevi nei panni di un poveretto che non è riuscito a diventare Robert Capa, Cartier-Bresson, Avedon, Toscani, che so? Scopre che lo pagano bene se va a sorprendere tette e natiche là dove non sono esposte per fini spettacolari, alla fine viene persino intervistato dalla televisione... In fondo, un viado ha la vita più dura, e gode di minor prestigio sociale.

È colpa di chi compera e quindi sovvenziona le riviste dove appaiono tette e natiche private? Anche qui non moralizzerei troppo. Non si tratta neppure di voyeurismo (che è attività più sportiva, richiede anch'essa lunghi appostamenti, e provvede l'orgoglio di essere il solo, o la sola, a vedere), né ha a che fare col consumo della pornografia, che è buona quando eccita i sensi – e se pure fosse ipotizzabile qualcuno che si arrazza di fronte al sedere dell'onorevole Casini, proprio non vedo chi possa fantasmare su Prodi con il Mediterraneo al collo. L'acquisto dei settimanali indiscreti soddisfa il normale gusto della dissacrazione che qualsiasi persona prova quando vede un presidente della repubblica (ricordate Gronchi?) cadere dalla sedia nel palco dell'opera. Lo dicono tutti i trattati sul comico: una vecchietta qualsiasi che scivola per strada ci fa pena, ma un generale che (durante la cerimonia del 2 giugno) inciampasse scendendo la scalinata dell'Altare della Patria, e se la facesse tutta a mento in giù, farebbe sbellicare dalle risa anche un santo.

Il problema è caso mai che le persone normali, a queste cose, si divertono una volta ogni tanto quando gli capita, mentre una persona che si butta ogni settimana alla ricerca di chiappe in libertà forse non farebbe male a consultare uno psicologo. Ne *L'Espresso* del 28 luglio Carlo Ripa di Meana (e proprio a proposito del sedere di Casini) affermava che è giusto mettere i politici a nudo, perché "un leader ha una sua umanità che l'elettore deve conoscere." Ma che cosa vuol dire "umanità"? Ammetto che rivelare che un politico copula *more ferino* con una danzatrice del ventre contribuisca, se proprio si vuole, a mettere a nudo un tratto peculiare della sua umanità. Ma fotografarlo mentre nel bagno di casa propria fa la cacca, non ci dice niente di più di quello che sapevamo già, che cioè egli appartiene alla specie umana. Sarebbe uno scoop solo se scoprissimo che costui (unico tra i viventi) evacua dalle orecchie. E continuo a pensare che chi compra un settimanale per sapere che, per esempio, Ripa di Meana fa la cacca come tutti, non sarà forse anormale, ma non è in buoni rapporti con la vita.

Detto questo, hanno diritto di vivere anche i voyeur liofilizzati, e settimanali del genere esistono in vari paesi. Il problema è un altro. È che il sedere dell'onorevole Casini io non l'ho visto su *Eva Tremila*: l'ho visto sui massimi quotidiani e settimanali italiani, compreso *L'Espresso* del 28 luglio. È la stampa "seria" che ha fatto del sedere dell'onorevole Casini l'icona più diffusa tra il popolo, ormai in concorrenza con *L'Angelus* di Millet (definito dalle statistiche come l'immagine più riprodotta di tutte, più della Gioconda e della Venere di Milo).

Naturalmente, come quei moralisti che, sorpresi in un bordello, dicono che lo frequentano per rendersi conto delle brutture del mondo, la stampa seria ha "strillato" le natiche di Casini con l'aria di dire che non era bene fotografarle. Ma in fondo ci godeva, perché con tante notizie drammatiche che appesantiscono le altre pagine, bisogna pur rallegrare il lettore.

1995

Come dare notizia della notizia che non si riciclano le notizie

In varie Bustine ho parlato dell'abitudine, ormai invalsa in tutta la stampa italiana, di pubblicare articoli in cui si dice che in un altro giornale è stato o sarà pubblicato un certo articolo. Manco a farlo apposta *L'Espresso* ha diramato in anticipo un comunicato stampa in cui si parlava del contenuto della mia Bustina ventura. Comunicare in anticipo i sommari o gli articoli salienti del prossimo numero è abitudine comune, e al lettore del giornale A può essere utile uno stelloncino in cui lo si informa del sommario del giornale B. Sta di fatto che, il giorno prima che uscisse *L'Espresso*, mi hanno telefonato da un altro giornale e mi hanno chiesto di esprimere un'opinione sul mio articolo (che stava per uscire) in cui lamentavo l'eccessivo riporto di articoli apparsi su altro giornale.

Naturalmente ho risposto che, visto che stavo criticando un malcostume, non vedevo ragione di partecipare al gioco, e che inoltre mi pareva curioso chiedermi di esprimere un'opinione su un articolo mio, dato che, nell'ordine, (a) era sciocco che ripetessi per telefono quello che avevo già scritto (in effetti questa era la segreta speranza dell'intervistatore), (b) era improbabile che potessi consentire all'intervistatore uno scoop affermando che tutto quello che avevo scritto era un cumulo di idiozie, (c) era volgare che ne intessessi un elogio sperticato. L'intervistatore mi ha chiesto allora come mai io, per lamentare che i giornali parlassero dei giornali, avevo scritto un articolo su un giornale. Per tagliar corto gli ho detto che errare è umano. Ma questo episodio mi spinge a chiarire meglio alcuni punti, in sé elementari, che non mi paiono evidenti a tutti. Qui si confonde tra critica, ripresa inevitabile di notizie clamorose, e "riporto". Si ha ripresa inevitabile quando l'inviato speciale del giornale A rivela di avere localizzato il tesoro di Dongo; è evidente che il giornale B non può tacere su quella notizia, salvo che poi cercherà di recuperare lo svantaggio mandando un suo inviato a chiarire i punti lasciati oscuri dal primo servizio. Si ha critica quando Neri, sul giornale A, polemizza con l'articolo di Bianchi apparso sul giornale B.

Che cosa intendo per riporto? Facciamo un esempio. Il celebre scrittore Neri pubblica da Mondadori un affascinante romanzo (*Il castello maledetto*) in cui si racconta di una misteriosa serie di delitti, e alla fine si scopre che l'assassino era il maggiordomo. Il celebre scrittore Bianchi può pubblicare da Rizzoli un libro intitolato *La narrativa ambigua di Neri* in cui si riassume il romanzo di Neri e si dice che è un capolavoro, oppure se ne discute lo stile, la costruzione narrativa, l'ideologia. Questa si chiama critica letteraria. Ma se Bianchi pubblica da Rizzoli un altro libro intitolato *Il castello maledetto* che inizia con "secondo il romanzo appena scritto da Neri..." e poi segue il romanzo di Neri, parola per parola (al massimo con qualche piccolo taglio) questa non è critica letteraria, né invenzione narrativa. Non sarà plagio, dato che la fonte viene subito rivelata, ma è certamente riporto.

Potremmo variare sul tema: Montale pubblica la poesia "Spesso il male di vivere ho incontrato/ era il rivo strozzato che gorgoglia/ eccetera" e un altro poeta subito pubblica una poesia così: "Montale ieri, ritto sulla soglia/ questa scarna poesia mi ha recitato...", e via poi con l'intera poesia di Montale, tale e quale. Questa non sarebbe né poesia né critica della poesia, ma un modo di campare sul lavoro altrui.

Quando è che un giornale pecca di riporto? Supponiamo che arrivi all'*Araldo di Cantalupo* una smentita del ragionier Fantozzi che dice: "Il vostro cronista mi ha attribuito la frase 'Il ragionier Filini è un imbecille'. Preciso che non ho mai incontrato il vostro cronista e non ho mai pronunciato quella frase." Il cronista risponde in calce (e ha il coraggio di siglare!): "Prendiamo atto della precisazione del ragionier Fantozzi, ma lo assicuro che ho ripreso dal *Corriere di Montegrosso* la sua esplicita affermazione che il ragionier Filini sta ormai sragionando."

Lasciamo perdere se l'intervista del *Corriere di Montegrosso* fosse autentica, e quanto la frase sia stata modificata nel travaso da giornale a giornale. Il fatto è che noi ci aspettiamo dal cronista che vada eroicamente alla ricerca dell'ultima e inedita notizia (a costo di rimetterci la vita) e costui viene a raccontarci che ha spulciato a tavolino i giornali usciti una settimana prima! E magari l'*Araldo di Cantalupo*, con supplemento patinato, costa il doppio del *Corriere di Montegrosso*. Ma allora mi abbono al *Corriere di Montegrosso* e a te non ti compero più.

Questa differenza, tra parlare criticamente del modo in cui la stampa dà le notizie, e usare notizie già pubblicate come se fossero inedite, non è più avvertita. A me pare una malattia del giornalismo. Una persona autorevole mi ha risposto che così facendo i giornali vendono bene (e certamente spendono meno). Se questo è il parametro a cui attenersi, non parlo più.

1995

La messa in scena dell'esitazione

Ci accade sovente di chiederci come mai la nuova classe politica paia fatta di dilettanti allo sbaraglio, gente che nega oggi quello che ha detto ieri, che cambia di opinione e di alleanza da un telegiornale all'altro, a tal punto che riprendiamo ad apprezzare i sorrisi enigmatici di Andreotti, i silenzi di Moro, i conciliaboli segreti nel Transatlantico, i vari capolavori perifrastici dei padri della repubblica. Ora, per quanto nella nuova classe politica vi siano molti che sono arrivati al parlamento senza avere attraversato, come avveniva nella prima repubblica, la dura scuola della manovra di partito, o la gavetta dell'amministrazione locale, è facile accorgersi che lo Stil Novo di cui ci si lamenta ha ormai sedotto anche chi da queste scuole pure veniva. E quindi, se non si può attribuire l'andazzo a semplice difetto individuale, occorrerà cercarne delle ragioni ambientali.

Ciascuno di noi (idraulico, medico o banchiere) fa un mestiere il cui successo si basa anche sulla fiducia che gli altri hanno nella nostra capacità di avere opinioni chiare e di prendere decisioni ragionevolmente rapide, e tuttavia meditate. Ma sarà successo a molti di decidere di cambiar macchina, e di aver consultato riviste specializzate, visitato autosaloni, sbirciato per strada i nuovi modelli, attardandosi sotto casa per vedere da vicino, e davanti e da dietro, le vetture parcheggiate sul marciapiede. E che il lunedì fosse conquistato dalla nuova Lancia, il martedì protendesse per l'ultima Volvo, la sera del mercoledì fosse quasi convinto della Fiat, e il mattino dopo fosse sicuro che non vi è nulla di meglio di una Citroën. A colazione, sedotto dalla recente visione di una Renault, ne avrà decantato i pregi a sua moglie, ma a cena, dopo il discorso entusiasta di un amico, forse era ormai conquistato dalla Saab.

Può accadere che si passino alcuni giorni, o alcune settimane, a cambiare idea come una banderuola, tanto che le persone che ci seguono giorno per giorno ci prendono affettuosamente in giro. Poi però si matura una decisione, e si sceglie. Ed è su quella scelta che si verrà giudicati dagli altri – i quali ignorano il travaglio interiore che ci ha condotti a quel proposito irreversibile.

Se non ci riconosciamo nell'esempio della macchina, immaginiamo di essere una mattina di domenica a letto, a meditare sonnacchiosi se alzarsi subito e andare a fare una gita in campagna, ma col rischio di un ingorgo al rientro; oppure se fare una passeggiata in centro e prendere un aperitivo al bar, ma timorosi di incontrare un certo amico logorroico; o se dormire ancora un poco, poi restare in pigiama e riordinare lo sgabuzzino degli attrezzi o la libreria. Salvo che poi, alla fine, ci si alza e si fa una sola delle cose su cui si era tanto e neghittosamente tentennato. Accade nella vita quello che accade nella scienza: ogni ricerca seria è fatta di un processo anche lunghissimo di "tentativi ed errori", ma alla fine si prende o non si prende il Nobel in ragione del valore della scoperta.

Ma se una sorta di telecamera telepatica avesse ripreso ora per ora, minuto per minuto i nostri vacillamenti, e ne avesse reso edotti tutti i nostri conoscenti durante il telegiornale, saremmo giudicati come dei nevrotici spaccati, o quanto meno come persone di assai deboli princìpi e di grande fragilità emotiva, e nessuno ci darebbe più credito. Oppure direbbero che siamo Woody Allen.

Ecco, questo è quanto accade oggi in un mondo politico spiato minuto per minuto dai mezzi di massa. Una volta i politici impiegavano il tempo necessario per consultarsi, contrattare, valutare il pro e il contro di una decisione – e nel corso di questi conciliaboli riservati cambiavano idea più di una volta. Alla fine erano giudicati per quello che avevano deciso. Oggi invece essi sono costretti dalla pressione dei media a mettere in pubblico ogni minima fase del loro processo di *trial and error*. Se non lo fanno non appaiono sugli schermi o sui giornali, e sono svantaggiati rispetto a chi vi appare. Pertanto scelgono il minor male (che a poco a poco nella loro mente ormai obnubilata si presenta come il maggior bene): dicono secondo per secondo quel che passa loro per la testa e che, badiamo, è giustissimo e fisiologico che passi loro per la testa, salvo che è patologico che lo rendano subito di pubblica ragione.

Il guaio di questo Stil Novo non è che i politici vengano scambiati per persone inattendibili, perché questo sarebbe ancora il minor male. È che, visto che questa pratica viene premiata con l'esposizione massmediatica, si abituino a pensare che l'esposizione delle loro incertezze sia il risultato a cui aspiravano; e si dimentichino pertanto che il risultato doveva essere la decisione finale. La quale, a questo punto, può essere rimandata all'infinito, visto che quella che viene premiata è l'esitazione.

1996

L'Opus Dei smentisce che io sia l'Anticristo!

Nella prima settimana di febbraio ero a Parigi per presentare un Cd-rom multimediale alla Bibliothèque Nationale, quando ho ricevuto una serie di telefonate di giornalisti italiani che mi chiedevano quale fosse il rapporto tra le enciclopedie ipertestuali e l'Anticristo. Anzi, alcune domande riguardavano i rapporti tra Internet e l'Anticristo, Internet e l'Apocalisse, l'Apocalisse e il dischetto ipertestuale che stavo per presentare – e naturalmente tra l'Anticristo e la Bibliothèque Nationale di Parigi.

La ragione di questa spasmodica curiosità era che su *Studi Cattolici* era apparso un articolo in cui mi si denunciava come l'Anticristo.

Mi hanno spiegato che, siccome questa rivista è comunemente associata all'Opus Dei (prego non mandare smentite, perché riferisco soltanto quel che loro dicevano), la notizia aveva fatto scalpore, era stata ripresa da importanti quotidiani e da agenzie, e (mi hanno detto) era stato persino interpellato un dotto e serissimo gesuita il quale, probabilmente sorpreso per telefono all'alba da quesiti demenziali, aveva sobriamente escluso che fossi l'Anticristo, e si era rimesso a dormire.

Sono stato tentato di mandare a quel paese (non al diavolo) i miei interlocutori, perché l'esperienza mi ha insegnato che chi fa domande su Satana e sull'Anticristo è culturalmente depresso, socialmente pericoloso e pronto per lo psichiatra; ma gli interlocutori stessi si scusavano per le domande deliranti che le redazioni in ebollizione gli avevano imposto di farmi. Il giorno dopo hanno scritto articoli abilissimi in cui, pur escludendo che gli ipertesti avessero direttamente a che fare con l'Anticristo, lasciavano qualche spiraglio problematico.

Non ho dato importanza alla notizia perché un altro collaboratore di *Studi Cattolici*, tale Blondet, aveva già scritto un libello in cui si provava come la casa editrice Adelphi fosse una istituzione filo-giudeo-massonico-satanistica, e le mie lunghe frequentazioni con la bibliografia del complottismo internazionale, dall'abate Barruel ai *Protocolli dei Savi di Sion*, mi ha persuaso che questo tipo di letteratura spesso fiorisce perché è economicamente redditizia, dato che esiste un ampio pubblico di esaltati, occultisti, neonazisti e deliranti sfusi.

Rientrato in Italia ho ricevuto per una settimana telefonate di parenti e amici che solidarizzavano con me asserendo di essere moralmente sicuri che io non fossi l'Anticristo, cosa che mi è stata di grande conforto perché uno potrebbe pur sempre essere l'Anticristo senza saperlo.

Pochi giorni fa mi è finalmente arrivata la copia di *Studi Cattolici* accompagnata da un biglietto gentile di Rino Camilleri, autore dell'articolo incriminato, in cui mi si dice che – visto che i giornali stavano stravolgendo il senso del suo *divertissement* – desiderava che ne prendessi visione. Devo rendere giustizia a Camilleri perché il suo pezzo si presenta esplicitamente come uno scherzo fanta-occulto (come io stesso ne ho scritti tanti). Al massimo si potrebbe rimproverare l'autore di averlo pubblicato su una rivista che qualche pagina dopo stampa un articolo sul "satanismo" di Carducci in cui riappare la teoria ottocentesca di quel complotto di società segrete che ha prodotto tutti i mali del mondo dalla Rivoluzione francese all'UNESCO, onde travolgere Trono e Altare. Non si nega alla rivista il diritto di polemizzare contro il laicismo anticlericale, altrimenti che studi cattolici sarebbero, ma a giocare coi complotti occulti (senza accorgersi che tutti gli eventi deprecati si sono svolti invece alla luce del sole) si finisce per ragionare come le società segrete "gnostico-massoniche" contro cui si polemizza. Chi va troppo col diavolo comincia a diavoleggiare ed ecco come, in un contesto del genere, anche uno scherzo innocente può acquistare sapore di zolfo.

Però, a parte i frequentatori di quelle librerie umbratili dove si vendono magia, cabala ebraica, antisemitismo nazista e massoneria neotemplare (ecco i miracoli del sincretismo esoterico), chiunque poteva capire che quello di Camilleri era un gioco, farcito di dotte civetterie. Il problema è dunque come sia stato preso per oro colato da parte della stampa detta laica.

Siccome in questi casi la stupidità è esclusa, non rimane che la decisione del falso scoop. Decisione autocastratoria perché sottintende questa filosofia: non pensiamo che i lettori bevano tutto, ma siccome ormai non credono più a nulla di quel che leggono, tanto vale divertirli.

Che l'Anticristo (ormai tra noi) sia il giornalismo scandalistico?

1997

Una ghiotta notizia: Giulio Cesare è stato pugnalato in Senato

Questa l'ho letta sui giornali il giorno che hanno dato l'incarico a D'Alema. Secondo una inchiesta de *La Nuova Venezia*, che cita elementi raccolti dal giudice Carlo Mastelloni, l'ex ufficio affari riservati del ministero dell'Interno teneva sotto controllo il giovane D'Alema agli inizi della sua carriera politica. E va bene, nulla di speciale, vorrei dire, i vari servizi debbono sapere chi entra in scena, chi c'è e chi non c'è, e quando sono veramente segreti, terribili e minacciosi, debbono sempre essere in grado di ricattare personaggi pericolosi per il governo in carica. Sono cose che si leggono persino nei romanzi di spionaggio, è inutile fare le mammole e scandalizzarsi.

Che cosa aveva allora scoperto questo ufficio affari riservati, e messo accuratamente in un segretissimo dossier? Aveva scoperto che nel 1976 la rivista *Op* di Pecorelli aveva a sua volta un documento riservatissimo in cui si diceva che Berlinguer aveva nominato D'Alema a capo della FGC "preoccupato dalle fughe in avanti della federazione giovanile."

Sin qui quello che ho letto sui giornali. Uno può pensare che il documento riservatissimo dicesse anche qualcosa di più ma, per quanto conosco gli esseri umani, compresi quelli che fanno informazione riservata e spionaggio, non dovrebbe provvederci altre sorprese. Qualsiasi lettore riconosce nelle notizie raccolte da quegli 007 delle cose che in quegli anni aveva probabilmente letto su *L'Espresso*, o su altri giornali. Non c'è veramente nulla di riservato nelle probabili ragioni per cui il capo di un partito nomina qualcuno a capo della federazione giovanile. In altre parole, quello di cui sono venuto a conoscenza è il classico segreto di Pulcinella.

Tutto questo viene a riconfermare qualcosa che tutti dovremmo sapere e che forse i romanzi di spionaggio non ci dicono, ma la cronaca dello spionaggio internazionale dimostra con monotona regolarità. In genere le spie e gli informatori riservati sono dei mangiapane a ufo, che passano a chi li paga informazioni che hanno ricevuto abbonandosi all'*Eco della Stampa* o andando a passare i pomeriggi in emeroteca. E chi li paga non si accorge che gli stanno rifilando come segrete delle informazioni di dominio pubblico.

Ma perché non se ne accorge? La stupidità non basta a giustificare tutto. È che anche le persone più avvedute cedono al fascino della lettera anonima. Ora la lettera anonima raramente denuncia fatti circostanziati, del tipo "gentile signore, sua moglie la tradisce ogni giorno alle cinque col vicino di pianerottolo." Di solito chi riceve una lettera così l'appallottola e la getta imprecando contro le lettere anonime. La vera ed efficace lettera anonima, invece, trasforma in allusioni vaghe e inquietanti fatti noti a tutti: "Gentile signore, avrà forse notato che sua moglie ha una cugina di Bergamo che quest'anno vi è venuta a trovare a Pasqua. A buon intenditor..." Dopo una lettera così il destinatario si chiede angosciato che cosa la lettera volesse fargli davvero sapere, entra in paranoia, sospetta di tutto e di tutti, se tutto va bene alla fine strangolerà la moglie.

Pensate a una lettera così: "Gentile direttore de *L'Espresso*, avrà notato che da qualche mese il suo collaboratore Umberto Eco scrive la sua Bustina non una volta alla settimana ma una volta ogni quindici giorni. Avrà anche notato che a settimane alterne la rubrica viene tenuta da Eugenio Scalfari – ma attenzione, con altro titolo! Si è mai domandato come queste due persone abbiano stabilito un tale rapporto?"

I lettori gentili diranno che sono il solito burlone, ma se faranno attenzione esempi di questa tecnica si trovano anche sui giornali. Recentissimamente ho letto un articolo che commentava l'andata di Gianni Riotta alla vicedirezione de *La Stampa*, in cui con aria svagata si lasciavano cadere alcune notizie del tipo, appunto, "a buon intenditor." Le notizie erano le stesse che Riotta, se dovesse scrivere una sua autobiografia, racconterebbe subito: a che giornali ha collaborato, chi sono i suoi amici, cosa ha detto la critica dei suoi libri eccetera. Va infatti aggiunto che tutte queste notizie erano assolutamente vere. E naturalmente erano di pubblico dominio. Era solo il modo di darle che le faceva apparire allusive e sospette. Immagino che qualche servizio segreto abbia subito tagliato la pagina e l'abbia inserita in un dossier.

1998

XXXXXXXXXXXXX
Non avete letto male: xxxxxxxxx

È il giorno di scadenza. *L'Espresso* aspetta la mia Bustina di Minerva. E io non ho nulla da dire. Ovvero, non ho voglia di dire nulla. Badate che a riempire la pagina, per dire che non voglio dire nulla, farò più fatica che a svolgere un argomento qualsiasi, magari ispirandomi a una notizia di cronaca. Ma mi pare doveroso dire qualcosa in lode dell'afasia.

Capisco l'obiezione: perché allora non ti rifiuti di mandare la Bustina? Ma perché mi sono impegnato, un giornale vive suoi propri ritmi, la tipografia ha lasciato la pagina libera, se non la mando metto nei guai tanta gente che sta lavorando per fare uscire il settimanale. Non posso mancare all'appuntamento.

Perché allora non la smetto una volta per tutte? Perché quando si scrive da trent'anni sullo stesso giornale, si scrive (come dire?) per fedeltà, perché si è instaurato un dialogo coi lettori, perché fuggire sarebbe viltà. Nessuno è indispensabile, ma se ti hanno comandato di sentinella sull'ultima pagina ci devi stare. Per tigna, per lealtà, per abitudine. E poi perché arriva la settimana che si vorrebbe dire qualcosa, e spiace non avere uno spazio ove dirlo. Solo che per averlo pronto, questo spazio, occorre tenerlo occupato. Come quel personaggio del *Michele Strogoff* di Verne che, per sottrarre il telegrafo alla concorrenza, tenerlo sotto controllo e non interrompere il flusso, telegrafava brani della Bibbia.

In fondo dovrebbe far parte del dovere giornalistico anche dire: "oggi non c'è niente da dire, ovvero, le cose che potremmo dire sono routine, robetta, cicaleccio. Il solito." Guai a fingere. Eppure è la dannazione del giornalismo: un dato numero di pagine ogni giorno o settimana che Dio manda in terra, anche quando non succede niente. Una volta i giornali la risolvevano così: se è ferragosto e non succede nulla, s'inventa. A quei tempi, c'era sempre pronto il mostro del Loch Ness. Era il santo patrono dei giornalisti: appariva sempre a scongiurare il silenzio.

Oggi il serpentone non serve più: altri mostri sono pronti ad aprire la bocca, a dire oggi per smentire domani, tanto le loro parole finiscono nel rumore generale, e prima di sera ce le saremo scordate.

Si può parlare di tutto perché in fin dei conti i lettori dimenticano; ma i lettori si sono abituati a dimenticare perché leggono troppe notizie irrilevanti. D'altra parte, essi stessi non sopporterebbero una pagina bianca. Per sapere che non c'era nulla da sapere, e da leggere, vogliono del pieno. Così, per dire che non c'è nulla da dire un giornale si abbassa a scrivere: "Il Tale non ha ancora scritto il suo prossimo libro." Anche dire che il Nulla nulleggia è notizia.

D'altra parte, che fare? Il giornalismo deve mantenere il canale in attività. Come il guardiano del faro. A un certo momento quel canale libero servirà per dire qualcosa che sarebbe delitto tacere.

Che sogno, la famosa prima pagina del *Times* tutta pubblicità. Oggi non è successo niente, e ve lo diciamo mettendo in prima pagina solo piccoli annunci; facciamo il nostro dovere, che è quello di dire quello che conta. Oggi vi diciamo che nulla conta. Ma neppure il *Times* segue più questa norma aurea.

Una volta (i lettori ricorderanno), quando non trovavo cose importanti di cui parlare, facevo i "giochini", gli ircocervi, le iniziali. Ma questo non mi par tempo da fare giochini. Giocano in troppi, e alla roulette russa.

Oggi non mi sento proprio di dire nulla. Non ho nulla di fresco, tutto è stato detto. Questa è la notizia che ho il dovere di darvi. Ci sono momenti che il silenzio è l'unica notizia. Ma se taci, pensano che hai un segreto. Ebbene, ecco lo scoop: non ho neppure segreti. Forse li avete voi. Provate a scrivere voi una cosa importante. Vi offro un paragrafo. Sostituite ogni X con una diversa lettera dell'alfabeto, a vostra scelta, e stabilite voi gli spazi bianchi, i confini delle parole.

Xxxxxxxxxxxxxxxxxxxxxxxxxxxxxxxxxxxxxx xxxxxxxxxxxxxxxxxxxxxxxxxxxxxxxxxxxxxxxxxxxxxxxxxxxx xxxxxxxxxxxxxxxxxx.

Perdonatemi se vi ho dato l'impressione di essere pigro. Sono invece alacre e preciso: non ho nulla di interessante da dire (questo è certo, potrei giurarlo sulla testa dei miei figli, se non fosse Kitsch), ma forse mi accade perché non c'è davvero nulla d'interessante da dire. È un fior di notizia. Non ditemi che ci rimettete. Dividete il numero delle pagine della rivista per il suo prezzo e vi accorgerete che vi ho rubato qualcosa come sedici lire. Poco, per sapere (una volta tanto) la verità, tutta la verità, soltanto la verità.

1994

ZANZAVERATA DI PEDUCCI FRITTI

Spigolature di lettere e arti

I folli letterari

Esiste un genere saggistico che si può definire come storiografia dei folli letterari, e che si occupa di autori "matti", non solo nell'ambito della letteratura ma anche delle scienze. Cito per esempio *L'histoire littéraire des fous* di Delepierre, 1860, o opere che si occupano di una sola area geografica, come *Les fous littéraires du Quercy* di Louis Greil, 1866. Per non dire del celebre Quérard, *Supercheries littéraires*, 1845, che però si occupa di folli che *ci marciano* e cioè di plagiari, apocrifi e organizzatori di beffe editoriali. Potrei citare alcune opere di Isaac D'Israeli, libri più recenti come quello di Martine Bigeard sui folli letterari in Spagna dal 1500 al 1650, il vasto studio tedesco sulla patologia del genio di Lange-Eichbaum, o l'imponente *Les fous littéraires* di André Blavier (Veyrier, 1982). Qui si trovano opere voluminosissime che dimostrano l'immobilità della terra, o il lavoro di un tal Tardy che prova come il nostro globo giri su se stesso in quarantott'ore. L'indice comprende tra l'altro etimologi a ruota libera, cosmologi, profeti e messia, quadratori del circolo, inventori, filantropi, poeti.

Ho trovato recentemente un libretto molto citato nelle bibliografie, *Les fous littéraires*, di Philomneste Junior (pseudonimo di Gustave Brunet), pubblicato a Bruxelles nel 1880. Vuoi per gioco, vuoi per polemica, vuoi per carenza di metodo, il nostro Brunet non fa una chiara distinzione tra opere folli e opere (anche sensatissime) di autori che nella vita privata soffrivano di disturbi psichiatrici. Ma certamente egli ritiene che l'opera di un folle sia folle, e che un'opera che a lui pare folle presupponga un autore folle.

Appare pertanto ovvio che, accanto a un Attardi che nel 1875 ha pubblicato un libro sulla possibilità dell'abolizione della morte sia violenta che naturale, o a un Henrion che nel 1718 aveva presentato una memoria sulla statura di Adamo, Brunet ponga vari mistici, visionari, alchimisti e cabalisti, da Paracelso a Fludd, da Cyrano di Bergerac a Sade e a Fourier. Talora Brunet gioca su casi indubbiamente singolari, come quando presenta Wronski, un signore che ha pubblicato migliaia di pagine di matematica, scienze naturali, politica, scrivendo lettere allo Zar di Russia e ad altri reggitori di stati europei per proporre una Riforma Assoluta del Sapere Umano e della Meccanica Celeste, onde combattere il Sinistro Disordine Rivoluzionario e le società segrete. Un tal banchiere Arson, che aspirava anch'egli al sapere assoluto, lo aveva a lungo finanziato, poi c'era stata una rottura violenta tra i due e Wronski aveva scritto pagine e pagine contro Arson, intentandogli anche una causa, mai vinta, con richiesta di duecentomila franchi di allora, per furto di verità filosofiche. Si noti che Wronski ogni tanto azzeccava alcune idee, che non erano da buttar via, e per esempio Jakobson lo cita con molto rispetto.

Quello che però fa saltare sulla sedia è che troviamo in questa compagnia Socrate, Newton, Poe e Walt Whitman, e non solo loro. Bisogna dire che Brunet ha una sua logica: trova in Whitman un principio di orgoglio e di rivolta, l'esaltazione della propria individualità e frasi come "io rendo divino tutto ciò che tocco". E commenta: "Non ci sono forse qui tutti i sintomi della demenza?" Per Socrate, anzitutto, Brunet si chiede se bisogna considerarlo scrittore perché il poveretto non ha mai scritto, e ha qualche dubbio se classificare tra i matti un signore che afferma di avere un demone familiare. Conclude che si trattava in ogni caso di monomania. Per Newton è presto detto: genio immortale sì, ma visionario che si è occupato di cabale e interpretazioni dell'Apocalisse. E via di seguito.

Anche Gustave Brunet, come ogni folle letterario, può suggerire qualcosa di buono, e cioè che la nozione di follia può cambiare molto secondo le epoche e le prospettive filosofiche. Non più di un mese fa mi trovavo a parlare con un insigne matematico che mi ha rivelato stupefatto che Leibniz era matto. "Figurati", mi ha detto, "ho scoperto che quest'uomo, che ha scritto opuscoli di logica e di matematica veramente geniali, ha anche scritto alcune opere minori con fantasie deliranti sulle monadi e sull'armonia prestabilita!"

1990

Perché i libri allungano la nostra vita

Quando oggi si leggono articoli preoccupati per l'avvenire dell'intelligenza umana di fronte a nuove macchine che si apprestano a sostituire la nostra memoria, si avverte un'aria di famiglia. Chi ne sa qualcosa riconosce subito quel passo del *Fedro* platonico, citato innumerevoli volte, in cui il faraone, al dio Toth inventore della scrittura, chiede preoccupato se quel diabolico dispositivo non renderà l'uomo disadatto a ricordare, e quindi a pensare.

Lo stesso moto di terrore deve aver colto chi ha visto per la prima volta una ruota. Avrà pensato che avremmo disimparato a camminare. Forse gli uomini di quei tempi erano più dotati di noi per compiere maratone nei deserti e nelle steppe, ma morivano prima e oggi sarebbero riformati al primo distretto militare. Con ciò non voglio dire che quindi non ci dobbiamo preoccupare di nulla e che avremo una bella e sana umanità abituata a far merende sull'erba a Chernobyl: caso mai la scrittura ci ha fatto più abili a capire quando dobbiamo fermarci, e chi non sa fermarsi è analfabeta, anche se va su quattro ruote.

Il disagio verso nuove forme di cattura della memoria si è presentato in ogni tempo. Di fronte ai libri a stampa, su cartaccia che dava l'idea che non avrebbe resistito per più di cinque o seicento anni, e con l'idea che quella roba poteva ormai andare per le mani di tutti, come la Bibbia di Lutero, i primi acquirenti spendevano una fortuna per far miniare i capilettera a mano, onde avere l'impressione di possedere ancora manoscritti su pergamena. Oggi quegli incunaboli miniati costano un occhio della testa, ma la verità è che i libri a stampa non avevano più bisogno di essere miniati. Che cosa ci abbiamo guadagnato? Che cosa ha guadagnato l'uomo con l'invenzione della scrittura, della stampa, delle memorie elettroniche?

Una volta Valentino Bompiani aveva fatto circolare un motto: "Un uomo che legge ne vale due." Detto da un editore potrebbe essere inteso solo come uno slogan indovinato, ma io penso significhi che la scrittura (in generale il linguaggio) allunga la vita. Sin dai tempi in cui la specie incominciava a emettere i suoi primi suoni significativi, le famiglie e le tribù hanno avuto bisogno dei vecchi. Forse prima non servivano e venivano buttati quando non erano più buoni per la caccia. Ma con il linguaggio i vecchi sono diventati la memoria della specie: si sedevano nella caverna, attorno al fuoco, e raccontavano quello che era accaduto (o si diceva fosse accaduto, ecco la funzione dei miti) prima che i giovani fossero nati. Prima che si iniziasse a coltivare questa memoria sociale, l'uomo nasceva senza esperienza, non faceva in tempo a farsela, e moriva. Dopo, un giovane di vent'anni era come se ne avesse vissuti cinquemila. I fatti accaduti prima di lui, e quello che avevano imparato gli anziani, entravano a far parte della sua memoria.

Oggi i libri sono i nostri vecchi. Non ce ne rendiamo conto, ma la nostra ricchezza rispetto all'analfabeta (o di chi, alfabeta, non legge) è che lui sta vivendo e vivrà solo la sua vita e noi ne abbiamo vissuto moltissime. Ricordiamo, insieme ai nostri giochi d'infanzia, quelli di Proust, abbiamo spasimato per il nostro amore ma anche per quello di Piramo e Tisbe, abbiamo assimilato qualcosa della saggezza di Solone, abbiamo rabbrividito per certe notti di vento a Sant'Elena e ci ripetiamo, insieme alla fiaba che ci ha raccontato la nonna, quella che aveva raccontato Sheherazade.

A qualcuno tutto questo dà l'impressione che, appena nati, noi siamo già insopportabilmente anziani. Ma è più decrepito l'analfabeta (di origine o di ritorno), che patisce di arteriosclerosi sin da bambino, e non ricorda (perché non sa) che cosa sia accaduto alle Idi di Marzo. Naturalmente potremmo ricordare anche menzogne, ma leggere aiuta anche a discriminare. Non conoscendo i torti degli altri l'analfabeta non conosce neppure i propri diritti.

Il libro è un'assicurazione sulla vita, una piccola anticipazione di immortalità. All'indietro (ahimè) anziché in avanti. Ma non si può avere tutto.

1991

A prescindere da Totò è meglio Chaplin

Sul *Corriere della Sera* di lunedì scorso Tullio Kezich risponde a Renzo Arbore il quale avrebbe affermato che Totò è più grande di Charlie Chaplin. Kezich osserva che Chaplin è un artista a tutto tondo perché ha concepito e diretto, oltre che interpretato, i suoi film, mentre Totò è stato variamente sfruttato, direi, come "materiale" comico e in modo spesso occasionale. Preciso che sono un fanatico di Totò e non mi stanco mai di rivedere i suoi film, anche se li conosco a memoria, mentre rivedo Chaplin con moderazione, oserei dire con rispettoso distacco. Eppure ritengo che Chaplin sia un grande artista, come Balzac o Vivaldi, mentre Totò resta un insuperabile fenomeno di comicità istintiva, un fatto di natura, come un uragano o un tramonto.

Ci si può beare ogni sera del tramonto, anche se si sa già come va a finire, mentre non si può passare la vita a guardare la Vittoria di Samotracia. Se una donna piace, non ci stanchiamo di cercarla, di guardarla, pensarla e – a Dio piacendo – aver con essa commercio sessuale; invece ci basta ascoltare la Quinta di Beethoven solo una volta ogni tanto, e guai se ce la suonassero tutte le mattine al risveglio.

Quali sono i meccanismi di un'opera che mi permettono di parlare di grande arte in un caso, e di piacevolezza, o di artisticità diffusa e sporadica, intrisa di naturalità, nell'altro? Ecco alcuni spunti (da sviluppare) per una comparazione testuale tra i film di Totò e quelli di Chaplin. Anzitutto, la possibilità dell'universalità. La grande opera, anche questa racconta una storia qualsiasi, induce il destinatario a proiettarvi se stesso e i problemi dell'umanità tutta. Chaplin riesce a far questo, i suoi emigrati, i suoi cercatori d'oro, i suoi innamorati sconfitti, sono tutti noi. Per questo ridiamo a mezza bocca, con gli occhi umidi. Totò rimane invece un partenopeo marginale sulla cui animalità ridiamo senza ritegno perché ci sentiamo superiori a lui.

Secondo elemento, la coerenza testuale. Non potete prendere Chaplin che mangia la scarpa, inserire la gag in *Tempi moderni*, né

Chaplin che impulsivamente ripete il gesto impostogli dalla catena di montaggio, e inserirlo nella *Febbre dell'oro*. Ogni sua gag "fa corpo" col resto dell'opera. Invece la scena del vagone letto è sublime (come il cielo stellato sopra di noi), ma potrebbe essere inserita in qualsiasi film di Totò, e non importa se lui sia un musicista fallito o un nobile decaduto. La prodigiosa iniezione sulla scaletta all'editore Zozzogno (o Tiscordi) starebbe benissimo sia in *Totò le Mokò* che in *Totò cerca moglie*.

Terzo, economia, ovvero la capacità di togliere il soverchio. Totò si è inserito armonicamente in un'opera compiuta solo quando un regista forte lo ha disciplinato e "ridotto" (come è avvenuto con Pasolini o con la scena, da antologia, del Fu Cimin ne *I soliti ignoti*). Per il resto la sua comicità funziona sulla sovrabbondanza e non c'è limite ai "perdinci, anzi perbacco" che potrebbe pronunciare. L'arte invece è risultato di un calcolo con squadra, compasso e misurino. Chaplin svacca, e lo si sente, quando ripete senza ragione certe mossette o sorrisini imbarazzati, e cade quando non sa misurare i suoi tic. Totò ha certamente una tecnica istintiva e sapiente, ma la inserisce in una economia della dismisura. L'economia di costruzione è quella che permette di non rileggere o rivedere troppo sovente la grande opera d'arte: ce ne ricordiamo lo schema, i passi salienti, l'atmosfera. Invece la comicità naturale va consumata con ingordigia, perché non si purifica nella memoria, ma rimette in gioco ogni volta i nervi e le trippe.

L'analisi potrebbe continuare. Si tratta di "anatomizzare" i testi. Alcuni ogni tanto affermano che ad analizzare con precisione anatomica i testi si finisce per far apparire *Topolino giornalista* altrettanto grande di *Re Lear*. Chi dice così è un fuoricorso svogliato che non ha mai letto veramente una pagina dei formalisti russi, o di Jakobson, o di Barthes, o di Greimas, o di Cesare Segre. Si accorgerebbe che avviene esattamente il contrario: solo studiando un'opera come accorta strategia d'effetti si può spiegare quello che altrimenti rimarrebbe come sensazione inspiegabile, e cioè perché Cordelia sia più importante di Clarabella.

1992

Allegria! M'illumino d'immenso

La storia ormai è nota: a un concorso scolastico di poesia arriva soltanto seconda la composizione di un ragazzaccio che, per scherzare, aveva inviato (come farina del suo sacco) *Sereno* di Ungaretti (sezione "Girovago" dalla *Allegria*). Scandali e recriminazioni. La reazione più sensata mi è parsa quella di Roberto Cotroneo, su *L'Espresso* scorso, il quale anzitutto afferma che non è obbligatorio, neppure per un professore, conoscere quella poesia, e che l'averla fatta arrivare seconda è già segno che quella giuria un certo gusto poetico l'avesse. Ma forse vale la pena di aggiungere qualcosa di più.

C'è un giochetto che una volta mi hanno fatto, e che consiste nel chiedere di quale noto autore italiano del Novecento sia l'incipit "Turbata libertà degli incanti". Le risposte sono varie (Ungaretti? Quasimodo? No, Cardarelli...) e alla fine si viene esposti alla tremenda rivelazione: si tratta del titolo di un articolo del Codice Rocco sulla turbativa d'asta. È naturale, in clima ancora dannunziano, anche un giurista preferiva il più arcaico *incanto* ad *asta*, per non dire del pretenzioso giro sintattico. Ma chi sa che il contesto è giuridico, capisce subito che cosa sia un incanto turbato. Se invece ci si dispone a credere (come la domanda maliziosamente suggerisce) che ci si trovi in contesto poetico, quella parola *incanto* si alona di mille connotazioni. Il contesto crea uno spazio, proprio quello spazio bianco che a Ungaretti pareva così importante, dato che aveva appreso da Mallarmè che basta dire "un fiore" e si leverà da quella parola il profumo soave di tutti i fiori assenti.

Ma uno spazio bianco non è un fatto fisico, è un fatto mentale o, come diremmo oggi, una disposizione a ricevere il testo. Prova ne sia che oggi, che conosciamo bene Ungaretti, possiamo godere "M'illumino d'immenso" anche se lo ritroviamo citato senza lo spazio bianco intorno. Quello spazio ce lo ricostruiamo noi.

Un poeta scrive usando parole che si trovano sul dizionario (salvo casi di neologismo). E quelle parole, se le troviamo da sole (o se le isoliamo come se apparissero da sole), sembrano quel che sono, parole del dizionario, che rinviano anzitutto al loro senso più comune. Un mio amico dà il meglio di sé quando a tarda sera, tra pochi sodali, legge in romagnolo *La pioggia nel pineto*. Più che leggerla in romagnolo la legge da romagnolo. Si arresta allo "Odi" iniziale e non va più avanti; si arrabbia, ripete la parola vieppiù imbufalito. Come "odi"? A chi? A me? E come si permette? Ma oda lui... Eccetera. D'Annunzio finisce, come si suol dire, in vacca. Perché? Perché il lettore non si è disposto all'ascolto poetico. È una vecchia proposta di Borges: provate a leggere l'*Imitazione di Cristo* come se fosse stata scritta da Céline. Io, in un mio saggio, ho argomentato che alla fin fine il gioco non riuscirebbe. Ma alla fin fine. Di primo acchito si può. Quando i mistici dell'interpretazione ci dicono che leggere poesia significa disporsi all'ascolto dell'Essere, forse esagerano, ma ci dicono che bisogna disporsi a qualcosa.

La prima volta che *Sereno* è stato pubblicato deve aver colpito la società letteraria, per l'inconsueta brevità dei versi, se non altro: "Dopo tanta – nebbia – a una – a una – si svelano – le stelle..." Ma oggi, che l'ungarettismo è diventato la prima risorsa del cattivo poeta, il quale ritiene che "Io sono contento" diventi poetico solo perché si scrive "Io – sono – contento", il primo moto critico che si ha di fronte a una poesia dai versi troppo brevi, è che si tratti di mero manierismo ermetizzante. Come reagireste voi se trovaste qualcosa che ricorda Ungaretti nel contesto di decine o centinaia di poesie in gran parte ingenue e fatalmente tutte manieristiche? Lo riterreste uno pseudo-Ungaretti e direste: "Non male, si vede che ha letto, ma imita". Diverso sarebbe il vostro atteggiamento se vi dicessero: "Tra queste poesie ce n'è una di Ungaretti. Individuatela." La maggior parte di voi punterebbe il dito su *Sereno*. Vi trovereste *disposti* ad ascoltarla, e quindi a identificarla.

Tutto questo può anche significare che nessuna giuria di poesia, messa di fronte a una massa di componimenti di varia natura, possa davvero trovarsi disposta all'ascolto poetico. Ci è stato ripetuto a sufficienza che l'ascolto poetico presuppone il silenzio, la dedizione, una sorta di cerimonia iniziatoria. Non si legge poesia nel rumore. E una massa di testi disuguali costituisce rumore. Una serie di notizie accumulate senza distinzione di corpo e carattere, come se fossero tutti annunci economici, ci impedisce di riconoscere la notizia veramente importante. E se tra le notizie ci fosse "Piove", non ci verrebbe subito in mente che piove nel pineto.

1992

Andate al Louvre, c'è l'antenato dello zapping e di *Blob*

Si è aperta a metà ottobre al Louvre una mostra dedicata a Giovanni Paolo Pannini (Piacenza 1691-Roma 1765). Il pretesto è il tricentenario, e non si vedono più di una quarantina di quadri e qualche disegno, ché tanto possiede il Louvre. Io rifiuto di interessarmi a qualcosa solo perché è il centenario, e sono riuscito a trascorrere l'anno rossiniano ascoltando Bellini, l'anno colombiano occupandomi di Magellano, se celebrano Piero della Francesca io m'innamoro del Sassetta, a Parigi c'è la mostra degli etruschi e io quest'anno invece voglio vedere gli ittiti. Perché? Perché sono cavoli miei, e non permetto a nessun ente pubblico di impormi chi debbo amare e quando. Ma per Pannini ho fatto un'eccezione, perché mi è simpatico e non è che lo si trovi dappertutto.

Ci ero andato sperando di vedere moltissime "quadrerie", e invece il Louvre ne ha solo due grandi, un abbozzo e una imitazione. Ma ci sono molte belle rovine, e nell'insieme ho potuto rinfrescare alcune riflessioni su questo pittore settecentesco, di cui non si deve parlare all'esame di maturità, ma che mi pare esemplare per noi contemporanei.

Pannini viene definito un vedutista, ma è un vedutista che sa vedere solo opere d'arte. Dipinge un teatro, brulicante di spettatori (piccini piccini, tanti tanti) e coi musicanti sul palco, ma quello che lo interessa davvero è la scenografia, che è chiaramente opera di un altro. Dipinge rovine, a ogni piè sospinto, si innamora delle piramidi romane e le mette dappertutto, accanto a monumenti cadenti che secondo l'ufficio del turismo dovrebbero stare da un'altra parte. Poi in quelle rovine ambienta scene della storia antica, predicazioni di apostoli, eventi biblici, e non gli importa affatto che ai tempi della storia che narra le rovine non fossero affatto in rovina: a lui piace citare monumenti disfatti.

Poi vengono le quadrerie. Dipinge collezioni di quadri, gallerie e saloni immensi che sembrano un albo di francobolli, pieni di quadri sino al limite delle volte altissime, a loro volta affrescate. Dipinge il collezionista che siede o passeggia orgoglioso tra i propri tesori, si eccita per l'eccitazione di chi ha tesaurizzato tanta grazia, ci dà in effetti un catalogo illustrato, e ad andare a vedere con la lente o il lanternino si possono scoprire interessanti imitazioni miniaturizzate di tutta la pittura dei secoli precedenti.

Nei due grandi quadri del Louvre dipinge una raccolta di sculture e vedute di Roma antica e una di Roma moderna. Bolaffi dei tempi suoi, nella prima opera riesce a mettere quasi tutti i monumenti noti della cultura classica, e nella seconda opere di Bernini, Borromini, Sangallo, Vignola, per un insieme di cinquantaquattro capolavori noti, più due monumenti non identificati. Insensibile alla verità museale, colloca nella prima raccolta l'Ercole Borghese, il Galata morente, il Laocoonte e il Leone dell'Acqua felice; nella seconda il Mosè di Michelangelo, il David e l'Apollo e Dafne di Bernini, il leone di Villa Medici. Sembra rappresentare un museo di falsi, ma se così fosse il suo quadro sarebbe la falsificazione (o imitazione) di una serie di falsi. Non ho mai controllato se Pannini abbia messo sulle pareti delle sue gallerie anche quadri che rappresentano un ambiente che contiene dei quadri, ma ne sarebbe stato capacissimo. Il suo capolavoro avrebbe potuto essere un quadro che rappresentasse la raccolta delle sue quadrerie.

Potremmo leggere Pannini come il poeta grottesco del gusto rapace del collezionismo moderno, il cantore epico dell'analità possessiva. Ma potremo anche vederlo come il primo dei postmoderni, se questo termine avesse ancora un senso. Ammesso che ce l'abbia, ecco un pittore oppresso dalla pittura, dalla scultura, dall'architettura del passato il quale, anziché distruggere per dimenticare, cita, copia, ricostruisce, e dell'intera storia dell'arte fa oggetto di un *bricolage* incubatico.

Ma c'è di più. Pannini potrebbe essere visto come il primo artista dello zapping, l'antenato di *Blob*, il profeta dell'universo contemporaneo dell'informazione paralizzata dalla propria crescita esponenziale. Se volete, guardando una quadreria di Pannini, potete anche soffermarvi, zumare su di un quadro tra i cento con cui egli vi opprime: ma per poco, perché basta distogliate lo sguardo per un istante, e quel quadro non lo ritrovate più, rivedete l'insieme, vi fissate su un altro quadro per perdere anche quello... Le quadrerie di Pannini sono l'annuncio di una serata televisiva e del nostro affannato mosaico dinamico, con il pollice che impazzisce sul telecomando, ubbidiente al delirio, che ci spinge, di possedere tutto.

1992

Libri sgangherati

Ho seguito le settimane scorse alcune discussioni sul fatto se Hesse possedesse qualità letterarie tali da giustificare il suo continuo successo. Hesse a parte, ho l'impressione che in questa occasione si sia riproposto un equivoco duro a morire, e cioè che non solo ci sia un rapporto tra il valore artistico e il successo di un'opera, ma addirittura si tratti di un rapporto inverso. Questo modo di pensare si è ulteriormente sviluppato di fronte alla diffusione della cultura di massa (da metà Ottocento ai giorni nostri), dove il prodotto tende a strizzare l'occhio al pubblico e a vellicarne sovente le propensioni meno nobili. Ma per quanto riguarda le arti e le lettere, il modello dell'artista grande, ma incompreso e sfortunato in vita, è di stampo romantico ed è stato ampliato dalle avanguardie novecentesche, le quali si proponevano programmaticamente la sfida dei gusti correnti, e quindi il rifiuto da parte del pubblico era indice di riuscita. Il che era vero per Picasso, ma ha permesso a molti sventurati di credersi l'Anti-Artusi solo perché i loro manicaretti davano il voltastomaco.

Però in passato era altrettanto vincente il modello dell'artista vezzeggiato dai potenti e idolatrato dal popolo. Dante aveva avuto degli insuccessi politici, ma non letterari, prova ne sia che la leggenda lo vuole irritato col fabbro che storpia i suoi versi, segno che già in vita era ammirato persino dagli analfabeti. Artisti grandissimi hanno avuto immediato e vasto successo (Virgilio, Giotto, Shakespeare, Manzoni e Tolstoj); altri altrettanto grandi furono disprezzati, o amati solo da pochi eletti (Nerval o Joyce), e parimenti hanno galvanizzato le folle opere di scarso valore artistico, come i romanzi di Sue o *Via col vento*.

L'umanità si arrovella da secoli per definire le condizioni del valore artistico, ma ha dedicato poche riflessioni alle condizioni del successo, che non sono mai casuali. Le più ovvie sono quelle per cui un'opera incarna in qualche modo sentimenti e ideali in cui la società, o una parte di essa, desidera riconoscersi: Corneille, Hesse appunto (almeno per una frangia giovanile), Berchet o Manzoni, la Marsigliese, il Topolino del New Deal e il Virgilio del secolo aureo. Non è una questione di valore, ma di adeguatezza rispetto a un sistema di attese.

Altre volte il successo è dovuto a una certa "cantabilità", e anche questa qualità è indipendente dal valore artistico (ovvero costituisce condizione di artisticità elementare che può apparire sia in un'opera grandissima che in un prodotto artigianale). Verdi è cantabile, ed è cantabile *Pippo non lo sa*; le storie di Nero Wolfe sono cantabili come i telefilm del tenente Colombo, ma cantabilissimo è sempre apparso Petrarca. Invece uno dei più grandi gioielli della letteratura di tutti i tempi, *Sylvie* di Nerval, sembra cantabile, mentre ha in realtà una struttura armonica così complessa che si può solo rileggerlo, non solfeggiarlo a memoria. Vivaldi è cantabile e Debussy no.

Ma tempo fa, cercando di spiegare perché *Casablanca* fosse diventato oggetto di culto, ho avanzato l'ipotesi che una condizione del successo e del culto sia la "sgangheratezza" dell'opera. *Casablanca* è stato costruito a pezzi e a bocconi mettendoci dentro tutti i cliché possibili, e ne è venuto fuori un manuale di cinefilia. Proprio per questo può essere usato, per così dire, a pezzi smontabili, ciascuno dei quali diventa citazione, archetipo. Ma oltre alla sgangheratezza c'è anche la sgangherabilità. In un saggio memorabile Eliot aveva azzardato che questa fosse anche la ragione del successo di *Amleto*, la meno compiuta e costruita delle tragedie shakespeariane, fusione non completamente riuscita tra diverse fonti, che diventa bello perché interessante e non interessante perché bello. La *Divina Commedia* non è per nulla sgangherata, ma risulta però sgangherabile al punto tale che i suoi fanatici giocano persino a fare crittografie dantesche, usando versi singoli e sfusi.

L'immenso millenario successo della Bibbia è dovuto alla sua sgangherabilità, visto che (Dio mi perdoni) è stata scritta a più mani. *Amleto* rimane un'opera sublime, mentre il *Rocky Horror Picture Show* (diciamolo) è una immonda schifezza, eppure entrambi sono oggetti di culto, l'uno perché sgangherabile e l'altro perché così sgangherato da permettere ogni gioco d'interazione possibile. E poi rimane quell'altro enigmatico oggetto di culto (ma non popolare) che è il *Finnegans Wake* di Joyce: volutamente concepito proprio affinché potesse essere sgangherato all'infinito.

1992

Nozionismo e nozioni

Una decina di giorni fa *La Stampa* ha riaperto la discussione sul nozionismo, che pare ridiventato di moda. Certamente la contestazione sessantottesca, e le varie riforme o aggiustamenti empirici dell'insegnamento avevano cercato di eliminare ogni forma di apprendimento basata sullo studio di nozioni pure e semplici, e "nozionismo" era diventata una brutta parola. Siccome immagino che, almeno nelle scuole, la piccola polemica provocherà un dibattito, vorrei fare alcune distinzioni. Anzitutto distinguiamo nozioni da nozionismo. Di qualsiasi cosa una persona si occupi ha bisogno di possedere alcune nozioni ed è bene, leggendo che c'è stato uno sbarco in Somalia, avere una minima idea di dove si trovi questo paese.

Ma quanto deve sapere sulla storia della Somalia una persona che si consideri colta? Essere colti non significa ricordare tutte le nozioni, ma sapere dove andarle a cercare. Supponete di sapere pochissimo su Gioacchino Murat, di essere improvvisamente eletto assessore comunale a Pizzo Calabro e vi dicono alle undici di mattina che alle due si deve discutere in consiglio su come organizzare una commemorazione di quel personaggio; dovreste essere in grado, nel giro di tre ore, di reperire le informazioni che vi permetteranno di sostenere la discussione in modo dignitoso. Essere colti significa sapere che, se non avete sottomano un'enciclopedia, le nozioni su Murat vanno cercate sul libro di storia e non su quello di filosofia, e nel terzo, non nel primo volume.

È talora la mancanza di questo quadro mentale che distingue l'autodidatta dalla persona colta: l'autodidatta può sapere tutto su Zanzibar ma niente sulla Somalia, e ignorare che si trovano sulla stessa costa orientale dell'Africa. La persona colta può sapere poco di entrambi, ma sa che guardando l'atlante deve cercare sulla destra e non sulla sinistra della carta.

Per questo fanno male certi riformatori americani dell'educazione, che vorrebbero che i neri d'America studiassero all'università solo la storia dell'antico impero del Mali e non Platone. Siamo culturalmente handicappati noi occidentali, certo, che non sappiamo nulla sull'impero del Mali, ma resterebbe mentalmente handicappato un afroamericano che non sapesse collocare la storia del Mali rispetto a quella dell'Europa.

Aver nozioni significa essere ricchi di riferimenti utili. Credo che sia bene che un ragazzo abbia una vaga idea di dove si trova Zanzibar, anche se nella vita gli accadrà raramente di dover esibire questa nozione. Queste nozioni si acquisiscono senza sforzo, basta avere un poco di curiosità e buona memoria. E la memoria si tiene in allenamento anche mandando a mente una ottava ariostesca ogni giorno, così come tutti prima della doccia, anche in età avanzata, dovrebbero fare alcune flessioni.

C'è un gusto nozionistico, che definirei ginnastico, che non è male coltivare. Basta sapere che vale quello che vale. È divertente, almeno per me, trovarmi a cena con amici di pari senso sportivo e sfidarli, che so, sui *Tre moschettieri*. In che via abitava Athos? E Aramis? E perché Dumas si è sbagliato nell'indicare la via dove abitava Aramis? Provate, e per piacere non scrivetemelo, perché lo so già. Ma va bene anche se vi sfidate sui terzini dell'Inter nel campionato dell'anno tale.

Da questo senso sportivo del nozionismo nasce la sua accezione circense: il campione di quiz esibisce il suo nozionismo come il leone esibisce al circo la sua destrezza. Niente di male a seguire con divertimento un programma di quiz, anche se sappiamo che l'incontro è truccato. Badate, non dico che il concorrente riceva la dritta poche ore prima (come era accaduto in America con lo scandalo van Doren), dico solo che qualsiasi organizzatore di quiz ha controllato il sapere del candidato, sa più o meno quali sono le sue fonti e pertanto è facile favorire un candidato popolare e mettere alle corde un candidato noioso.

Si deve evitare di identificare il nozionismo con la cultura, ma la persona colta deve avere una certa propensione al gusto nozionistico, per ragioni di buona salute mentale. E infine si dovrebbe essere capaci di distinguere tra nozione e conoscenza, ma non è una cosa facile. Per un medico sapere quando Jean-Jacques Rousseau ha scritto il suo saggio sulle origini del linguaggio è solo una nozione, e gli basta sapere in che scorcio di secolo Rousseau ha vissuto e perché è così importante anche per noi. Ma per uno studioso della filosofia del Settecento il problema è fondamentale, perché c'è un dibattito sul decennio in cui questo libro è stato scritto, e la data non è più una nozione, bensì un dato essenziale per capire il pensiero roussoviano.

1992

Elogio dei classici

Dicono che in questo periodo di crisi del libro vendono bene i classici. E non solo quelli a mille lire, ma anche quelli in cofanetto. E non solo quelli del girone A come Platone, ma anche quelli del girone B come Cicerone; e siccome vengono letti materialisti come Epicuro e panteisti come Plotino, qui non c'entra né la rinascita delle destre né l'avanzata delle sinistre. Diciamo che gli editori, annusando gli umori del pubblico, si sono resi conto che in un momento di crollo e ristrutturazione di tutti i valori, i lettori cercano qualche cosa di sicuro. Perché i classici danno sicurezza? Perché un classico è un autore che, specie in periodi in cui si copiava a mano, ha indotto molti a ricopiarlo, e lungo i secoli ha sconfitto l'inerzia del tempo e le sirene dell'oblio. Si sono anche salvati autori che non valevano il costo della pergamena, mentre altri, forse grandissimi, sono stati condannati alla dimenticanza perpetua; ma statisticamente la comunità degli uomini ha reagito sulle basi di un sano buon senso, e ci sono forti probabilità che un autore diventato classico abbia ancora qualcosa di buono da dirci.

Una seconda ragione è che in un periodo di crisi si rischia di non sapere più chi siamo. Ora un classico non solo ci dice come si pensava in un tempo lontano, ma ci fa scoprire che e perché oggi pensiamo ancora in quel modo. Leggere un classico è come psicanalizzare la nostra cultura attuale, si ritrovano tracce, ricordi, schemi, scene primarie... Ecco, si esclama, io ora capisco perché sono così – o perché qualcuno si sforza di volermi così: la faccenda è cominciata da questa pagina che ora sto leggendo. E ci si ritrova ancora a essere aristotelici, o platonici, o agostiniani, nel modo in cui organizziamo la nostra esperienza – e persino nel modo in cui sbagliamo a farlo.

La lettura dei classici è un viaggio alle radici. Spesso non si cercano le radici per nostalgia di qualcosa che si è conosciuto, ma per il vago sentimento di essere cresciuti da un ceppo ignoto. L'americano di nascita, che improvvisamente avverte il bisogno di *tornare* (andandoci per la prima volta) al paese in cui sono nati i suoi nonni, sta facendo un viaggio motivato da una nostalgia virtuale. Ogni lettore che scopre i classici è un americano, naturalizzato da infinite generazioni, che avverte il bisogno di sapere qualcosa sui propri antenati, per ritrovarne la presenza nei propri pensieri, gesti, tratti del volto.

L'altra bella sorpresa che spesso i classici ci riservano è di accorgerci che erano più moderni di noi. Rimango sempre esterrefatto di fronte a certi pensatori d'oltre oceano, culturalmente sradicati, dalle bibliografie che non riportano se non libri pubblicati nell'ultimo decennio, che elaborano una certa idea, e spesso la sviluppano male, senza sapere che una idea analoga era stata sviluppata meglio mille anni fa (o che già mille anni fa si era dimostrata sterile).

Ho tra le mani in questi giorni *Il maestro e la parola* di sant'Agostino (Agostino per gli intimi), pubblicato da Rusconi, testo a fronte, a cura di Maria Bettetini. Contiene quattro trattatelli di cui consiglierei di leggere il *De magistro*. Si potrebbe dire che ricorda il miglior Wittgenstein, se Wittgenstein non ricordasse il miglior Agostino. Si veda come, da una semplice passeggiata con Adeodato, il proprio figlio naturale (eh sì, prima di diventar santo il mascalzoncello ne aveva combinata qualcuna), il padre-maestro sappia trarre una serie di folgorazioni su cosa voglia dire parlare. Dico "da una passeggiata", non semplicemente "nel corso di una passeggiata", perché è la stessa esperienza corporale del camminare che talora suggerisce ad Agostino di spiegar meglio l'uso che facciamo delle parole, attraverso gesti, movimenti, arresti e accelerazioni del passo... Quando un classico è così vicino a noi, ci si rammarica di non averlo letto prima.

L'altro giorno è venuto da me uno studente di filosofia, che mi ha chiesto che cosa deve leggere per imparare a ragionar bene. Gli ho suggerito il *Saggio sull'intelletto umano* di Locke. Mi ha chiesto perché proprio quel libro, e gli ho risposto che se quel giorno fossi stato di umore diverso avrei potuto benissimo suggerirgli in cambio un dialogo di Platone, o il *Discorso del metodo*. Ma siccome bisogna pur cominciare da qualche parte, con Locke avrebbe avuto l'esempio di un signore che ragionava bene, chiacchierando amabilmente con gli amici, e senza bisogno di usare parole difficili. Mi ha chiesto se quella lettura gli sarebbe servita per una certa ricerca che stava facendo. Gli ho detto che gli sarebbe servita anche se poi avesse fatto il venditore di macchine usate. Avrebbe semplicemente conosciuto un uomo che valeva la pena di conoscere. A questo serve la lettura dei classici.

1993

Un trattato sugli stuzzicadenti

Forse non sapete quanto sia saporosa la lettura dei cataloghi di libri antichi. Non solo per il collezionista, interessato alla bellezza o antichità della copia, ma anche per il curioso a caccia di stravaganze.

Ho ora tra le mani il catalogo *Cabinet de curiosités II* della libreria parigina Intersigne e sfogliando l'elenco di questi 535 titoli sono tentato di leggerli tutti. Lascio perdere squisite pubblicazioni mediche dell'epoca positivistica: analisi sulla follia di Rousseau o di E.T. A. Hoffmann e un *Maometto considerato come alienato* del 1842; esperimenti di trapianto di testicoli dalla scimmia all'uomo; protesi testicolari in argento; le opere del celebre Tissot sulla masturbazione (come causa di cecità, sordità, demenza precoce e così via); un'operetta in cui si denuncia la pericolosità della sifilide come possibile causa di tubercolosi; un'altra del 1901 sulla necrofagia. Mi limito a titoli decisamente meno scientifici, e per lo più li tradurrò in italiano, anche se si tratta di opere francesi.

Vorrei avere un certo Andrieu, *Dello stuzzicadenti e dei suoi inconvenienti*, 1869. Mi attrae Ecochoard, sulle varie tecniche d'impalamento, nonché Fournel, *Della funzione dei colpi di bastone* (1858), dove si fornisce una lista di scrittori o artisti celebri che sono stati bastonati, da Boileau a Voltaire e Mozart. Tale Berillon (indicato come esempio di uomo di scienza accecato dal nazionalismo) in piena guerra mondiale (1915) scrive un *La polychésie de la race allemande* dove dimostra che il tedesco medio produce più materia fecale del francese, e di odore più sgradevole.

Un signor Chesnier-Duchene (1843) elabora un complesso sistema per tradurre il francese in geroglifici di nuovo conio, in modo di renderlo comprensibile a tutti i popoli. Tal Chassaignon (ma questo ce l'ho) scrive nel 1779 quattro volumi di cui val la pena di assaporare il titolo: *Cataratte dell'immaginazione, diluvio della scribomania, vomiti letterari, emorragie enciclopediche, mostri di mostri*. Diciamo – ma chi ha mai avuto il coraggio di leggere tutte queste 1500 pagine? – che questo signore, che i bibliografi definiscono unanimemente come dissennato, gioca su tutta la letteratura universale, da Virgilio agli scrittorucoli più demenzialmente marginali, per trascinarli nel giro del proprio delirio, traendone citazioni, episodi curiosi, osservazioni che riempiono pagine e pagine di note, passando dai pericoli della critica della modestia all'elogio della lode, dalle profezie di Ezechiele alle radici di liquerizia.

Sul catalogo trovo un'operetta del 1626 sull'Ordine dei Cornuti Riformati, che di questi adepti descrive lo statuto, la cerimonia d'iniziazione, e fa risalire l'origine dei cornuti alla Torre di Babele. E sul catalogo Schreiber riappare un libro che ha avuto innumerevoli edizioni dal 1714 all'inizio dell'Ottocento. Si tratta (anche questo ce l'ho, ma non è affatto raro) del *Capolavoro di uno sconosciuto* di tal Saint-Hyacinthe, che però si firmava Chrisostome Matanasius.

Si deve sapere che un tempo quello che oggi chiamiamo il "paratesto" – e cioè i testi che accompagnano un'opera, dal risvolto alla pubblicità, alle recensioni, ai comunicati stampa e così via – faceva parte del libro. Il titolo di solito occupava una pagina ed era un vero e proprio soffietto che dell'opera esaltava il contenuto e il valore; e l'opera era preceduta da una serie di poemetti di elogio, saluti, lodi e panegirici composti dagli amici dell'autore.

Il Matanasius costruisce una pirotecnica parodia di questa tendenza, e scrive un libro in cui il materiale prefatorio, per non dire delle postfazioni, e delle risposte alle risposte (in lingue diverse, con maccheroniche traslitterazioni dal francese in ebraico), è quasi più lungo del testo vero e proprio, il quale fa il verso alle opere di erudizione. Infatti d'altro non si tratta che di un elefantiaco commento a una canzone popolare di quaranta versi.

La prima edizione era abbastanza esile, ma via via che l'opera si ristampava, o almeno sino all'ottava edizione prima che l'autore morisse, l'opera aumentava grazie al contributo di altri burloni amici dell'autore. L'edizione che ho io, del 1716, ha trecento pagine, quella del 1754, che trovo ora descritta, ne ha ormai 528.

Mi fermo qui, e spero che questa rapida rassegna serva almeno di consolazione a chi si lamenta che ai giorni nostri si stampino troppi libri inutili.

1993

Quella schifezza della *Quinta*

"Sarò forse duro di comprendonio, ma non riesco proprio a capacitarmi del fatto che un signore possa impiegare trenta pagine per descrivere come si giri e rigiri nel letto prima di prendere sonno." Con questa motivazione un lettore dell'editore Ollendorf aveva respinto la *Recherche* di Proust. Questo severo giudizio di un lettore professionista non poteva mancare nella divertente raccolta di giudizi di lettura e lettere di rifiuto che André Bernard ha raccolto per Pushcart Press (*Rotten Rejections*).

La raccolta registra autore, titolo e data, ma non il nome dell'editore che ha respinto il manoscritto. C'è però a inizio del libro una lista degli editori coinvolti, e ci troviamo proprio tutti, da Faber & Faber a Doubleday, dal *New Yorker* alla *Revue de Paris*. Nel 1851 *Moby Dick* viene respinto in Inghilterra col seguente giudizio: "Non pensiamo che possa funzionare per il mercato della letteratura per ragazzi. È lungo, di stile antiquato, e ci pare che non meriti la reputazione di cui pare godere." A Flaubert nel 1856 viene respinta *Madame Bovary* con questa lettera: "Signore, avete seppellito il vostro romanzo in un cumulo di dettagli che sono ben disegnati ma del tutto superflui." A Emily Dickinson, viene rifiutato il primo manoscritto di poesie nel 1862 con: "Dubbio. Le rime sono tutte sbagliate."

Per quanto riguarda il nostro secolo, ecco alcuni esempi. Colette, *Claudine a scuola*, 1900: "Non riuscirebbe a vendere neppure dieci copie." Henry James, *La fonte sacra*, 1901: "Dà decisamente sui nervi... Illeggibile. Il senso dello sforzo diventa esasperante al massimo grado. Non c'è storia." Max Beerbohm, *Zuleika Dobson*, 1911: "Non credo ci interessi. L'autore è più stimato da se stesso che da chiunque altro e non ha mai raggiunto livelli notevoli nel suo lavoro letterario." James Joyce, *Dedalus*, 1916: "Alla fine del libro tutto va in briciole. Sia la scrittura che le idee esplodono in frammenti umidicci, come polvere pirica bagnata." Francis Scott Fitzgerald, *Al di qua del Paradiso*, 1920:

"La storia non arriva a una conclusione. Né il carattere né la carriera del protagonista sembrano arrivare a un punto che giustifichi il finale. In breve, mi pare che la storia non concluda." Faulkner, *Santuario*, 1931: "Dio mio, Dio mio, non possiamo pubblicarlo. Finiamo tutti in prigione."

George Orwell, *La fattoria degli animali*, 1945: "Impossibile vendere storie di animali negli USA." Su *Molloy* di Beckett, 1951: "Non ha senso pensare a un pubblicazione: il cattivo gusto del pubblico americano non coincide col cattivo gusto dell'avanguardia francese." Per il *Diario* di Anna Frank, 1952: "Questa ragazza non sembra avere una speciale percezione ovvero il sentimento di come si possa portare questo libro al di sopra di un livello di semplice curiosità." William Golding, *Il signore delle mosche*, 1954: "Non ci pare che lei sia pienamente riuscito a sviluppare una idea che avrebbe potuto essere promettente." Nabokov, *Lolita*, 1955: "Dovrebbe essere raccontato a uno psicoanalista, e probabilmente è stato fatto, ed è stato trasformato in un romanzo che contiene alcuni passi di bella scrittura, ma è eccessivamente nauseante, anche per il più illuminato dei freudiani... Raccomando di seppellirlo per mille anni." Malcolm Lowry, *Sotto il vulcano*, 1947: "I *flashbacks* sulle vite dei personaggi, così come i pensieri passati e presenti, e le emozioni, sono noiosi e poco convincenti... Il libro è troppo lungo e troppo elaborato per quel che cerca di dire." Joseph Heller, *Comma 22*, 1961: "Proprio non riesco a rendermi conto di cosa quest'uomo volesse fare. Si tratta di un gruppo di soldati americani in Italia che vanno a letto con le mogli l'uno dell'altro e con qualche prostituta italiana, ma senza che la cosa appaia interessante. Certamente l'autore vorrebbe riuscir divertente, forse fa della satira, ma non ce la fa a divertire a nessun livello intellettuale. Ha due trovate, entrambe pessime, e ci torna sopra senza sosta... Una noia senza fine."

H.G. Wells, *La macchina del tempo*, 1895: "Poco interessante per il lettore comune e non abbastanza approfondito per il lettore scientifico." Quanto alla *Guerra dei mondi* dello stesso autore, esso viene respinto nel 1898 con: "Un incubo senza fine. Non può funzionare. Mi pare che il verdetto dovrebbe essere: per carità non leggete questo libro orribile." *La buona terra* di Pearl Buck, 1931: "Mi spiace, ma il pubblico americano non è per nulla interessato in alcunché riguardi la Cina." *The Ipcress file* di Len Deighton, 1963: "Non solo s'impantana a mezza strada, ma tende a perdere tempo con cose inessenziali. Sembra non avere alcuna idea di ritmo narrativo, si compiace delle parole, delle finezze stilistiche, e questo mi fa star male." Le Carré, *La spia che venne dal freddo*, 1963: "Diamogli il benservito. Le Carré non ha futuro."

Leggendo questi giudizi mi sono ricordato di *Experts speak* di Christopher Cerf e Victor Navasky, tradotto nel 1985 da Frassinelli come *La parola agli esperti*. Questo libro registrava *gaffes* megagalattiche in tutti i campi, dalla scienza alla politica, conteneva ovviamente anche una sezione su letteratura, arti, cinema e teatro, e i vari giudizi, anche quelli editoriali, erano corredati dalla fonte. Tralascio i rifiuti editoriali (il tono è sempre quello del libro di Bernard) e passo a recensioni o a giudizi critici in qualche modo pubblicati.

Honoré de Balzac: "Nei suoi romanzi non c'è niente che riveli particolari doti immaginative, né la trama, né i personaggi. Balzac non occuperà mai un posto di rilievo nella letteratura francese" (Eugène Poitou, *Revue des deux mondes*, 1856). Emily Brontë: "In *Cime tempestose* i difetti di *Jane Eyre* [della sorella Charlotte] vengono moltiplicati per mille. A pensarci bene, l'unica consolazione che ci resterà è il pensiero che il romanzo non diventerà mai popolare" (James Lorimer, *North British Review*, 1849). Emily Dickinson: "L'incoerenza e la mancanza di forma delle sue poesiole – non saprei definirle altrimenti – sono spaventose" (Thomas Bailey Aldrich, *The Atlantic Monthly*, 1982).

Thomas Mann: "I *Buddenbrook* non sono altro che due volumoni in cui l'autore racconta storie insignificanti di gente insignificante in uno stile insignificante" (Eduard Engel, 1901). Herman Melville: "*Moby Dick* è un libro triste, squallido, piatto, addirittura ridicolo... Quel capitano pazzo, poi, è di una noia mortale" (*The Southern Quarterly Review*, 1851). Walt Withman: "Walt Withman ha lo stesso rapporto con l'arte che un maiale con la matematica" (*The London Critic*, 1855).

Passiamo alla musica. Su Bach, Johann Adolph Scheibe affermava nel *Der critische Musikus*, 1737: "Le composizioni di Johann Sebastian Bach sono totalmente prive di bellezza, di armonia e, soprattutto, di chiarezza." Louis Spohr recensiva nel 1808 la prima esecuzione della *Quinta* di Beethoven con: "Un'orgia di frastuono e di volgarità." Ludwig Rellstab (*Iris im Gebiete der Tonkunst*, 1833) diceva che Chopin "se avesse sottoposto le sue musiche al giudizio di un esperto, questi le avrebbe stracciate... Comunque vorrei farlo io." La *Gazette Musicale de Paris*, 1853, scriveva che "Il *Rigoletto* è carente sul piano melodico. Quest'opera non ha nessuna possibilità d'inserirsi nel repertorio." D'altra parte anche *Amadeus* (commedia e film) hanno reso celebre il giudizio dell'imperatore d'Austria dopo le *Nozze di Figaro* di Mozart: "Ci sono troppe note."

Per le arti, *The Churchman* del 1886 dice che "Degas è un ragazzino che spia dietro le quinte e nei camerini delle ballerine, osservando solo i lati più disgustosi e offensivi della femminilità e riproducendone l'aspetto più grottesco e depravato." Louis Etienne (*Le Jury et les exposants*, 1863) diceva di Manet che "*Le dejeuner sur l'herbe* è uno scherzo di cattivo gusto, un dipinto sconcio e indegno di essere esposto." Ma in questi due ultimi giudizi giocava una prevenzione moralistica, e quindi a loro modo erano giustificabili. Lo è meno Ambroise Vollard (mercante d'arte celebre per il suo fiuto), che nel 1907 liquidava *Les Demoiselle d'Avignon* di Picasso con: "è l'opera di un pazzo."

Tralascio un certo Hunt che a inizio Ottocento diceva che Rembrandt non era neppure lontanamente comparabile a Rippingille (avverto i lettori complessati che sono autorizzati a non sapere chi fosse)[1] e un signore un poco più noto di Hunt e Rippingille, niente di meno che William Blake, il quale affermava "non vedo ragione di fare il nome di Tiziano e dei veneti quando si parla di pittura. Sono degli idioti, non degli artisti." Ma qui entriamo nell'area dell'incomprensione tra geni, e basteranno pochi esempi. Emile Zola, in occasione della morte di Baudelaire, necrologizzava: "Fra cent'anni *Les fleurs du mal* verranno ricordati solo come una curiosità." Non contento di avere stracciato Baudelaire, diceva di Cezanne: "Avrà avuto anche le doti di un grande pittore, ma gli è mancata la volontà di diventarlo." Nel Diario di Virginia Woolf si legge: "Ho appena terminato di leggere lo *Ulysses* e lo giudico un insuccesso... È prolisso e sgradevole. È un testo rozzo, non solo in senso oggettivo, ma anche dal punto di vista letterario." Ciaikowskij nel suo diario scriveva di Brahms: "Ho studiato a lungo la musica di quel furfante. È un bastardo privo di qualità." Degas consigliava un collezionista, a proposito di Toulouse-Lautrec: "compera dei Maurins! Lautrec è legato a un'epoca!" Manet, di Renoir, diceva a Monet: "Quel ragazzo non ha il minimo talento."

Così non vorrei essere severo su giudizi che riguardano più il fiuto per gli affari che il gusto estetico, e più che la storia dell'arte interessano la storia dello *show business*. Irving Thalberg, dirigente della Metro, nel 1936 dissuadeva qualcuno dall'acquistare i diritti di *Via col vento* dicendo che "nessun film sulla guerra civile ha mai reso un soldo"; e Gary Cooper, dopo aver rifiutato il ruolo di Retth Butler, commentava: "*Via col vento* sarà il fiasco più clamoroso nella storia di Hollywood. Sono proprio contento che a trovarsi nei guai sarà Clark

[1] Naturalmente mi attendo subito la lettera di un lettore che si stupisce che io ignori Rippingille e mi cita qualche volume d'antiquariato in cui è ampiamente citato, così sapremo finalmente perché Rembrandt non valeva niente.

Gable e non Gary Cooper.” D’altra parte dopo un provino di Clark Gable, nel 1930, Jack Warned diceva: “Che me ne faccio di un tipo con delle orecchie simili?” E un dirigente sempre della Metro, dopo un provino di Fred Astaire, nel 1928: “Non sa recitare, non sa cantare ed è calvo. Se la cava un po’ con la danza.” Che poi, a pensarci bene, non era del tutto sbagliato. Eppure era un errore.

Trovo anche comprensibilissimo il giudizio che Samuel Pepys (dal *Diario*, 1662) dava sul *Sogno di una notte di mezza estate*: “È il lavoro più stupido e ridicolo che abbia mai visto in vita mia.” Pepys è prezioso come testimone di costume, ma preferiva toccare il sedere alle servotte che capire le arti. E d’altra parte la sua sordità ci ricorda che in alcune epoche anche dei grandissimi già ascritti al Canone sono stati svalutati (come Dante nel Settecento).

Quello che ci colpisce in queste raccolte sono i giudizi contemporanei, dati a caldo. Quasi ad ammonirci che le opere d’arte vanno lasciate riposare, come i vini.

1993

Era una notte buia e tempestosa. Ma in quale data?

Il libro che ho tra le mani si intitola *Il gioco dei giorni narrati – Antologia critica del tempo immaginario* (Giunti), e l'autore, Toni A. Brizi, vi appare solo come curatore. Anche se a mettere insieme quelle 367 pagine deve aver lavorato più che se le avesse scritte lui. Infatti ha trovato per ogni giorno dell'anno, la pagina di un romanzo in cui viene citata appunto quella giornata.

Ho detto 367 pagine (senza calcolare le 18 di precisa bibliografia). Infatti l'anno è bisestile, inizia con Nabokov, il quale annunzia che Lolita avrebbe compiuto tredici anni il primo gennaio, il ventinove di febbraio se lo aggiudica Rex Stout ("con la presente dichiaro che sabato 29 febbraio 1967 ho colpito mia cognata Isabel Kerr con un portacenere e l'ho uccisa"), e il trentun dicembre appare due volte, prima a cura di José Saramago, poi in modo che l'anno si morda la coda e reintroduca il primo gennaio, perché in quel brano Marco Lodoli parla della notte di capodanno del Duemila.

Una raccolta del genere non la si mette insieme in pochi mesi. Non credo neppure debba venir programmata. Nasce evidentemente da una passione per il tempo, o più esattamente per quelle marche del tempo che nella teoria della narratività vengono chiamate crononimi (e se con Oscar Wilde il nove novembre passate per Grosvernor Square, allora al crononimo avete aggiunto anche il toponimo).

Toni Brizi deve aver iniziato chissà da quando a segnare, a mano a mano che leggeva libri, tutti i casi in cui veniva citata una data. Ma mi immagino come si sarà sentito quando, all'appressarsi del momento finale, si sarà trovato sguarnito, dico per dire, sul venticinque maggio? Che fare? Rileggere tutta la Biblioteca di Babele? Come abbia fatto non so, ma ecco spuntare Jamaica Kincaid che fa affermare a tale Lucy di essere nata proprio quel giorno. Che sollievo.

Non solo, ma quando Brizi ha trovato una data riferita a calendari orientali, l'ha tradotta in termini di calendario attuale, mentre ha tenuto per buone le date calcolate dopo Cristo ma prima della riforma gregoriana. Così la Beatrice della *Vita nuova* muore il nove di giugno, e Iside va a occupare il cinque marzo, teste Apuleio.

Quello che colpisce di questa graziosa e dissennatissima impresa è l'assoluta gratuità: di fatto Brizi, in una brevissima prefazione, non cerca affatto di trarne conclusioni critiche. Accenna al fatto che Stendhal, Verne, Tabucchi, Buzzati o Virginia Woolf abbondano in date, mentre Kafka, Conrad, James, Pavese e Kundera paiono poco interessati al calendario – ma non temete, almeno ne *Il castello* di Kafka si trova un tre di giugno.

Tuttavia questo dice poco sullo stile, o sulla poetica dell'autore. Le riflessioni spettano ora al lettore – e più ancora direi agli scrittori, che potranno interrogarsi sul perché abbiano inserito una data. Per alcuni si tratta di una tecnica di *veridizione*, quasi a rendere verosimile la storia, come a dire al lettore "bada, parlo di cose che si sono svolte in questo mondo." Si sa di autori che hanno situato la loro vicenda in una data precisa per ragioni magico-sentimentali, perché era un giorno in cui a loro (non ai personaggi) era accaduto un evento mirabile, e in tal senso un crononimo lasciato cadere quasi per caso può tener luogo di una rinnovata dichiarazione d'amore.

Talora una data all'inizio condiziona una data alla fine. Un narratore può scegliere una data per crearsi un ostacolo. Dopo, i conti debbono tornare, certe cose debbono necessariamente avvenire, se non in un certo giorno, almeno in una certa stagione. Si sceglie una data come un musicista sceglie una certa tonalità, un poeta l'ottonario o la rima baciata. E questa dell'ostacolo mi pare una idea importante, perché la fantasia può scatenarsi solo tra le maglie della costrizione. E chissà quanti degli autori di questa antologia hanno sofferto per la data che si erano imposti. O l'hanno cambiata all'ultimo momento per far quadrare i conti.

È curioso che, con ben tre citazioni di Dumas, Brizi trascuri quel fatale primo lunedì dell'aprile 1625 con cui inizia *I tre moschettieri*. Lo informo che un agile calendario elettronico avrebbe potuto dirgli che si trattava del giorno sette (che si aggiudica invece Durrell). Ma certamente che la storia di d'Artagnan inizi nel 1625 obbliga poi Richelieu a firmare nel 1627 il salvacondotto consegnato a Milady. Per Brizi questo accade il 3 dicembre, e così infatti vien detto nel capitolo 45. Ma ahimè, nel capitolo finale, quando d'Artagnan esibisce il fatale biglietto al Cardinale, la data è divenuta 5 agosto, e del 1628. Vatti a fidare dei crononimi. O di Dumas.

1994

L'intellettuale come fiore all'occhiello?

Adesso che le liste elettorali sono state fatte, è interessante riandare alla polemica sul fatto se gli intellettuali dovessero candidarsi per i vari partiti. Anzitutto quali intellettuali? Se è intellettuale qualcuno che lavora col pensiero, la parola e lo scritto, allora fanno un mestiere intellettuale anche un ministro, o un direttore di banca. Ma di solito si pensa a chi per mestiere scrive, dipinge, recita, mette in scena, fa ricerca scientifica, o insegna. Ma, se è così, la domanda è: perché costoro debbono darsi a un mestiere politico?

Non si sta chiedendo se debbano interessarsi di politica: lo fanno anche se non ci pensano – e d'altra parte ci debbono pensare sovente, perché è problema politico anche l'organizzazione di un curriculum di studi, il sostenere la cinematografia europea o arrivare a un passo dalla fusione fredda.

La domanda è piuttosto: perché l'intellettuale deve decidere di cambiare mestiere e fare quello del politico, che se fatto bene è un mestiere a pieno tempo? Sul piano individuale è ovvio che chiunque, poeta o giudice, ha diritto di cambiare mestiere. Ma qui ci si sta chiedendo perché la domanda venga rivolta in blocco alla categoria, come se fosse dovere della categoria cambiar mestiere. Ora, se l'intellettuale fa male il suo mestiere d'intellettuale, non si vede perché volerlo a governare o a legiferare, perché c'è il rischio che faccia male anche quello; se lo fa bene, non si vede perché la società debba privarsi del suo apporto nel settore dove sta facendo qualcosa di utile, per mandarlo a fare qualcosa che non sa fare.

Se c'è un bravo maestro di scuola, un bravo critico delle arti, un bravo scienziato, perché privarcene per avere un peone tra i tanti? Ha fatto più politica Benedetto Croce stando vent'anni senza fare politica, che quando si è lasciato trascinare a esperienze di governo.

Cose del genere le ha dette molto bene Vattimo su *La Stampa* di sabato 19 febbraio, rispondendo a una intervista di Adornato da cui

Vattimo deduceva (non io, perché non ho letto l'intervista) una accusa di codardia, pigrizia e disimpegno. Non dico di tornare alla lamentela sul tradimento dei chierici (che, vorrei ricordare, per Julien Benda tradivano facendo politica, non restandone fuori), o alla polemica vittoriniana contro gli intellettuali organici che suonano il piffero alla rivoluzione. Ma se un dovere l'intellettuale ha, è quello di testimoniare giorno per giorno attraverso la critica – e criticando anzitutto i suoi stessi compagni di strada. Se poi sente di dover tradurre le sue idee in azione, come ha fatto Adornato, per me ha fatto bene. Ma non perché Adornato sia più coraggioso di un altro, bensì perché segue la sua vocazione.

Su *la Repubblica* di domenica 20 febbraio Sebastiano Vassalli parlava dell'inappartenenza all'Italia e ai suoi problemi della nostra classe intellettuale. Non sono d'accordo. Ciascuno a modo proprio, Moravia, Sciascia o Pasolini (e persino Calvino quando se ne stava a Parigi) hanno fatto sentire la loro voce negli affari del paese. Persino quello sfortunatissimo slogan "né con lo Stato né con le Brigate Rosse" era una presa di posizione politica; sbagliata, secondo me, ma presa di posizione. Vassalli dice che dalla politica si è tenuta fuori anche l'avanguardia del Gruppo 63. Non direi. Non si tratta di ricordare (come Vassalli fa) solo Sanguineti, o lo stesso Arbasino, che ha fatto il suo servizio in parlamento, ma qui ci dimentichiamo che Balestrini ha fatto politica (e persino troppa), che Porta ha preso sovente appassionate posizioni politiche – anche se al di fuori dei partiti – e volendo intendere politica nel senso ampio del termine, volete dirmi che Guglielmi, dando una impronta ai suoi programmi televisivi, non ha avuto e non ha un peso politico nel nostro paese? Posso essere d'accordo o in disaccordo con le sue scelte, ma lo vedrei sprecato a votare sui banchi di Montecitorio sulla difesa del mercato vinicolo nazionale.

La domanda, allora, è piuttosto: perché c'era quest'ansia che gli intellettuali si mettessero a fare il mestiere (serio e importante) del parlamentare? Perché, eliminati i Grandi Vecchi, non si trovano più personaggi carismatici di ricambio, e un intellettuale bene o male, siccome espone in pubblico le sue idee, le sue opere, e talora la sua faccia, si suppone abbia carisma? Ma se questo è il problema, è il problema di una classe politica di ricambio, da un lato, e di una cattiva abitudine dell'elettore il quale ritiene di dover votare per un volto, o per una promessa di spettacolo, e non per un programma e un impegno serio.

Il dovere degli intellettuali è richiedere (e magari contribuire a formare) una classe politica di ricambio, non di fare il fiore all'occhiello, solo perché è rimasta un'asola vuota.

1994

Gog

Qualche settimana fa, in questa rubrica, lamentavo che non fosse possibile trovare in libreria *Gog* di Giovanni Papini. Era un libro che avevo letto da giovane, e riletto varie volte, tanto che la mia copia andava in pezzi; e proprio qualche mese prima avevo trovato su una bancarella – per sole ventimila lire – la prima edizione del 1931, ben rilegata e con copertina cartacea originale. Per mirabile congiunzione d'astri Enzo Siciliano stava proprio facendo uscire una riedizione di *Gog* nella nuova collana di Giunti dedicata al Novecento italiano (24.000 lire, e ditemi dunque se io non ho fatto un bel colpo con la mia prima edizione).

Per molti della mia generazione Papini è stato un vulcano d'idee, un provocatore, sia quando pubblicava la mitica *Lacerba* futurista o scopriva il pragmatismo americano che quando pubblicava *La vita di Cristo*; ma forse ancor più quando, prima della conversione, scriveva *Un uomo finito* (finito a trent'anni), un impasto lutulento di anarchismo, disperazione, amore per la scrittura, eccitazioni superomistiche e depressioni miopiche, che serviva a capire quali fossero gli umori di quell'Italia intorno alla grande guerra e a gli eventi successivi.

Il che rendeva difficile collocare Papini da qualche parte, avanguardista e nicciano prima, cattolico poi, reazionario alla francese nel *Dizionario dell'Omo salvatico* scritto con Giuliotti, fascista, ma più che altro rivoluzionario di destra e reazionario di estrema sinistra. Tutto. E un po' di più. La sua *vis* polemica, il suo desiderio di scrittura straripavano. Se i due terzi delle sue opere fossero scomparse in un rogo, avremmo continuato a leggerlo. Sono sopravvissute tutte, ed è stato classificato come un poligrafo inclassificabile.

E adesso veniamo a *Gog*. La storia è semplice, un miliardario pazzo e semibarbaro si consente incontri coi maggiori cervelli del suo tempo, sovvenziona gli artisti o utopisti più dissennati, realizza luoghi artificiali e artificiosi. Un Des Esseintes ambulante e girovago, che si crea le sue fortezze e degusta le sue estasi un poco dappertutto, sempre irritato e scontento. Papini fa finta di disapprovare e Gog e la pleiade di dementi che, attorniandolo, forniscono l'immagine di una civiltà degenerata. Ma è come se Sade dicesse di aver scritto per ammonire le giovinette circa i pericoli degli eccessi del sesso. Papini, attraverso Gog, non descrive il mondo in cui vive: profeta forse senza volerlo, anticipa molte cose che sarebbero accadute in quello in cui viviamo noi.

Limitiamoci ad alcune intuizioni circa lo sviluppo delle arti. È vero che Papini aveva vissuto la temperie futurista e quelle delle avanguardie successive – e chi ha visto recentemente a Parigi la mostra di Schwitters ha capito come un uomo di genio, sin dai primi anni del secolo, potesse anticipare tutto quello che sarebbe poi accaduto oggi in una mostra d'arte o in un teatro off-off-off. Ma è certo che in *Gog* ritroviamo (e scelgo a caso) la descrizione di un concerto di John Cage, l'architettura di Brasilia e il postmoderno, il postlacanismo, l'arte poverissima dell'effimero, e ogni tipo di performance.

La conversazione con Ford predice lo sviluppo neocapitalistico e la società dei consumi, la visita a Lenin annuncia le riflessioni sui gulag futuri, quella a Edison auspica con esattezza l'era dei computer e dell'ingegneria genetica. Stupisce di questi brevi capitoli la facilità visionaria, e la capacità di intrattenere e poi buttar via idee su cui altri spenderanno una vita e costruiranno una carriera.

Poi ci sono i passi legati al tempo, e alla cultura dell'epoca. Siciliano si trova imbarazzato a menzionare "lo sfiorato antisemitismo" del capitolo sugli ebrei. Niente da fare, esso nasce certamente nella temperie dell'antisemitismo dell'epoca (prima dei progetti di sterminio), teso a vedere l'insieme della cultura ebraica come lo sviluppo di un piano universale di vendetta contro il mondo cristiano. Niente da fare, è certamente lo schema dei *Protocolli.* Ma sono certamente i *Protocolli* riscritti da un uomo che prova un'attrazione intellettuale profonda per la cultura di cui parla (il piano qui si dispiega esclusivamente come seduzione culturale); la sua ricostruzione non è né spaventata né astiosa, bensì affascinata. Lo stesso fascino che Papini prova per un altro complotto, quello del popolo irlandese, che conquista intellettualmente i propri conquistatori inglesi. Per dire che l'idea di un piano culturale ossessiona Papini in varie istanze, e in realtà tutti gli utopisti che si presentano a Gog hanno un piano per trasformare il mondo.

Tra i pezzi più belli, quello sulla melanconia del Conte di Sain-Germain, condannato all'immortalità.

1995

Cerchiamo, nel redarre, di transare

Negli undici anni di vita di questa rubrica sono certo incorso in molte sporcizie di stile, barbarismi o solecismi, ma di tre svarioni specialmente mi pento: *redarre*, *intimidare* e (due settimane fa) *transare*...

Redarre (in luogo di *redigere*) è il tipico esempio di parolaccia che in qualche modo ti hanno fatto entrare nell'orecchio, e ti scappa mentre magari sostituisci un paragrafo della Bustina all'ultimo momento. Non ci sono scuse. Sugli altri due errori vorrei fare invece alcune riflessioni sulla mobilità della lingua e sul fatto che in un certo momento storico certe parole sono sì corrette, ma rischiano di perdere per l'orecchio del parlante la loro forza originaria, o acquistano altre connotazioni. Vaga allora nell'aria una voglia di neologismo. Nessuno può legittimare o imporre un neologismo perché la lingua va dove vuole, ma vale la pena di segnalare un imbarazzo lessicale.

Sfogliando il Battaglia, il Vocabolario della Lingua Italiana della Treccani e lo Zingarelli, vedo che *intimidare* ovviamente non c'è, ma c'è *intimidazione*, come minaccia consistente in parole o gesti diretti a suscitare timore in qualcuno, per indurlo a fare qualcosa, e vedo che il termine è stato usato da Mazzini o da Croce. Chi mette in atto una intimidazione o *intima* (ordina in modo minaccioso), o *intimidisce*, e Carducci scriveva "il dottor Boschi ha un bell'intimare o intimidire, ma io..."

Tuttavia l'idea di qualcuno che intima si associa a un atto formale, quasi giudiziario. Di converso *intimidire* richiama alla mente la situazione di chi, per autorità, distanza, tono altezzoso, o nostra disposizione alla timidezza, ci incute soggezione (anche se non se lo propone). Zingarelli registra locuzioni come "gli estranei lo intimidiscono" o addirittura "intimidisce davanti ai propri genitori" (senza che né i genitori né gli estranei facciano delle intimidazioni). Che cosa accade a qualcuno che si presenta davanti a un magistrato? Sicuramente gli è stato *intimato* di presentarsi; in secondo luogo, vuoi la maestà del luogo, vuoi il tono dell'interrogatorio, si sente *intimidito*. Ma se il magistrato fa capire al testimone (sia pure in modo assai cordiale) che se non sottoscrive alcune dichiarazioni (che pure costui reputa false) da testimone che era diverrà imputato, qui siamo di fronte a un atto d'*intimidazione* o a un gesto *intimidatorio* (parola ammessa). Posso sentirmi intimidito parlando col barone che ha in pugno il mio futuro accademico, ma ricevo un'intimidazione se costui mi fa capire che se non mi ritiro da quel concorso sarò non solo bocciato ma boicottato in ogni concorso futuro.

A questo punto io avrei una gran voglia di dire non che sono stato *intimidito*, ma che sono stato *intimidato*. Usando una parola non ammessa, farei tuttavia capire molto bene che cosa mi è successo.

Passando a *transare*, c'è la transazione, che è un accomodamento, un compromesso, un patteggiamento su un accordo; dall'inglese *transaction* viene ormai usato anche per "affare commerciale" (aggiungo che l'inglese, che non ha un verbo specifico per il nostro *transigere*, ha un *to transact*, raro anche per il Webster, che significa appunto "negoziare"). E poi c'è *transigere*, che in diritto commerciale e amministrativo è venire a una transazione, e nel linguaggio comune è accettare un accomodamento, cedere su qualche punto. Il Treccani registra anche un *transare*, ma come voce erronea di origine burocratica (peraltro ricostruita sul participio passato di transigere, che è, orrore, *transatto*), e lo Zingarelli lo dà come da evitare; non c'è dubbio che chi addiviene a una transazione *transige*, e non transa.

Però il transigere suggerisce un'idea di colpevole mancanza d'intransigenza. Non si deve transigere sui peccati mortali, si può transigere su quelli veniali. Se uno studente mi ha presentato una buona tesi fuori tempo massimo, posso transigere, per non fargli perdere la sessione di laurea, facendo finta che l'abbia consegnata due giorni prima (e non sentirei di aver fatto qualcosa di moralmente deplorevole); ma se io voglio evitare quella sessione perché voglio andare al mare, e gli dico "mettiamoci d'accordo, tu la consegni alla sessione successiva, e io passo sopra al fatto che la bibliografia è incompleta, le idee slegate, e ti faccio passare a pieni voti" – suvvia, io sto facendo una sporca transazione (condita di un pizzico d'intimidazione) e noi due stiamo non solo transigendo ma (mi verrebbe proprio voglia di dire) *transando*, che sarebbe come un far transazioni alla filibustiera.

Ripeto, non dico che ho ragione, segnalo un crinale d'instabilità nel sentimento comune dei parlanti.

1996

Perché mai il poeta deve oziare?

In un articolo su *la Repubblica* del 28 aprile scorso avevo espresso molte riserve su un ministero della cultura, perché avevo il timore che s'intendesse un ente che deve sviluppare e incoraggiare la creatività. Avevo detto che, se mai, un ministero del genere dovrà occuparsi della difesa e dell'incremento dei beni culturali esistenti, delle grandi linee di una politica culturale delle reti televisive pubbliche, della diffusione della cultura italiana all'estero, e di tutti quei giovani che sceglieranno il servizio civile, e che potranno essere impiegati per tenere aperti musei e biblioteche, proteggere o riscoprire beni ignoti e in via di sparizione (comprese le tradizioni artigiane e popolari).

Nel mio articolo (per ragioni di spazio) erano state fatte cadere tre righe verso la fine, in cui dicevo che – a questi patti – a un ministro dotato di fantasia si sarebbe anche potuto concedere di inventare (trovando gli sponsor e non spendendo denaro pubblico) un Beaubourg o un Museum of Modern Art italiani. Ma ricordavo che questi erano se mai felici complementi, e non il centro della sua attività, perché l'ultima cosa di cui si dovrebbe occupare un ministero della cultura è la cultura creativa, quella che si fa innovando giorno per giorno; perché quella deve essere anarchica, sottoposta alla lotta per la vita, in cui si salva il migliore e non il più protetto.

Osservavo che Montale, Solmi e Sereni non hanno mai chiesto allo stato di provvedere loro ozi poetici, ma si sono trovati un lavoro in un giornale, in banca o in una casa editrice, dimostrando che si può essere grandi poeti anche componendo nelle ore libere.

Nel corso del dibattito che ne è seguito, un signore ha scritto a un giornale chiedendo se non sarebbe stato meglio se Montale, Solmi o Sereni avessero avuto, da uno stato paterno e provvidente, modo di poetare senza doversi sottomettere alla routine lavorativa.

C'è da rimaner sconvolti a vedere come una visione tra il cinematografico, il leggendario e il falso-idealista dell'artista possano aver incoraggiato certi cliché. Tra l'altro, essi valgono per lo scrittore, non per l'architetto, lo scultore o il musicista: pare naturale che l'architetto, sì, inventi e progetti, ma si guadagni anche la vita in cantiere; che il pittore e lo scultore debbono certo dedicarsi tutto il giorno a un lavoro manuale, ma proprio per questo mettano su bottega, campino vendendo i quadri, e si aiutino illustrando libri, come faceva Dürer. Che il musicista oltre a comporre diriga orchestre o insegni al conservatorio. Invece l'idea che il poeta debba aiutarsi scrivendo per i giornali, o insegnando, fa ribrezzo.

Evidentemente non ci si è mai chiesti se Virgilio, al cui mantenimento provvedeva il mecenate di turno, fosse davvero sottratto alla routine quotidiana. Ma avete una idea di che cosa volesse dire andare a corte e spiare gli umori del signore? Ma molto più libero sarebbe stato se fosse andato a occuparsi di import-export come Fenoglio. E credete che Leopardi, siccome aveva del suo, passasse le giornate a contar margherite dietro la siepe? No, lavorava come un dannato (basta paragonare le poche pagine dei suoi canti alle molte dello *Zibaldone*) facendo ricerca, traducendo dal greco. Solo dopo andava sull'ermo colle.

Ma, si dice, per poter scrivere lo *Ulysses* o il *Finnegans Wake* Joyce aveva bisogno di dedicarvisi a tempo pieno. Sarà, per intanto sino a che ha potuto ha insegnato e scritto articoli per *Il piccolo*, poi quando stava male di salute ha trovato degli amici che, ammirati dal suo lavoro, lo hanno sostenuto. Nessuno dice che non debbano esistere fondazioni, borse, aiuti editoriali per gli scrittori; io dicevo solo che decisioni del genere non competono ai governi. Ma santo cielo, Stendhal ha scritto un sacco di roba fina, eppure ha fatto l'ufficiale, l'importatore di spezie, l'intendente militare, l'uditore al Consiglio di Stato e l'ispettore dei mobili e degli edifici della Corona.

Ma se apparisse un nuovo Proust, senza beni di famiglia, non dovrebbe un ministero della cultura pagargli almeno lo champagne, qualche soggiorno all'hotel, il frack per andare in società e il sughero per tappezzare la camera? Nossignore, ci pensi la duchessa di Guermantes, non il contribuente (che fatalmente dovrebbe pagare anche un centinaio di proustucoli da strapazzo). E se rischiamo così di perdere la nuova *Recherche*? Pazienza, una c'è già.

1996

Chi scrive gratis è sempre su un libro paga

Si è svolta a Berlino, al congresso della società degli autori, una discussione sul diritto di autore nell'era di Internet. Per ora vengono messi in linea solo testi classici fuori diritti, o di contemporanei "volontari", e se un terrorista mette in linea il libro appena uscito, di un autore popolarissimo, può venire denunciato. Ma quanto ci vuole a individuarlo? Bastano due o tre giorni di impunità e milioni di persone si sono già presi il libro gratis.

D'accordo, un conto è leggersi Omero su un bel libro e un conto su fogli di stampante che cascano di mano. Ma un romanzo di consumo lo si legge a letto, forse è più facile tenere i fogli sul comodino e poi buttarli, visto che molti comperano l'edizione economica che sovente è usa-e-getta. E poi si parla sempre più di nuove stampanti che prendono un testo in linea e lo restituiscono impaginato e legato: a questo punto sarà solo questione di far costare la copia pirata meno di quella ufficiale. Però, quando ciò avvenisse, nessun editore avrebbe più convenienza a stampare libri da farsi piratare.

Una volta ho saputo che il mio editore americano (una University Press che non manda neppure copie omaggio perché i conti sono molto stretti) stava per dare causa a un professore californiano che aveva fatto fare ai suoi allievi trenta fotocopie di un mio libro. Io l'ho pregato di lasciar perdere, meglio trenta lettori piuttosto che qualche dollaro in più. Ma io ero uno snob, e lui una persona seria: da questa questione di principio dipendeva la sua sopravvivenza in futuro.

Alla fine degli anni sessanta ci persuadeva Fidel Castro che parlava contro il diritto d'autore come attentato alla libera circolazione della cultura. Ma non a caso questo diritto si è affermato (faticosamente) insieme ad altri diritti democratici, in epoca moderna. Esso è una garanzia di libertà della cultura.

Chi può fare a meno del diritto d'autore? Anzitutto, molti autori giovani o anziani e misconosciuti, che scrivono solo per farsi conoscere. Sino a oggi scrivevano per case editrici poco serie che si facevano pagare, o per riviste serissime che non pagavano. Per costoro la possibilità di far circolare il proprio testo in rete, senza sottostare a ricatti di vario genere, è ottima. Parimenti, nel mondo scientifico, si pagava per farsi pubblicare un libro in cento copie, o si pubblicava gratis in riviste dalla circolazione assai ristretta, che addebitavano all'autore gli estratti, e il tutto con ritardi di qualche anno. Per questi studiosi la possibilità di mettere subito il testo in rete, e di far conoscere la propria ricerca (non a cento ma a mille persone, non tra due anni, ma subito) è una manna. Nascono altri problemi, chi filtra e seleziona i testi, chi li salverà quando scompariranno dalla rete, come si farà a citarli – ma si vedrà come risolvere questi inconvenienti.

Adesso consideriamo chi non può fare a meno del diritto d'autore, e non pensiamo subito al romanziere di successo che s'ingrassa vendendo vicende di spionaggio od orrore, ma a quella schiera immensa di professionisti seri e benemeriti che sono gli autori di manuali. Gente che forse lavora anche per la gloria ma certamente impegna anni di lavoro per trarne un vantaggio economico. Perché dovrebbero ancora perdere tempo, se il loro lavoro finisse gratis su Internet? Troverebbero qualche forma di consulenza più redditizia, per esempio manuali riservati per una industria privata, mentre su Internet circolerebbero i consigli di chi non riesce a venderli a nessuno.

E veniamo pure ai sospettatissimi "artisti", non dico poeti, che sulla poesia non campano, ma certamente romanzieri, commediografi, saggisti, musicisti. Ammesso che lavorino per la gloria e non per i diritti, se debbono lavorare bene, e non sono ricchi di famiglia, qualcuno dovrà pure pagargli vitto e alloggio. Dopo di che si fa un salto indietro di alcuni secoli e si torna al poeta di corte.

Ma il poeta di corte, al signore che lo paga, deve pure dar qualcosa in cambio. A quei tempi pareva normale che l'Ariosto aprisse il suo poema con un elogio della "erculea prole". Niente di male, anche Virgilio leccava il sedere ad Augusto, ma ci andrebbe bene che il Pasolini di domani celebrasse la bellezza virile di Berlusconi, il Moravia del futuro ci intrattenesse sulla noia di Agnelli, il Pavese dei prossimi decenni scrivesse dialoghi sulle origini mitiche della famiglia Einaudi?

Il diritto d'autore, per prosaico che appaia, è una garanzia di libertà per chi scrive. Come salvaguardare questa garanzia nell'era di Internet, questa è un'altra storia.

1998

Il primo dovere degli intellettuali. Stare zitti quando non servono a nulla

Mi scuso per la citazione abusata ("Sfortunato quel paese che ha bisogno di eroi"), ma l'eroe è personaggio che le mitologie dotano di poteri sovrumani affinché faccia quello che le persone normali non possono fare. Invocarlo denuncia sempre una sindrome d'impotenza, credere che ci sia è una scusa per non fare. Se in un paese le ferrovie non funzionano non bisogna invocare un eroe salvatore, ma chiedersi se la colpa è dei capistazione, del direttore generale, di chi altro. Uno degli atteggiamenti più patetici in questo secolo (credo che la colpa sia di Julien Benda) è di lamentare per qualsiasi crisi sociale o politica il tradimento degli intellettuali, oppure invocarli per risolvere tutti i problemi difficili. Una volta Jacques Attali aveva convocato un congresso di dimensioni mostruose a Parigi sul tema "Gli intellettuali e le crisi del nostro secolo" e il mio intervento si era limitato a poche parole: "Badate che gli intellettuali, per mestiere, le crisi le creano, ma non le risolvono." Creare le crisi non è una cosa cattiva. Scienziati, filosofi, scrittori parlano per dire: "Credevate che le cose stessero così, e invece vi state crogiolando in un'illusione perché stanno in un modo tremendamente più complesso." Questo hanno fatto gli intellettuali che abbiamo studiato a scuola, si chiamassero Parmenide, Einstein, Kant, Darwin, Machiavelli o Joyce.

Se li si prende per quel che sanno dire (quando ci riescono) gli intellettuali sono utili alla società, ma solo nei tempi lunghi. Nei tempi brevi possono essere solo professionisti della parola e della ricerca, che possono amministrare una scuola, fare l'ufficio stampa di un partito o di una azienda, suonare il piffero alla rivoluzione, ma non svolgono la loro specifica funzione. Dire che essi lavorano nei tempi lunghi significa che svolgono la loro funzione prima e dopo, mai durante gli eventi. Un economista o un geografo potevano lanciare un allarme sulla trasformazione dei trasporti via terra nel momento in cui è entrato in scena il vapore, e potevano analizzare vantaggi e inconvenienti futuri di questa trasformazione; o compiere cento anni dopo uno studio per dimostrare come quell'invenzione aveva rivoluzionato la nostra vita. Ma nel momento in cui le aziende di diligenze andavano in rovina o le prime locomotive si fermavano per strada, non avevano nulla da proporre, in ogni caso assai meno di un postiglione o di un macchinista, e chi avesse invocato la loro alata parola si sarebbe comportato come chi rimproverasse Platone di non aver proposto un rimedio per la gastrite.

Quando la casa brucia, l'intellettuale può solo cercare di comportarsi da persona normale e di buon senso, come tutti, ma se ritiene di avere una missione specifica si illude, e chi lo invoca è un isterico che ha dimenticato il numero telefonico dei pompieri.

Un sociologo avveduto poteva avvertire trent'anni fa che lo sviluppo del benessere, accompagnato dal ritardato ingresso dei giovani nel mondo del lavoro, avrebbe prodotto fenomeni di smarrimento giovanile (droga o sassi dal cavalcavia) e in tal senso avrebbe potuto suggerire come prevenire il fenomeno. Ma nel momento in cui i ragazzi gettano i sassi dal cavalcavia l'unica cosa che si può chiedere all'intellettuale è di non tirarli anche lui. Se lancia un appello contro i sassi dal cavalcavia non si comporta da intellettuale ma semplicemente approfitta di una pubblica disgrazia per fare una bella figura, oltretutto lucrando il compenso per l'articolo. A quel punto la salvezza non viene dall'intellettuale ma dalle pattuglie di polizia, o dai legislatori.

C'è solo un caso in cui l'intellettuale ha una funzione rispetto a eventi in corso. Quando sta accadendo qualcosa di grave e nessuno se ne accorge. Solo in quei casi un suo appello può servire come allarme. È vero che in tal caso svolgerebbe azione intellettuale chiunque lanciasse l'appello, anche se facesse l'idraulico, però è possibile che la pubblica notorietà di qualcuno possa rendere l'appello più percepibile (vedi il "j'accuse" di Zola). Ma queste cose hanno senso solo se nessuno si era ancora accorto che qualcosa non funzionava. Se invece del problema sono coscienti tutti, l'intellettuale in quanto tale è meglio che non ingombri inutilmente (per dire cose che pensa già anche il suo portinaio) pagine di giornali e riviste che debbono essere lasciate invece libere per notizie e dibattiti ben più urgenti. Rispetto ai quali deve comportarsi come dovrebbe fare in quel frangente ogni cittadino responsabile.

1997

Cosa pensava Leopardi delle ragazze di Recanati?

Una Bustina del 24 aprile scorso (sul fatto che gli intellettuali dovrebbero talora stare zitti) ha provocato numerose reazioni, molte lettere e persino un articolo di un quotidiano (mi dicono) che ironicamente si chiedeva come mai, dopo aver fatto quel bel proposito, avevo dato pubblico sostegno alla candidatura di un sindaco. Tutti questi equivoci mi confortano sul fatto che avevo ragione: da un lato si tende ad attribuire agli intellettuali una funzione oracolare, chiedendo loro che esprimano il loro parere su tutto, e dall'altro non si sa chiaramente che cosa s'intende quando si parla d'intellettuale.

Sull'eccesso di richiesta oracolare vorrei citare un episodio: il 25 aprile, quando è scoppiata la bomba a Palazzo Marino a Milano, per fortuna ero fuori casa, perché pare che mi abbiano cercato in molti da varie redazioni (e immagino sia successo ad altri) per sapere la mia opinione sull'accaduto. Se fossi stato costretto a rispondere o avrei detto che si trattava di un atto folle e inquietante (che era esattamente quello che pensava qualsiasi persona sensata) o avrei detto (tanto per far parlare di me) che ero entusiasta di quest'atto gratuito d'ispirazione neodadaista (e sarei stato un mascalzone) o avrei detto che secondo me erano stati (poniamo) i seguaci di "Quèlo" e – in un momento in cui né la polizia né la magistratura avevano idee chiare – avrei usato quel poco di notorietà che ho per accreditare notizie tendenziose.

Ancora una volta, che cosa è un intellettuale? O è colui che non fa una professione esclusivamente manuale, e allora la questione è puramente sindacale; oppure, come credo, è colui che in certi momenti svolge una funzione creativa. Svolgono funzione creativa uno scultore che pure lavora manualmente, un grandissimo poeta e persino un bravo studente che nel tema in classe, invece di dire banalità, esprime una idea originale. Ma se è così la funzione intellettuale la si svolge in certi momenti, e per il resto si è cittadino, paziente, frequentatore di ristorante, astante, vittima o passante. Si può essere Einstein e in una riunione di condominio essere richiesto di esporre la propria opinione sulla collocazione dei bidoni per le materie plastiche (ed essere ascoltato con rispetto perché si è più facondo di altri), ma in effetti Einstein sui bidoni non ha funzione oracolare.

Rispondo ora a quel signore che mi ha chiesto perché allora ho preso delle posizioni di sostegno a una candidatura politica. Risposta: perché sono un cittadino e ho il diritto di farlo. Quale era in tal caso la differenza tra me e il rispettabilissimo e assennatissimo droghiere che lavora all'angolo? Che in ogni iniziativa tesa a sensibilizzare l'opinione pubblica, in ogni tempo e in ogni paese, chi prende l'iniziativa tende ad assicurarsi il consenso di persone note, che talora possono essere un calciatore, un artista, uno scienziato, per rendere più evidente il messaggio; e se la persona nota ritiene come cittadino di avere il diritto di sostenere quella causa, sente anche il dovere di mettere la sua notorietà al servizio della causa. Si noti che potrebbe sbagliarsi: anche un poeta, in materia elettorale, non ha virtù oracolari.

Qualcuno ha male interpretato la mia asserzione che l'intellettuale svolge la sua funzione parlando prima e dopo che gli eventi siano avvenuti, quando può avvertire che qualcosa sta accadendo o invitare a riflettere su qualcosa che è accaduto, non quando quel qualcosa sta accadendo e tutti sono già coscienti che sta accadendo e convinti che sia male o bene. Mi è stato chiesto che cos'era allora che faceva Pasolini quando scriveva la sua celebre denuncia contro il Palazzo. Appunto, faceva quello che dico io, molti anni prima che scoppiasse Tangentopoli e che si parlasse motivatamente delle stragi di stato, tanto che introduceva nel discorso morale e politico a venire la tremenda metafora del Palazzo. Questa è funzione creativa e, se vogliamo usare una vecchia parola, impegno: incidere sulla vicenda del particolare sapendo salire all'altezza dell'universale – e mi scuso per le parole grosse, ma alla fine è così.

Leopardi ci ha aiutato a riflettere sul suo e sul nostro secolo scrivendo un solo verso (ma invitandoci a interrogarlo nel contesto – cosa che stiamo ancora facendo e con alterni stupori): "Le magnifiche sorti e progressive". Se vivesse oggi e lo invitassero a dire se deplora i telequiz truccati o i suicidi via Internet, la sua opinione sarebbe irrilevante (e forse ovvia). Ci interessa quello che ha detto della vita parlando di Silvia, non la sua opinione (probabilmente troppo risentita) sulle ragazze di Recanati. Su questo tema sarebbe stato buono per un sondaggio, ma come una voce tra tante.

1997

Quanti libri non abbiamo letto?

In occasione del salone del libro di Torino è stata condotta una inchiesta presso vari intellettuali per sapere quali libri non avessero mai letto. Come era prevedibile le risposte sono state variate ma tutti gli interrogati sembrano aver risposto senza false vergogne. Così abbiamo scoperto che alcuni non hanno letto Proust, altri Aristotele, altri ancora Hugo e Tolstoj, o Virginia Woolf, compreso un illustre biblista che non ha mai letto per intero dal principio alla fine la *Summa Theologica* di san Tommaso – il che è più che naturale, perché opere del genere le legge puntigliosamente dalla prima pagina all'ultima solo chi ne fa l'edizione critica. Alcuni non si rammaricano di non aver letto Joyce, altri ostentano di non aver mai letto la Bibbia, non rendendosi conto che queste lacune non li distinguono ma li massificano. Giorgio Bocca ha asserito di aver abbandonato dopo poche pagine sia il mio ultimo romanzo che il *Don Chisciotte*, e trabocco di gratitudine per questo immeritato apparentamento. D'altra parte a leggere troppo, come Don Chisciotte, va il cervello in acqua.

Questa inchiesta è stata secondo me di grande interesse per i lettori comuni. Essi infatti (se sono lettori e non analfabeti di ritorno) vivono sempre nell'angoscia di non avere letto qualcosa che secondo la voce comune è essenziale avere letto; e scoprire che tanti nomi illustri confessano carenze abissali non poteva che confortarli.

Tuttavia mi rimane un sospetto, e un timore. Che i lettori comuni attribuiscano queste dichiarazioni a snobismo (pensando che di fatto gli interrogati abbiano letto di nascosto quello che fanno finta di non aver letto). Se così fosse i lettori comuni non solo non avrebbero superato il loro complesso di inferiorità, ma anzi lo avrebbero accresciuto, perché si scoprirebbero esclusi dal numero di quegli eletti che possono dire senza vergogna di non aver mai letto D'Annunzio, senza essere per questo considerati come trogloditi.

Ebbene, vorrei confortare i lettori comuni provando come sia vero che tutti quegli intervistati non hanno letto davvero quei libri (e molti altri ancora) aggiungendo che se io avessi dovuto rispondere a quella domanda avrei strabiliato me stesso elencando le opere immortali con le quali non ho mai avuto commercio di amorosi sensi.

Prendete in mano quello che rimane il più ricco repertorio di opere letterarie, il *Dizionario Bompiani delle Opere*, trascurando i volumi dedicati ad Autori e a Personaggi. Nell'edizione attualmente in commercio le Opere contano 5450 pagine. Calcolando a occhio che vi siano in media tre opere per pagina, abbiamo 16.350 opere. Rappresentano tutti i libri mai scritti? Per nulla. Basta infatti sfogliare un catalogo di libri antichi (o gli schedari di una grande biblioteca) per vedersi sopraffatti da titoli di ogni genere e sulle più varie materie che il Dizionario Bompiani non registra, altrimenti sarebbe non di cinquemila ma di cinquantamila pagine. Un repertorio del genere registra le opere che costituiscono il Canone, quelle che la cultura ricorda e che considera fondamentali per l'uomo di buona cultura. Le altre rimangono (meritatamente o immeritatamente) riserva di caccia per studiosi specializzati, eruditi, bibliofili.

Quanto tempo ci vuole per leggere un libro? Parlando sempre dal punto di vista del lettore comune, che dedica alla lettura solo alcune ore del giorno, azzarderei per un'opera di medio volume almeno quattro giorni. È vero che per leggere Proust o san Tommaso occorrono mesi, ma ci sono capolavori che si leggono in un giorno. Atteniamoci dunque alla media di quattro giorni. Ora quattro giorni per ogni opera registrata dal Dizionario Bompiani farebbe 65.400 giorni: dividete per 365 e avete quasi 180 anni. Il ragionamento non fa una grinza. Nessuno può aver letto o leggere tutte le opere che contano.

Ed è inutile dire che, dovendo scegliere, almeno Cervantes bisognava leggerlo. E perché? E se per un lettore fossero stati molto più importanti e urgenti *Le mille e una notte* (tutte) o il *Kalevala*? Inoltre non si considera che, per i lettori di tempra migliore, quando si ama un'opera la si rilegge più volte lungo il tempo, e coloro che abbiano riletto quattro volte Proust hanno sottratto una infinità di ore alla lettura di altri libri, probabilmente meno essenziali per loro.

E quindi si rassicurino i lettori. Si può essere colti sia avendo letto dieci libri che dieci volte lo stesso libro. Dovrebbero preoccuparsi solo coloro che di libri non ne leggono mai. Ma proprio per questa ragione essi sono gli unici che non avranno mai preoccupazioni di questo genere.

1997

Etica, estetica e Aerosol

Pare che ci sia stata una protesta di commercianti milanesi nei confronti di coloro che tracciano segni sui muri della città, e in merito è apparsa sul *Corriere della Sera* del 26 febbraio una lettera al sindaco firmata da Alessandro Aleotti, in arte J.Ax, "rapper del gruppo hip hop Articolo 31". Ax dice che non intende difendere i vandali che scribacchiano frasi balorde, appelli politici o messaggi futili, bensì coloro che praticano la "aerosol-art", l'arte murale del futuro, che sono "i Giotto i Michelangelo e i Picasso dei nostri giorni". La lettera pertanto chiede al sindaco rispetto, non repressione ma incoraggiamento, per questo tipo di arte.

Ho visto in vita mia murales splendidi e murales bruttissimi, come accade per ogni forma d'arte, e sono disposto ad ammettere senza riserve che gli artisti che Ax cita siano i Giotto e i Picasso dei nostri giorni. D'altra parte le obiezioni estetiche che di solito si muovono ai graffitari, o *writers*, come amano farsi chiamare, sono debolissime. Non vale attaccare i *writers* dicendo che le loro opere sono ripetitive, indistinguibili l'una dall'altra, e dipendono più dalla natura dello strumento che dalla creatività dell'autore. Si può facilmente rispondere che ci sono civiltà in cui predomina un'arte calligrafica che appare eminentemente ripetitiva, ed è certamente determinata dalla natura dello stilo o del pennello; che a un passatista tutte le opere di Mondrian parevano uguali e anzi non riusciva a distinguere Mondrian da Malevič. E non vale dire che in questa forma estetica l'azione prevale sull'opera, la velocità dell'esecuzione sul gusto per la rifinitura paziente, l'evento sulla forma. Perché tale è la natura di molta arte contemporanea e non si vede perché condannare un *writer* che rischia l'arresto per schizzare vernice su un vagone e poi accogliere trionfalmente un artista che si incide il corpo, si trafigge la lingua, o trascina la propria nonna in una performance, soffocandola con un imballaggio di plastica – l'unicità della nonna dissolvendo la permanenza del manufatto nella irripetibilità dell'evento.

Il fatto è che il problema non è estetico bensì etico. Mi è già capitato di citare in questa Bustina la curiosa opinione di Kant per cui la musica era un'arte meno nobile della pittura perché disturbava anche chi non voleva sentirla, e ho sempre attribuito questa opinione al fatto che quel Grande non avesse una grande sensibilità musicale. Ma, classificazioni estetiche a parte, Kant esprimeva una legge fisico-percettiva: gli stimoli sonori sono più invadenti degli stimoli visivi. Infatti, se il nostro vicino tiene in casa quadri che offendono la nostra sensibilità estetica, non andiamo a visitarlo o, se ci siamo obbligati, teniamo gli occhi bassi; se invece il vicino esegue al massimo volume della musica, che magari amiamo anche noi, ma che in quel momento non vogliamo sentire (perché stiamo dormendo, o lavorando, o perché abbiamo l'emicrania) battiamo contro il muro affinché non ci imponga i suoi gusti.

Ecco perché neppure lo Chopin dei giorni nostri, se abitasse in un condominio, avrebbe diritto di suonare il Preludio della Goccia alle quattro di notte. Si faccia ospitare fuori porta da George Sand.

Che cosa sarebbe accaduto se i Giotto o i Picasso veri fossero andati di loro iniziativa ad affrescare le facciate dei palazzi di Firenze o di Parigi? Sarebbe accaduto che tutti coloro che non amavano le arti visive, oppure preferivano vuoi Cimabue vuoi Alma Tadema, si sarebbero irritati. Certamente noi, oggi, vedendo quelle splendide pitture, ne trarremmo gran godimento, dimenticandoci delle sofferenze di coloro che le hanno subite, e pensando che la loro sofferenza è stata ben poca cosa rispetto alla grande vicenda dell'arte. Ma, fatte le debite proporzioni, è come se un *body-artist* desse fuoco nello Stadio Olimpico a cento neonati impalati e cosparsi di pece. Dal punto di vista estetico lo spettacolo sarebbe probabilmente superbo, eppure avremmo delle remore morali e diremmo che ci sono casi in cui i diritti dell'arte contrastano coi diritti degli altri.

Noi pensiamo che è giusto educare i cittadini ad apprezzare ogni forma d'arte, eppure riterremmo ingiusto sceglierli per decimazione, incatenarli, e costringerli a passare una notte a Brera davanti al *Matrimonio della Vergine*. Parimenti non è giusto imporre agli abitanti di una casa di trasformare la loro facciata in galleria d'arte d'avanguardia, e ai passanti di vedere opere che magari a loro non piacciono.

Se domani nascesse l'idea, non improbabile, della pittura ad aerosol sui vestiti, accetteremmo che artisti magari bravissimi ci spruzzassero il dorso della giacca o la braghetta? E se un passante preferisse Annigoni?

Inoltre la committenza pubblica e privata ha sempre agito da filtro, scegliendo luoghi e artisti. Non è detto che si siano sempre commissionate opere d'arte ai migliori (in fondo, nessuno ci assicura che Giotto non sia stato preferito a un altro che era più grande di lui ed è morto misconosciuto in miseria), ma per lo meno si è evitato che i muri di Firenze (o di Assisi, o di Padova) fossero invasi dagli sfoghi di qualsiasi pasticcione, per quanto medievale. Non è detto che nel corso dei secoli non si siano rovinate delle piazze con sculture orrende, ma almeno il crimine è stato commesso solo in alcuni luoghi.

Gli ingenui penseranno: ma allora basta che le amministrazioni cittadine individuino spazi adeguati, e facciano un concorso per vedere chi può meglio ingentilirli con buoni murales, e poi la gente deciderà, quando passa di lì, se fermarsi a guardarli o tirar via. Tuttavia credo che J.Ax rifiuterebbe che l'aerosol-art possa essere sottomessa a una qualsiasi disciplina e filtro, perché fa parte di una poetica dell'aerosol anche la provocazione, il colpo di mano, il rischio di essere beccati da una pattuglia (e infatti lui celebra "quei ragazzi che rischiano in prima persona") e la libertà di esprimersi al di fuori di ogni controllo autoritario.

Dal punto di vista della sua visione estetico-eroica J.Ax avrebbe ragione. Ma allora perché chiedere l'approvazione del sindaco? La rivoluzione non si fa col permesso dei carabinieri.

1997

Giovanni il Battezzatore?

L'arte dell'*editing* (e cioè la capacità di controllare e ricontrollare un testo in modo che non contenga, o contenga entro limiti sopportabili, errori di contenuto, di trascrizione grafica o di traduzione, là dove neppure l'autore se ne era accorto) versa in cattive condizioni.

È uscita mesi fa la traduzione francese di un mio libro sull'estetica medievale, e subito un lettore minuzioso mi ha scritto che a un certo punto, parlando della simbologia del numero cinque, cito le cinque piaghe d'Egitto, che invece sono notoriamente dieci. Mi sono stupito, perché ricordavo di avere citato direttamente da una fonte originale: sono andato a vedere sull'edizione italiana e ho scoperto che nominavo, sì, cinque piaghe, ma non l'Egitto. La fonte alludeva infatti alle cinque piaghe del Signore (mani, piedi e costato). Il traduttore, forse per automatismo, ci aveva aggiunto l'Egitto. Io avevo controllato la traduzione, ma la cosa mi era sfuggita: forse leggendo in fretta il brano mi suonava stilisticamente bene, oppure avevo appena corretto una imprecisione alla riga sopra e la mia attenzione si era allentata per le due righe successive.

Stabiliamo un dogma: l'autore, che nello scrivere o nel rileggere segue l'andamento concettuale del testo, è la persona meno adatta ad accorgersi dei propri errori. Nel mio caso d'Egitto c'erano solo due persone che avrebbero dovuto avere un sospetto: uno era il correttore (ma non vi era obbligato), l'altra era appunto il redattore, che avrebbe dovuto, per ogni rinvio, citazione, nome appena appena inusuale, controllare su qualche enciclopedia. In teoria il bravo redattore dovrebbe controllare tutto: anche se il testo dice che l'Italia sta a Nord della Tunisia dovrebbe dare un'occhiata all'atlante: vale anche per Modica?

Questo mestiere è ormai in crisi e non solo nelle case editrici. Ho sott'occhio due libri, pubblicati da due grandi editori. Nella traduzione dall'inglese di un'opera divulgativa di storia mi si dice che due grandi filosofi arabi dominarono il Medio Evo: Avicenna e Ibn Sina. Si dà il caso (noto a molti) che Avicenna e Ibn Sina siano la stessa persona (come Cassius Clay e Muhammad Alì). Sbagliava già l'autore originale? Il traduttore ha confuso un *and* con un *or*? È successo un pasticcio in bozze dove è saltata una riga o una parentesi esplicativa? Mistero. Fatto sta che un redattore, anche se non sapeva nulla di Avicenna, avrebbe dovuto controllare su un'enciclopedia se i due nomi erano scritti giusti, e si sarebbe reso conto dell'errore.

In un altro libro tradotto dal tedesco, trovo anzitutto nominato un certo "Symeon Stylites" che è evidentemente san Simeone lo stilita, e pazienza. Ma poi trovo "Giovanni il Battezzatore". I tedeschi infatti chiamano "Johannes der Täufer" quello che per noi è Giovanni Battista. Il traduttore sapeva il tedesco ma in vita sua non era mai venuto a contatto non dico coi Vangeli ma almeno con qualche calendario o qualche testo per bambini che parla di Gesù. Mi pare straordinario, anche se fosse sempre cresciuto in una famiglia buddista. Ma qui pare che buddisti fossero anche il correttore (a cui sarebbe dovuta sorgere qualche perplessità) e soprattutto il redattore. Se non fosse per il fatto che in questo caso il redattore evidentemente non c'era, qualcuno ha comperato il libro, l'ha dato a tradurre, ha inviato il manoscritto direttamente in stampa e via.

Se mandate un manoscritto a una University Press americana, ci vogliono due anni prima che esca. In questi due anni fanno composizione ed *editing*, qualche stupidaggine ci scappa sempre lo stesso, ma meno che da noi. Questi due anni di lavoro costano. Se si vuole essere presenti sul mercato con libri cotti e mangiati, non ci si può permettere di pagare un *editor* degno di questo nome, e il mestiere muore.

Se a correggere bene una riga si finisce di passar sopra alla seguente, se l'autore può sbagliarsi più degli altri, se un redattore può non sapere nulla di Avicenna, il manoscritto e le bozze dovrebbero essere riletti da molte persone con curiosità e competenze diverse. Questo poteva ancora accadere nelle case editrici a struttura familiare, dove amorevolmente un testo veniva discusso in ogni fase da più collaboratori, ma difficilmente può accadere in una grande azienda dove tutto procede a catena di montaggio. Nuovi sbocchi professionali si offrono quindi a chi faccia sorgere studi specializzati nell'*editing*, a cui il libro venga dato in appalto, e dove sia seguito con passione parola per parola.

1997

Opere e flussi

Non è che la scorsa settimana la Bustina non l'avessi fatta, è che per varie e complesse ragioni non sono riuscito a inviarla. Essa parlava del convegno organizzato il 14 febbraio scorso dalla Biennale di Venezia, sul problema della fusione e della compresenza delle varie arti, come caratteristica tipica del nostro secolo. In quella occasione io avevo detto (senza che tutti fossero d'accordo) che quello che caratterizza l'arte contemporanea non è la fusione delle arti, perché in tal senso non si tratta di cosa nuova, ma caso mai il fine diverso a cui tende questa fusione.

Avevo fatto alcuni esempi, dalla tragedia greca (parola, azione, mimo, maschere, musica, architettura) alle feste barocche, sino alle cerimonie liturgiche, come una bella messa solenne, dove entrano in gioco la parola, il canto, i gesti, i paramenti, ma non solo, dove i fedeli interagiscono col celebrante, le cui parole o gesti stimolano azioni (alzarsi, inginocchiarsi, rispondere), e influisce la scenografia dell'ambiente, con la luce che cade dalle vetrate, il tremolare dei ceri, il profumo dell'incenso. Con questo non volevo dire che una serata in discoteca (luci stroboscopiche, danze, musica, parola, movimenti, e anche odori, e messa in scena architettonica, e rumori) sia uguale a una cerimonia liturgica, ché anzi ha qualcosa di maggiormente in comune con quelle manifestazioni di cui parlava a Venezia Peter Greenaway, che investono una città intera e tendono a creare azioni multiple e diverse a ogni angolo di strada, con i mezzi più svariati, tendendo potenzialmente a non finire mai.

Ecco, il punto discriminante mi pareva quello tra opera finita (e non importa se sia l'opera wagneriana o un romanzo scritto e stampato senza illustrazioni) e azioni che fluiscono senza mai avere un inizio e una fine, per cui entra in crisi la stessa nozione di autore. Se vogliamo, una avvisaglia di queste azioni a flusso continuo era *Einstein on the Beach* di Wilson e Fosse, che durava ore e dove il pubblico era autorizzato a vederne un pezzo, uscire, tornare, e potenzialmente la cosa avrebbe potuto continuare all'infinito se gli attori ce l'avessero fatta. Però quell'opera a un certo punto finiva, e quindi imitava, annunciava la possibilità del flusso, ma non ne era un esempio. Anche perché, se flusso deve esserci, occorre che tutti vi partecipino, così che appunto scompaia la differenza tra autore e fruitore.

Questo non ha nulla a che vedere col mio vecchio concetto di "opera aperta", perché un'opera aperta può anche essere un sonetto, con un inizio e una fine, o un libro di cinquecento pagine, che intende suscitare diverse letture e interpretazioni. Ma le opere aperte di cui ho sempre parlato, persino quelle esecuzioni musicali che potevano cambiare da una sera all'altra, a libito degli esecutori, avevano dei confini: per dirla in parole povere, a un certo punto finivano.

La cosa più vicina a una pratica a flusso era quella che si svolgeva nei bordelli di New Orleans e che ha dato origine alla *jam session* del jazz. Noi non dobbiamo pensare ai dischi che in qualche modo ci tramandano serate di tempi posteriori: di solito gli esecutori erano chiamati in un secondo tempo a incidere, in un certo qual senso riassumendo e *conchiudendo* quello che avevano fatto altrove senza limiti, e quindi erano essi a comporre una esecuzione musicale che ricordava la *jam session*, ma non la era. Una *jam session* è a flusso perché possono entrarvi sempre nuovi esecutori, perché la musica è legata a quanto si svolge nel locale, perché potrebbe continuare per sempre, la gente entra quando vuole, mangia, beve, esce un momento a fumare, rientra, e anche questo fa parte del gioco. Se di uno di questi eventi registrate un'ora, montate il nastro, e lo diffondete su disco, abbiamo un'opera, e non un evento, o l'esempio conchiuso di un evento a flusso.

Le pratiche a flusso sono certamente pratiche artistiche, e molto creative, producono quello che un tempo si chiamava una esteticità diffusa, vivono di contributi collettivi, e in esse è difficile riconoscere uno o più autori (se non nel senso che ne è autore remoto chi le ha immaginate e scatenate). Ma esse non chiedono di essere contemplate e interpretate: chiedono di essere vissute. Guai a tirarsene fuori per *guardarle*. Esse non hanno nulla a che vedere con un'altra dimensione, che è quella che pone un lettore, uno spettatore, a dialogare con qualcosa che è già fatto, per vago che sia, che gli impone una sfida interpretativa, e che talora, come nei romanzi o nei drammi (lirici o no) lo mette di fronte a una immagine del destino che gli è già stata disegnata da qualcun altro. Non c'è nessuna ragione perché due tipi di esperienza così diversi non possano coesistere.

1998

Ma che cos'è questo postmoderno?

Postmoderno è una delle parole più imbarazzanti che ci siano: non solo perché autori diversi la usano in modi diversi ma anche perché molti di coloro che vengono definiti postmoderni, quando glielo dici si offendono (non tutti, alcuni sono contenti). A interpretare poi altre reazioni, si direbbe che i moltissimi che parlano di postmoderno, un fenomeno che palesemente non esiste, sono per ciò stesso uno sgradevole esempio di postmoderno.

Siccome la bibliografia sul postmoderno è amplissima (anche se più in altri paesi che da noi) a chi proprio volesse farsi le prime idee consiglierei *Il postmoderno* di Gaetano Chiurazzi, appena uscito nella Collana di Filosofia Contemporanea di Paravia.

Chiurazzi, all'inizio della sua sintesi, cerca di elencare quei caratteri della modernità che il postmoderno negherebbe e metterebbe in crisi. Il mondo moderno, e facciamolo pure cominciare dal Rinascimento, ha coltivato il mito del progresso necessario e infinito, la concezione della libertà come progressiva emancipazione, l'ideale del dominio della natura, ha privilegiato il metodo quantitativo sperimentale della scienza, ha cercato di omologare l'esperienza, ha fatto ricorso al ragionamento formale e ha creduto in una ragione universale.

Pertanto ci troveremmo in una temperie postmoderna quando l'idea di progresso viene messa in discussione, non si crede più ai "grandi racconti" filosofici che cercano di interpretare in senso univoco lo sviluppo della storia, il rapporto tra uomo e natura viene ripensato, come nell'ecologismo, si mettono in questione la credenza in una ragione "forte" e universale, l'efficacia del metodo formale e quantitativo, l'idea di una emancipazione come uguaglianza (ultimi miti, il *melting pot* americano e il comunismo sovietico), privilegiando piuttosto la diversità, il pluralismo, il rispetto delle differenze, la frammentazione dei gruppi politici, la loro trasversalità. Causa ed effetto di tutto questo, il crollo delle grandi ideologie.

Direi che la sintesi è corretta, così come è onesta l'esposizione delle teorie dei nemici del postmoderno, come Habermas e Jameson. C'è tuttavia un pensiero sottinteso che domina questa ricostruzione, e cioè che il postmoderno sia in definitiva un fenomeno unitario, che unisce filosofi, architetti, romanzieri, pittori, femministe, omosessuali, spettatori della televisione, navigatori di Internet, minoranze etniche e devoti del New Age. Invece credo che tra i diritti alla diversità tipici del postmoderno ci debba essere anche il diritto all'esistenza, come minimo, di due postmoderni, uno inventato dagli architetti e adottato poi in letteratura, e l'altro inventato dai filosofi. Io sarei d'accordo con Charles Jenks, uno degli inventori della categoria del postmoderno nelle arti, che tra i due postmoderni ci sono, se non pochissimi elementi in comune, almeno non pochi elementi di differenza.

Prendiamo per esempio il rapporto con il passato. Per i filosofi postmoderni, da Lyotard a Derrida e a Vattimo, le radici nichilistiche del postmoderno mettono in questione tutta l'eredità del pensiero precedente, per quanto si possano escogitare nozioni di ripulsa che sono al tempo stesso riappropriamento, rivisitazione dolorante o altro. E invece nelle arti e nelle lettere, mentre era la modernità che procedeva, sino all'estremo gesto di ogni avanguardia, a distruggere l'eredità del passato, il postmoderno il passato lo rivisita con gusto e passione, con ironia, certo, ma anche con gioia e grande affetto.

Lo stesso dicasi dei grandi racconti. Nelle arti e nelle lettere era la modernità che a poco a poco erodeva l'idea classica di un ciclo narrativo onnicomprensivo, delle cappelle sistine, dei romanzi "ben fatti", per arrivare al non-racconto sperimentale, alla tela bianca, al frammento; mentre tipico del postmoderno è stato ridare fiato alle grandi epopee: sghembe, sbilenche, ironiche ancora una volta, ma capaci di ridare il gusto di una narratività ampia e distesa, e di nuove mitologie.

Si tratta solo di due aspetti, e nell'ambito di una Bustina non si può dire molto di più, ma che vorrebbero (in quest'era del sospetto) indurre al sospetto che i rapporti tra il postmoderno filosofico e quello artistico siano in gran parte accidentali, o dovuti a un equivoco. In altri termini, non riesco a vedermi Derrida che si sollazza a Las Vegas sottobraccio a Venturi.

Che poi ci siano molti aspetti in comune, siamo d'accordo: ma i due fenomeni hanno questi aspetti in comune perché si rifanno alla stessa poetica o semplicemente perché sono contemporanei? E allora bisogna forse trovare un'altra categoria più vasta?

1999

Trionfo e tramonto della stroncatura

Nell'ultima Bustina osservavo quanto si fossero attenuati, dal 1991 a oggi, i tabù linguistici, per ricercare un mio intervento di nove anni fa, di cui mi ricordavo vagamente, ho dovuto aprire l'armadio in cui conservo le varie puntate di questa rubrica, e mi è caduta sott'occhio un'altra Bustina, del novembre 1986, dove riprendevo i termini di una polemica lanciata da Guido Almansi, nel corso della quale si erano levati lamenti sulla scomparsa o rarefazione di quel genere letterario illustrissimo che era la stroncatura. Più o meno ci si lagnava che la mancanza di belle stroncature fosse segno di svigorita moralità letteraria.

Abbiamo avuto negli anni successivi schidionate di stroncature su ogni pagina letteraria e, tanto per citare l'esempio più consistente, questo settimanale ha dedicato per anni una rubrica di Roberto Cotroneo a questo unico fine – fino a che Cotroneo ha gettato la spugna, non perché non circolassero più libri che gli ripugnavano, ma perché ripugnava alla sua naturale mansuetudine l'obbligo di provar ripugnanza a ogni quarto di luna.

Direi che negli anni ottanta e novanta abbiamo assistito a vere e proprie gare stroncatorie, a tal segno che ormai si guardava con sospetto quelle recensioni che apparivano in Francia (paese che non ignora l'arte della stroncatura, ma la usa con parsimonia) in cui ci si profondeva in elogi sperticati, pieni di termini come "admirable". Pensavamo di trovarci di fronte a casi di corruzione. A nessuno veniva più in mente che, a quel recensore, il libro era piaciuto davvero.

Ho anche ritrovato una Bustina del giugno 1989 dove osservavo che ormai i redattori delle case editrici italiane avevano seri problemi quando, arrivati alla pubblicazione di un libro in collana economica, cercavano nelle recensioni alla prima edizione una frase breve ed elogiativa da mettere in quarta di copertina. Se anche la recensione era positiva, il pudore del critico era tale che l'elogio era nascosto tra mille riserve, sempre suggerito e mai esplicito, e quindi non si poteva fare quel che si fa con le pubblicità degli spettacoli e dei libri americani, piene di frasi cortissime e assertoriamente entusiastiche: "Sensazionale" (*New York Times*), "Il libro più bello degli ultimi dieci anni" (*Philadelphia Enquirer*), "È stato un vero godimento" (*Variety*). Naturalmente i critici di laggiù sanno che se esprimono un giudizio positivo in meno di quattro parole saranno menzionati nella pubblicità. Quindi – e ammetto che anche questa sia una forma di corruzione – si affrettano a inserire nelle loro recensioni giudizi fulminanti del genere, per avere l'onore delle bandelle o addirittura delle pubblicità a piena pagina.

Sospetto che i critici italiani si siano accorti a un certo punto che, a stroncare sempre, non venivano mai citati dalla pubblicità editoriale. Mi pare che il volume delle stroncature sia diminuito, anche perché le pagine letterarie hanno trovato che è più rapido, meno costoso e più divertente per il lettore non pubblicare la recensione di un libro, bensì una intervista con l'autore. E – per un fenomeno singolare che affonda le proprie ragioni nelle profondità insondabili dell'animo umano – è rarissimo trovare autori ansiosi di stroncare i propri libri.

Per dare però ai lettori quella porzione di cattiveria che essi desiderano e meritano, le pagine letterarie si sono invece specializzate nelle stroncature incrociate, e cioè in interviste di autori che parlano male dei loro colleghi. Il lettore si diverte a questi *circenses*, l'autore non si affligge perché trova naturale che i suoi colleghi lo odino.

Rimaneva però aperto il problema di dove trovare squarci elogiativi da usare, appunto, per la pubblicità e le quarte di copertina. Ci si è rifatti allora a un altro uso anglosassone, quello del *blurb*. Un blurb è un testo elogiativo, talora breve ma talora anche esteso, esplicitamente richiesto a persona nota e notoriamente estimatrice dell'autore o dell'autrice, che appare sulle sovraccoperte sin dalla prima edizione (al blurbista si chiede infatti di leggere il libro in bozze). Ci si domanderà perché un blurbista (che lavora gratis) perda tempo a sfogliare tanti libri che avrebbe volentieri evitato di leggere. Ma essere blurbista è segno di prestigio, e non è indispensabile leggere, perché il blurbista possiede ormai un'arte consumata dell'elogio generico. La pratica è molto morale, perché anche i lettori sanno benissimo che un blurb è sempre e per definizione positivo (mai visto bandelle in cui un blurbista dica che quel libro è un obbrobrio) e si regolano di conseguenza. Tuttavia si è istintivamente portati a stimare un autore per cui tante persone illustri sono disposte a mentire.

1999

LASCIATEMI DIVERTIRE

Raccontini

Ti faxo un memo e ricompatto

Siamo ancora un paese con una lingua nazionale? In questa Bustina immagino uno scambio di lettere tra cittadini italiani tutti diversamente influenzati, per tradizione o mestiere, da diverse culture.

Giovan Raniero all'idraulico del piano di sotto. Caro ingegnere, lei sa che sono scolaro in residenza alla scuola per scapoli di scienza, faccio letture e navetto giornalmente tra il campo e la città bassa. Questo è lo stato dell'arte: la mia schedula è sovraccarica e quindi digito (senza editare e debuggare) e faxo un breve memo decodabile anche da un collare blu. Il suo clone potrà essere appuntata come stagiaria grazie a una fondazione che la sopporta. Penso che gioirà il viaggio: s'imbarca sull'areomobile, fasta la cinghia, prende sù e landa, dopo aver acquistato qualche gaggetto nella bottega libera da doveri, e un'attraente ostessa la farà sentir confortevole a bordo.

Qui potrà trovare varie facilità, lo stabilimento è amichevole (c'è un bel flusso di cassa, malgrado la stragflazione) e non sarà così duro isolare un piatto da rentare, forse facendo un morgaggio con una prima rata ragionabile. Per l'applicazione mandi pochi bit per la base di dati. Penso io a ricompattarli e a caricarli sulle file con la mia ferraglia molle, imposto la carta di flusso, performo, cecco e il messo fuori sarà disegnato secondo i requisiti in accordo con la corrente polizia del decano. Mandi una pittura glossica e sopra alla data. Io la imputo, la processo e la scanno in giusto un minuto. Come presto come lei arriva le setto l'agenda e le risetto il sillabo sartorizzandolo sul suo formato.

Che cosa implementa di grazioso? Come lei si bilanciano i pesi nelle sue reti neurali? Io apprezzerei un nutrimento posteriore. Mi scusi le tecnicalità e l'italiano basico e polluto, ma suppongo di aver coperto il mio topico. Se allora vada alla fine. Suo Giovanni Raniero.

L'idraulico al professore d'italiano del piano di sopra. Caro prof, sono l'idraulico sottostante. Il dottor Geiàr mi ha mandato un inserto che non realizzo. Praticamente gli avevo chiesto se ci sono corsi d'inglese per mia figlia Shuèllen (Debora e Samanta sono ancora juniores) e volevo consigli per gli acquisti. Può pormi in essere una pregiata sua per farmi chiarezza? Suo Alex.

Il professore d'italiano all'idraulico. Mio giovane amico, Lei m'insegna che, salvognuno, chi volesse un giorno scrivere la storia di molti epistolari, non foss'altro che per farsi l'arguto archivista di un subisso d'innovazioni gergali e di solecistiche intemperanze, o di dotte ignoranze, che fa lo stesso, e chiedo venia per l'ossimoro, che è peraltro di un certo lignaggio, non potrebbe non evitare di asserire che da siffatta crestomazia d'idiotismi e barbarismi scaturisca la chiara e poetica intuizione di come s'avverta oggi una sazietà, che dico, un'enfiagione, una rubizza pinguedine del novo volgare, sì che non v'è chi non veda che più perspicuo sarebbe coltivar umbratili silenzi che tediar ancor più i sodali con ciangottii ch'altro non sono che refoli di vento, di scarso e poco sostantifico midollo e d'ancor più improbabile saporosità: ma tant'è – e valga questo mio divagare come cauto omaggio al dettato tacitiano e cautissimo assaggio, o vuoi prova e certame, di chi miri a più sapidi asserti, e a più aurorale limpidezza d'eloquio, ritorno ideale, quasi, a que' primi tropi che ingentiliron l'età degli dèi e quei pristini heroici furori che locupletarono i simposi dei nostri maggiori – se ben comprendo il dire, o lo stilar gràmmata, del comune amico Giovan Raniero, mi par di cogliere che quando egli parla di "imputare, processare e scannare" intenda sottomettere la Sua signorina a qualche orrenda ordalia degna di Mezio Fufezio.

Sono, questi, ferini propositi, degni di più furibondi inquisitori di controriformistica memoria, ben lontani da quei precetti di ariosa e liberale tolleranza a cui m'ispiro. Ma tant'è, e – arroccandomi in un doveroso riserbo, nel quale silente incanutisco – la lettera terrò, se mi consente, in sommo dispregio. Suo professor De Gubernatis.

L'idraulico, insoddisfatto per la risposta del professore d'italiano, ne invia copia ad altri due inquilini, l'uno poststrutturalista a riposo e l'altro ermeneuta in servizio permanente effettivo. Essi così rispondono.

Prima lettera. Signore, egli piove, sulla villa come sul mio cuore. Un gran languor lo penetra ed egli ha tanto di pena. Ve ne prego. Come interrogare la scrittura al piede della lettera, se la lettera è volata dalla sua origine? Forse la mia reazione potrà parerle un poco esagonale, ma debbo confessare di trovarmi imbarazzato a dover sbrogliarmi d'un testo che mi par concepito in un linguaggio d'ordinatore di cui il logiciale mi scappa. Al soccorso!

Per quel che io comprendo, il discorso si vuole franglese e s'iscrive in falso viso a viso di quegli esempi di verbiaggio che si sfiancano nella messa in mira di un Altro che non si dice, e che nel suo non dire, dicendo, ne dice di vantaggio.

Egli mi sembra, d'una fazione o dell'altra, di giocar il ruolo di uno di cui il destino sia tale di biffare ciò che si offre come troppo eclatante per chi si voglia regalar d'assombrare nel silenzio. Obliare sia la voce che il fenomeno? Egli sarebbe puro spirito dello scalone. Mi sovviene che il mio maestro, di fronte a tali messaggi, opponeva un fine di non ricevere. Sublime maestria d'una parola che si negava nel suo proferirsi.

Voi mi domandate quale sia il senso di questo pretexto. Ma ha egli ancor senso porsi la questione di quale sia il senso del senso? Il senso sfugge e si sparpaglia nella deriva del significante che a ogni istanza altro non ridice se non se stesso nel suo primo offertorio. Questo va senza dire che io comprendo la Vostra domanda. Ma v'è domanda che non neghi la sua propria risposta?

Io vi prego d'aggradire, caro signore, l'espressione dei miei sentimenti i più rispettosi.

Seconda lettera. Di questa lettera non comprendo l'inizio. Dice la Lettera che Lei mi invia: "Il messo fuori sarà disegnato secondo i requisiti". A quale disegno si allude? È forse esso il Disegno dell'Occidente, fallimentare per definizione, per cui nel momento stesso in cui l'Essere si apre al Divenire, il Divenire non diviene, e neppure è? E il divenire non essendo potrà allora l'essere divenire, e l'essere non divenendo, potrà allora il divenire essere? La struttura originaria è l'essenza del fondamento.

C'è in questa lettera un Accenno a una Struttura Originaria, dal momento che Esso domanda una immagine (agalma!) in cui identificandosi s'annulla, perché nell'identità l'essere si nega e la Negazione è. E se il Latore, inseguendo una Immagine, spende la Sua parola nel Tempo, possiamo pensare che ci sia Tempo in cui la parola possa essere spesa e permettere quel che non sarà mai messo? Questa è l'illusione dell'Occidente. Che il Suo Geiàr, o Giovan Raniero che dir si voglia (ma cosa vuol dire voler dire?) possa da un remoto Castello emettere il Messaggio di qualche Imperatore e sottoporre a Processo una immagine (Volontà di Potenza della Tecnica, nostra Colonia Penale!) di ciò che, per illusione dell'Untergang des Abendlandes, per definizione (defin-azione) non È, potrà mai essere, se non detto, almeno pensato? Per quante Stelle della Redenzione ci illuminino, il Nulla nulleggia e nullifica.

Lettera dell'idraulico a Giovan Raniero. Caro signor Geiàr, nessuno dei condomini ha fatto chiarezza sul suo spot. A mio avviso, praticamente è assurdo e sembra di parlare con la piovra. Per ora tengo Shuèllen in panchina. Suo Leevanclif.

1990

Il generale, Saddam Hussein e Maometto

Stavo pensando al recente caso Bettelheim. Alcuni suoi pazienti lo accusano di averli presi in cura come ragazzi disturbati, mentre non lo erano o lo erano pochissimo, e poi di averli sottoposti ad angherie così feroci, sia sul piano fisico che su quello morale, da averli restituiti alla vita adulta più disturbati di prima. Siamo di fronte al classico paradosso del bugiardo: come si può ritenere sensata la testimonianza di qualcuno che dice di essere diventato matto?

È bugiardo o pazzo l'ex capo di stato maggiore dell'aeronautica americana? Indubbiamente un generale che va a raccontare in giro quale sarà la sua mossa segreta, o è un idiota o è un bugiardo. Saddam Hussein, astuto come solo un arabo sa esserlo, capisce che non può essere che bugiardo, e cioè un furbo di tre cotte che gli vuol far credere che l'attacco verrà dall'aria mentre verrà da terra. Quindi Hussein sposta le difese ai confini di terra. Ma poi il governo americano sobbalza come un sol uomo, e mette alla porta il generale. Quindi lascia capire che il generale aveva detto la verità: non era bugiardo ma idiota. Hussein, furbo come una serpe mesopotamica, ri-sposta di colpo tutte le difese intorno a Bagdad.

Ma è possibile che il governo americano stia preparando segretamente un attacco via aria e poi, di fronte all'idiozia del suo generale, si dimostri così idiota da licenziarlo, rivelando così che lui aveva detto la verità? Avrebbe dovuto far finta di niente, in modo che Hussein pensasse a una astuta bugia, e spostasse le difese ai confini di terra.

Hussein, callido come un personaggio delle *Mille e una notte*, subodora un trucco al quadrato: gli americani hanno autorizzato il generale a dire una bugia, poi l'hanno licenziato come se dicesse la verità, in modo che Hussein si attenda ora un attacco dall'aria mentre l'attacco arriverà da terra. Quindi Hussein ri-sposta le difese ai confini di terra. Ma Hussein, che ne sa una più di Maometto, non può aver trascurato l'ipotesi che gli americani abbiano davvero commesso una *gaffe* (non sarebbe la prima volta); allora l'attacco arriverebbe davvero dall'aria, e pertanto Hussein dovrebbe ri-spostare le difese intorno a Bagdad.

Tuttavia, siccome Hussein sa che gli americani certamente sanno che lui li ritiene inclini alle *gaffes*, avrebbe il dovere di ipotizzare che essi abbiano speculato su questa sua certezza; e in tal caso – rapido come l'Uccello Roq – ri-sposterebbe le difese ai confini di terra.

Se Hussein – svelto come il Ladro di Bagdad – formula le varie ipotesi una dietro l'altra, si trova obbligato a far andare avanti e indietro le sue forze, snervandole; se invece, capzioso come Alì Babà, coglie di un sol colpo tutte le infinite possibilità di inscatolamento progressivo delle ipotesi, si trova in situazione di stallo, con le difese ferme a metà strada. Così, se Hussein fosse furbo e avesse una mente logica, gli americani avrebbero vinto la prima manche.

Ma adesso mettiamoci dal punto di vista degli americani. Se il generale era un idiota sincero, e il governo si è comportato scioccamente lasciando capire che era sincero, debbono aver capito che Hussein ha capito, e se avevano preparato l'attacco dall'aria, debbono cambiare i piani attaccando da terra. Ma debbono anche prevedere che Hussein, notoriamente svelto come il feroce Saladino, preveda questa loro mossa, e dunque debbono mantenere il proposito iniziale di attaccar dall'aria. Ma potrebbero aver architettato tutta una manfrina con il generale, inducendolo a dire una bugia e poi licenziandolo come se avesse detto la verità, così che sono pronti ad attaccare da terra sperando che Hussein li attenda dall'aria; però ora, riflettendo, sospettano che Hussein, volpino come un cavaliere del deserto, abbia annusato il loro gioco, e quindi debbono cambiare strategia e attaccare dall'aria perché Hussein li attende da terra.

A questo punto, però, anche gli americani sono nella situazione di Hussein: o inviano in successione ordini contraddittori a un corpo di spedizione che ha già i nervi fusi dal gran caldo, o si bloccano nell'impossibilità di decidere quale sia la strategia più imprevedibile. Se gli americani sono furbi e hanno una mente logica, questa manche l'avrebbe vinta Hussein.

La guerra è una cosa troppo seria per lasciarla fare a chicchessia.

1990

Bruno

Ritengo che si sia dato troppo peso alle dichiarazioni di Alberto Sordi su come si stava bene ai tempi del fascismo. Penso che Sordi volesse dire che tutti gli eventi dell'infanzia si colorano, quando invecchiamo, di tenerezza: io ricordo con nostalgia persino le notti passate nel rifugio, infreddolito e assonnato, mentre cadevano le bombe, e noi ragazzi esploravamo cunicoli oscuri. E ricordo le mattine del sabato in cui ingollavo il caffellatte di corsa perché la mamma ci aveva messo troppo a dipanare la complicata montura da Figlio della Lupa, con la M di metallo che non andava mai a posto.

Al massimo si può rimproverare a Sordi di aver parlato ex cathedra, invece che al ristorante riscoprendo una gazosa con la pallina – e qualcuno ha insinuato che volesse accreditarsi presso un pubblico sempre crescente di qualunquisti. Ma le imprudenze di un attore notoriamente disinteressato alla politica non dovrebbero creare un caso politico. C'è però una cosa che forse Sordi ricorda male, e che è bene raccontare ai giovani che di quel tempo lontano sanno assai poco. Non è vero che tra i balilla tutti fossero uguali, il figlio dell'operaio e il figlio dell'industriale.

Durante le elementari, io e un ragazzo biondo eravamo i ricchi della classe, cioè appartenevamo allo stesso ceto sociale del maestro: io perché mio padre era impiegato e girava con la cravatta, e mia madre con il cappellino (e quindi non era una "donna" ma una "signora"); il biondino perché suo padre aveva un negozio. Tutti gli altri erano di ceto progressivamente inferiore (parlavano ancora dialetto con i genitori, e quindi scrivevano male) e il più povero di tutti era Bruno. Ne ricordo benissimo il cognome, perché a quell'epoca ci si chiamava per cognome, ma è significativo che ne ricordi il nome.

Essendo povero, aveva il grembiulino nero strappato, non aveva colletto bianco, o quando l'aveva era sporco e liso, e naturalmente non aveva il fiocco azzurro. Bruno era rapato a zero (unico segno di attenzione da parte di una famiglia che evidentemente temeva i pidocchi) ma si deve sapere che i bambini ricchi, quando venivano rapati (talora accadeva d'estate, per rinforzare i capelli), avevano un craniotto grigio omogeneamente vellutato, mentre i bambini poveri esibivano delle chiazze biancastre, forse dovute a croste non curate.

Il maestro era tutto sommato un brav'uomo ma, siccome aveva fatto la Marcia su Roma, si sentiva obbligato a educare in modo virile, e agli scolari menava potenti sganassoni. Naturalmente mai a me e al biondo, ma a Bruno più che a tutti, specie perché si presentava in classe con il grembiule lardellato. Bruno andava sempre dietro la lavagna. Io mai. Ovvero, una volta qualcuno mi stava tormentando dai banchi di dietro e io debbo avergli lanciato una pallina di carta in un momento delicato, il maestro si era infuriato e mi aveva mandato dietro la lavagna: folgorato da quell'onta inconsueta mi ero messo a piangere come un vitello, e dopo due minuti il maestro mi aveva rimandato al banco, accennando a una carezza di consolazione e di scusa. Solidarietà di classe.

Un giorno, dopo un'assenza, Bruno venne a scuola senza la giustificazione, e il maestro lo assalì minacciando schiaffoni: Bruno si mise a piangere e disse che era morto suo padre. Il maestro si commosse e chiese a tutti noi una colletta. Il giorno dopo ciascuno tornò con qualche moneta o un vestito smesso e Bruno ebbe il suo momento di solidarietà. Forse per reagire all'umiliazione, durante la marcia in cortile si mise a camminare a quattro zampe, e tutti pensammo che era veramente cattivo a far così dopo che gli era morto il papà. Il maestro fece osservare che mancava di ogni più elementare senso della riconoscenza. Apparteneva davvero a una razza inferiore. I lettori pensano che stia scrivendo una parodia di *Cuore*, ma giuro che riporto ricordi fedeli di vita vissuta.

Durante un'adunata del sabato, venuto il momento del giuramento, quando tutti dovevamo gridare *Lo giuro!*, Bruno che era vicino a me, e lo udii benissimo, gridò *Arturo!* Si ribellava.

Fu il mio primo maestro di antifascismo.

Grazie, Bruno.

1991

La supposta e i limiti dell'interpretazione

In periodo preelettorale in cui si annuncia una rinascita della grande destra anche là dove gli ingenui suppongono si trovi ancora una piccola sinistra, ho deciso di riesumare la mia antica ma immarcescibile decisione di proporre ogni tanto alcune recensioni immaginarie (e vorrei tanto che poi alcuni lettori, e persino alcuni editori, non mi chiedessero precisazioni bibliografiche, come mi è accaduto in passato, prego).

Vorrei oggi parlare di un inedito di René Guenon, che spero non sfuggirà a tutti quegli editori interessati a riproporre i grandi testi del pensiero occulto, e della sindrome del sospetto cosmico.

Il testo si intitola *Aspetti iniziatici della supposta* (naturalmente la stesura originale è in francese e il titolo suona *L'initiation suppositoire*) e risale al periodo in cui il noto pensatore soggiornò presso una comunità di dervisci urlanti sul Bosforo dove, improvvisamente colto da un attacco influenzale, e dopo aver inutilmente fatto ricorso alla farmacopea orientale, accettò di consultarsi con un dottore della missione protestante di Costantinopoli, il quale gli prescrisse appunto il medicamento di cui al titolo del trattatello.

Guenon, diffidente del mondo moderno, ma ancor più oppresso da dolori articolari e muscolari, si piegò al compromesso, ma volle vedere nell'oggetto in questione un concentrato di sottili allusioni simboliche.

C'è nella supposta l'idea di un tragitto forzato che dal mondo esterno, e cioè dal mondo dell'apparenza, la conduce al mondo interno, il mondo della profondità e dell'interiorità. La supposta appare così come il simbolo stesso di quel processo di interiorizzazione in cui consiste ogni vera iniziazione (si veda il rovesciamento, tipico della mistica Sufi, del mito platonico della caverna). Tuttavia (poiché la verità sta nella contraddizione), la supposta appare anche come mediatrice tra il mondo astrale (cielo – *Koilos* – cavo – semisfera superiore della volta celeste) e il mondo infero, la Caverna Nascosta (cavo – *Koilos*, dove l'autore gioca anche sulla paronomasia rivelatrice che apparenta *c(ie)l* a *c(u)l*).

Non a caso, osserva finemente Guenon, la supposta ha la forma di obelisco e non a caso *obelisco* richiama *ombelico*: la supposta unisce l'ombelico del cielo all'ombelico del corpo, in un viaggio infero attraverso un reticolo di cavità dove si congiunge al Brodo Elementare, ma nel corso del suo viaggio agisce come lavacro (supposta – zupposta – zuppa – brodo – *Œuvre au Noir*). Il tema del lavacro rinvia al fatto che i primi obelischi furono eretti a Luxor, che è al contempo Bocca di Luce (*Lux* + *Os*) ma anche *Aurum* (Or) del sapone Lux – si noti che la metafisica del sapone rinvia al mito delle Nove Stelle su Dieci che usarono quel bianco strumento di lavacro – secondo una vecchia pubblicità che in effetti celava brandelli di sapienza tradizionale (di passaggio Guenon cita anche la Decima Stella, nome iniziatico con cui fu chiamato il noto occultista Eliphas Levi che notoriamente non usava mai sapone).

Ma la supposta non ha solo forma di obelisco bensì anche di razzo: siccome è noto che la civiltà terrestre nacque dai Signori del Mondo pervenuti da altri pianeti e atterrati sul Machu Pichu, ecco che il rito dell'introduzione della supposta richiama quasi liturgicamente la discesa terrestre del Re del Mondo e si fa simbolo del sapere perduto (perduto nelle caverne sotterranee di Aghartta) che l'iniziato deve cercare (senza mai trovare perché ormai dissoltosi nella *Hyle*, o Materia Irrimediabile).

Simbolo di luce perduta nelle tenebre, di salvezza salvificante ma irrecuperabile, di forza che agisce internamente ma che non potrà mai più essere riportata alla *Lux* originaria, la supposta diventa quindi emblema dell'incertezza e della ricerca. Non a caso in tutte le lingue la congettura, l'interrogazione, la domanda, il tentativo di una risposta inattingibile, assume sempre forme come *Suppongo*, *I suppose*... (in tedesco il richiamo allo *anus* è esplicito nell'espressione *Ich nehme an*...).

Bisogna dar credito al Guenon di saper ordire una trama di pensiero che non rifugge (pur nella luce delle certezze che la sua consuetudine col mondo sotterraneo gli consente) dal dubbio e dal severo controllo critico. Questo splendido testo si conclude infatti su una domanda alla quale il pensatore non sa (o non osa) rispondere, e la cui risposta affida agli iniziati a venire: perché – visti i profondi legami tra la sapienza egizia e le conoscenze ermetiche dei druidi celti – vi sono supposte in forma di obelisco e non supposte in forma di dolmen?

1992

Storia di Angelo Orso

La settimana scorsa ho risposto alla telefonata di una giornalista che stava facendo un servizio sui giocattoli dell'infanzia, e mi chiedeva un ricordo. Non ho esitato, e ho ricordato Angelo Orso. Alla domanda sulla fine di quel giocattolo, ho risposto che non me ne ricordavo, e infatti sul momento non avevo ricostruito bene tutta la storia. Quando il servizio è stato pubblicato mi ha telefonato scandalizzata mia sorella, chiedendomi se l'avanzare degli anni mi avesse ottuso la memoria. Possibile che non mi ricordassi del funerale di Angelo Orso? Sì, avrei dovuto. E a poco a poco tutto mi è tornato alla mente.

Angelo Orso era un classico orso di peluche, giallastro, forse uno dei primi giocattoli che ci fossero stati regalati. Ma sino a che eravamo noi molto piccoli, e lui nuovo di zecca, ci aveva interessato in modo assai vago. Invecchiando, invece, Angelo Orso aveva acquistato una spelacchiata saggezza, una claudicante autorevolezza, e via via ne acquistava ancor più a mano a mano che, come un eroe di molte battaglie, perdeva un occhio o un braccio (poiché stava sia in piedi che seduto, e nessuno avrebbe osato metterlo prono, Angelo Orso aveva braccia e gambe, antropomorfo per natura e non per metafora).

Gradatamente era diventato il re dei giocattoli di casa. Anche quando, rovesciato uno sgabello che fungeva da tetragona corazzata verniana, salpavano in esso i miei soldatini per percorrere l'Oceano del Corridoio o il Mare della Cameretta, a dispetto di ogni proporzione Angelo Orso sedeva a bordo, Gulliver ubbidito e venerato dai suoi lillipuziani, ormai più invalidi di lui, dato che alcuni avevano perso la testa o un arto, e dalle loro carni di materiale compresso, friabile e ormai stinto, spuntavano uncini di fil di ferro.

Angelo Orso (unisex) era naturalmente anche signore delle bambole: regnava insomma su tutta la giocattoleria di casa, compresi i trenini e i legnetti da costruzioni. Col tempo – e travolto da mille incombenze – Angelo Orso aveva perduto il secondo occhio, il secondo braccio, e poi le gambe. Anche perché un cugino feroce lo coinvolgeva in scontri tra cow-boy e indiani e spesso lo legava alla spalliera del letto sottoponendolo a inenarrabili fustigazioni, che noi (e lui, Angelo) accettavamo senza ritenerle una diminuzione nei confronti della sua regalità, perché un giocattolo, anche se autocrate, deve sapere svolgere varie e complesse mansioni.

Erano intanto passati gli anni e dal torso mutilato del plantigrado iniziavano a uscire ciuffi di paglia. Si era diffusa presso i genitori la diceria che quel corpo malato incominciasse a nutrire insetti, forse colture di bacilli, e fummo affettuosamente incitati a dar sepoltura a quel rudere. Ormai doleva vedere Angelo Orso malato, incapace di reggersi in qualsivoglia situazione, esposto a quel lento sventramento e a quell'indecoroso defluire di organi interni, che ne compromettevano la pristina dignità.

Così un giorno, di prima mattina, quando il papà accendeva il termosifone, che dalla cucina dava vita a tutti i radiatori di casa, si formò un lento e ieratico corteo. A fianco della caldaia erano schierati tutti i giocattoli superstiti, io procedevo recando un cuscino su cui era adagiato il quasi estinto, e credo seguissero tutti i membri della famiglia, uniti nella stessa dolente venerazione.

Angelo Orso venne introdotto nelle fauci di quel Baal fiammeggiante, e il Caro Estinto arse e poi s'estinse. E con lui finì certamente un'epoca. Fu prima, ne son certo, che i primi aerei nemici bombardassero la città, perché a quel punto si era estinto anche il termosifone, ghiottissimo ahimè di ovuli di carbone, ed era stato sostituito con una stufa a legna che riscaldava solo la cucina.

Perché ricordo Angelo Orso? Perché sono scomparsi anche i tempi in cui un bambino poteva vivere con lo stesso giocattolo per quasi due lustri, che tanta fu la vita felice di Angelo Orso. Oggi i giocattoli costano meno e si rompono prima, come le radioline, che si cambiano a ogni stagione e non sopravvivono alle dissoluzioni delle famiglie come le Telefunken o le Marelli di un tempo. Credo sia duro per un bambino non poter più dedicare quasi una vita a un solo oggetto magico, mentre su di esso si incrostano memorie ed emozioni. Come mancare di un diario, o vivere in una terra senza monumenti.

1992

La prima notte della mia vita

Prima delle feste ero in Galizia, sia pure per ragioni diverse, assai laiche, in pellegrinaggio (come i miei maggiori dei secoli medievali) a Santiago de Compostela. Vicino a Santiago c'è La Coruña, e a La Coruña c'è un museo, abbastanza recente, della scienza e della tecnica. Mi avevano invitato già da qualche tempo perché, dicevano, laggiù c'è un Pendolo di Foucault, oggetto al quale avevo tempo fa dedicato un mio scritto. Il motivo non mi aveva convinto, perché i pendoli di Foucault hanno una curiosa caratteristica: ce ne sono in ogni museo del mondo, ma ciascuno crede di essere il solo ad averlo.

Breve, ci sono poi andato, perché c'era laggiù il congresso dell'associazione spagnola di semiotica, ho visto il pendolo, debbo ammettere che è più bello e suggestivo di altri, è corredato da un apparato didattico intelligente, ma soprattutto è assolutamente intelligente (di una intelligenza di avanguardia che lo rende giocattolo appassionante anche e specie per i bambini) tutto il museo. Ho giocherellato con diorami e artifizi semoventi inventati o ricostruiti dal geniale direttore Moncho Nunez, e poi sono stato invitato nel planetario.

I planetari sono sempre luoghi suggestivi, perché quando si spegne la luce si ha davvero l'impressione di sedere in un deserto, sotto il cielo stellato, ma quella sera mi era stato riservato qualcosa di più. Sappiate anzitutto che l'astronomia è una scienza molto rigorosa, ed è possibile sapere come fosse il cielo sotto al quale meditava Napoleone l'ultima notte passata a Sant'Elena, o quello che splenderà sulla testa dei pronipoti dei nostri pronipoti in una data sera del Duemila (o almeno l'astronomia lo sa, e se poi noi manderemo la terra a remengo e non ci saranno pronipoti, l'astronomia non ne ha colpa). Esistono anzi dei dischetti che potete mettere nel vostro computer e ordinare al programma di farvi vedere il cielo di una notte a vostra scelta sul meridiano e il parallelo che vi piace. Ma naturalmente sul computer vedete dei puntolini, mentre in un planetario è un'altra cosa.

Dunque a un certo momento, sceso il buio più completo, si è diffusa una bellissima ninna nanna di De Falla e lentamente (anche se un poco più in fretta della realtà, perché tutto si è svolto in un quarto d'ora) sopra il mio capo ha iniziato a ruotare il cielo che appariva nella notte tra il 5 e il 6 gennaio del 1932 sulla città di Alessandria. Ho vissuto, con una evidenza quasi iperrealistica, la mia prima notte di vita.

L'ho vissuta per la prima volta, dato che io quella prima notte non l'ho vista, perché ero voltato da un'altra parte. Forse non l'ha vista neppure mia madre, spossata dalle fatiche del parto, ma magari l'ha vista mio padre, uscito zitto zitto sul balcone, un poco agitato e insonne per l'evento mirabile (almeno per lui) di cui era stato testimone e remota concausa.

Sto parlando di un artificio meccanico realizzabile in molti luoghi e con un poco di lavoro e buona volontà, e magari l'esperienza è già accaduta ad altri, ma mi perdonerete se per quei quindici minuti ho avuto l'impressione di essere il solo uomo sulla faccia della terra (dall'inizio dei tempi) che si stesse ricongiungendo col proprio Inizio. È una emozione difficile da descrivere: si ha la sensazione (quasi il desiderio) che si potrebbe, si dovrebbe morire in quel momento – e in ogni caso altri momenti saranno ben più casuali e inopportuni.

È un ritorno all'utero, ma a un grande utero celeste. È un senso di riconoscenza (forse per i Decani dello Zodiaco) non per l'essere nato e vissuto, che tanto è andata come è andata, ma per avere avuto molti anni fa la prima di quello spettacolo cosmico. È un senso di sorpresa al poterla rivivere, unico davvero tra i mortali, perché potrà succedere ad altri, anche a tutti un giorno, ma quella conca e quelle stelle, con quella disposizione, ritrovata in quel momento, e ridate a me, erano cosa tutta mia e di nessun altro.

D'accordo, torniamo coi piedi per terra. Era solo tecnologia, se pur nutrita e sostenuta da un po' di fantasia. Ma non a tutti è dato di trovare l'Alef inciampando in una scala, o di fissare nel momento giusto quel vaso di rame, battuto da quel raggio di sole, che ha deciso della vita di Jakob Böhme. Si prende quello che si trova, o che ti regalano.

Dicono che un giorno tutti vivremo sensazioni indicibili quando sarà a disposizione la realtà virtuale. Ma come vedete non c'è bisogno di attendere che la mettano in commercio, e c'è persino chi si accontenta di trovarla vivendo il mondo attraverso il televisore. Io mi sono goduto il mio sogno faustiano, credevo come tutti di aver mancato il mio attimo per sempre, perché non si può dire, pena la dannazione, "arrestati, sei bello". Invece me lo hanno restituito, sia pure per quindici minuti.

1993

Il cormorano delle Shetland

Ho incontrato il cormorano in una saletta vip dell'aeroporto. Una gentile signorina lo stava pregando di non sporcare le eleganti poltrone e gli ho offerto di coprirne una col mio impermeabile. Sapevo che dopo sarebbe stato da buttare, tutto impregnato di nafta e acqua marina, ma confidavo nel rimborso de *L'Espresso*. Con uno scoop del genere... Il pennuto mi ha ringraziato, e ormai il ghiaccio era rotto. Ecco l'intervista.

Io: "Buongiorno signor Cormorano, come mai da queste parti? La credevo ancora nelle Shetland." **Cormorano**: "Ci debbo tornare domani, purtroppo. S'immagini che mi pagano la prima classe per una puntata rapida in un altro posto, che non ho mai sentito nominare. Ma pare che ci sia una petroliera in balia delle onde, il petrolio potrebbe rovesciarsi di colpo nel mare, le televisioni vogliono essere pronte, e quando si è sotto contratto... Un mestieraccio, le assicuro." **Io**: "Mai una vacanza?" **Cormorano**: "Ma che vuole, legge anche lei i giornali, una guerra di qua, una tempesta di là, i mari sono diventati un pozzo nero ed ecco lì, signor Cormorano si metta in posa, prego non guardi in camera, si lisci le penne col becco, faccia una faccia triste..."

Io: "Ma non ci sono altri cormorani sul mercato?" **Cormorano**: "È mica così facile. I miei parenti ci hanno lasciato la pelle. Quelli che sono scampati, ormai si sono resi uccel di bosco, e non è una metafora. Cercano di riadattarsi da un'altra parte, in collina, in montagna, ma non è facile trovare pesce da quelle parti, al massimo una trota ogni tanto. Io ormai c'ero cascato, mi guardi come sono ridotto. Non va mica più via, neppure con quei liquidi che fan bruciare gli occhi. Tanto valeva tenermi questa schifezza e tirarci fuori da vivere. Mi pagano bene, debbo solo essere pronto, un mese fa ero in Galizia, avrà letto, poi nelle Shetland, dopodomani chissà. E avevo cominciato prima ancora della guerra del Golfo." **Io**: "Ma le immagini di quella guerra le hanno dato il successo, la fama." **Cormorano**: "Sì, è allora che mi hanno notato. Prima mi riprendevano, ma poi non mi mandavano in onda. Con il Golfo è venuto il successo. Ma è faticoso, ogni giorno sul set, e ogni volta si assorbe nuovo petrolio, l'organismo ne risente, bisogna accumulare in fretta un gruzzolo, e poi si è dei malati cronici. Vedremo, troverò un'isoletta fuori delle rotte commerciali, per il poco che mi resterà da campare."

Io: "Ma non potrebbero usare un gabbiano, una foca, un pinguino, magari truccandoli con dei fanghi, quelli delle terme?" **Cormorano**: "Eh no, è una questione di professionalità. Dicono che se c'è il trucco l'animale perde la spontaneità. È come nei film di Luchino Visconti, se l'attore doveva parlare di un cassetto pieno di gioielli, anche se il cassetto non sarebbe stato aperto, i gioielli dentro ci dovevano essere, e di Bulgari. E poi noi cormorani siamo della grandezza giusta per il teleschermo, a me mi possono riprendere in primo piano e si vede tutto, immagini se fosse un elefante, ci vorrebbe il campo lungo." **Io**: "Ma non gli converrebbe impiegare un essere umano, un bambino, magari uno usato, di quelli in vendita?" **Cormorano**: "Mi faccia il piacere... L'essere umano non commuove. Si figuri che ho ricevuto una proposta anche dall'UNICEF. Loro hanno provato a mostrare i bambini africani denutriti, con le mosche sul volto e la pancina gonfia, ma alla gente fa schifo. Cambiano canale. L'animale invece fa tenerezza."

Io: "Quindi lei non pensa di uscire dal ramo petrolio..." **Cormorano**: "No, il ramo petrolio rende, la gente ha bisogno di energia, di mari inquinati per fortuna ce ne saranno sempre di più, potrei benissimo campare solo con petroliere e bombardamenti di pozzi. Ma lei capisce, quando incominci con la televisione poi ti vogliono dappertutto, per la pubblicità dell'American Express, per Benetton, in Parlamento... È una spirale. L'anno prossimo vogliono usarmi per convincere la gente a non prendere l'autostrada nel giorno di ferragosto." **Io**: "Ma non bastano le foto delle auto accartocciate, dei cadaveri carbonizzati?" **Cormorano**: "Gliel'ho detto, una famiglia carbonizzata vende poco. Ma se la famiglia va sbattere contro un'autocisterna, si rovescia la nafta, passa di lì il cormorano e si sporca, allora la gente ci riflette su. Cosa vuole, ci guadagno, è vero, ma il mio è anche un impegno civile, una missione."

La signorina è venuta a chiedergli se desiderava un whisky, ma il cormorano ha rifiutato: "Sarà perché non ci ho ancora fatto la bocca", ha detto, "ma per me sa di petrolio." Stavano chiamando il suo volo. Si è allontanato a capo chino, rischiando di scivolare sul pavimento tirato a lucido, su cui lasciava una scia oleosa. Si è voltato un'ultima volta. "Grazie", gli ho detto, "anche a nome di tutti i bambini del mondo."

1993

Juan Félix Sánchez

Nella baracca colorata dove ci siamo fermati a prendere un caffè bolle una pentola di fagioli neri e mi chiedo in quale film di Sergio Leone sia capitato. Stiamo procedendo su per il Paramo, la zona delle Ande che si apre maestosa nello stato di Merida, Venezuela. Prima è una vegetazione parte alpina e parte tropicale, poi si sale verso i grandi laghi tra pietraie e cespugli di erbe soffici e carnose, dalla forma e dalla consistenza di orecchie di coniglio. Fa appena frescolino: siamo solo all'altezza del Monte Bianco...

Ridiscendendo verso i tremila metri, in una vallata verdissima, si vede una chiesetta in pietra. A prima vista mi ricorda una delle pievi romaniche tra Perpignano e la frontiera catalana, ma le forme sono più libere, da vicino certe bizzarrie materiche mi fanno pensare a Gaudì. La chiesa è sbilenca, sinuosa, la piccola navata è decorata con mobili quasi zoomorfi, fatti congiungendo tronchi e tronchetti già sagomati dalla natura. L'altare evoca quello che per convenzione chiamiamo *art naïf*, ma se l'autore è un primitivo, sa escogitare soluzioni tecniche di grande raffinatezza.

Juan Félix Sánchez nasce contadino in uno di questi villaggi andini, nel 1900. Scuole elementari, poi vari lavori di campagna. Ancora ragazzo inventa un mulino ad acqua per i suoi vicini di casa; non sa nulla di tecnologia né ha mai visto i disegni degli ingegneri rinascimentali, e usa quel che trova intorno. D'altra parte ha sempre ignorato che esistesse un'arte romanica o paleogotica. I suoi soli viaggi sono stati a Maracaibo e a Caracas, da giovane. È intelligente e viene eletto ad alcune cariche municipali dalle sue parti, a San Rafael inventa una turbina ad acqua per fornire elettricità al paese. Sposa Epiphania Gil. Poi verso i quarant'anni, preso da un impulso mistico, lascia tutto e si ritira tra le montagne vivendo di poco, e prende a inventare tessuti, sculture, a costruire chiese, un intero calvario con statue lignee che si inerpicano lungo le falde, una crocifissione, un sepolcro di Cristo. La chiesa del Tisure ha un altare con un presepe colorato, una nicchia con il ritratto ligneo di un beato locale (in bombetta e giacca scura), e in alto un inquietante occhio di Dio fatto col fanale di un'automobile. Ma Juan Félix Sánchez non è un artigiano, non è un artista, non è un *bricoleur* della domenica: è un asceta della montagna, un visionario. Le sue creazioni più impegnative le inizia a sessant'anni, il santo sepolcro lo fa a ottanta.

A un certo punto critici, studiosi di folklore, filosofi della città lo scoprono. Espongono le sue opere nei musei, ma sanno benissimo che sottraendole al loro ambiente le riducono a totem, a reperti curiosi. Non riescono a inquadrare questo genio naturale, si rendono conto che rappresenta un fenomeno di spiritualità che trascende le categorie dell'estetica e dell'etnologia. Gli rovinano la vita. Juan Félix Sánchez diventa meta di pellegrinaggi eruditi, viene invaso da sociologi che gli sporcano la sua povera casa. Vede sorgere accanto al luogo dove abita un museo intitolato a lui e a sua moglie, dove sta anche una biblioteca (molto bella e moderna, coi computer) per i bambini. Si era ritirato in una zona impervia per inseguire un sogno, e cerca di non essere trasformato in una delle sue creazioni.

Ora ha novantaquattro anni. Con un'amica dell'Università di Merida siamo accolti in una cucina primitiva e ombrosa da Epiphania Gil, ormai monumento anch'essa, il volto di una mummia pelosa, e un abbigliamento da *Opera da Tre Soldi*. Nel patio, vegliato da un cane addormentato, Juan Félix sonnecchia col sombrero sul viso, su di una sedia, ormai immobilizzato da qualche acciacco alle gambe. Si sveglia, e anche qui vedo un volto di vecchio indio dai baffi spioventi che pare uscito da un film di Leone. È sordo, dapprima non riconosce la visitatrice, poi a poco a poco si sveglia. Acconsente a mostrarci i suoi quaderni, un poco logori e bisunti, in cui da una vita annota i pensieri che gli vengono, e antichi detti popolari, del tipo "a caval donato non si guarda in bocca", ma molti deve averli inventati lui. Mi chiede di scrivergliene due, e gli annoto che la gatta frettolosa fece i gattini ciechi e che il diavolo fa le pentole ma non i coperchi. Ascolta la traduzione, approva. Poi mi chiede preoccupato come sta il papa, se è vero che è caduto e si è fatto male alle gambe, e se può di nuovo camminare. Sto per dirgli di sì, ma mia moglie mi ferma e gli dice invece che ancora si muove a fatica. "Eh, come me," sorride consolato. Epiphania ci avverte che è meglio lasciarlo dormire. Ma prima di salutarci lui chiede dove sono i suoi quaderni. Se li fa restituire, li stringe al petto, e di sottecchi controlla sornione che ci siano tutti.

Risaliamo in macchina, e torniamo verso la barbarie.

1994

Le figlie di madama Doré
(Racconto postmoderno e intertestuale)

Fu il tempo che l'ambasciatore volle andare a rendere omaggio al più grande illustratore del suo tempo, Gustave Doré. A quanto si può desumerne l'ambasciatore rappresentava un paese orientale, perché arrivò alla dimora dell'artista a cavallo di un cammello; non portava, a quanto si sa, un turbante, ma doveva essere una concessione alla civiltà europea: si pavoneggiava con una piuma sul cappello.

Come l'ambasciatore incontrò l'artista, questo gli presentò la sua signora, e le sue figlie. "Oh quante belle figlie, madama Doré," disse l'ambasciatore, "oh quante belle figlie!" E aggiunse che avrebbe voluto maritarle – da cui si rafforza l'idea che egli appartenesse a un paese del lontano Oriente, perché a volerle maritare tutte insieme, voglio dire sposarle a lui o qualche suo amico, lascia pensare che pensasse a un contratto poligamo, tutte le figlie in un colpo solo, e allo stesso marito.

Non sappiamo come reagì la moglie dell'artista. Sappiamo di certo che le figlie, che poi erano probabilmente tre, erano delle dannate civette. Civette – e questo passi – ma ninfomani, forse, e certamente lesbiche – il che ai giorni nostri non scandalizzerebbe più nessuno, ma a quei tempi (dico a quelli in cui Doré illustrava la *Divina Commedia*) era cosa da gironi infernali.

Com'è come non è, sta di fatto che proprio nel bel mezzo della festa le tre figlie (civette) furono trovate sul comò che facevano all'amore con la figlia del dottore. Di questo dottore sappiamo pochissimo, ma sappiamo certo che la signora Doré si sentì molto imbarazzata per l'incidente, a tal segno che cercò di richiamare le figlie. Al che esse – è notissimo – fecero spallucce, irridendo alla mite signora con un oltraggioso "ambarabà ciccì coccò".

Si profila a questo punto l'ipotesi che la signora fosse non francese, ma di origini longobarde, perché risulta che abbia apostrofato le figlie con "Aliulé che t'amusé che 'tan profiti a lusinghé" (che potremmo tradurre come "Evvia, credi forse di divertirti mentre ti approfitti della figlia del dottore lusingandola"). Le figlie, sempre più provocatoriamente civette, hanno risposto, per tranciare la questione: "Tulilem blem blu, tulilem, blem blu!" Cose che a una madre non si dovrebbero rispondere, specie se ti sta rimproverando perché fai giochi a dir poco opinabili con la figlia del medico di famiglia – di cui, si noti, l'età non è nota alla tradizione, e avrebbe potuto essere minorenne – dopo di che si potrebbe essere così *politically correct* da accettare le propensioni sessuali delle figlie della moglie del noto artista, ma non da giustificare la corruzione di minorenni.

Infatti è lecito supporre che la figlia del dottore appartenesse a una comunità di volontari che si occupavano dell'assistenza agli indigenti, tanto che era definita la bella lavanderina che lava i fazzoletti per i poveretti della città. Di colpo, sottrarre la giovinetta al suo volontariato (che inoltre rivitalizzava una antica tradizione, di gioiose lavatrici sul bordo di canali periferici), per iniziarla a giochi erotici sul comò, è cosa che non potrebbe essere approvata neppure dagli spiriti più liberali e aperti.

E infatti, come reagisce la sventurata fanciulla: con salti. Fa un salto, ne fa un altro, ma sono salti di gioia o sussulti d'orrore?

Non mi pronuncio. Infatti l'esempio ha dato pessimi risultati. Pinocchietto va al palazzo con tre libri sotto il braccio, ma la lezione non la sa, ed è facile predire quanti punti prenderà. La signora Doré cerca di distrarre gli ospiti proponendo dei giochi di società, e presenta una scarpa (di chi?) chiedendo "Din din din scarpetta rossa, din din din che colore è?" La risposta è ovvia (un filosofo direbbe che si trattava di una proposizione analitica) ma le figlie della signora Doré (eh, canagliette) cercano di confondere le idee ai presenti. Azzardano: "Color pisolin, color canarin..." E che succede?

Esce fuori un garibaldin. Da dove? Credo dal *Gattopardo*. E che fa? Mistero. Rapisce la figlia del dottore? Una delle figlie di madama Doré? Qui bisogna trovare un colpevole. Uno, due, tre, quattro, dite basta.

1995

Riflessioni sui viaggi nel tempo

Molti avranno letto la scorsa settimana che gli scienziati hanno annunciato che sarebbe possibile viaggiare nel tempo. Almeno dal punto di vista teorico, anche se ostano alcune difficoltà tecniche, probabilmente insuperabili.

Non intendo pronunciarmi su questi annunci, per carenza di nozioni adeguate. D'altra parte, sia pure da profano, non ne sono rimasto particolarmente stupito perché ricordavo che Hans Reichenbach, per esempio, sin dal 1956, nel suo bellissimo *The direction of time* si intratteneva su molte ricerche che mostrano come a livello subatomico la freccia del tempo possa cambiare di direzione. Certo, il fatto che alcune particelle possano viaggiare all'indietro o in avanti nel tempo non ci rassicura sul fatto che anche noi possiamo fare come loro, ma – insomma – ci lascia intravedere possibilità aperte.

La posta in gioco è chiara: non è tanto interessante viaggiare in avanti, per vedere come sarà il Tremila (col rischio che la terra sia in un pessimo stato, vedi Wells) quanto viaggiare indietro: e non per il fascino indubbio del passato, ma perché viaggiare indietro lascia sperare che si possa ritardare la morte. Tuttavia i casi sono due. O viaggiando indietro io sono sempre il me stesso che parte, con l'età con cui parto, e in tal caso anche nel passato viaggio in avanti verso il mio personale declino fisico, con l'inconveniente che potrei incontrare il me stesso di tanti anni fa, e la situazione sarebbe imbarazzante. Oppure viaggiando all'indietro io recupero anche i miei verdi anni, e allora non posso viaggiare troppo all'indietro, perché mi ritroverei a essere una pura possibilità genetica nel DNA di mio bisnonno; che se poi tornassi, poniamo, al 1940, mi ritroverei bambino, ma presumibilmente con la mia mente di allora, e non potrei godere dell'esperienza che sto facendo; senza contare che allora i viaggi nel tempo non erano sviluppati, e non potrei più tornare in avanti (né, infante inconsapevole come sarei, potrei desiderare di tornare da dove non saprei più di essere partito). Insomma, comunque mettiamo le cose, il viaggio nel passato presenta numerosi inconvenienti.

Ora non ricordo più dove ho letto un argomento che taglia la testa al toro: non solo non sappiamo viaggiare nel passato, ma siamo certi che non ne saranno capaci neppure nel futuro più remoto. Infatti se nel futuro qualcuno potesse (no, avesse potuto, no, sarebbe capace di, meglio ancora, sarà stato capace di – maledizione, vedete come anche i tempi verbali s'ingarbugliano), insomma, scusatemi il neologismo, ma se nel futuro qualcuno potrebberesse viaggiare all'indietro, noi lo sapremmo, perché costui sarebbe qui ora. E invece di viaggiatori all'indietro noi non ne abbiamo mai visti.

Naturalmente l'argomento si presta ad alcune obiezioni: per esempio, si supponga che nell'anno Ventimila qualcuno possa viaggiare all'indietro nel tempo, ma solo di mille anni, ed ecco che lo saprebbero (ovvero lo sapranno) gli abitanti dell'anno Diciannovemila, non noi. C'è infine un'altra ipotesi: gli abitanti del futuro da gran tempo sanno (sapranno) viaggiare nel passato, e infatti sono tra noi sin dai tempi dell'uomo di Neanderthal; ma per disposizione delle autorità del futuro non possono rivelare chi sono. Essi sono già tra noi, ma noi non lo sappiamo.

Vedete subito come questa ipotesi potrebbe dare una frustata di ottimismo a politici e giornalisti sempre in cerca di complotti e di dietrologie: tutti i guai di cui soffriamo sono dovuti a questi visitatori segreti. E se Andreotti e Craxi fossero dei loro? Ma sarebbe possibile che avessero fatto quel che hanno fatto (se l'han fatto) avendo letto già nelle cronache del futuro che sarebbero finiti sotto processo? E se invece venissero dal passato? E come potremmo considerare visitatori dal futuro quelli che fanno i sondaggi, visto che non l'azzeccano mai?

D'altra parte questi visitatori del futuro dovrebbero sempre e soltanto lavorare per lo sviluppo dell'umanità: infatti se combinassero pasticci gravi, preparerebbero un futuro (che sarà il loro presente) estremamente sgradevole (e per loro, non per noi). Ed ecco allora l'ipotesi massimale: essi sono sempre stati presenti tra noi, ed erano quelli che ne sapevano di più: l'inventore dell'amigdala, Socrate, Copernico, Pasteur, Einstein e via dicendo. Ecco perché erano più intelligenti di noi: che la terra gira o che emme uguale ci due l'avevano studiato a scuola da piccoli. Bella forza! Questa considerazione dovrebbe sopire molte invidie accademiche.

Ma se tutte le persone geniali vengono dal futuro, come faranno (come avessero fatto) a diventare così geniali, se nel passato non c'era uno che valesse una cicca e che potesse trasmettergli qualche esperienza interessante?

1995

Come si scopre un complotto

La settimana scorsa mi hanno messo il telefono sotto controllo. Così hanno registrato il seguente dialogo.

"Io: Ti sveglio mica? Lui: No, ma temo di sapere per cosa... Io: Allora, questa mona... Lui: La mia ragazza l'ha data via ieri... capisci... Io: No, non capisco. E tu come niente fosse?... Lui: Eh... senti... Io ero a Palermo, sai... per la loggia... Io: E quella... così? Lui: Guarda, ti giuro, non era gran ché... Sembrava fresca perché era lavata... Tu meriti di meglio. Io: Sei un porco, scusa. Lui: Uno le ha offerto un sacco di soldi... È successo così, per telefono. Io: Chiuso con la mona, Ok. Adesso non dirmi che anche l'altra roba... mi interessava anche... Lui: Senti, è colpa mia. Avevo bisogno di soldi. Le avevo detto di far sparire tutto al più presto... Però mi perdonerai. Ti dico solo un nome. Il Gelli... Ti faccio trentatré... Io: Grazie e tante, non scomodarti. Ormai anche quello è nell'elenco della rete. Lui: Quella... nostra o quella americana? Io: No, gli americani no... sai... la difficoltà dei contatti... devi provare solo di notte... No, cosa nostra. Lui: Ma con la rete non puoi trattare il prezzo. Con me invece... Senti, lo so che tu hai la polvere, ho visto la bustina... Io: Adesso anche la polvere... ah ah... Lui: Non posso farne a meno. Senti, mi dai la polvere e hai il Gelli su un piatto d'argento. E in più ti passo... senti, non lo sa ancora nessuno... Insomma, c'è in giro un'indagine... Io: Lo so, lo so, la faccenda dell'asta... Lui: No, no... Le aste le evito da quella volta che mi sono lasciato andare ad alzare il prezzo col quadripartito... Io: Casini, eh? Lui: Casini, proprio così. Ma torniamo all'indagine: non è la prima, ma questa volta tu sei il primo in lista... Ora senti, c'è un tale... Io una volta gli ho tenuto bordone e lui... sai la faccenda delle imprese... bene... è stato lui. Io: Si sarà preso la sua percentuale. Lui: Deve pur campare anche lui. Ma senti... io faccio uno scambio con Borrelli... no, davvero... ce l'ho in mano, l'ho comprato... grazie a Borrelli posso avere il fascicolo, e se do il fascicolo a quelli... con l'indagine vai tranquillo. Io: Va bene. In tal caso la polvere è tua."

Prontamente interrogato dal magistrato, gli ho spiegato che si trattava di un dialogo innocente, fatto nello stile spezzato ed ellittico con cui due persone alludono a cose note a entrambi. Stavo telefonando a un libraio antiquario il quale sapeva che da anni sto cercando la prima edizione della *Monas Hieroglyphica* di John Dee. Ed ecco che era menzionata nel suo nuovo catalogo. Apprendevo con dispetto che la sua segretaria l'aveva già venduto, mentre lui era a Palermo per vedersi con un noto collezionista, il professor La Loggia. Lui mi spiegava imbarazzato che in fondo si trattava di copia scadente (addirittura, come si dice in gergo antiquariale, era stata "lavata"), e che d'altra parte era lui che aveva detto alla segretaria di far fuori al più presto tutti i titoli, perché aveva bisogno di soldi.

Però mi consolava annunciandomi di aver ancora *Delle origini di Firenze* di Giovan Battista Gelli, e me l'offriva con trentatremila lire di sconto sul prezzo richiesto. Una miseria. Tanto più che avevo appena visto quel libro in offerta in un catalogo su Internet, non quelli degli antiquari americani, dove le linee sono sempre intasate, ma quello di una organizzazione di Bologna, e a buon prezzo. Però il mio interlocutore aveva letto in una mia Bustina che ho una prima edizione della *Polvere di simpatia* del Digby, che evidentemente un cliente gli stava chiedendo senza badare a spese. Mi proponeva uno scambio col libro di Gelli. Ma, per farsi perdonare, mi avvertiva anche che circolava una copia delle *Introductiones Apotelesmaticae* di Giovanni Ab Indagine, anche se non era la prima edizione 1552, e mi assicurava che la riservava a me. Non la copia annunciata in una prossima asta libraria, anche perché lui diffida delle aste, dove una volta aveva pagato troppo un *Quadripartito* di Tolomeo. Commentavamo ridendo che le aste sono dei gran casini.

Mi stava dicendo che a un tizio, a cui una volta aveva tenuto in serbo lo *Isolario* del Bordone, e attraverso cui, alla normale percentuale d'intermediazione, aveva avuto le *Imprese* del Ferro, intendeva offrire una rara copia del *De motu animalium* del Borelli, in cambio del *Fasciculum Temporum* di Rolewinck. Avrebbe poi scambiato Rolewinck con Indagine. A quel punto, rappacificato, accettavo di cedergli *La polvere di simpatia*.

Come si vede, una conversazione normale, se letta o ascoltata nel giusto contesto. Ahimè, andremo entrambi sotto processo per sfruttamento della prostituzione, uso illecito del 144, adesione a società segreta, contatti con mafia e servizi italiani e stranieri, spaccio di droga, dazione ambientale a elementi della prima e seconda repubblica, corruzione, concussione e furto di atti giudiziari.

1996

Cappuccetto Rosso, Usa 1997

È noto che le esigenze del *politically correct* hanno portato anche a riscrivere le fiabe tradizionali, in modo che non contengano allusioni a inferiorità di nessun tipo, o non ledano i diritti di alcuna minoranza, compresi i sette nani che debbono ora essere chiamati "adulti di misura non standardizzata". Alla luce di queste prescrizioni ho pensato di riscrivere la favola di Cappuccetto Rosso, nel pieno rispetto di qualsiasi scelta religiosa, politica, o sessuale. Per permettere alla storia di svolgersi in un clima politicamente corretto, la situo negli Stati Uniti, peraltro ricchi di foreste abitate da animali selvaggi.

Dunque Cappuccetto Rosso è un essere umano che felicemente non ha raggiunto l'età dell'adolescenza e che una bella mattina entra nel bosco, dove non coglie né funghi né fragole perché appartiene alla Aplpda, Associazione Per La Preservazione Dell'Ambiente. Essa è solo ansiosa di incontrare lupi. Infatti essa è socia dell'Aplitepcma, Associazione Per L'interazione Totale E Paritaria Col Mondo Animale, che incoraggia anche quello che un tempo si definiva repressivamente come "coito bestiale". Fortunatamente incontra un lupo iscritto alla Aau, Associazione Animali Uomosessuali, che incoraggia rapporti sessuali liberi tra animali e membri del genere umano.

Si danno appuntamento in un motel poco lontano, dove il lupo va ad attenderla, disponendosi all'amplesso in una sontuosa veste da camera. Ma veglia nell'ombra la Nonna di Cappuccetto Rosso, e delle associazioni di cui è membro non diremo, ma accenneremo brevemente al fatto che è sostenitrice della pedofilia, dell'incesto, e del cannibalismo (inoltre è non-vegetariana). Vogliosa di unirsi alla giovanissima nipote, la Nonna si reca al motel, divora il lupo, e ne assume le vesti, anche perché è associata al Cai, Caucus of Animal Impersonators.

Cappuccetto Rosso arriva, desiderosa si avvicina al talamo dove crede che il lupo l'attenda, ma si trova di fronte alla Nonna, che subitamente abusa di lei, quindi la mangia. Non la mastica perché ho omesso di dire che la Nonna appartiene anche a una associazione al tempo stesso religiosa, salutista e dietetica, che ritiene peccaminoso e non *kosher* masticare sostanze animali, e prescrive di ingoiarle intere, il che non mi pare più incredibile che prescrivere l'infibulazione o proibire le trasfusioni di sangue.

Mentre ormai Cappuccetto Rosso giace nelle viscere della Nonna, arriva il Non-Cacciatore. In effetti esso è membro di una associazione di ecologisti radicali che prescrive di uccidere gli esseri umani che mangiano carne animale. Inoltre è affiliato (come il suo ruolo umanitario esige) alla NRA, la National Rifle Association, che si rifà a quell'emendamento della Costituzione il quale (flessibilmente interpretato) consente a ogni cittadino di detenere armi. Identificata la Nonna come divoratrice di lupi, e quindi irrispettosa della vita animale, il Non-Cacciatore spara, l'uccide, la seziona (perché appartiene a una associazione per l'incoraggiamento della donazione di organi), ed ecco che Cappuccetto Rosso esce sana e salva dal ventre ancestrale. Anche il lupo, immagino, ma per quanto riguarda la mia storia esce di scena.

La madre abbraccia felice la fglioletta e pensa di farle dimenticare la sgradevole avventura assicurandole un futuro luminoso. Ho scordato di dire che il Non-Cacciatore è anche conduttore di una popolare trasmissione televisiva animalista contro la caccia, e si sa che ai conduttori televisivi le madri speranzose conducono le figliolette in età prepuberale affinché con essi possano intrattenere rapporti di affettuosa amicizia, forieri di ingaggi miliardari.

Ma il Non-Cacciatore, di cui abbiamo già delineato la fortissima tempra morale, rifiuta di entrare in rapporto di amorosi sensi con Cappuccetto Rosso, anche perché è in effetti una lesbica che pratica il travestitismo, e appartiene alla SFCLUE, Società Femminista Contro L'Unione Eterosessuale.

Adirate, la fanciulla e la madre si ricordano che, mentre uccideva la Nonna, il Non-Cacciatore stava fumando la pipa. Lo denunciano pertanto alle pubbliche autorità per pratica del fumo, istigazione al vizio, polluzione ambientale, disseminazione di agenti cancerogeni, e dunque tentata strage.

Siccome nello stato in cui si svolge la storia vige la pena di morte, il Non-Cacciatore viene condannato alla sedia elettrica. Il papa invia un vibrato appello ma, avendolo inoltrato attraverso le poste italiane, esso arriva con mesi di ritardo. Siccome d'altra parte le scariche elettriche non inquinano l'ambiente, nessun altro protesta. Il Non-Cacciatore muore e tutti (gli altri) vivono felici e contenti.

1996

Come scrivere bene

Ho trovato in Internet una serie di istruzioni su come scrivere bene. Le faccio mie, con qualche variazione, perché penso che possano essere utili a molti, specie a coloro che frequentano le scuole di scrittura.

1. Evita le allitterazioni, anche se allettano gli allocchi.
2. Non è che il congiuntivo va evitato, anzi, che lo si usa quando necessario.
3. Evita le frasi fatte: è minestra riscaldata.
4. Esprimiti siccome ti nutri.
5. Non usare sigle commerciali & abbreviazioni etc.
6. Ricorda (sempre) che la parentesi (anche quando pare indispensabile) interrompe il filo del discorso.
7. Stai attento a non fare... indigestione di puntini di sospensione.
8. Usa meno virgolette possibili: non è "fine".
9. Non generalizzare mai.
10. Le parole straniere non fanno affatto *bon ton*.
11. Sii avaro di citazioni. Diceva giustamente Emerson: "Odio le citazioni. Dimmi solo quello che sai tu."
12. I paragoni sono come le frasi fatte.
13. Non essere ridondante; non ripetere due volte la stessa cosa; ripetere è superfluo (per ridondanza s'intende la spiegazione inutile di qualcosa che il lettore ha già capito).
14. Solo gli stronzi usano parole volgari.
15. Sii sempre più o meno specifico.
16. La litote è la più straordinaria delle tecniche espressive.
17. Non fare frasi di una sola parola. Eliminale.
18. Guardati dalle metafore troppo ardite: sono piume sulle scaglie di un serpente.
19. Metti, le virgole, al posto giusto.
20. Distingui tra la funzione del punto e virgola e quella dei due punti: anche se non è facile.

21. Se non trovi l'espressione italiana adatta non ricorrere mai all'espressione dialettale: *peso el tacòn del buso.*
22. Non usare metafore incongruenti anche se ti paiono "cantare": sono come un cigno che deraglia.
23. C'è davvero bisogno di domande retoriche?
24. Sii conciso, cerca di condensare i tuoi pensieri nel minor numero di parole possibile, evitando frasi lunghe – o spezzate da incisi che inevitabilmente confondono il lettore poco attento – affinché il tuo discorso non contribuisca a quell'inquinamento dell'informazione che è certamente (specie quando inutilmente farcito di precisazioni inutili, o almeno non indispensabili) una delle tragedie di questo nostro tempo dominato dal potere dei media.
25. Gli accenti non debbono essere nè scorretti nè inutili, perchè chi lo fà sbaglia.
26. Non si apostrofa un'articolo indeterminativo prima del sostantivo maschile.
27. Non essere enfatico! Sii parco con gli esclamativi!
28. Neppure i peggiori *fans* dei barbarismi pluralizzano i termini stranieri.
29. Scrivi in modo esatto i nomi stranieri, come Beaudelaire, Roosewelt, Niezsche, e simili.
30. Nomina direttamente autori e personaggi di cui parli, senza perifrasi. Così faceva il maggior scrittore lombardo del XIX secolo, l'autore del *5 maggio.*
31. All'inizio del discorso usa la *captatio benevolentiae*, per ingraziarti il lettore (ma forse siete così stupidi da non capire neppure quello che vi sto dicendo).
32. Cura puntiliosamente l'ortograffia.
33. Inutile dirti quanto sono stucchevoli le preterizioni.
34. Non andare troppo sovente a capo.
    Almeno, non quando non serve.
35. Non usare mai il plurale *majestatis.* Siamo convinti che faccia una pessima impressione.
36. Non confondere la causa con l'effetto: saresti in errore e dunque avresti sbagliato.
37. Non costruire frasi in cui la conclusione non segua logicamente dalle premesse: se tutti facessero così, allora le premesse conseguirebbero dalle conclusioni.
38. Non indulgere ad arcaismi, *apax legomena* o altri lessemi inusitati, nonché *deep structures* rizomatiche che, per quanto ti appaiano come altrettante epifanie della *differanza* grammatologica e inviti al-

la deriva decostruttiva – ma peggio ancora sarebbe se risultassero eccepibili allo scrutinio di chi legga con acribia ecdotica – eccedano comunque le competenze cognitive del destinatario.

39. Non devi essere prolisso, ma neppure devi dire meno di quello che.
40. Una frase compiuta deve avere

1997

Perché?

Perché le banane crescono sugli alberi? Perché se crescessero raso terra sarebbero subito mangiate dai coccodrilli. Perché il mercurio si chiama così e non uranio? Perché altrimenti l'uranio dovrebbe chiamarsi Amordidio Brambilla e tutti lo prenderebbero in giro. Perché gli sci scivolano sulla neve? Perché se scivolassero solo sul caviale gli sport invernali sarebbero troppo costosi.

Perché Cesare prima di morire ebbe tempo di dire "Tu quoque, Brute"? Perché a vibrargli la pugnalata fatale non fu Marcelino Menendez y Pelayo. Perché la nostra scrittura va da sinistra a destra? Perché altrimenti i periodi incomincerebbero con un punto. Perché le parallele non s'incontrano mai? Perché se s'incontrassero chi ci fa gli esercizi sopra si spaccherebbe le gambe.

Perché san Paolo non era sposato? Perché con tutti i viaggi che ha fatto, se avesse dovuto scrivere lettere anche alla moglie, il Nuovo Testamento avrebbe dimensioni proibitive. Perché le lampadine si accendono e non bruciano subito malgrado l'intenso calore del filamento di tungsteno? Perché se si bruciassero subito all'accensione non avrebbe avuto senso inventarle.

Perché le dita sono cinque? Perché se fossero sei, i comandamenti sarebbero dodici. Perché Dio è l'essere perfettissimo? Perché se fosse imperfettissimo sarebbe mio cugino Gustavo. Perché il whisky è stato inventato in Scozia? Perché se fosse stato inventato in Giappone sarebbe sakè e non si potrebbe berlo con la soda. Perché il mare è così vasto? Perché ci sono troppi pesci e sarebbe irrazionale metterli sul monte Bianco. Perché centocinquanta la gallina canta? Perché se la gallina cantasse a 33 sarebbe il Gran Maestro della Massoneria.

Perché i bicchieri sono aperti in alto e chiusi in basso? Perché se fosse il contrario i bar andrebbero in fallimento. Perché la mamma è sempre la mamma? Perché se talora fosse anche il papà i ginecologi non saprebbero più dove andare a sbattere. Perché Allah è Allah e

Maometto il suo profeta? Perché dopo il caso Rushdie su tali questioni è meglio non mettere becco. Perché le unghie crescono e i denti no? Perché altrimenti i nevrotici si mangerebbero i denti. Perché il sedere è in basso e la testa in alto? Perché in caso contrario sarebbe faticosissimo disegnare una stanza da bagno. Perché Napoleone è nato in Corsica? Perché sì.

Perché le gambe si piegano in dentro e non in fuori? Perché sugli aerei sarebbe pericolosissimo in caso di atterraggio forzato. Perché Cristoforo Colombo ha navigato verso Ponente? Perché se avesse navigato verso Levante avrebbe scoperto Messina. Perché le dita hanno unghie? Perché se avessero pupille sarebbero occhi. Perché il fuoco brucia? Perché se bagnasse sarebbe acqua. Perché i cani hanno la coda? Perché altrimenti per manifestare gioia dovrebbero dimenare il pene.

Perché l'alto si oppone al basso? Perché se si opponesse a Trebisonda perderemmo la medesima. Perché quando è buio non è chiaro? Perché è buio. Perché le pastiglie di aspirina sono diverse dagli iguana? Provate a immaginare che cosa accadrebbe in caso contrario. Perché il cane muore sulla tomba del padrone? Perché lì non ci sono alberi contro cui fare pipì e dopo tre giorni gli scoppia la vescica.

Perché chi la fa l'aspetti? Si tratta di un problema mal posto: è già lì. Perché i migliori cuscini sono fatti di piume? Perché altrimenti i migliori uccelli sarebbero fatti di lana. Perché Nord è sopra e Sud è sotto? Perché altrimenti Est sarebbe a sinistra.

Perché le sirene hanno la coda di pesce? Perché se avessero le gambe sarebbero casalinghe di Voghera. Perché un angolo retto misura novanta gradi? Domanda mal posta: lui non misura niente, sono gli altri che misurano lui.

1997

La peste dello straccio

La *peste dello straccio* iniziò a sconvolgere il mondo dei collezionisti verso il 2080. Un bacterio di origine incerta, proveniente forse da qualche remota regione asiatica (il *Comestor lintei sinensis*) incominciò a diffondersi nel mondo occidentale, affettando ogni foglio di carta di stracci, e cioè ogni libro prodotto dal tempo di Gutenberg sino a circa la metà del diciannovesimo secolo, quando era entrata in uso la carta prodotta dalla cellulosa. Una notevole beffa della sorte, perché sino ad allora era la carta prodotta dal legno che veniva considerata deperibile nell'arco di settant'anni, mentre indeperibile era considerata (e a giusto titolo) la carta prodotta dagli stracci.

Ma già da tempo editori di tutto il mondo stavano producendo libri di pregio su *acid free paper*, e la carta da legno stava affermandosi come abbastanza capace di sopravvivere al corso degli anni, tenendo testa a quella fresca e crocchiante dei più freschi incunaboli. Con il 2080 la situazione si stava però totalmente rovesciando: non solo la carta da legno diventava inattaccabile dal tempo, ma quella che costituiva la gloria degli stampatori dei secoli precedenti, nelle biblioteche di tutto il mondo civile, si stava letteralmente polverizzando sotto l'azione funesta del *Comestor sinensis*.

Avevano iniziato tutte le copie della *Hypnerotomachia Poliphili*: a poco a poco avevano iniziato a tarmarsi, poi i fogli si erano trasformati in ragnatele esilissime e, infine, quelle impagabili carte si erano dissolte nel nulla. A poco erano valsi gli sforzi dei chimici, e persino il miserando salvataggio anastatico che era stato tentato era incominciato in ritardo, quando ormai i libri erano severamente danneggiati. Già nel giro di dieci anni la nuova edizione Adelphi del *Polifilo*, ormai valutata mille *globol*, vale a dire circa un milione di dollari del secolo ventesimo, mostrava delle pagine quasi retinate, con perdita di almeno metà delle lettere.

A poco a poco le Cronache di Norimberga, i Supplementi del

Foresti, le prime edizioni del Tasso o dell'Ariosto, gli in-folio shakespeariani del 1623, le intere raccolte dell'*Encyclopedie*, vagavano, trasfigurati in nuvole bianchicce, per le sale ormai deserte delle più grandi biblioteche del mondo, lungo pareti attonite che fissavano quello sfarfallio mortifero con i grandi occhi vuoti dei loro scaffali orbati di ogni tesoro.

Senza neppure fare accenno alla perdita culturale, non era da sottovalutare l'immediato contraccolpo economico di quel disastro. Come nei mesi più bui della crisi del 1929, si potevano ora scorgere gli eredi dei Kraus che vendevano mele all'angolo della Fifth Avenue, Bernard Clavreuil che vagava lungo la Senna raccogliendo bucce di arance nei bidoni dell'immondizia, negli infimi slums di Londra Lord Parmoor e tutto lo staff di Quaritch che si aggiravano macilenti tra il piovischio, la nebbia e folate di antracite combusta, con una tuba scalcagnata e una vecchia palandrana lardellata di sordide toppe, un bambino malaticcio per mano, affidandosi alla misericordia di passanti frettolosi e distratti come Uncle Scrooge la notte di Natale. L'unico che si era dignitosamente salvato dal disastro era stato Mario Scognamiglio, che aveva iniziato una vendita al minuto di pastiere napoletane, prodotte appositamente da un panettiere di Rogoredo.

Nel giro di un decennio però sia i collezionisti che i librai si erano riavuti dal colpo, spinti dal loro anale bisogno di accumulo i primi, da una ragionevole *auri sacra fames* i secondi. Il mercato si era riassestato intorno al libro di modernariato, dalle edizioni cartonate di Jules Verne e *Sans Famille*, alle opere più recenti, che diventavano pezzo d'antiquariato entro un anno dalla loro pubblicazione (anche considerando che con il trionfo di Internet e del libro elettronico, i libri a stampa venivano ormai prodotti in tirature limitatissime per amatore, o per soli lettori allergici al silicio).

Una raccolta di poesie del celebre Annibale Rossi, un romanzo di John Smith, una raccolta di epigrammi del Brambilla, i saggi del Pautasso, l'opera omnia di Romoletto Pizzigoni o Salvatore Esposito, erano valutabili a parecchie decine di milioni, per non dire di un cannibale degli anni novanta del secolo ventesimo, che era stato battuto da Christie per tre milioni di dollari, e acquistato da una banca giapponese.

Si trattava naturalmente di copie non firmate dall'autore. Infatti ormai, con un altro ribaltamento di ogni antica legge del mercato antiquariale, erano particolarmente pregiate le *non-association copies*. Mentre per le opere dei secoli precedenti era considerato *scarce* o *d'insigne rareté* un Kircher con la dedica manoscritta *Donum Authoris*, e persino desiderato un Cordelli con la dedica a Bevilacqua, coi nuovi pezzi di antiquariato stava avvenendo il contrario. È noto infatti che, sin dalla metà del secolo ventesimo, un autore non poteva pubblicare un libro senza essere coinvolto nella seguente serie di operazioni: 1) firma presso gli uffici dell'editore di almeno cento copie per stampa (libri ricevuti), recensori e *opinion leaders*, una copia per ciascun membro dell'Accademia Reale di Svezia, ciascun votante dello Strega, ogni singolo giurato del Viareggio, più qualche centinaio di copie da distribuire presso tornitori o operatori ecologici delle Tre Venezie, che avrebbero potuto diventare giurati popolari del Campiello; 2) numerose sedute in librerie delle cento città d'Italia per firmare copie al pubblico presente; 3) firma di qualche migliaio di copie presso i librai, che le vendevano poi sottobanco e a sovrapprezzo ai clienti più affezionati assicurando che si trattava di un unicum. In breve, praticamente l'intera tiratura del libro era firmata dall'autore.

Anche considerando che in genere critici, giornalisti, giurati e amici che ricevono un libro firmato lo gettano nel cestino, o lo passano alle carceri (dove le pagine vengono usate per arrotolarvi sigarette di marijuana) e agli ospedali (dove finisce divorato dai topi che allignano in quei luoghi), in ogni caso le copie in circolazione di un libro firmato erano sempre abbastanza numerose da deprezzarne il valore ed escluderle dal mercato dei libri rari.

La caccia si spostava dunque verso le pochissime copie che *non* recassero traccia di "associazione". Già nel 2091 Fiammetta Soave metteva in catalogo il poemetto *A Silvia*, di Oliviero Diliberto, rigorosamente non firmato, a cinquanta milioni. Un altro poemetto, *A Silvio*, di Antonio Di Pietro, veniva venduto, in quanto privo firma di garanzia, a cento milioni dalla Mediolanum. L'opera omnia del Borrelli, Berlusconi Editore, Biblioteca dell'Utopia, con una affettuosa prefazione di Marcello Dell'Utri, monda di ogni firma, appariva sul catalogo Pregliasco a duecento milioni.

Mario Scognamiglio, abbandonate le pastiere napoletane, ricostituiva la propria bottega e tornava trionfalmente sul mercato vendendo a trecento milioni una copia *non rogné* de *Le mie prigioni* di Giulio Andreotti (2001) che l'autore aveva inviato come regalo per le nozze di un monsignore suo amico e, per scaramanzia, non vi aveva apposto alcun segno di identificazione.

2000

LE MAGNIFICHE SORTI E PROGRESSIVE

Anticipazioni sul Terzo Millennio

Quanto è bella giovinezza

Secondo il Genesi (v. 1-32) Adamo visse 930 anni e Noè solo 500 (ma beveva). A parte queste notizie insufficientemente controllate, noi siamo influenzati dall'immagine di Solone, che visse sino a 80 anni, e siamo quindi convinti che le società antiche fossero gerontocratiche. Niente di meno vero. Ci sono certamente stati grandi vecchi (Catone il Censore, Sofocle, Tiziano, Kant, Verdi, Schelling o Monet) ma era gente fortunata. Platone muore a 80 anni, ma Aristotele a 62.

Scartiamo pure coloro che sono morti di morte violenta come Catone l'Uticense, Cesare, Cicerone, Seneca, Gesù, Pietro, Paolo, Giordano Bruno o Robespierre, perché nelle statistiche biologiche non possiamo fare entrare anche gli Innocenti massacrati da Erode. Di solito, se ci chiedono di ricordare qualcuno dalla vita brevissima e intensa, ci vengono alla mente Alessandro Magno (33), Mozart (35), san Luigi Gonzaga (23). Aggiungeremmo anche Rimbaud e Leopardi, e forse sbaglieremmo, perché il primo campa sino a 37 e il secondo sino a 39 anni e – come vedremo – ai loro tempi era già una bella età. Ma, se consideriamo altri personaggi che, per l'ampiezza della loro opera, ci paiono aver dominato il loro secolo e pertanto siamo propensi a considerare molto longevi, le cifre sono impressionanti.

Andando quasi a caso, abbiamo Anne Brontë (29), Charlotte Brontë (39), Emily Brontë (30), Bellini (34), Byron (36), Caravaggio (39), Caterina da Siena (33), Catullo (33), Chopin (39), Chretien de Troyes (48), Correggio (45), De Musset (47), Duns Scoto (43), Fielding (47), Filippo il Bello (46), Foscolo (49), Gaspara Stampa (31), Gogol (43), Gozzano (33), T.E. Hoffmann (46), Holbein (46), Igino Ugo Tarchetti (30), Keats (26), Kleist (34), Lermontov (27), Lorenzo il Magnifico (43), Luigi XIII (42), Luini (47), Masaccio (27), Maupassant (43), Novalis (29), Paracelso (48), Pascal (39), Raffaello (37), Riccardo Cuor di Leone (42), san Francesco d'Assisi (44), san Francesco Saverio (46), san Tommaso (49), Shelley (30), Spinoza (45), Stevenson (44),

Teodora (48), Ugo di San Vittore (45), van Eyck (46), Veermer (43).

Tra i 50 e i 53 Menandro termina la sua commedia, Riccardo da San Vittore la sua *Praeparatio animi ad contemplationem*, Napoleone la sua prigionia, e con loro escono di scena Scipione l'Africano, Augusto, Virgilio, Valla, Isabella la Cattolica, Verrocchio, Molière, Shakespeare, Vesalio, Tasso, Lessing, Giuseppina Beauharnais, Doré, Fichte, Donizetti, Balzac, Cavour, Ricardo, Hofmannsthal, Verlaine e Mallarmé.

Ivan e Lenin cessano di essere terribili a 54, quando Cartesio cessa di dubitare e Alfieri di volere. Saladino, Calvino, Colombo, Vasco de Gama, san Francesco di Sales e Sterne con Elisabeth Barret Browning perseverano sino a 55.

Dante, Federico II, san Luigi IX, Mondino de Liuzzi, Enrico VIII, Tasman, il cavalier Marino e Mallarmé tirano avanti sino a 56. Orazio, Avicenna, san Bonaventura, Dürer, Vittoria Colonna, Tartaglia, Richelieu, Beethoven e Pascoli raggiungono i 57. A 58 trapassano Tito Livio, sant'Ambrogio, Filippo Augusto, Machiavelli, Carlo V, Matteo Ricci, Vittorio Emanuele II. A 59, oltre che per John Donne, suona la campana per Guittone d'Arezzo, Occam, Ariosto, Keplero, Montaigne, Rabelais, Georges de la Tour, Mazarino, Cromwell, Madame de Lafayette, Heine, Stendhal e Flaubert.

Considerati anziani venerabili, muoiono tra i 60 e i 65, mese più, mese meno, Demostene, Pericle, Aristofane, Maometto, Boccaccio, Ficino, Lutero, Racine, Rubens, Rembrandt, Milton, Rousseau, Hegel.

Siamo tutti convinti che nella prima metà del nostro secolo la vita media si fosse allungata di un po', ma alla fin fine ecco Radiguet (20), Modigliani (36), Kafka (41), Proust (51), Joyce (59).

Quindi sino a poco fa si moriva molto presto e si raggiungeva la fama in giovanissima età. Il potere non era in mano ai vecchi, bensì ai giovani. Nel nostro secolo sono invece al potere uomini tra i 70 e i 90. I nostri giovani, se gli va bene, arrivano al potere all'età in cui imperatori, pensatori, artisti e santi del passato erano già morti. La guerra non è mai stata un buon calmiere, perché di solito fa morire più i giovani che i vecchi, e non si può neppure più contare sui bombardamenti delle città, poiché pare che le bombe intelligenti non ammazzino più nessuno – e d'altra parte i novantenni al potere stanno sempre dove le bombe, ancorché intelligenti, non cadono.

Mundus senescit, dicevano gli antichi, e morivano a 40 anni. Oggi i mass media ricordano a tutti, vegliardi compresi, quanto è bella giovinezza, e i giovani incominciano ad apprezzare la loro lunga attesa. *Juventus senescit.*

1991

Quanti alberi butto via in un anno?

La conferenza di Rio si è chiusa in modo poco entusiasmante. Tuttavia, comunque abbiano reagito i vari partecipanti, non si può far finta che non esista il problema urgente della salvezza del pianeta. Purtroppo, uno dei problemi più gravi è proprio il fatto che di fronte al dramma della Terra si reagisce in modi diversi. Esistono vari Impulsi Ecologici, non una Ragion Ecologica. Visto peraltro che una Ragione Assoluta non esiste mai se non nei sogni dei filosofi, basterebbe che si stabilizzasse una Ragionevolezza Ecologica. Invece una delle cose che preoccupano maggiormente è che spesso la ragionevolezza viene indebolita dall'introduzione nel dibattito ecologico di tutti i difetti del dibattito politico tradizionale: egoismi e orgogli nazionali, massimalismi o compromessi, e soprattutto tentativo di creare artificiosamente conflitti ideologici.

Ho firmato, con la preoccupazione morale di partecipare in qualche modo all'evento di Rio, un manifesto insieme ad altri uomini di scienza, in cui si raccomandava che nel dibattito non prevalessero forme di irrazionalismo che identificano la lotta per la salvezza del pianeta con la lotta alla scienza e alla tecnologia tout court; e ho visto che qualcuno ha subito cercato di leggere il manifesto come elemento di freno alla conferenza. Direi che si tratta proprio del contrario: il freno a ogni intervento per la salvezza del pianeta può venire proprio da atteggiamenti irrazionali che solleticano la buona coscienza massimalistica di qualche mistico e finiscono per non toccare i veri bersagli.

Mi spiego con un esempio. Si è letto sui giornali di nuovi gruppi ecologici giovanili che stanno nascendo in Italia, e non c'è che da compiacersi per il fatto che sorgano "bande" giovanili che sostituiscono la tensione ecologica al culto della motocicletta, al razzismo o all'inumazione totale in discoteca. Ma ho anche letto che tra gli obiettivi primari di una di queste bande vi è la lotta contro i telefoni a scheda e contro i computer. Questo mi pare un tipico caso di errore nell'individuazione degli obiettivi, partendo dal ragionamento scorretto che, siccome uno sviluppo non controllato minaccia il pianeta, è lo sviluppo scientifico e tecnologico in blocco che va avversato, dimenticandosi che salvare il pianeta vuol dire anche salvare milioni di esseri umani, e per questo servono anche i laboratori che producono aspirina.

Francamente non capisco la pericolosità dei telefoni a scheda, ma capisco che è più facile e meno faticoso rovinare un telefono a scheda ai Parioli che bloccare una baleniera di massacratori di foche nell'Artico. Capisco che il computer sia il simbolo massimo dello sviluppo tecnologico, ma vorrei spendere qualche parola sui suoi vantaggi ecologici.

Esiste una macchina che si chiama fax e che è ecologicamente dannosa perché raddoppia il numero degli alberi tagliati. Infatti una volta si scriveva il messaggio su un foglio di carta e lo stesso foglio veniva spedito e ricevuto dal destinatario. Con il fax il mittente scrive su un foglio, lo infila nel fax, e il destinatario riceve il messaggio su un secondo foglio. Doppio consumo di carta, tanto più grave in quanto il fax invoglia a inviare messaggi di decine di pagine (che diventano ventine). Esiste invece una macchinetta che viene ora applicata al computer, si batte il testo del fax, si fa il numero del destinatario, e quello lo riceve sul suo computer (se non ha computer adatto, sul suo fax). Pertanto si dimezza di nuovo il consumo di carta, o addirittura lo si riduce a zero. Perché allora prendersela con il computer e non con il fax? Perché si è vittima di figure simboliche, e il computer appare più minaccioso del fax. Massimalismo ingenuo, luddismo inutile. Quanto a ecologia, ciccia.

Io butto via ogni giorno una decina di giornali e pubblicazioni varie che mi arrivano gratis, pubblicate dagli enti più inverosimili, e dal contenuto quasi sempre irrilevante per chiunque. Dopo lo scandalo delle mazzette abbiamo appreso che molte di queste pubblicazioni (non dico tutte) vengono inventate per giustificare l'esistenza di una agenzia il cui scopo è raccogliere tangenti. Non so quanti alberi butto via personalmente in un anno, ma calcolando che ciascuna di queste pubblicazioni inutili abbia alcune migliaia di copie di tiratura, siamo già alla foresta. Basterebbe una legge che proibisse la pubblicazione di riviste inviate gratuitamente (e senza essere richieste); se si vuole pubblicare una rivista si deve dimostrare che un numero minimo di cittadini è disposto a pagare un abbonamento per averla. Ragazzi, picchettate le sedi degli enti che sprecano carta, non prendetevela con i telefoni a scheda.

1992

È nato prima l'uomo o la gallina?

Sul penultimo *Espresso* il lettore Franco Tassi reagisce a due scorse Bustine in cui mi ero occupato dell'ecologia e avevo polemizzato contro il radicalismo ecologico, per cui, pur di salvare il pianeta, vale la pena di distruggere la specie umana. Parlavo di un ecologismo ragionevole, per cui l'Homo Faber (una creatura che per natura modifica la Natura) è un figlio della Gran Madre Terra almeno quanto la foca monaca. Ora Franco Tassi si chiede se sia poi vero che sia stata la Terra a volere l'Homo Faber.

La prima ipotesi è che la Terra sia un puro sistema autoregolantesi, senza volontà, fini e intenzioni. Allora ogni cosa vi avviene nel senso in cui si formano i cristalli di neve o in cui i pendii montani si riassestano attraverso slavine, morene e valanghe. In tal caso sulla Terra accadono fatti, che non sono né buoni né cattivi, sia quando la Terra ammazza i dinosauri che quando fa nascere l'Homo Faber (è poi costui che inventa i giudizi di valore). Ma allora sarà soltanto un fatto se l'Homo Faber continuerà a produrre ossido di carbonio distruggendo, con l'ambiente, la propria specie; e sarà un fatto se gli alberi a poco a poco ricresceranno nel giro di pochi millenni, e la Terra ritroverà un nuovo equilibrio senza di noi. Non c'è da preoccuparsi, inquiniamo pure, la Terra se la caverà.

Oppure si intende la Terra come una divinità con finalità proprie. E allora se l'Homo Faber è nato, in qualche modo essa lo ha voluto, e se lo ha voluto, deve trovare un equilibrio collaborando con lui. È vero che si può anche pensare (come molte religioni hanno fatto) a una divinità che tuttavia deve fare i conti con la presenza del Male. Ma il Male (nel nostro caso l'Uomo) o è stato permesso da Dio proprio per mettere alla prova le sue creature, o è stato creato da un'Antidivinità (il diavolo, oppure un cattivo Demiurgo – ma rinasce il terribile problema di come la divinità abbia permesso questo incidente), oppure la stessa divinità è rosa da una dialettica interna, per cui essa è l'origine non solo del Bene ma anche del Male. In ciascun caso la Gran Madre Terra (come la divinità di altre religioni) va considerata corresponsabile del guaio metafisico che la mina. La Terra è tenuta a fare i conti con l'Uomo, perché o lo ha voluto, o lo ha permesso, o se lo ritrova tra i piedi come parte di sé.

Ma anche se l'Uomo fosse il Male della Terra, è assai curioso che il progetto di redenzione (e la sicurezza luminosa su come salvare la Terra) venga proprio dagli ecologisti radicali, che sono uomini anch'essi, e quindi rappresentanti del Male. Perché dovremmo fidarci di loro?

In realtà la preoccupazione ecologica è un tipico prodotto umano. È la sensibilità (e il rimorso) dell'Homo Faber che dà origine all'idea di rispetto del pianeta. Gli animali non rispettano niente. Sino a che sull'isola ci sono conigli, le volpi se li mangiano, incuranti del fatto che quando non ci saranno più conigli da mangiare esse si estingueranno per fame; e quando, morte quasi tutte le volpi, i pochi conigli superstiti ricominciano a riprodursi in pace, lo fanno beatamente, senza sapere che stanno provvedendo nuovo cibo abbondante alle volpi rimaste, che daranno inizio a un nuovo ciclo.

Ma non solo l'ecologia è ideale umano. È pochissimo pagano e assai cristiano. Le tribù primitive non sono ecologiche, depredano la natura. Il rispetto per le altre specie è un sentimento cristiano, francescano. Che viene condiviso anche da chi francescano non è, quando si unisce alla preoccupazione, sanamente egoistica, per la sopravvivenza della specie.

Ma anche la preoccupazione razionale per la sopravvivenza della specie è prodotto umano.

L'ecologia è soltanto il modo in cui la specie umana fa i conti con i diritti dell'ambiente, e i diritti della propria umana disposizione a modificare l'ambiente, per trovare un equilibrio ragionevole. Quando poi Franco Tassi mi propone, come esempio di cattivo ragionamento "filoantropico", il rifiuto di occuparsi di foreste perché bisogna prima pensare agli operai, sono d'accordo con lui nel considerare questo un atteggiamento irragionevole. Però sarebbe irragionevole anche non far più ricerche sul cancro o sull'AIDS perché è più urgente salvare le balene.

1992

Mi dia del tu, ho solo cinquant'anni

Presento a un amico professore il figlio di un altro mio amico. Cordializzano. A un certo punto l'anziano dice: "Scusa se mi è venuto spontaneo di darti del tu". L'altro ribatte: "Si figuri, ho venticinque anni!" L'episodio mi colpisce. Se quando avevo venticinque anni un estraneo (che non fosse un ecclesiastico) si fosse permesso di darmi del tu, lo avrei guardato molto male. E non solo a venticinque anni, ma diciamo a diciotto. Dal momento in cui si passava dai calzoni alla zuava ai pantaloni lunghi, si aveva diritto al "lei". E figuriamoci a ventidue anni dopo la laurea. Anche un vecchio amico di famiglia diceva: "Adesso La debbo chiamare Dottore." E noi, dall'alto della nostra condizione adulta e matura, con l'elegante condiscendenza di chi può permettersi atti di umiltà: "Ma no, si figuri, continui come prima..."

L'altro giorno a Boston discutevo a un dibattito con Marvin Minsky. Dovevamo conversare sul XXI secolo, e ci divertivamo a fare ipotesi. Minsky aveva osservato che uno dei fatti più rilevanti del prossimo millennio sarà l'allungamento della vita umana. Si può fare l'ipotesi che lentamente l'età della morte si sposti verso i duecento anni. La cosa presenterà numerosi problemi, perché tra gli ottanta e i duecento anni di età saremo vittime di chissà quali malattie inedite, a cui ci si dovrà lentamente abituare attraverso una graduale immunizzazione. Non sarà una passeggiata, alcuni miliardi di persone cadranno strada facendo, ma insomma, alla fine i nostri pronipoti ci arriveranno.

Ho osservato che un essere di centocinquant'anni, se conserva le proprie facoltà intellettuali, avrà una esperienza incommensurabilmente più vasta della nostra e, rispetto al sapere dei nostri pronipoti, Solone, che proverbialmente rappresenta per noi la saggezza, apparirà come un adolescente inesperto. Questo significa che avremo un allungamento di quel periodo adolescenziale che, per ogni specie vivente, passa tra la nascita e l'affrancamento dal controllo dei genitori. Per un gattino è di pochi mesi, per altre specie è più breve ancora. Per un essere umano il periodo è sempre stato sensibilmente più lungo, ma – a seconda delle civiltà – si può parlare di uno spazio di vita tra i dodici e i sedici anni. Poi c'è il rito di passaggio, e si diventa adulti.

Diciamo che tra la Roma antica e la mia generazione si è assistito a uno spostamento graduale, più sensibile per le classi egemoni, meno per quelle soggette: considerando anche gli studi universitari come momento di parcheggio, la linea di passaggio all'età adulta, nel corso di duemila anni, si è spostata da quattordici a ventiquattro anni. Conseguentemente si è spostato il momento dell'ingresso nel ciclo produttivo e il momento del matrimonio, e cioè della procreazione responsabile. Tutto questo perché si allungava la vita media dei genitori. Si diventa adulto a quattordici anni quando – in proporzione all'esperienza di un "vecchio" di cinquant'anni – l'esperienza accumulata da un adolescente poteva ritenersi proporzionalmente adeguata. È naturale che in una società in cui non è stupefacente che un genitore campi sino a ottanta e persino novant'anni, per riconoscere una esperienza adeguata a un "giovane" bisogna dargli tempo almeno trent'anni. Ed ecco perché dalla metà del secolo a oggi c'è stata un'impennata brusca della curva, un allungamento di almeno dieci anni, e le università sono piene di ragazzi di trent'anni, che non sono ancora entrati nel ciclo produttivo.

Immaginiamo ora una umanità in cui la vita media sia di centocinquant'anni: il rito di passaggio si sposterà verso i cinquanta. "Scusa se ti do del tu", "Si figuri, ho appena cinquant'anni..." E però, una buona nutrizione (che concede oggi a un sedicenne di essere più alto e robusto dei sedicenni di cento anni fa) non ridurrà né ritarderà le capacità riproduttive: gli uomini continueranno a iniziare la loro attività sessuale nell'adolescenza, e sarà difficile convincerli a non riprodursi sino a cinquant'anni. Avremo allora dei fenomeni di paternità e maternità irresponsabile, come se oggi improvvisamente le ragazzine tredicenni si mettessero tutte a figliare – e giustamente la società si preoccuperebbe dell'educazione di questi figli, a cui la madre (e il padre) non possono dare un'assistenza adeguata, perché sono immaturi. In una società in cui persone immature di trenta o quarant'anni si mettessero a far figli, lo stato dovrebbe intervenire sottraendo la prole al loro controllo e affidandola a enti di educazione collettiva. Curiosa prospettiva: l'allungamento della vita potrebbe produrre forme di controllo dittatoriale e di educazione spartana.

1993

Mamma, che cosa vuol dire "fratello"?

Nella sua rubrica di statistiche bizzarre su *Sette* (supplemento del *Corriere della Sera*) il 25 maggio scorso Giorgio Dell'Arti registrava alcuni dati.

Dunque, a causa della progressiva diminuzione delle nascite, per il 2030 gli italiani si ridurranno a 18 o 11 milioni; per compensare la loro denatalità occorrerebbero almeno 300.000 immigrati all'anno. Passo il dato ai partiti preoccupati dell'inquinamento della nostra razza. Ma speriamo che i loro adepti non corrano ai ripari riproducendosi ora a velocità accelerata, perché quanto a inquinamento non so che cosa sarebbe peggio.

Tuttavia anche con un ricambio continuo di immigrati, mantenendosi il ritmo attuale delle nascite per il 2150-2200 gli italiani saranno scomparsi dalla faccia della terra. Saranno rimpiazzati da persone di tutti i colori, e grosso modo saremo nella situazione dell'impero romano prima del suo crollo; magari qualche ondata sarmata o una serie di incentivi offerti ai groenlandesi potrebbero portare alla nascita di una nuova popolazione, che fa le code e paga le tasse. Più probabilmente la penisola dovrebbe diventare terra di passaggio continuo, senza assestamenti definitivi.

Ma torniamo alle statistiche: siccome in altri continenti le nascite mantengono invece un ritmo sostenuto, nel 2025 due miliardi e quarantadue milioni di persone avranno una età tra dodici e ventiquattro anni. Per la maggior parte saranno *meninhos da rua* ragazzi di strada, abitanti di baraccopoli. Nel prossimo secolo in Africa l'80 per cento della popolazione urbana sarà costituito da giovani; d'altra parte il 23 per cento dei giovani vivrà in una megalopoli asiatica e il 21 in una megalopoli sudamericana. Immagino saranno città da almeno sessanta milioni di abitanti: l'inquinamento ridurrà ulteriormente il numero degli anziani.

Non c'è da strapparsi i capelli: come sono scomparsi gli etruschi scompariranno gli italiani. È da tempo che si va dicendo che dobbiamo prepararci a una Europa colorata, e il problema vero è se questi non-europei potranno andare alla Sorbona e a Oxford (non dimentichiamo che sant'Agostino era africano anche lui); se invece anche Siena, per dire, diventerà una megafavela, abitata da adolescenti cinesi che sparano su adolescenti congolesi, sarebbe un peccato (per Siena, per i cinesi e per i congolesi).

Sono tra coloro che ritengono che, per contenere l'esplosione della popolazione, occorra una saggia politica di educazione al controllo delle nascite. La fiducia di molti nella provvidenza non mi rassicura. E siccome la bellezza di questo pianeta è data anche dalle differenze culturali ed etniche, controllare le nascite potrebbe voler dire controllarle anche in positivo: voglio dire che tra il pensare che gli italiani dovranno diffondersi per il mondo e conquistarlo, e dire che non fa nulla se scompaiono, ci sarebbe una via di mezzo: forse varrebbe la pena di preservarne alcuni (sia pure dovutamente mescolati con altri ospiti). Ma, appunto, occorre educare alla procreazione ragionevole e responsabile.

Tuttavia anche queste soluzioni possono portare a conseguenze curiose, per non dire drammatiche. Mi faceva osservare la settimana scorsa un amico che cosa potrebbe succedere (anzi, che cosa succederebbe senza dubbio) se si adottasse in tutto il mondo la soluzione d'emergenza decisa dai cinesi: ogni coppia non può avere più di un figlio. Detta così la cosa sembra sensata: un solo nuovo italiano, un solo nuovo congolese, un solo nuovo indiano eccetera. Più o meno si manterrebbe la proporzione attuale (per cui gli albanesi sono meno dei giapponesi) e forse rimarrebbe spazio e cibo per tutti. Ma attenzione. Nel giro di due o tre generazioni perderebbero di significato le parole *fratello*, *sorella*, *zio/zia*, *cugino/a*. Pazienza per i cugini, e passiamo sopra agli zii, ma ci rendiamo conto che per un ragazzo della metà del millennio prossimo perderà ogni senso il concetto di "fraternità"? Certo, verrà sostituito da qualche cosa d'altro (magari, spiegando il Vangelo, si dirà che dobbiamo amarci tutti come vicini di casa, o compagni di scuola, o passeggeri dello stesso megaautobus), ma sarà la stessa cosa?

D'altra parte che senso avrà la fraternità per chiunque di fratelli ne abbia quindici, e con essi si contenderà il cibo, forse senza neppure riconoscerli, dato che i genitori li avranno via via abbandonati in una città dove ci sono risorse per un decimo dei suoi abitanti? In entrambi i casi, sia per difetto che per eccesso, in un mondo sovrappopolato perderanno ogni senso la tribù, il gruppo, la famiglia.

A meno che la provvidenza, o la natura, intervengano a riequilibrare i pesi attraverso robuste pestilenze, e uno stato di guerra permanente che assicuri generosi massacri. Il che, almeno per ora, appare come la prospettiva più ovvia e immediata.

1995

Il trionfo della tecnologia leggera

Il Terzo Millennio vedrà il trionfo definitivo di una tecnologia comunicativa leggera. Così ci annuncia Crabe Backwards nel suo *La Galassia Pan* (Loop Press, 1996). Pan, com'è noto, è l'inventore del flauto, ovvero, se si considera freddamente la cosa, del fischietto, vale a dire lo strumento più semplice del mondo. La comunicazione pesante entra in crisi verso la fine degli anni settanta. Fino ad allora lo strumento principe della comunicazione era il televisore a colori, una scatola enorme che troneggiava in modo ingombrante, emetteva nel buio bagliori sinistri e suoni capaci di disturbare il vicinato. L'utente era condannato a rimanere come ipnotizzato per tutta la durata (lineare e repressiva) del programma, preso dall'istinto arcaico (per nulla *politically correct*) di sapere come andassero a finire faccende che in ultima analisi riguardavano la vita privata d'altri (donne, minoranze etniche, emarginati, diversi, abitanti d'altri pianeti).

Un primo passo verso la comunicazione leggera era stato fatto con l'invenzione del telecomando; con esso non solo lo spettatore poteva abbassare o addirittura azzerare l'audio ma anche eliminare i colori e lavorare di zapping. Iniziava a perdersi il senso della sequenzialità del programma, dapprima da parte degli spettatori, poi da parte degli stessi realizzatori che non si sentivano più obbligati a produrre programmi dotati di senso compiuto. Per questo il programma tipo era diventato il dibattito politico, successione (o sovrapposizione) di brevi discorsi privi di senso, dove chi parlava non si sentiva obbligato a tener conto di quanto aveva detto o stava dicendo l'interlocutore. Saltellando tra decine e decine di dibattiti, di fronte a uno schermo in bianco e nero senz'audio, lo spettatore era già entrato in una fase di libertà creativa, detta "fase di Blob".

Inoltre la vecchia TV, trasmettendo avvenimenti in diretta, ci rendeva dipendenti dalla linearità stessa dell'evento. La liberazione dalla diretta si è avuta col videoregistratore, con cui non solo si è avuta l'evoluzione dalla Televisione al Cinematografo, ma lo spettatore è stato in grado di proiettare le cassette all'indietro, sfuggendo così del tutto al rapporto passivo e repressivo con la vicenda raccontata.

A questo punto, rileva Backwards, il telespettatore, per poter usare contemporaneamente il telefonino cellulare, ha iniziato a eliminare del tutto l'audio e a commentare la successione scoordinata di immagini con colonne musicali di pianola, sintetizzata al computer; d'altra parte le stesse emittenti, col pretesto di venire in aiuto ai non udenti, hanno preso l'abitudine di inserire didascalie scritte a commento dell'azione, in modo che mentre due si baciavano in silenzio si potesse vedere un riquadro in cui era scritto "Ti amo". La televisione ha raggiunto il proprio stadio leggero il giorno in cui uno spettatore, combinando diversi programmi, è riuscito a vedere (muto, e in bianco e nero) un innaffiatore innaffiato e un treno che entrava in stazione.

Il passo successivo è stato infine raggiunto con l'eliminazione del movimento dalle immagini. Questo processo ha preso le mosse con Internet, in cui il fruitore poteva ricevere, con risparmio neurale, solo immagini immobili a bassa definizione, sovente monocolori, e senza alcun bisogno del suono, dato che le informazioni apparivano in caratteri alfabetici sullo schermo.

Un altro elemento di leggerezza connesso con Internet è stato che sovente l'utente non riusciva a collegarsi col sito richiesto, e quindi era indotto a richiederne un altro, e così di seguito, in un libero e infinito processo di zapping, dove nessuno ricordava più che cosa inizialmente cercasse, e quindi si era liberi da ogni determinazione anche remota. Si ebbe così la comunicazione per il piacere di se stessa, non per fini utilitaristici e ideologici.

Ma è chiaro che l'attuazione di una tecnologia leggera doveva passare attraverso l'eliminazione radicale dell'immagine. Si realizzò quindi una televisione senza immagini: essa consisteva di una sorta di scatola, pochissimo ingombrante, che emetteva suoni, e che non richiedeva neppure il telecomando, dato che si poteva eseguire lo zapping direttamente ruotando una manopola applicata alla sua superficie.

Il passo finale ha implicato la semplificazione dei canali di trasmissione, iniziata nella decade finale del secolo. Sino ad allora le trasmissioni avvenivano via etere, con tutti i disturbi fisici e le difficoltà politiche che ne conseguivano. Con le pay-tv e con Internet si dette inizio alla nuova era della trasmissione via filo telefonico. Come tutti ricordano, l'inventore della "telegrafia con i fili" ricevette il premio Marconi.

1996

Uno scienziato pazzo ha deciso di clonarmi

Da più di una settimana Dolly batte Valeria Marini. D'altra parte l'evento (almeno quanto a valore simbolico) segna una svolta nel corso dell'evoluzione della specie umana, almeno quanto l'invenzione dei primi utensili in selce, e le possibilità che lascia intravedere coinvolgono non solo i credenti, ma chiunque si ponga il problema di che cosa siano la vita, l'uomo, i limiti della scienza. Non mi passa neppure per il capo di affrontare problemi così formidabili nello spazio di una Bustina. Però sono colpito dal tono fantascientifico che la discussione sta assumendo. Mi pare che si stia considerando la clonazione come riproduzione di un doppio assoluto di un individuo, nel senso che se clonassero Berlusconi ci troveremmo di fronte a un doppio problema di incompatibilità, e se clonassero Prodi avremmo due presidenti del consiglio che tentano di entrare in Europa, ponendo un duplice problema alla Bundesbank.

Se pure la tecnica è nuova, la clonazione umana non farebbe altro che ritentare quel che avevano tentato i nazisti, produrre attraverso sapienti incroci solo individui alti, biondi, sani e robusti per avere un esercito di superuomini. Con un difetto, già messo in luce dagli scienziati: una comunità di superuomini con lo stesso patrimonio genetico sarebbe vulnerabile in blocco rispetto a un unico virus. Meglio il vecchio sistema, in uso da tempo in molte organizzazioni: prendi gente con patrimoni genetici diversi, li sottoponi a educazione di ferro con lavaggio del cervello, e li hai tutti di uno stampo.

Che cosa si ottiene clonando un individuo? Supponiamo che un Dottore Pazzo ritenga che io rappresenti il migliore campione della specie umana (ricordiamoci che è dottore, ma pazzo) e decida di clonarmi. Mi preleva una cellula somatica, fa tutto quel che deve fare e dopo nove mesi nasce un essere che ha il mio stesso patrimonio genetico. Ammettiamo che avrebbe occhi e capelli del mio colore, la mia stessa tendenza alla pinguedine, la mia stessa predisposizione ad alcune malattie, la mia stessa preferenza per le materie umanistiche, e via dicendo. Probabilmente la foto di questo Umberto Secondo all'età di sei mesi sulla pelle di leopardo apparirebbe molto simile a quella scattata a me nel 1932.

Dopo di che le cose incomincerebbero a cambiare. Io sono stato allevato ed educato da due persone particolari appartenenti alla piccola borghesia in una città della provincia italiana negli anni trenta e quaranta, ascoltando parlare certi parenti, amici, conoscenti, ho mangiato certe cose che si trovavano in tempi di guerra, ho respirato un'aria meno inquinata di quella attuale, ma ho provato nell'infanzia l'esperienza dei bombardamenti, sono stato educato nella religione cattolica e nell'Italia fascista, ho visto la televisione solo oltre i vent'anni eccetera eccetera. Umberto Secondo potrebbe essere allevato da una famiglia protestante in una farm del Midwest, o da una famiglia di ebrei ortodossi a Gerusalemme, mangerà cose diverse, leggerà libri diversi, ascolterà altra musica, vedrà o non vedrà la televisione, se si ammalerà sarà curato con sostanze chimiche diverse da quelle che hanno curato il mio morbillo e i miei orecchioni.

Giunto alla mia età che cosa sarà? Nessuno può dirlo, ma certamente sarà qualche cosa di assai diverso da me quale sono ora, forse un cardinale, forse non un matematico ma magari un avvocato, o un drogato, o il proprietario di una taverna a Singapore, o il successore di Rauti, o il massimo esperto mondiale di filatelia.

D'altra parte, se Hitler, all'età di un anno fosse stato identificato da monaci tibetani come la reincarnazione di Buddha e fosse stato educato a Lhasa, sarebbe diventato Hitler? Intorno alle elucubrazioni fantascientifiche sulla clonazione c'è una forma di determinismo materialistico ingenuo, per cui il destino di una persona è unicamente definito dal suo patrimonio genetico. Come se non c'entrassero l'educazione, l'ambiente, i disguidi del possibile, la nutrizione, il tipo di attività fisica, le coccole o i ceffoni ricevuti dai genitori, il fatto che questi genitori siano morti giovanissimi o anziani, che fossero alcolizzati o astemi, divorziati o fedelissimi.

Clonare esseri umani sarà un pessimo investimento per chiunque. Quale grande personaggio vorrebbe correre il rischio di perpetuarsi attraverso una caricatura? Tutto sommato è ancora più ragionevole fare figli col vecchio sistema.

E poi, se fosse vero che in una cellula c'è già tutto il nostro destino, perché varrebbe la pena di vivere?

1997

L'eugenetica non è una scienza esatta

Non sono passati molti mesi da quando, alla notizia della clonazione di un bovino, l'umanità (o almeno quella parte di essa che si esprime attraverso i mezzi di massa) ha dato prova di sindromi angosciosissime, che si traducevano in grida d'allarme, richiami a un più severo controllo della scienza, profezie su un universo di replicanti.

Mi pare che nessuno abbia invece tratto sospiri di sollievo (e motivo di correzione di quelle precedenti paure) all'apprendere nelle settimane scorse un'altra notizia, e cioè che da decenni, e sino a poco tempo fa, si praticavano in Svezia selezioni rigorose, cercando di rendere inadatti alla riproduzione tutti gli esseri umani che presentassero qualche difetto (tra l'altro, leggo che una polemica del genere sta nascendo anche in Francia e dunque debbo presumere che la selezione dei migliori attraverso il controllo dei disadatti sia una pratica più frequente di quanto si pensa).

Su queste pratiche di selezione eugenetica si è al massimo recriminato (come il buon senso e il buon cuore inducono certo a fare), senza trarne le dovute conclusioni ottimistiche.

È opinione comune che l'esempio più inquietante di selezione eugenetica sia stato quello proposto dal nazismo: oltretutto era anche sostenuto da una elaborata teoria della superiorità della razza germanica, e quindi si proponeva come modello completo, sia sul piano teorico sia su quello pratico.

Ora riflettiamo su quello che è accaduto al povero Hitler, certamente degno della nostra comprensione. Credo che si possa affermare che, se i modelli più popolari di cittadini tedeschi che oggi riconosciamo sono l'ispettore Derrick, il suo ebete aiutante e quei mezzi sifilitici che essi riescono ad arrestare solo perché sono a encefalogramma piatto, non si può dire che il progetto eugenetico nazista sia riuscito. Ma ragioniamo: quanto tempo ha avuto Hitler per attuarlo?

Egli diventa capo dello stato nel 1934 e, per non parlare del bunker finale, già alla fine del 1944 è praticamente fuori gioco. Quindi ha avuto a disposizione dieci soli anni, nel corso dei quali ha dovuto, nell'ordine (1) costituire un esercito e una nuova potenza industriale, (2) eliminare, oltre agli avversari politici, milioni di appartenenti alle razze inferiori (e con un dispendio organizzativo e tecnico non indifferente), (3) sostenere una guerra che è stata la più complessa in tutta la storia dell'umanità – che per giunta egli non ha dovuto combattere solo contro gli avversari ma anche e soprattutto contro i propri alleati. Quanto tempo gli è rimasto per dedicarsi alla selezione di una razza eletta? Per quanto abbia lavorato anche fuori orario, non poteva farcela.

In Svezia hanno avuto invece a disposizione svariati decenni. Non vorrei assolutamente che i rilievi che seguono suonassero a offesa per gli svedesi, tra i quali conto moltissimi amici, ma insomma, ancora oggi (e come sempre a questo mondo) ci sono svedesi belli e intelligenti, altri bruttarelli e di scarso acume, alcuni scienziati e scrittori di vaglia e alcune persone modeste, certuni che sono lieti di vivere e altri che inclinano all'alcolismo e al suicidio, e immagino che ve ne siano anche altri che assomigliano all'ispettore Derrick e ai suoi comprimari.

Insomma, sarebbe ingiusto dire che gli svedesi sono peggio degli altri, ma non si può neppure asserire che rappresentino una razza eletta diventata tale per successivi esperimenti selettivi. Quando sono alti, biondi e belli lo sono perché così erano i loro antenati vichinghi, perché vivono in un clima stimolante, perché vanno molto in palestra, perché mangiano ottimo salmone e perché la vodka Absolut è a mio parere migliore di quella russa. Ma sarebbero stati tali anche se alcuni dei loro medici non avessero sterilizzato (poniamo) i soggetti con una gamba più corta dell'altra.

Si noti inoltre che sono gli stessi svedesi a sconfessare annualmente i loro scienziati pazzi e a non perseguire miti arianizzanti di alcun tipo, perché riconoscono il Nobel a individui spesso nerastri, calvi, rachitici, balbuzienti, denutriti, strabici, forforosi e di pelle untuosa, con occhiali spessi tre dita, pace-maker, diabete, protesi dentaria, polmoni e bronchi rovinati da tabacco scuro, pene a erezione orizzontale.

Questo episodio dimostra dunque che l'eugenetica non è una scienza, e che costruire una razza perfetta è un lavoro impossibile, in cui si perde il ranno e il sapone.

E, dopo che ho sparato qualche paradosso, lasciatemi dire che trovo l'ispettore Derrick più umano di Himmler, e i suoi comprimari più accettabili dei dolicocefali un po' ritardati che Leni Riefenstahl andava a scovare nelle classi di recupero.

1997

Cronache del Terzo Millennio: finalmente le scuole private

Con la definitiva modifica dell'articolo 33 della Costituzione, enti privati avrebbero potuto da quel momento costituire scuole di ogni ordine e grado a spese dello stato, e le famiglie avrebbero potuto iscrivere gratuitamente i loro figli alla scuola che meglio rispondesse ai loro ideali educativi. Unico vincolo era naturalmente che gli insegnanti assunti dalle scuole private fossero stati giudicati idonei da un esame di stato, ma era implicito che ciascuna scuola fosse poi libera di assumere insegnanti le cui convinzioni religiose o ideologiche fossero coerenti con gli intendimenti della scuola stessa.

Questa trasformazione del sistema scolastico fu salutata come profondamente democratica da tutte le parti politiche e nel giro di qualche anno si dimostrò anche vantaggiosa per lo stato: era evidente che qualsiasi organizzazione privata riusciva a conciliare efficienza ed economia meglio che l'istituzione pubblica, la vasta offerta di ottime scuole private spinse le famiglie a disertare la scuola di stato che praticamente si era estinta entro il gennaio 2002, e lo stato spendeva, per finanziare ottime scuole private, la metà di quello che prima spendeva per finanziare la sua scuola.

Si erano inoltre subito acquietati i timori di quegli inguaribili anticlericali che temevano di vedere la Chiesa trarre vantaggi economici e ideologici dalla nuova legge. Non si era valutato a sufficienza che, dal momento che la Costituzione imponeva di finanziare qualsiasi iniziativa privata, anche altri gruppi si sarebbero avvalsi di quella opportunità. Nel giro di un anno erano nate alcune scuole evangeliche, con scarsa affluenza quelle d'impostazione luterana ma con notevole successo, le elementari e i licei valdesi, e non solo in Piemonte e Val d'Aosta, ma anche nelle regioni meridionali. Buoni risultati in Lombardia avevano avuto gli asili Leoncavallo, mentre le cosiddette Bertinotti avevano dovuto chiudere per mancanza di studenti, a causa dei pesanti programmi additivi nelle ore di educazione civica, in cui si dovevano mandare a memoria e commentare i *Grundrisse* marxiani.

Il successo più travolgente lo ebbero i cosiddetti licei "liberal", come il Siccardi, il Giordano Bruno, il Paolo Sarpi, il Garibaldi, che alcuni volevano direttamente finanziati da logge massoniche, ma che riscuotevano in breve il consenso di tutta una borghesia laica e liberale, o di sinistra moderata. *L'Osservatore Romano* in una sua inchiesta aveva puntato il dito contro certi eccessi di zelo laicista, come i Laboratori d'Ateismo, o l'uso (al Pasquino di Roma) nell'ora di storia delle religioni di quel *Toledot Jeshu*, antichissimo libello di origine ebraica, nel quale si ricostruiva la storia di Gesù come mago e mestatore, nato da una prostituta e da un certo Pantera. Ma era stato facile al preside del Pasquino dimostrare anzitutto che l'insegnante aveva passato con successo l'esame di stato e che il *Toledot* veniva letto in molte comunità ebraiche medievali, e metterlo in questione poteva venire inteso come manifestazione d'antisemitismo.

Ma non erano solo le scuole laiche a preoccupare le autorità vaticane: con l'intensificarsi del flusso migratorio (si ricordi la legge Pivetti del novembre 2010, che conferiva automaticamente la cittadinanza a chiunque ponesse piede sul suolo italiano) nei primi due anni del Terzo Millennio erano nate moltissime scuole private musulmane, e quelle d'ispirazione fondamentalista attraevano anche molte famiglie cattolico-tradizionaliste, che vi vedevano difesi valori come la soggezione della donna all'autorità maritale. Inoltre si erano diffuse le scuole delle varie sette, come i ginnasi dianetici, e una grande popolarità stavano via via assumendo le scuole materne degli Adoratori di Satana (culto regolarmente riconosciuto, dopo che la setta aveva formalmente ripudiato i sacrifici umani), che avevano fama di essere molto divertenti e spregiudicate.

Si era però giunti al punto che le scuole cattoliche incontravano solo il favore del venti per cento delle famiglie, contro, per esempio, il quaranta per cento dei licei Oxalà, che affascinavano gli studenti perché la maggior parte dell'insegnamento era impartito su ritmi afrobrasiliani da bellissime mulatte seminude – né lo stato poteva intervenire (in nome della libertà di culto) a sindacare le forme della didattica, se i nomi delle materie risultavano conformi ai programmi ministeriali. Fu a quel punto che il nuovo pontefice Camillo Benso I (già cardinal Biffi), aveva rotto ogni indugio. "La Chiesa", aveva proclamato, "chiede che lo stato si assuma le sue responsabilità e si faccia promotore di una istruzione pubblica unificata, togliendo ai privati il diritto di costituire scuole, e alle famiglie quello di fare scelte avventate. Non si può tollerare che i cittadini con le loro tasse sovvenzionino ogni forma di eresia solo per il malinteso principio di libertà religiosa. La Chiesa cattolica vuole impartire, nelle proprie parrocchie, la dovuta educazione cristiana a fanciulli che non siano stati corrotti da scuole che sfuggono al doveroso controllo dello stato. Libera Chiesa in libero stato, questo chiede ogni vero credente e solo così potremo garantire a tutti la vera libertà, che è anzitutto libertà dell'errore."

1998

Le antiche cronache del 2090

"Guarda su Internet che tempo fa fuori," disse la mamma al piccolo Muhammad Ibn Esposito. L'infante si era arrampicato sullo sgabellone, imbarazzato dal suo respiratore, e aveva raggiunto il computer della cucina: "Primo brumaio del 90 dopo Cristo, mamma," aveva iniziato, con l'orgoglio di un ragazzo di tre anni che aveva già passato i primi due anni al corso di telematica presso la clinica ostetrica. "Allah ci protegga," aveva protestato la mamma, "ma questo computer non ha ancora aggiornato quella maledetta faccenda dei due zeri, a distanza di novant'anni? Siamo nel 2090, tesoro, lo sai bene!"

Il bambino aveva risposto piccato che se i genitori, per spendere poco, comperavano ancora computer messicani clonati sul Bejing2, non potevano attendersi altro. "È vero," aveva detto la mamma, "a costo di spendere il doppio bisogna prendere almeno un computer bulgaro, qui nella Repubblica Partenopea sono quelli che vanno di più. D'altra parte siamo poveri, lo sai, quei duecento miliardi che porto a casa ogni settimana andando a fare i servizi bastano appena per tirare avanti. Hai visto che con questa inflazione si sono sbagliati persino a disegnare le nuove monetine da un milione, e Padova appare fuori della Slovenia. Ora dovremmo anche cambiare areomobile, e bisognerà andare a comperare una Honda in Padania. E con tutte le grane per ottenere il passaporto attraverso gli Stati della Chiesa. Da quando in Vaticano c'è Scanderbeg I e tutti quei cardinali albanesi... Per non dire poi delle dogane del Ducato di Parma."

"Ma perché le Honda costano poco solo in Padania?" chiese Muhammad. "Bambino mio, a voi a due anni insegnano anche le equazioni virtuali, ma storia proprio niente. Te l'ho già raccontato mille volte: diventata indipendente ottant'anni fa, la Padania per un poco ha cercato di vendere le Fiat agli svedesi, il riso ai cinesi e il Barbera in Borgogna, ma si è tagliata fuori dal mercato del Sud (tranne le importazioni di Beretta in Sicilia), ed è caduta sotto il controllo del Canton Ticino. Ti ricorderai di quel Bernasconi che si era comperata tutta Milano. Poi c'è stata la rivoluzione, hanno condannato Bossi alla camera iperbarica, la Padania è stata assoggettata dai giapponesi, che vi fanno fabbricare le utilitarie per l'ottavo mondo con manodopera sottocosto: i lombardi nel sottosuolo a riciclare le scorie radioattive del cibo sintetico e i senegalesi alle catene di montaggio. D'altra parte anche quella povera gente del Nord ha bisogno di vivere, divorati come sono dalle tasse. Ma non dimenticare mai che non ci sono razze inferiori. Neppure uno di Brescia, anche se non ha la pelle colorata come il nostro presidente Albumasar. Come dicono ancora nelle riserve della Valtellina, bianco è bello."

"Mamma," disse all'improvviso Muhammad, "me lo compereresti un fratellino?" "Cosa dici?" esclamò scandalizzata la mamma, "chi ti ha parlato di queste cose? Dove hai visto un bambino con un fratellino?" Il piccolo Ibn Esposito si schermì: "L'ho letto in un libro di fiabe... C'era un certo Pollicino che aveva dei fratelli e delle sorelle e seminava dei ceci..." La mamma confusa cercò di cambiare discorso: "Appunto, sono cose che si leggono nelle fiabe, fratelli, ceci, pane e frutta... Cose del tempo andato. Ringrazia Allah che tuo padre, che lavorava negli alimentari, dove si rimaneva sterili a dodici anni, ha potuto avere ancora il permesso di fare un bambino proprio prima di morire." La mamma non disse che era sempre preoccupata per questo parto senile; sin dai primi mesi aveva mandato il bambino in osservazione alla clinica libica di Lampedusa.

Ma Muhammad insisté: "Mamma, cos'è un fratellino!" La mamma rispose decisa: "È una cosa che un bravo bambino non dovrebbe neppure sapere che cos'è. Anzi è tardi, devi andare alla riunione dei Gay Scouts." Il bambino disse che non ne aveva voglia e la madre minacciò di farlo mangiare da Madre Teresa di Calcutta. Questa figura stregonesca, la cui origine si perdeva nella notte dei tempi, terrorizzava ancora i piccoli. Il bambino uscì brontolando, e la mamma mormorò pensierosa: "Tra tutte le disgrazie, non mi ritroverò anche un figlio diverso?"

Suonarono alla porta e apparve un signore biondo. "Buon giorno Herr Tell, ecco qui la nostra quota." Era insopportabile dover pagare una tangente mensile sull'aria dei respiratori, ma la mafia svizzera era spietata. La vita è dura, pensava la mamma, mentre spolverava i residui radioattivi dovuti al nuovo sistema d'illuminazione, imposto dall'accordo euroasiatico di Chernobyl. Si sentiva stanca: a undici anni era già sfiorita, come se ne avesse quattordici. Altro che fratellini, si diceva.

Per svagarsi si mise il casco dell'ipnovisore e ascoltò le ultime notizie. Lo speaker stava annunciando che si era sulla buona strada per scoprire i responsabili della strage di Ustica. Mormorò: "Per fortuna c'è ancora giustizia a questo mondo."

1997

Chopin contro Vianello. Proviamo a chiedere l'impossibile

Abbiamo stabilito sin dall'inizio di questa rubrica che non mi sarei sentito vincolato dall'attualità. Per cui mi sento autorizzato a raccontare i pensieri che mi sono venuti alla mente la lontana sera del 13 giugno, mentre ascoltavo i risultati ormai definitivi dei referendum sulla televisione. Perché lo faccio ora e non l'ho fatto subito? Perché, come diceva un personaggio di Hugo Pratt (un dancalo bizzarro, mi pare), "tale è il mio piacere".

Quella sera riflettevo che se a un cittadino italiano medio fosse stata posta la domanda "preferisci che le televisioni private appartengano a uno solo o che esse esprimano il punto di vista di diversi proprietari?", la risposta sarebbe stata ovvia, alla Catalano. Invece è accaduto il contrario. Deve esserci una spiegazione, e non basta dire che il "no" ha avuto un martellante supporto televisivo. Se con altrettanto martellamento si fosse tentato di convincere tutti quei milioni di italiani a fare, il giorno del referendum, un'ora di ginnastica, la risposta non sarebbe stata così massicciamente positiva. È che – credo – tutti coloro che hanno votato no, e la maggior parte degli astenuti, non percepiscono la televisione come soggetto politico. Che da quella scatola escano anche notizie e dibattiti è un fatto secondario; la scatola è essenzialmente un elettrodomestico, più indispensabile e nutritivo del frigorifero. E a tutti quegli italiani è parso che altri (i partigiani del sì) illecitamente volessero trascinare in una diatriba politica una scatola magica che per definizione politica non può (non deve) essere.

Se così è accaduto è ovvio che, quanto più la propaganda per il sì agitava ragioni politiche (libertà e varietà di opinione, antitrust eccetera) si radicava nei telespettatori l'idea che si volesse politicizzare il mondo delle emozioni private; e ha vinto la propaganda per il no, la quale non si basava affatto su argomenti politici (tipo libertà di espressione e ammennicoli vari) ma su un semplice "non toglieteci il pane che ci guadagnamo divertendovi, e non rischiate di avere domani meno televisione di quanta ve ne stiamo dando."

Reazione volgare, comportamento da telecondizionati? O anche spia del fatto che i cittadini vogliono che ci si occupi anche della qualità della loro vita privata (e caso mai s'ingannano sul concetto di qualità)? D'altra parte, e proprio quella stessa sera, ho usato anch'io la televisione come scatola magica. Visto che la notizia che mi interessava l'avevo già avuta, annoiato dai troppi dibattiti che le giravano intorno, ho navigato per altri canali e mi sono trovato sulla rete 3 dove Roman Vlad stava celebrando Arturo Benedetti Michelangeli. Vlad spiegava come Michelangeli eseguisse la *Ballata numero 1 in sol minore opera 23* di Chopin, ne accennava dei passi commentandoli, mostrava come Michelangeli li interpretasse in modo diverso da quello che avrebbe scelto un mediocre pianista, e già quei pochi richiami che Vlad tentava mi rimandavano ai miei sedici anni quando ero stato stregato da Chopin. Poi hanno trasmesso una vecchia registrazione in bianco e nero di una esecuzione di Michelangeli, e in Chopin mi sono perduto.

Mentre l'Italia discuteva sui risultati elettorali, io mi commuovevo sulla perfezione assoluta di quella ballata. Partecipavo a un rito di bellezza, mentre il mio paese cadeva vittima di un inganno. Eppure tutte le volgarità che mi avevano irritato nei giorni precedenti, la televisione stessa come veicolo di rozzezza, mi apparivano redente: attraverso la televisione (non so bene se a contatto con l'Assoluto o con la Memoria – ma si sa, le due istanze sovente coincidono – chi era che languiva per una piccola frase di Vinteuil?) mi ritiravo in quella zona dove il privato e l'Universale spesso e pericolosamente possono confondersi.

Ma questo non va contro tutto quello che ci hanno insegnato, e il dovere di sporcarci le mani nella lotta per le nostre convinzioni, e la necessità di batterci per un mondo migliore su questa terra, e la proibizione di parlare di alberi, se questo impone il silenzio sui tanti che soffrono? Stavo rinnegando tutti i miei princìpi morali per colpa di Chopin?

E mi sono chiesto se, nella marea di volgarità che monta, non sia ogni tanto un atto "politico" anche asserire i diritti della Bellezza. Sapendo che, alla lunga, vincerà. Forse dobbiamo anche batterci per asserire i diritti di una educazione "circolare", completa, quella che i greci chiamavano *paideia*. Forse si deve proporre agli altri, in positivo, un mondo dove ciascuno abbia diritto al proprio privato, ma a un privato educato, nobile, gentile. E mostrare che esiste, e che può vivere anche sul teleschermo. Sarà un battaglia lunga e difficile, da combattere nelle scuole, nei quartieri, nelle piazze, con la durezza (faccio per dire) di un marxista leninista dei tempi andati (come quelli che ora si battono per Vianello). Chopin contro Vianello? Che valga la pena di chiedere di nuovo l'impossibile?

1995

Come prepararsi serenamente alla morte

Non sono sicuro di dire una cosa originale, ma uno dei massimi problemi dell'essere umano è come affrontare la morte. Pare che il problema sia difficile per i non credenti (come affrontare il Nulla che ci attende dopo?) ma le statistiche dicono che la questione imbarazza anche moltissimi credenti, i quali fermamente ritengono che ci sia una vita dopo la morte e tuttavia pensano che la vita prima della morte sia in se stessa talmente piacevole da ritenere sgradevole abbandonarla; per cui anelano, sì, a raggiungere il coro degli angeli, ma il più tardi possibile.

Mi pare evidente che sto proponendo il problema di che cosa significhi essere-per-la-morte, o anche soltanto riconoscere che tutti gli uomini sono mortali. Sembra facile, sino a che riguarda Socrate, ma diventa difficile quando riguarda noi. E il momento più difficile sarà quello in cui ci renderemo conto che per un attimo ci siamo ancora e dopo un attimo non ci saremo più.

Recentemente un discepolo pensoso (tale Critone) mi ha chiesto: "Maestro, come si può bene appressarsi alla morte?" Ho risposto che l'unico modo di prepararsi alla morte è convincersi che tutti gli altri siano dei coglioni.

Allo stupore di Critone ho chiarito. Vedi, gli ho detto, come puoi appressarti alla morte, anche se sei credente, se pensi che mentre tu muori giovani desiderabilissimi di ambo i sessi danzano in discoteca divertendosi oltre misura, illuminati scienziati violano gli ultimi misteri del cosmo, politici incorruttibili stanno creando una società migliore, giornali e televisioni sono intesi a dare soltanto notizie rilevanti, imprenditori responsabili si preoccupano che i loro prodotti non degradino l'ambiente e si ingegnano a restaurare una natura fatta di ruscelli potabili, declivi boscosi, cieli tersi e sereni protetti da provvido ozono, nuvole soffici che stillano di nuovo piogge dolcissime? Il pensiero che, mentre tutte queste cose meravigliose accadono, tu te ne vai, sarebbe insopportabile.

Ma cerca soltanto di pensare che, al momento in cui avverti che stai lasciando questa valle, tu abbia la certezza immarcescibile che il mondo (cinque miliardi di esseri umani) sia pieno di coglioni, che coglioni siano quelli che stanno danzando in discoteca, coglioni gli scienziati che credono di aver risolto i misteri del cosmo, coglioni i politici che propongono la panacea per tutti i nostri mali, coglioni coloro che riempiono pagine e pagine di insulsi pettegolezzi marginali, coglioni i produttori suicidi che distruggono il pianeta. Non saresti in quel momento felice, sollevato, soddisfatto di abbandonare questa valle di coglioni?

Critone mi ha allora domandato: "Maestro, ma quando devo incominciare a pensare così?" Gli ho risposto che non lo si deve fare molto presto, perché qualcuno che a venti o anche a trent'anni pensa che tutti siano dei coglioni è un coglione e non raggiungerà mai la saggezza. Bisogna incominciare pensando che tutti gli altri siano migliori di noi, poi evolvere a poco a poco, avere i primi deboli dubbi verso i quaranta, iniziare la revisione tra i cinquanta e i sessanta, e raggiungere la certezza mentre si marcia verso i cento, ma pronti a chiudere in pari non appena giunga il telegramma di convocazione.

Convincersi che tutti gli altri che ci stanno attorno (cinque miliardi) siano coglioni, è effetto di un'arte sottile e accorta, non è disposizione del primo Cebete con l'anellino all'orecchio (o al naso). Richiede studio e fatica. Non bisogna accelerare i tempi. Bisogna arrivarci dolcemente, giusto in tempo per morire serenamente. Ma il giorno prima occorre ancora pensare che qualcuno, che amiamo e ammiriamo, proprio coglione non sia. La saggezza consiste nel riconoscere solo al momento giusto (non prima) che era coglione anche lui.[1] Solo allora si può morire.

Quindi la grande arte consiste nello studiare poco per volta il pensiero universale, scrutare le vicende del costume, monitorizzare giorno per giorno i mass media, le affermazioni degli artisti sicuri di sé, gli apoftegmi dei politici a ruota libera, i filosofemi dei critici apocalittici, gli aforismi degli eroi carismatici, studiando le teorie, le proposte, gli appelli, le immagini, le apparizioni. Solo allora, alla fine, avrai la travolgente rivelazione che tutti sono coglioni. A quel punto sarai pronto all'incontro con la morte.

Sino alla fine dovrai resistere a questa insostenibile rivelazione, ti ostinerai a pensare che qualcuno dica cose sensate, che quel libro sia migliore di altri, che quel capopopolo voglia davvero il bene comune.

[1] Per essere *politically correct* l'ultimo coglione potrebbe anche essere una lei.

È naturale, è umano, è proprio della nostra specie rifiutare la persuasione che gli altri siano tutti indistintamente coglioni, altrimenti perché varrebbe la pena di vivere? Ma quando, alla fine, saprai, avrai compreso perché vale la pena (anzi, è splendido) morire.

Critone mi ha allora detto: "Maestro, non vorrei prendere decisioni precipitose, ma nutro il sospetto che Lei sia un coglione."

"Vedi," gli ho detto, "sei già sulla buona strada."

1997

INDICE

ANNOTAZIONI

ANNOTAZIONI

ANNOTAZIONI

ANNOTAZIONI